LE JURI'GUIDE

Fonds de dotation

Création | Gestion | Évolution

2e édition

LIONEL DEVIC

Avocat au barreau de Lyon
Directeur de la publication www.fonds-dotation.fr

juris éditions

LA COLLECTION

LE JURI'GUIDE

Chaque ouvrage est construit en deux parties. La première, « Comprendre et analyser », décrit, explique et analyse la règle de droit, de gestion ou de management de façon pédagogique et est illustrée par des exemples, des citations de jurisprudence ou des conseils des auteurs. La seconde, « S'organiser et agir », est composée d'outils de travail permettant une gestion quotidienne autonome.

Des pictogrammes permettent d'identifier différents genres de textes et de niveaux de lecture ou de s'orienter. En noir, l'objectif ; en bleu, le subjectif :

- Le fronton stylisé de l'Assemblée nationale identifie un texte officiel sur lequel se fonde la règle décrite : loi, règlement, décret, arrêté, circulaire, instruction, convention, directive, etc.
- La balance de la Justice identifie la jurisprudence illustrant la règle énoncée : jugement d'un tribunal, arrêt d'une cour ou décision d'une autorité administrative indépendante.
- La silhouette signale un conseil, un avis ou une alerte des auteurs.
- La flèche annonce un exemple illustrant la règle décrite.
- Le papillon indique les renvois à un paragraphe de la première partie, « Comprendre et analyser ».
- La clé indique les renvois aux outils de travail de la seconde partie, « S'organiser et agir ».
- L'oiseau migrateur indique les renvois vers un ouvrage de la collection Le Juri'Guide, Juris Corpus ou vers la revue jurisassociations et ses hors-séries.

Grâce à la correspondance des onglets en bord de page, la couverture à rabats permet de situer : en bleu, les chapitres de la première partie « Comprendre et analyser » ; en blanc, les boîtes à outils de la seconde partie « S'organiser et agir ». Les onglets bleus contiennent également le numéro de paragraphe en cours de page.

La liste des principales abréviations se trouve en page 335.
L'index alphabétique se trouve en page 339.

Comprendre et analyser

CHAPITRE 1

1.

COMPRENDRE LES FONDS DE DOTATION : ORIGINE ET PERSPECTIVE

MÉMO

[Fonds de dotation]

- Nouvel outil pour le mécénat.
- Création par la loi LME du 4 août 2008.

[*Endowment funds*]

- Principale source d'inspiration du fonds de dotation.

POUR ALLER PLUS LOIN

[Revue *JA*]

- C. Bergeal, « N'ayez pas peur des fonds de dotation », *JA* n° 395/2009, p. 19.
- L. Devic, « La fiducie entre (enfin !) par la petite porte », *JA* n° 354/2007, p. 3.

COMPRENDRE LES FONDS DE DOTATION : ORIGINE ET PERSPECTIVE

I. 4 août 2008 : un nouvel outil pour le mécénat qui abolit le privilège des fondations

1.01. Contourner les obstacles. Encore plus simple à constituer qu'une association (puisqu'il peut être créé par une seule personne), jouissant à certains égards d'une plus grande capacité juridique que les fondations et associations reconnues d'utilité publique, et offrant aux mécènes un cadre fiscal presque équivalent à celui des fondations : telles sont, rapidement résumées, les caractéristiques avantageuses de cette encore jeune personne morale de droit privé à but non lucratif qu'est le fonds de dotation, créé par la loi du 4 août 2008[1] de modernisation de l'économie, dite « loi LME ».

Certes, le nom de cette nouvelle forme juridique n'a ni la popularité de celui des associations ni le prestige de celui des fondations.

Mais, comme nous pouvions nous en douter, ce nouvel être juridique a très vite été adopté par les acteurs développant des activités d'intérêt général (mécènes, associations, entreprises et particuliers) qui se trouvaient confrontés aux trois obstacles suivants :

- la petite capacité juridique des associations[2] ;
- les longs délais d'instruction des dossiers de création de fondations et de demande de reconnaissance d'utilité publique (d'une à deux années au minimum) ;
- et, disons-le franchement, le droit prétorien du Conseil d'État, ses évolutions parfois étonnantes et ses avis teintés d'un arbitraire que le praticien constate trop souvent.

1.02. Liberté. Ces deux derniers obstacles sont d'ailleurs l'une des principales raisons qui ont conduit les parlementaires à faire bon accueil au fonds de dotation proposé par le gouvernement, sous l'impulsion éclairée des ministères de l'Économie et de la Culture.

Comme le résumait de façon feutrée le rapport présenté au Sénat lors de la discussion sur la loi de modernisation de l'économie, « *malgré leur grand mérite, les outils existant actuellement dans le droit français peuvent décourager certaines initiatives en raison d'un excès de rigidité. Ainsi, s'il n'est évidemment pas question de les remettre en cause, il apparaît que les fondations reconnues d'utilité publique sont encadrées par des règles très contraignantes* ».

1. Loi n° 2008-776 du 4 août 2008 de modernisation de l'économie (dite « loi LME »), *JO* du 5.
2. À noter : l'article 74 de la loi n°2014-856 du 31 juillet 2014 relative à l'économie sociale et solidaire a donné la pleine capacité juridique aux associations dont l'ensemble des activités sont d'intérêt général.

II. Tocqueville dépassé ?

1.03 **1.03. RÉTICENCE HISTORIQUE.** Alexis de Tocqueville affirmait : « *Ce qui caractérise [alors] l'administration en France, c'est la haine violente que lui inspirent indistinctement tous ceux, nobles ou bourgeois, qui veulent s'occuper d'affaires publiques en dehors d'elle. Le moindre corps indépendant qui semble vouloir se former sans son concours lui fait peur, la plus petite association libre, quels qu'en soient l'objet, l'importance ; elle ne laisse subsister que celles qu'elle a composées, arbitrairement, et qu'elle préside...* »[1].

Avec l'arrivée des fonds de dotation dans le paysage français des organismes à but non lucratif, il semble loin le temps où le thème du « retard français » pouvait constituer un marronnier pour les analystes de nos outils philanthropiques.

Certes, la France compte encore un nombre limité de fondations. Avec aujourd'hui environ 2 000 fondations[2], le pays, qui peut s'enorgueillir par ailleurs d'une réelle vitalité associative, démontre qu'il n'a pas été une terre de prédilection pour ces organismes d'une nature particulière que sont les fondations.

Cependant, depuis 2003, il faut reconnaître que notre pays a modifié radicalement sa conception de la défense et de la promotion des activités d'intérêt général. Celles-ci ne sont clairement plus l'apanage de l'État et des collectivités publiques. Il faut d'ailleurs reconnaître que les dispositifs fiscaux incitatifs mis en place ont pour effets bénéfique et mécanique d'augmenter le volume des aides financières dirigées vers les activités d'intérêt général ; en effet, pour bénéficier d'une réduction d'impôt de 66 euros, le contribuable doit donner 34 euros de plus (soit 100 euros) que s'il s'était contenté de payer directement son impôt.

1.04. FIN DU PRIVILÈGE DES FONDATIONS. Avec la loi du 4 août 2008, la France a donc mis un terme au privilège des fondations en introduisant dans son modèle d'organisation des activités d'intérêt général un outil d'une grande souplesse : le fonds de dotation à la française.

Avec ce nouvel être juridique, la France semble être parvenue au terme d'une évolution juridique et fiscale qui fait, sans doute, de son système de mécénat le plus attractif au monde[3].

Ce constat, à condition qu'il soit mieux connu, est de nature à satisfaire l'objectif poursuivi par le texte instituant les fonds de dotation : attirer davantage de fonds privés vers des activités d'intérêt général exercées surtout en France (nos 6.01 et s.).

III. L'*endowment fund* à la française : une copie fidèle à l'original ?

1.05. LE MODÈLE AMÉRICAIN : UNE SOURCE D'INSPIRATION. Si, dans l'exposé des motifs joint au projet de loi LME, il a été précisé que le dispositif du projet de loi est notamment inspiré du modèle américain des *endowment*

1. *L'Ancien Régime et la Révolution*, cité par M. POMEY *in Le Traité des fondations d'utilité publique*, Puf, 1982.
2. Les États-Unis en comptent 12 000 (v. Ass. nat., rapport n° 690 de 2003 de L. HÉNART au sujet du projet de loi relatif au mécénat et aux fondations, n° 1.09).
3. L. DEVIC et F. D'ORMESSON, « Le fonds de dotation ou l'*endowment fund* à la française », Rapport moral 2009 sur l'argent dans le monde, Association d'économie financière, p. 319.

funds, il a été également souligné que le fonds de dotation français couvre un champ beaucoup plus large.

Dans un colloque du 19 novembre 2008 sur les fonds de dotation organisé à Bercy, Christine Lagarde, alors ministre de l'Économie, avait elle-même souligné que l'*endowment fund* avait été une source d'inspiration pour ses services et ceux du ministère de la Culture (outil 22).

Aux États-Unis, une dotation (*endowment*) se définit comme « *un don d'argent ou de bien à une institution dans un but spécifique, particulièrement dans le but que le capital soit gardé intact indéfiniment et que seul le revenu d'intérêt soit utilisé* ». Il en résulte qu'un fonds de dotation est un fonds détenu par une organisation à but non lucratif, auquel un donateur a imposé une restriction : l'interdiction de dépenser tout ou partie du fonds (don « à perpétuité » ou qui doit être conservé pendant 25 ans).

Chaque université américaine a généralement plusieurs fonds correspondant à un secteur spécifique. Les exemples les plus fameux sont les financements de chaires ainsi que les bourses de scolarité ou de doctorat.

La gestion du fonds est généralement confiée à un organisme tiers (type *trust* ou fondation), responsable de tous les aspects de l'administration d'un fonds de dotation, y compris l'investissement et la fixation de ce qui peut être dépensé d'année en année.

1.06. Succès des *endowment funds*. Aux États-Unis, la loi exige des administrateurs du fonds de respecter le but fixé par le donateur pendant la période déterminée. D'autre part, si au moment où une contribution est faite, le donateur impose des restrictions sur l'investissement des actifs du don ou la distribution des bénéfices, ces limites ne pourront normalement être modifiées ou supprimées qu'avec son consentement écrit.

Si la formule des *endowment funds* est ancienne, elle n'a réellement pris son essor qu'au début des années 1980. Cette croissance est devenue particulièrement remarquable au cours des huit dernières années.

L'une des raisons de ce succès est, qu'aux États-Unis, le don est directement déduit du revenu et le donateur totalement remboursé de l'impôt perçu sur ce dernier (tandis qu'en Grande-Bretagne, ce remboursement est partagé entre l'université et le donateur).

En outre, le succès des *endowment funds* tient largement au soutien financier des anciens élèves. Ainsi, cet appui est à l'origine de 64 % des donations de Princeton, 47 % des dons de Harvard et 45 % des dons de Yale. Cela est notamment dû au fait que l'ancien élève obtient du don non seulement des intérêts fiscaux, mais également l'accès à certains services proposés par l'université, et qu'il contribue, par ailleurs, à améliorer la réputation de l'établissement qui l'a formé.

Compte tenu des montants levés par les fonds de dotation américains et britanniques, la France a donc vu dans cet outil un moyen moderne permettant d'attirer davantage de fonds vers des œuvres d'intérêt général.

Si la source d'inspiration est étrangère, il faut noter toutefois que les rédacteurs du texte français ont également toujours insisté sur le fait qu'elle n'avait pas été la seule.

1.07. Les rédacteurs français « ont fait leur marché ». Le fonds de dotation à la française est, lui, une véritable personne morale, concurrente des associations et fondations.

Bien entendu, le nom de ce nouvel être juridique n'a rien d'enthousiasmant. Évoquer les fonds de dotation donne davantage le sentiment

que l'on parle d'un simple outil financier (comme le sont, par exemple, les fonds communs de placement, FCPR, FCPI, etc.) alors, qu'en France,
1.08 il est beaucoup plus que cela.

Un aspect fort appréciable du texte instituant les fonds de dotation est sa brièveté.

À l'image de la loi du 1er juillet 1901, l'article 140 de la loi LME détermine, en quelques alinéas, l'ensemble des caractéristiques principales de cette nouvelle entité juridique.

La ministre de l'Économie de l'époque, Christine Lagarde, a rappelé quels avaient été les deux principes mis en œuvre à l'occasion de la rédaction du texte du projet de loi LME consacré à cette nouvelle personne morale : il a été fait le pari de laisser une grande liberté aux fondateurs pour créer et organiser le fonds de dotation ; cela impliquant le respect d'un second principe : celui de la responsabilité (mis en œuvre à travers l'observation d'un certain nombre de règles de transparence et de contrôle).

Catherine Bergeal, directrice des affaires juridiques du ministère de l'Économie au moment des faits, a d'ailleurs précisé que le fonds de dotation n'était pas une simple transposition des *endowment funds* existant à l'étranger : « *nous avons fait notre marché* », a-t-elle précisé, en expliquant le parti pris des rédacteurs du texte de ne retenir que les aspects les plus intéressants du régime des associations et des fondations.

La grande rapidité avec laquelle ce nouveau projet est arrivé et les débats parlementaires ont été conduits a généré, dans la rédaction finale du texte instituant les fonds de dotation, quelques imperfections rédactionnelles qui laissent place aux discussions doctrinales... Les emprunts au droit des associations et des fondations auraient pu être faits avec le souci de calquer davantage des termes ou des règles déjà connues.

Dans l'interprétation qu'il convient de faire de l'intention du législateur et dans les échanges pouvant intervenir avec les préfectures et la bureau de droit privé de la Direction des affaires juridiques des ministères financiers, il est donc primordial de conserver à l'esprit cette volonté de rassembler dans les fonds de dotation des règles garantissant un maximum de souplesse.

IV. Le fonds de dotation, « une dictature » ?

1.08. La chose du fondateur. Ainsi, à la différence des associations, dont les règles statutaires d'organisation et de fonctionnement sont habituellement fortement imprégnées de principes démocratiques, le fonds de dotation a été conçu en vue de pouvoir rester la chose de son (ou de ses) fondateur(s), si ces derniers le jugent nécessaire. « *Le fonds de dotation peut être une dictature* », comme cela a été précisé (n° 3.01).

Les principes de vie démocratique que l'on trouve mis en œuvre dans les associations ne sont pourtant pas une exigence de la loi du 1er juillet 1901 (en effet, celle-ci donne toute latitude pour verrouiller le fonctionnement d'un tel organisme).

Mais compte tenu du nombre important de membres qu'une association peut avoir vocation à rassembler, le souci du respect d'une certaine vie démocratique entre en ligne de compte, en pratique, dès l'élaboration des statuts. En outre, pour les associations souhaitant solliciter fréquemment des subventions et/ou certains types d'agréments (comme, par exemple, l'agrément jeunesse et éducation populaire), il est nécessaire qu'elles puissent justifier d'un réel fonctionnement démocratique.

Le fonds de dotation étant conçu, d'après nous, et à l'image des fondations, comme un outil sans autres membres que ses administrateurs (et ne pouvant en principe recevoir de subvention), il n'est donc pas confronté aux mêmes réflexions. 1.09

Il se distingue pourtant également des fondations reconnues d'utilité publique dès lors que sa constitution n'est pas soumise à un avis préalable du Conseil d'État. Or, ce dernier, à travers son droit prétorien (issu notamment de ses avis, qu'il ne rend pas publics pour des raisons souvent difficiles à comprendre) exige du conseil d'administration d'une fondation qu'il respecte tant dans sa composition que dans son fonctionnement des principes démocratiques[1].

Les fondateurs d'un fonds de dotation ne sont pas soumis à une telle exigence. Ils peuvent, via les stipulations statutaires qu'ils adoptent, contrôler, de façon pérenne ou non, tant la composition que le fonctionnement du fonds de dotation.

V. Millefeuille et « fondation privée »

1.09. Structure supplémentaire. L'arrivée dans le droit positif français du fonds de dotation comme structure juridique autonome a suscité bien des commentaires, des plus optimistes aux plus méfiants.

Il faut reconnaître que ce nouvel être juridique a déboulé, un peu à l'improviste, dans un secteur soumis depuis 2003 à une forte inflation législative.

En effet, dans un premier temps, la loi du 1er août 2003[2] a incontestablement généré, grâce à l'importante évolution du régime fiscal du mécénat qu'elle a engendrée, un mouvement de création de fondations. Ainsi, par exemple, alors que le rapport Hénart établi en 2003 dans le cadre du projet de loi relatif au mécénat et aux fondations dénombrait en France 65 fondations d'entreprises[3], l'année 2004 a vu naître 20 nouvelles fondations de cette nature[4].

Parallèlement, le nombre de fondations reconnues d'utilité publique (créées sur la base des nouveaux statuts types proposés en avril 2003 par le Conseil d'État) et de fondations abritées a augmenté.

L'année 2003 a donc été le point de départ d'un intérêt accru pour le secteur des fondations, secteur profondément modifié par la suite avec l'arrivée de trois vraies nouvelles catégories de fondations : la fondation de coopération scientifique (2006), la fondation universitaire (2007) et la fondation partenariale (2007).

L'institution, en 2007[5], d'un mécanisme spécifique de réduction d'ISF pour les dons consentis aux fondations a également contribué à provoquer un intérêt accru pour ces dernières.

1. V. les statuts types « imposés » par le Conseil d'État, et les avis qu'il formule à l'occasion de tel ou tel dossier.
2. Loi n° 2003-709 du 1er août 2003 relative au mécénat, aux associations et aux fondations (dite « loi Aillagon »), art. 1er, *JO* du 2.
3. Forme juridique introduite en droit français en 1987.
4. Par la suite, 21 ont été créées en 2005, 28 en 2006 et 39 en 2007.
5. Loi n° 2007-1223 du 21 août 2007 en faveur de l'emploi et du pouvoir d'achat, *JO* du 22, art. 16, III.

C'est dans ce contexte que l'année 2008 a vu naître une nouvelle personne morale de droit privé à but non lucratif aux caractéristiques très
1.10 proches de la fondation : le fonds de dotation.

Certes, l'on peut s'interroger sur l'opportunité de créer cette énième catégorie de personne morale à but non lucratif (tout comme on peut également s'interroger sur la création, en 2009, de la fondation hospitalière[1]). N'aurait-il pas été plus simple de modifier la capacité juridique des associations, d'étendre plus largement, au profit des particuliers notamment, le mécanisme de la fiducie introduit (trop) timidement en droit français[2] ou encore de réduire effectivement les délais de reconnaissance d'utilité publique par l'État ?

Il apparaît en fait que le fonds de dotation a été conçu comme un outil « déstructurant » destiné à révolutionner le régime français du mécénat et des structures intervenant dans les activités d'intérêt général.

Comme l'expliquait alors Catherine Bergeal, directrice des affaires juridiques du ministère chargé de l'Économie, « *renonçant à la politique des améliorations marginales, mais sectorielles initiées successivement depuis quelques années, notamment avec les fondations d'entreprises et les fondations d'universités, le législateur a créé un instrument générique, radicalement nouveau* »[3].

Dans ce contexte, il n'est pas illégitime de penser que le fonds de dotation a également été conçu comme un outil permettant de contourner la petite capacité des associations en accordant à ces dernières de créer chacune leur propre fonds de dotation.

Indéniablement, ce nouvel outil a fortement contribué à « ringardiser » certaines règles applicables aux associations, lesquelles se sont d'ailleurs emparé de ce nouvel outil pour accroître leur capacité. Il a abouti à la reconnaissance de la grande capacité juridique pour les associations « dont l'ensemble des activités sont d'intérêt général » par la loi relative à l'économie sociale et solidaire[4].

VI. Outil neuf qui connaît un véritable succès

1.10. Premier bilan. Plus de cinq ans après l'instauration des fonds de dotation dans le droit positif français (et plus de quatre ans après la publication au *Journal officiel* des premiers fonds de dotation)[5], il est encore trop tôt pour dresser un bilan complet et, par conséquent, élaborer de vraies perspectives. Néanmoins, le nombre très important de fonds créés donne une idée du succès indéniable que connaît cette nouvelle forme juridique.

Ainsi, à la date du 30 août 2014 :

- 1 844 fonds de dotation ont été constitués ;

1. Dont le décret d'application n'a été adopté qu'en août 2014 ! (V. décret n° 2014-956 du 21 août 2014, *JO* du 23.)
2. L. Devic, « La fiducie entre (enfin !) par la petite porte », *JA* n° 354/2007, p. 3.
3. C. Bergeal, « N'ayez pas peur des fonds de dotation », *JA* n° 395/2009, p. 19.
4. Cette précision rédactionnelle de l'article 6 de la loi du 1er juillet 1901 (modifié par l'article 74 de la loi n° 2014-856 du 31 juillet 2014 relative à l'économie sociale et solidaire) ne manquera pas de provoquer des échanges et contentieux avec les préfectures.
5. « Thoiry Conservation » est le premier fonds de dotation à avoir été publié au *JO* du 14 mars 2009.

• 79 d'entre eux ont été dissous (soit du fait de la durée limitée pour laquelle ils avaient été constitués, soit par décision volontaire du conseil d'administration des fonds concernés) ;

• 10 d'entre eux ont été concernés par un avis de suspension (nécessairement temporaire) de leurs activités (n° 7.35).

D'autre part, à cette même date, la concentration des fonds dans les grosses agglomérations est révélatrice :

• 849 fonds ont été constitués en Île-de-France (dont 721 à Paris) ;
• 187 fonds ont été constitués en région Rhône-Alpes ;
• 170 fonds ont été constitués en région PACA ;
• 83 fonds ont été constitués en région Aquitaine.

Enfin, les secteurs d'activité pris en charge par les fonds sont à l'image des grandes caractéristiques de la générosité des français ; ainsi, les fonds se répartissent majoritairement entre les quatre catégories d'activité suivantes :

• social : 721 ;
• culturel : 530 ;
• éducation, enseignement, formation : 366 ;
• recherche : 145.

Suivi des fonds de dotation. Le site www.fonds-dotation.fr publie depuis 2009 des informations sur les fonds de dotation qui font parler d'eux et sur l'actualité juridique et fiscale les concernant. Le Centre français des fonds et fondations (CFF) organise quant à lui régulièrement des réunions thématiques d'information sur les fonds.

1.11. Diversité des projets et des fondateurs. La population des fondateurs est très variée : personnes physiques, entreprises, collectivités publiques, associations et fondations. De nombreux fonds ont été constitués sans dotation en capital initiale, comme structures d'attente permettant de recevoir librement de futurs legs et donations.

Entre effet d'aubaine ou de mode pour certains, utilisation d'ordre patrimonial pour d'autres et satisfaction d'un réel besoin pour la plupart, il était prévisible que la jeunesse et la liberté dont est porteur cet outil favorisent une utilisation tous azimuts.

L'expérience montre toutefois que le niveau élevé de contrôle des fonds, notamment lors de leur constitution, limite fortement les dérives. C'est en revanche les limites des sanctions applicables en cas de dérives ultérieures, pendant la vie du fonds et les difficultés à imposer la dissolution d'un fonds qui ont pu conduire à une évolution récente de ses conditions de constitution (n° 1.19).

VII. Respecter l'intention du législateur

1.12. Décrypter l'intention. Compte tenu du nombre important de questions posées par ce récent outil juridique, tout fondateur de fonds de dotation doit veiller à respecter l'intention du législateur telle qu'elle transparaît à travers :

• d'une part, les propos écrits et oraux des représentants du ministère de l'Économie, de l'Industrie et des Finances ;

• d'autre part, les débats parlementaires (relativement réduits, il est vrai).

Conçu initialement comme un outil de capitalisation destiné à reverser des fonds à des œuvres d'intérêt général, le fonds ne peut subir, sans danger pour lui-même et ses fondateurs, une utilisation qui s'écarte trop de cette nature particulière. L'expérience pratique montre que la possibilité offerte par la loi (mais non dans le projet de loi initial) de stipuler, dans les statuts du fonds, le caractère consomptible de la dotation, génère ainsi des divergences d'appréciation tant juridiques que fiscales sur lesquelles les juridictions compétentes n'ont pas encore été en mesure de se prononcer.

1.13 **1.13. L'absence de pouvoir normatif de l'administration et des préfectures.** L'expérience montre aussi que des préfectures, la plupart du temps sur la base de consignes et/ou d'analyses proposées par le bureau de droit privé de la Direction des affaires juridiques des ministère financiers, s'opposent à certaines stipulations statutaires ou à des opérations juridiques ou comptables décrites dans les rapports d'activité ou les comptes déposés annuellement par certains fonds. Si la plupart du temps les observations des préfectures sont motivées par le souci d'harmoniser certaines pratiques et d'aider les fondateurs comme les administrateurs de fonds de dotation, il faut parfois rappeler fermement à l'administration que certaines interprétations restent discutables et qu'elle ne peut s'opposer aux déclarations faites annuellement. C'est un fait que les tentatives de restreindre en pratique l'intention du législateur sont récurrentes, y compris dans les circulaires ministérielles.

VIII. Détournements possibles ?

1.14. Perte de la dimension d'intérêt général. Durant les débats parlementaires et dans les premiers mois suivant l'instauration des fonds de dotation, certains ont manifesté la crainte de voir le caractère libéral de ce nouvel outil rendre plus facile la fraude et l'utilisation, à mauvais escient, de la générosité du public. C'est ainsi que l'exemple des dérives qu'ont connu par le passé, outre-Atlantique, certains fonds de dotation, a contribué à répandre l'idée selon laquelle les fonds de dotation pourraient être utilisés pour des activités étrangères à l'intérêt général.

1.15. Crainte de l'inefficacité des contrôles. Pour certains, ce nouvel outil ne serait pas assez contrôlé ; il faudrait alors renforcer les moyens de surveiller les fonds de dotation. Certes, comment nier que les fonds de dotation, comme toute personne morale, pourraient donner lieu à des dérives ?

1.16. Contrôles renforcés. Cependant, il faut reconnaître que les règles de contrôle applicables aux fonds de dotation rendent en pratique ces dérives nettement plus difficiles que celles auxquelles on peut encore assister aujourd'hui dans certaines associations (lesquelles, lorsqu'elles collectent moins de 153 000 euros de dons, ne sont pas soumises à l'obligation de désigner un commissaire aux comptes, par exemple).

En un sens, les fonds de dotation sont mieux contrôlés que les associations et fondations. Ainsi, à titre d'exemple, alors que les associations et fondations collectant des fonds dans le cadre de campagnes d'appel à la générosité du public ne sont pas tenues d'y être préalablement autorisées ni de déposer leurs comptes en préfecture, les fonds de dotation sont assujettis à une autorisation préalable et à l'obligation de déposer en préfecture leurs comptes et leurs rapports annuels (dont le contenu est déterminé réglementairement), mais aussi à celle de publier au *JO* leurs comptes, quel que soit le montant des dons collectés. 1.16

COMITÉ STRATÉGIQUE. Constitué de personnalités reconnues pour leur compétence et leur connaissance du mécénat, ce comité (en cours de renouvellement au jour d'impression du présent ouvrage) est présidé par Jean-Jacques Hyest, ancien président de la commission des lois du Sénat ; il est composé :

1. D'un représentant du ministre de l'Économie, de l'Industrie et de l'Emploi :

- Catherine Bergeal, conseiller d'État (directrice des affaires juridiques à Bercy jusqu'en 2013) ;

2. De trois magistrats :

- Christian Raysseguier, ancien premier avocat général à la Cour de cassation ;
- Catherine Chadelat, conseiller d'État ;
- Georges Capdeboscq, conseiller maître honoraire à la Cour des comptes ;

3. De sept personnalités qualifiées :

- Florence Roussel, ancienne secrétaire générale adjointe de l'Autorité des marchés financiers ;
- Jean de Lambertye, président de La Demeure historique ;
- Henri Loyrette, ancien président du Louvre, président de l'Admical ;
- Xavier de Roux, avocat ;
- Patrick Gerschel, trésorier d'America Friends of the Louvre ;
- Gérard de La Martinière, président du comité de la Charte de déontologie des organisations faisant appel à la générosité du public ;
- Inge Reichenbach, vice-présidente du développement de l'université de Yale.

Le comité stratégique a pour mission de suivre l'évolution des fonds de dotation : à ce titre, il a élaboré des recommandations de bonnes pratiques en matière de gouvernance et de gestion et fait des propositions qui lui ont semblé nécessaires pour favoriser le développement des fonds de dotation. Il avait été précisé à plusieurs reprises par le représentant du ministre de l'Économie, de l'industrie et de l'emploi que ce comité se garderait bien de proposer des statuts types de fonds de dotation (de façon à éviter non seulement que les fondateurs voient leur liberté restreinte mais également que les préfectures se sentent investies d'une mission de censeurs des statuts dont elles seront conduites à prendre connaissance au moment de leur dépôt, lors de la création des fonds de dotation).

Il faut se féliciter de cette position qui réaffirmait la force du principe de liberté attaché aux fonds de dotation, tout en espérant que les recommandations (outil 16) de bonnes pratiques ne viendront pas empiéter *de facto* sur la liberté laissée au fondateurs et dont les juridictions, éventuellement saisie à l'occasion d'un litige, pourront apprécier les limites). À cet égard, le clausier adopté par le comité stratégique le 20 juin 2013 (outil 24) montre, une fois de plus, qu'il conduit certaines préfectures à exiger des fonds des stipulations statutaires conformes...

IX. Évolutions possibles

A. À propos du rapport Morange

1.17

1.17. Brève référence au fonds de dotation. Déposé le 1er octobre 2008 à l'Assemblée nationale, le rapport d'information de la mission parlementaire sur la gouvernance et le financement des structures associatives (présidée par le député Pierre Morange) proposait une analyse générale, exhaustive et intéressante sur l'évolution de la générosité publique et sur les structures porteuses d'activités d'intérêt général. En revanche, il n'abordait que très sommairement la question des fonds de dotation et, pour le dire franchement, de façon un peu légère. La raison tient sans doute au fait que cette nouvelle personne morale de droit privé à but non lucratif n'a été introduite dans le droit positif français que peu de temps avant ce rapport, au terme de débats parlementaires rapides. Les personnes auditionnées par la mission parlementaire n'ont donc pas été entendues sur ce nouvel instrument au service de l'intérêt général et de la philanthropie.

1.18. Peur d'un concurrent mal connu. À la lecture du rapport, on comprend que l'opinion de la mission s'est formée précipitamment, sur la base d'informations émanant de personnes ou d'organismes plutôt hostiles à ce nouvel outil juridique.

Rapport d'information enregistré à la présidence de l'Assemblée nationale le 1er octobre 2008. « La loi de modernisation de l'économie a mis en place un instrument qui pourrait s'avérer extrêmement utile aux associations en recherche de financement : les fonds de dotation. Toutefois ces fondations *(sic)* ne sont soumises à aucun des contrôles auxquels sont soumises les fondations reconnues d'utilité publique, ce qui devrait évidemment remettre en cause leur attractivité. Il ne s'agit pas de revenir à la lourdeur de l'ancien modèle à laquelle il était justement question d'échapper, mais d'assurer un minimum de contrôles. Il est notamment essentiel de :

- soumettre les libéralités consenties aux fonds de dotation aux dispositions de l'article 910 du code civil ;
- faire apparaître plus clairement que les dons issus de la générosité publique sont, comme les libéralités consenties au fonds, assimilés à des dotations en capital ;
- préciser les modalités de désignation des membres du conseil d'administration pour rendre celui-ci indépendant des fondateurs et des organismes bénéficiaires finaux des actifs apportés au fonds. »[1]

Critique trop rapide. En premier lieu, outre qu'il est erroné d'écrire que les fonds de dotation (qui ne sont pas des fondations) ne sont soumis à « *aucun des contrôles auxquels sont soumises les fondations reconnues d'utilité publique* », n'est-il pas contradictoire de voir dans cet argument (erroné) un motif de remise en cause de l'attractivité des fonds de dotation ? On sait au contraire que l'un des objectifs du gouvernement, approuvé en cela par les parlementaires, a justement été de mettre à la disposition des mécènes et philanthropes un organisme plus facile à créer que les fondations, de façon à attirer davantage de fonds privés vers des œuvres d'intérêt général.

1. Rapport d'information enregistré à la présidence de l'Assemblée nationale le 1er octobre 2008, en conclusion des travaux de la mission sur la gouvernance et le financement des structures associatives présidée par Pierre Morange, p. 90 et 91.

En deuxième lieu, et dans le même ordre d'idée, les praticiens savent que l'un des obstacles à la création de fondations en France tient dans la volonté revendiquée du Conseil d'État de retirer aux fondateurs la maîtrise de l'œuvre qu'ils créent (alors que ces derniers lui abandonnent pourtant très souvent une partie significative, voire l'essentiel, de leur patrimoine). Sur ce point, le droit prétorien du Conseil d'État est critiquable. Vouloir imposer cette règle aux fonds de dotation l'est tout autant. Car en voulant jeter l'eau du bain (c'est-à-dire : le risque – très relatif, compte tenu des sanctions fiscales possibles – de voir les créateurs de fonds de dotation être les bénéficiaires des activités du fonds), on risque fort de jeter le bébé avec (les fondateurs potentiels).

En troisième lieu, la volonté de préciser que les dons issus de campagnes d'appel à la générosité du publique devront être affectés à la dotation en capital est également contraire à la volonté des parlementaires, exprimée pourtant trois mois plus tôt lors des débats portant justement sur ce point à l'occasion de l'institution des fonds de dotation. En effet, c'est par la voie d'un amendement proposé par les députés Jean-Paul Charié et Pierre Morange, lui-même (!), qu'il a été fort opportunément précisé que les dons ainsi collectés n'auraient pas nécessairement à être affectés à la dotation en capital (l'exposé des motifs de l'amendement était le suivant : « *Il semble préférable de ne pas imposer l'intégration des sommes collectées dans la dotation en capital afin de permettre aux fonds de dotation, notamment modestes, qui ne disposent pas d'une capitalisation importante de financer à très court terme des opérations programmées à partir des seules ressources issues des dons de la générosité publique* »).

Reste, en dernier lieu, la proposition de soumettre les fonds de dotation à la procédure de déclaration en préfecture des donations et legs applicable aux fondations et aux associations[1]. Pourquoi pas ? Mais est-ce véritablement utile compte tenu de ce qu'est, en pratique, cette procédure de contrôle *a posteriori* ? Ne serait-il pas davantage opportun de supprimer cette procédure pour l'ensemble des fondations et associations dès lors que les donations et legs :

- engendrent nécessairement l'intervention d'un notaire (lequel est un officier public titulaire d'un office ministériel) ;
- et entraînent obligatoirement une information de l'administration fiscale à l'occasion de l'enregistrement (obligatoire) des actes ?

Il est probable que ce soit là une voie vers laquelle le gouvernement et le législateur pourraient vouloir avancer prochainement dans le cadre des mesures de simplifications qui devraient être adoptées par voie d'ordonnances avant le 30 juillet 2015 dans le cadre d'un projet de loi d'habilitation qui devra être proposé au Parlement avant le 31 janvier 2015[2].

B. Du millefeuille à la simplification ?

1.19. Faut-il souhaiter une simplification ? Dans le contexte d'inflation de textes et de structures, évoqué *supra*, et après dix années de forte évolution du secteur du mécénat se pose la question suivante : lorsqu'il sera possible de prendre un recul suffisant sur les fruits que chacune de ces 1.19

1. C. civ., art. 910.

2. Loi n° 2014-856 du 31 juillet 2014 relative à l'économie sociale et solidaire, *JO* du 1er août, art. 62.

nouvelles structures aura pu donner, ne sera-t-il pas tentant de simplifier l'ensemble du régime ?

1.20 Question subsidiaire : ne sera-t-il pas opportun de ne laisser subsister à l'avenir dans le droit français, à l'image de ce que connaissent d'autres pays européens, que les trois structures (à gestion désintéressée et grande capacité juridique) suivantes :

- l'association, dont la nature serait essentiellement de permettre le rassemblement de membres au-delà des seuls fondateurs ;
- la fondation reconnue d'utilité publique qui, notamment par sa capacité à recevoir des subventions publiques et par la procédure de reconnaissance par l'État dont elle fait l'objet, serait destinée à porter des activités à intérêt général renforcé, sous le contrôle de l'État ;
- la fondation privée, créée aussi librement qu'une association, ne rassemblant au sein d'un conseil que des administrateurs ayant vocation à gérer et administrer ou à soutenir une œuvre d'intérêt général. Le fonds de dotation pourrait ainsi être rebaptisé.

1.20. Trouver son chemin dans le maquis des organismes à but non lucratif. Le tableau 1 ci-après présente les avantages et les inconvénients de chaque type d'organisme existant pour conduire une activité d'intérêt général. Le tableau 2 (n° 2.16), quant à lui, indique les principales caractéristiques de ces différentes structures.

C. Premières adaptations du régime juridique

1.21. Institution d'une dotation en capital initiale obligatoire. Il aura fallu attendre cinq ans pour qu'une première modification soit apportée au régime juridique des fonds de dotation.

En effet, pour éviter la multiplication des fonds de dotation inactifs, pour lesquels une procédure de dissolution est en pratique impossible à mettre en œuvre, le législateur a décidé d'instaurer, comme condition de création desdits fonds, l'apport par les fondateurs d'une dotation initiale dont le montant minimum devra être fixé par un décret[1].

Il s'agit là d'une mesure qui, lorsqu'elle sera effective, contribuera à réduire le nombre de créations de fonds de dotation.

1.22. Possibilité de transformer un fonds de dotation en fondation. Une seconde modification, plus heureuse, du régime juridique des fonds de dotation, introduite également par la loi relative à l'économie sociale et solidaire, consiste à rendre possible la transformation, sans dissolution et sans création d'une personne morale nouvelle[2], en fondation reconnue d'utilité publique.

Cette évolution appréciable est la reconnaissance du rôle de certains fonds comme outils de préfiguration de futures fondations et simplifie nettement la procédure d'évolution de structure juridique, notamment en présence de salariés et d'un patrimoine immobilier.

1. Loi n° 2014-856 du 31 juillet 2014 relative à l'économie sociale et solidaire, *JO* du 1er août, art. 85 ; ce montant minimum que le décret fixera ne pourra être supérieur à 30 000 euros.
2. Loi n° 2014-856 du 31 juillet 2014 relative à l'économie sociale et solidaire, *JO* du 1er août, art. 87.

TABLEAU 1. **TABLEAU SYNTHÉTIQUE DES AVANTAGES [+] ET DES INCONVÉNIENTS [–]**

	Fondation (FRUP)	Fonds de dotation	Association (non RUP)
Création	[+] Son appellation constitue un label. Caractère institutionnel de la RUP. [–] Procédure longue. [–] Dotation d'au moins 1,5 M€ nécessaire pour la RUP [–] Caractère discrétionnaire de la RUP.	[+] Simplicité de création. [–] Forme juridique dont certains contours demandent encore à être précisés.	[+] Simplicité de création. [–] Nécessité d'au moins deux membres.
Capacité	[+] Grande capacité juridique.	[+] Grande capacité juridique.	[–] Capacité juridique limitée (notamment en matière de libéralités).
Statuts	[–] Existence de statuts types limitant la maîtrise de la gouvernance par les fondateurs.	[+] Grande liberté des fondateurs dans la rédaction des statuts.	[+] Grande liberté des fondateurs dans la rédaction des statuts (sauf activités réglementées).
Ressources	[+] Capacité à recevoir des fonds publics. [+] Capacité à détenir de l'immobilier de rapport.	[+] Peut détenir de l'immobilier de rapport. [–] Ne peut en principe recevoir des fonds publics.	[+] Capacité à recevoir des fonds publics. [–] Ne peut détenir des biens de rapport.
Collecte de fonds dans le cadre d'une campagne nationale	[+] Pas d'autorisation préalable (simple déclaration préalable).	[–] Autorisation préalable de la préfecture pour les appels à la générosité du public.	[+] Pas d'autorisation préalable (simple déclaration préalable).
Libéralités	[+] N'est pas tenue d'affecter les libéralités à sa dotation.	[–] Elles doivent être affectées à la dotation en capital.	—
Rôle de la préfecture	[–] Déclaration en préfecture des libéralités.	[+] Pas de démarche en préfecture pour les donations et legs (sauf rapport d'activité annuel).	[–] Déclaration en préfecture des libéralités (pour les associations disposant de la capacité à les recevoir).
Fiscalité	[+] Capacité de principe à recevoir des dons déductibles de l'ISF. [+] Exonération de l'IS sur tous les revenus de patrimoine. [+] Peut bénéficier du régime des dons sur successions (art. 788, III CGI). [+] La valeur de la nue-propriété d'un bien donné à la fondation sort de l'assiette de l'ISF.	[+] Exonération de l'IS sur tous les revenus de patrimoine si dotation non consomptible. [+] Exonérations de droits de mutation à titre gratuit sur toutes les libéralités. [–] Ne peut consommer sa dotation sans perdre l'exonération d'IS taux réduit. [–] Des incertitudes fiscales demeurent sur l'affectation des dons manuels.	[–] Assujettie à l'IS pour certains revenus de patrimoine. [+] Capacité à recevoir des dons déductibles de l'ISF pour certaines activités (chantier d'insertion, établissement d'enseignement supérieur, etc.).

1.22

TABLEAU 1. (SUITE)

	Fondation (FRUP)	Fonds de dotation	Association (non RUP)
Contrôle	[–] Autorisation administrative pour la gestion de la dotation. [–] Opposition du CE aux fondations pluri-objets.	[+] Administration par un simple conseil d'administration composé librement. [–] Soumis à des contrôles avant même 10 000 € de recettes privées.	—

2.

CHAPITRE 2

NATURE ET ORIGINE DU FONDS DE DOTATION

MÉMO

[Fonds de dotation : définition]

- Outil de capitalisation de biens ou de droits, apportés à la dotation de manière irrévocable, dont les produits sont affectés à des activités d'intérêt général ou reversés à des organismes poursuivant de telles activités.
- Le fonds de dotation jouit de la personnalité morale et relève du droit privé.

[Dotation en capital]

- Il n'existe pas de montant minimal ; un fonds de dotation peut-être créé sans dotation.

POUR ALLER PLUS LOIN

[Revue *JA*]

- L. DEVIC, « Les outils pour constituer des fonds propres », *JA* n° 405/2009, dossier « La culture de l'excédent », p. 24 et s.
- C. BERGEAL, « N'ayez pas peur des fonds de dotation », *JA* n° 395/2009, p. 19.
- L. DEVIC, « Fonds de dotation : un outil révolutionnaire pour les mécènes », *JA* n° 386/2008, p. 29.

NATURE ET ORIGINE DU FONDS DE DOTATION

I. Nature du fonds de dotation

2.01. Définition. Le fonds de dotation est une personne morale de droit privé à but non lucratif dont les principales caractéristiques sont données par le premier paragraphe de l'article 140 de la loi de modernisation de l'économie instituant ce nouvel être juridique.

Loi du 4 août 2008, art. 140. « Le fonds de dotation est une personne morale de droit privé à but non lucratif qui reçoit et gère, en les capitalisant, des biens et droits de toute nature qui lui sont apportés à titre gratuit et irrévocable et utilise les revenus de la capitalisation en vue de la réalisation d'une œuvre ou d'une mission d'intérêt général ou les redistribue pour assister une personne morale à but non lucratif dans l'accomplissement de ses œuvres et de ses missions d'intérêt général. »[1]

A. Personne morale de droit privé

2.02. Personne morale. Le fonds de dotation est une personne morale à part entière. Elle ne doit pas être confondue avec les affectations de réserves auxquelles certaines fondations ou collectivités publiques et établissements publics ont pu donner le nom de « fonds de dotation » (n° 3.11 > Exemple 7).

2.03. Personne de droit privé. De droit privé, ce nouvel être moral est donc classé dans la même catégorie que les associations, les fondations, les congrégations, les mutuelles, les syndicats professionnels, les sociétés (civiles ou commerciales, les groupements d'intérêt économique, etc.).

Avantage tiré du statut de droit privé. Ce statut de droit privé offre davantage de libertés que celui de droit public. Ainsi, en matière d'embauche et de gestion comptable, par exemple, les personnes morales de droit privé sont soumises à des règles plus souples favorisant une rapidité de mise en œuvre des décisions prises.
Cette qualité ne fait pas pour autant du fonds de dotation une personne morale échappant à tout contrôle et pouvant développer ses activités avec moins de rigueur que les personnes publiques.

B. Organisme à but non lucratif

2.04. Notion existante. Le fonds de dotation est également défini comme un organisme « à but non lucratif », terme qui fait référence à une réalité connue, car déjà définie dans le cadre des associations et fondations, notamment.

1. Loi n° 2008-776 du 4 août 2008 de modernisation de l'économie (dite « loi LME »), art. 140, *JO* du 5.

Loi du 23 juillet 1987, art. 18. La fondation est « l'acte par lequel une ou plusieurs personnes physiques ou morales décident l'affectation irrévocable de biens, droits ou ressources à la réalisation d'une œuvre d'intérêt général et à but non lucratif »[1].

2.05 **Loi du 1er juillet 1901, art. 1er.** L'association est la « convention par laquelle deux ou plusieurs personnes mettent en commun, d'une façon permanente, leurs connaissances ou leur activité dans un but autre que de partager des bénéfices »[2].

2.05. Distinguer la réalité juridique de la réalité fiscale. À ce stade, il est important de retenir que la notion de but non lucratif recouvre deux réalités distinctes et complémentaires. Il convient effectivement de distinguer :

- d'une part, la définition juridique : celle-ci est en réalité donnée par la loi du 1er juillet 1901 lorsqu'elle précise, en son article 1er précité, que l'association est constituée « *dans un but autre que de partager les bénéfices* ». C'est fondamentalement ce qui distingue l'association, la fondation et, aujourd'hui, le fonds de dotation des sociétés (civiles et, surtout, commerciales). Aussi, en principe, et selon une logique identique à celle applicable à une association, un fonds de dotation qui aurait été constitué dans le but de permettre à ses fondateurs de se partager les bénéfices pourrait être requalifié par le juge en société de fait (avec les conséquences lourdes que cette requalification entraîne pour les fondateurs) ;
- d'autre part, la définition fiscale : celle-ci permet essentiellement de déterminer si un fonds de dotation peut légitimement être exonéré des impôts commerciaux (TVA, sur les sociétés, IFA, contribution économique territoriale et taxe d'apprentissage) ou s'il doit au contraire y être effectivement assujetti. Ainsi, si le constat du partage des bénéfices entre les membres constitue un élément entraînant l'assujettissement du fonds aux impôts précités, l'absence d'un tel partage ne suffit pas à garantir la non-lucrativité (fiscale) de l'organisme (nos 8.01 et s.).

L'association fondatrice, bénéficiaire du fonds ? À la question de savoir si un fonds de dotation dit « de distribution » (nos 8.04 et s.) pourrait reverser à l'association qui l'a fondé les revenus issus de sa dotation en capital, Catherine Bergeal, directrice des affaires juridiques du ministère de l'Économie, comme le juriste ayant participé à la rédaction du texte instituant les fonds de dotation avaient répondu spontanément par l'affirmative en précisant qu'il importait seulement que l'association bénéficiaire (fondatrice en l'espèce) puisse justifier du caractère d'intérêt général de ses activités[3].
Catherine Bergeal écrira d'ailleurs que « *le fonds peut décider de mener lui-même l'action ou de financer celle menée par d'autres, voire celle menée par son propre fondateur* »[4].

1. Loi n° 87-572 du 23 juillet 1987 relative au développement du mécénat, art. 18, *JO* du 24, modifié par la loi n° 90-559 du 4 juillet 1990 créant les fondations d'entreprises, *JO* du 6.
2. Loi du 1er juillet 1901 relative au contrat d'association, art. 1er.
3. Colloque sur les fonds de dotation, Bercy, 19 novembre 2009.
4. C. Bergeal, « N'ayez pas peur des fonds de dotation », *JA* n° 395/2009, p. 19.

En référence à ce que nous avons écrit en introduction, une telle distribution à une association (ou fondation) fondatrice ne serait pas incohérente avec la logique qui a inspiré la création des fonds de dotation et ne suffit donc effectivement pas, à notre sens, à remettre en cause le caractère non lucratif du fonds de dotation.

Une réponse ministérielle a d'ailleurs apporté une nouvelle confirmation du caractère désintéressé de la gestion des fonds de dotation créés par des associations[1] lorsque ces dernières sont les principales, voire les seules, bénéficiaires du fonds qu'elles ont créé (outil 15). L'administration est même allé loin dans les précisions dans cedomaine. Ainsi, *« rien n'interdit qu'il y ait identité de dirigeant avec l'organisme adossé dans le statut juridique et fiscal du fonds de dotation, cette situation étant même au contraire assez logique dès lors que celui-ci est simplement collecteur et a pour objet de redistribuer les revenus tirés de la capitalisation des dons qui lui sont consentis pour assister un organisme d'intérêt général. Dans ce cas, le fonds de dotation a naturellement pour objet de stimuler l'activité de l'organisme adossé (en l'espèce l'association) sans que l'on puisse en conclure, en cas d'identité de dirigeants entre les deux structures partenaires, que le fonds a une gestion intéressée de ce seul fait. S'il en allait ainsi, tout le dispositif mis en place par l'article 140 de la loi n° 2008-776 du 4 août 2008 de modernisation de l'économie, qui a institué des nouvelles structures, serait privé de portée ».*

II. Attirer les financements privés et non publics

2.06. Financement privé. Le fonds de dotation a été très clairement conçu comme un outil de collecte de fonds privés. Le projet de loi initial excluait donc qu'il puisse lui être versé, sauf à titre exceptionnel, des fonds publics. À l'issue des débats, au cours desquels certains parlementaires avaient souhaité rendre impossible, en toute hypothèse, le versement de tels fonds publics à un fonds de dotation, l'article 140 de la loi LME[2] a maintenu une position pragmatique en ce domaine (nos 6.18 et s).

2.07. Exclusion des fonds publics. L'impossibilité de principe est donc affirmée et le texte précise les circonstances très particulières (et le cadre contraignant) dans lesquelles des fonds publics pourront être versés aux fonds de dotation. Cette position paraît justifiée dès lors que le fonds de dotation peut être conçu comme un outil venant s'adosser aux actions conduites par d'autres organismes pouvant recevoir de telles subventions. En outre, rien n'interdit à un fonds de dotation qui voudrait développer une action d'intérêt général susceptible d'être soutenue par des fonds public d'initier la création d'une association déclarée. Cette dernière pourrait alors recevoir des subventions dans le respect du droit commun applicable en la matière.

III. Nouvel outil pour le mécénat

2.08. Nouvel outil pour les mécènes. Créé en vue d'attirer davantage de fonds privés vers des activités d'intérêt général et, plus largement, vers des

1. Rép. min. à M. Marland-Militello, *JO* Ass. Nat. du 17 mai 2011, p. 5104 , question n° 62981 (outil 15).
2. Loi LME du 4 août 2008, art. 140.

activités éligibles au régime du mécénat, le fonds de dotation constitue à l'évidence un nouvel outil pour les mécènes, que ces derniers soient des particuliers, des entreprises ou toute autre entité de droit privé (syndicats, associations, fondations, congrégations, institution de prévoyance, etc.).

2.09 **UN ATOUT : LA RAPIDITÉ.** Pour les collectivités publiques, le fonds de dotation ne présente pas le même intérêt compte tenu de l'interdiction de principe pour ces dernières de lui verser des subventions.
Il séduira ceux des mécènes qui étaient rebutés tant par la longueur de la procédure relative à la création d'une fondation reconnue d'utilité publique que par l'incapacité des associations simplement déclarées à recevoir des donations et legs.
Par rapport à la fondation abritée, il peut rester « la chose » de ses fondateurs avec, comme contrepartie pour ces derniers, la responsabilité d'assurer le fonctionnement régulier de la personne morale qu'ils ont instituée.

IV. Projet de capitalisation individuel ou collectif

2.09. CAPITALISATION. Fondamentalement, le fonds de dotation a pour vocation de permettre la constitution d'un capital (nos 3.11 et s.) dont les revenus seront affectés à des activités d'intérêt général ou à des organismes éligibles au régime du mécénat. Il a effectivement été conçu à l'origine comme un outil de capitalisation et non comme une fondation de flux.

Loi du 4 août 2008, art. 140, al. 1er : « Le fonds de dotation est une personne morale de droit privé à but non lucratif qui reçoit et gère, en les capitalisant, des biens et droits de toute nature [...] »

2.10. INTENTION DU LÉGISLATEUR. Le projet de loi initial ne prévoyait d'ailleurs pas la possibilité de consommer la dotation en capital. Il ne précisait pas non plus quel sort devait être réservé aux dons collectés dans le cadre d'une campagne d'appel à la générosité publique. L'article 140 de la loi LME précisant que « *le fonds de dotation est constitué par les dotations en capital qui lui sont apportées auxquelles s'ajoutent les dons et legs qui lui sont consentis* », il était possible de s'interroger sur l'obligation d'affecter tous les dons reçus, y compris les dons manuels, à la dotation en capital.

C'est par voie d'amendement[1] qu'il a été précisé que ces dons « *peuvent être joints à la dotation en capital du fonds de dotation* », donnant ainsi la possibilité à ce dernier de les utiliser directement pour financer ses activités

2.11. NE PAS DÉNATURER LE FONDS DE DOTATION. Dès lors, compte tenu de la vocation initiale du fonds de dotation – accumuler des actifs générateurs de revenus –, il était déconseillé de créer un fonds de dotation avec l'intention de ne jamais constituer de dotation en capital. On ne pouvait exclure qu'un juge, un jour, prononce la nullité ou requalifie en une autre forme juridique un fonds de dotation conçu dans un but différent de celui que lui a assigné le législateur. C'est ce qui rend délicat, à notre sens, la

1. Déposé par les députés Jean-Paul CHARIÉ et Pierre MORANGE.

constitution de « fonds de dotation de flux », qui se contentent de reverser à des œuvres d'intérêt général les dons qu'ils reçoivent. L'instauration, en 2014, d'une dotation initiale minimum (n° 3.13 et s.) rend désormais impossible la constitution d'un fonds sans dotation ; toutefois, cette dernière pouvant être consommée si les statuts l'autorisent (n° 3.25 et s.), il pourra encore subsister des fonds sans dotation.

V. Projet d'intérêt général et non d'utilité publique

2.12. Absence d'utilité publique. Alors même que le fonds de dotation dispose, comme les fondations et les associations reconnues d'utilité publique, de la grande capacité juridique, il n'est pas exigé que ses activités présentent un caractère d'utilité publique. Il suffit qu'elles soient d'intérêt général (n° 6.06) ou qu'elles consistent à verser des aides à des organismes éligibles au régime du mécénat (lesquels sont, pour la plupart, des organismes d'intérêt général eux-mêmes).

2.13. Aucune conséquence pratique liée à l'absence d'utilité publique. D'un point de vue pratique, l'impossibilité pour les fonds de dotation d'être reconnus, en tant que tels, comme établissements d'utilité publique n'aura que peu de conséquences – l'utilité publique correspondant en réalité à un « intérêt général renforcé ». Il constitue une sorte de label attestant de la pertinence que présente, aux yeux de l'État, et compte tenu de son étendue, l'activité de l'organisme dont l'utilité publique est reconnue.

L'octroi de la reconnaissance d'utilité publique pour une association ou une fondation comprend nécessairement une dose de subjectivisme et/ou d'opportunisme puisqu'elle repose, notamment, sur l'appréciation souveraine des services de l'État, après avis du Conseil d'État.

Cette reconnaissance, si elle était demandée par le fonds de dotation, ne pourrait alors intervenir que par une modification, par voie de transformation, de sa nature juridique pour devenir une fondation reconnue d'utilité publique.

VI. Comparaison avec d'autres structures françaises

2.14. Similitudes entre fonds de dotation et fondation. Le fonds de dotation se rapproche de la fondation en ce sens qu'il n'a pas vocation, à l'inverse des associations, à être un regroupement de personnes. Il s'agit d'un organisme administré par un petit nombre de personnes (au moins trois administrateurs), non désignées par une assemblée de membres. Toutefois, comme les statuts types de fondations le permettent, un fonds de dotation peut tout à fait instituer, dans ses statuts ou son règlement intérieur, des comités et/ou commissions dont il détermine les règles de composition et de fonctionnement, voire de financement (n° 6.13 > Alerte).

2.15. Distinction du fonds de dotation et de la fondation. Il se distingue néanmoins de la fondation reconnue d'utilité publique par :

- sa simplicité de création : celle-ci est aussi simple à mettre en œuvre que la création d'une association simplement déclarée (en outre, à la différence de cette dernière, il peut être créé par une seule personne) ;

- le pouvoir important laissé aux fondateurs pour l'organisation institutionnelle et la conduite des activités du fonds.

2.16 **2.16. FONDS DE DOTATION : UN ORGANE HYBRIDE.** Le fonds de dotation est désormais souvent présenté, de façon résumée, de la manière suivante : il se crée comme une association et se gère comme une fondation.

Le tableau 2 ci-après a pour objet de présenter, sous une forme synthétique et comparative, les principales caractéristiques du fonds de dotation, de l'association, de la fondation reconnue d'utilité publique et de la fondation sous égide (ou fondation abritée).

TABLEAU 2. TABLEAU COMPARATIF ENTRE FONDS DE DOTATION, FONDATION SOUS ÉGIDE, FONDATION RECONNUE D'UTILITÉ PUBLIQUE ET ASSOCIATION

2.16

Thème	Fonds de dotation	Fondation sous égide	Fondation reconnue d'utilité publique	Association
		Création		
Textes applicables	Loi n° 2008-776 du 4 août 2008, art. 140 et 141. Décr. n° 2009-158 du 11 mars 2009.	Loi n° 87-571 du 23 juillet 1987, art. 20.	Loi n° 87-571 du 23 juillet 1987, art. 18.	Loi du 1er juillet 1901 et début décr. du 16 août 1901.
Personnalité juridique	À compter de la publication au *JO* de la déclaration de création faite en préfecture.	Pas d'autre personnalité morale que celle de la fondation abritante. Affectation irrévocable de biens, droits ou ressources à la dotation dans une fondation RUP abritante.	À compter de la publication au *JO* d'un décret pris en Conseil d'État reconnaissant d'utilité publique de l'œuvre.	À compter de la publication au *JO* de la déclaration de création faite en préfecture.
Délai de constitution	Environ un mois entre la date de dépôt de la déclaration en préfecture et la date de publication au *JO*.	Selon les fondations abritantes.	Entre 6 et 24 mois.	Environ un mois entre la date de dépôt de la déclaration de création en préfecture et la date de publication au *JO*.
Contrôle de l'opportunité	Non. Simple vérification de la complétude du dossier de déclaration.	Selon les fondations abritantes.	Oui (par les ministères et le Conseil d'État).	Non. Simple vérification de la complétude du dossier de déclaration.
		Fondateur		
Principes	Une ou plusieurs personnes physiques ou morales, privées ou publiques.	Une ou plusieurs personnes physiques ou morales, selon les critères de la fondation abritante.	Une ou plusieurs personnes physiques ou morales, privées ou publiques.	Au moins deux personnes physiques ou morales, privées ou publiques.
Nouveaux fondateurs	Selon les statuts adoptés par le ou les fondateurs.	Selon les fondations abritantes.	Dans la limite du nombre prévu pour le collège des fondateurs dans les statuts adoptés.	Selon les statuts adoptés par les fondateurs.

TABLEAU 2. (SUITE)

Thème	Fonds de dotation	Fondation sous égide	Fondation reconnue d'utilité publique	Association
		Fondateur		
2.16 **Retrait des fondateurs**	Possible, dans les conditions statutaires.	Selon les fondations abritantes.	En principe non, sous peine de la perte de la reconnaissance de l'utilité publique si les fondateurs n'ont pas versé toute la dotation. Pour les fondations à dotation fractionnée, envisagé (recours à la caution bancaire en cas de défaillance).	Possible, dans les conditions statutaires.
Personnes de droit public	Aucune exclusion.	Selon les critères de la fondation abritante (par exemple la Fondation de France exclut les personnes de droit public)[a].	Aucune restriction.	Aucune restriction.
Étrangers	Aucune restriction.	Aucune restriction sauf disposition contraire de la fondation abritante.	Aucune restriction.	Aucune restriction.
		Statuts et règlement intérieur		
Statuts types imposés	Non.	Selon les fondations abritantes.	Non (toutefois, en pratique : statuts proposés par le Conseil d'État, avec peu de marge de manœuvre).	Non (en pratique : statuts imposés par certaines fédérations et pour les associations qui sollicitent leur reconnaissance d'utilité publique).
Modification des statuts	Selon les statuts.	Selon les fondations abritantes.	Par délibération du conseil d'administration ou du conseil de conseil de surveillance à l'unanimité. Approbation nécessaire par l'autorité de tutelle (arrêté du ministre de l'Intérieur ou décret en Conseil d'État).	Selon les statuts (autorisation nécessaire de l'autorité de tutelle pour les associations reconnues d'utilité publique).

Thème	Fonds de dotation	Fondation sous égide	Fondation reconnue d'utilité publique	Association
		Statuts et règlement intérieur		
Règlement intérieur obligatoire	Facultatif.	Selon les fondations abritantes.	Obligatoire.	Facultatif.
Modification du règlement intérieur	Selon les dispositions statutaires et/ou du règlement intérieur.	Selon les fondations abritantes.	Ministre de l'Intérieur.	Selon les statuts.
		Constitution		
Dénomination	Liberté dans le choix.	« Fondation » + liberté dans le choix « sous l'égide de la Fondation X ».	« Fondation » (l'utilisation de ce mot est réservée aux fondations reconnues d'utilité publique) + liberté pour le reste.	Liberté de choix.
Objet social	Œuvre d'intérêt général[b] et sans but lucratif[c] (ou soutien à des œuvres d'intérêt général et sans but lucratif).	Œuvre d'intérêt général et sans but lucratif. Objet social en cohérence avec celui de la fondation abritante : il ne peut être ni plus large ni en dehors du périmètre de compétence de la fondation abritante.	Œuvre d'intérêt général[d] et sans but lucratif[e] + utilité publique.	Œuvre d'intérêt général et sans but lucratif.
Dotation initiale	Dès publication du décret d'application de l'article 85 de la loi ESS, un fonds de dotation ne pourra plus être constitué sans dotation en capital initiale. Le montant minimum de cette dotation ne pourra être supérieur à 30 000 €. Les donations (hors dons manuels) et legs sont affectés obligatoirement à la dotation en capital.	Selon les fondations abritantes.	Pas de montant légal mais une pratique de l'ordre de 1,5 M€ au minimum selon les projets. Les versements fractionnés sur 10 ans sont possibles ainsi que les dotations consomptibles.	Non (sauf associations reconnues d'utilité publique).

TABLEAU 2. (SUITE)

Thème	Fonds de dotation	Fondation sous égide	Fondation reconnue d'utilité publique	Association
		Constitution		
2.16 **Durée**	Limitée ou illimitée selon les statuts.	Selon les fondations abritantes qui se gardent le droit de rompre les relations à tout moment.	Illimitée sauf fondation à dotation consomptible.	Selon les statuts de l'association.
Capacité juridique	Possibilité de recevoir des donations et des legs et de détenir tout type de biens, y compris des immeubles de rapport.	Définie par la fondation abritante.	Possibilité de recevoir des donations et des legs et de détenir des immeubles « nécessaires » à l'objet de la fondation.	Capacité juridique limitée (ne peut recevoir que des dons manuels, et non des donations et des legs) ; Exceptions : les associations dont l'ensemble des activités sont d'intérêt général au sens de l'article 200 CGI (toutefois ces association ne pourront acquérir des immeubles de rapport) ; ARUP, œuvres de bienfaisance et d'assistance, etc.
		Ressources		
Subventions publiques	Non sauf dérogation exceptionnelle accordée par arrêté ministériel.	Oui.	Oui.	Oui.
Donations et legs	Oui (les actifs reçus dans ce cadre devant être affectés à la dotation).	Oui.	Oui.	Non sauf exception (cf. Capacité, ci-dessus).
Dons manuels	Oui (ces dons pouvant être affectés à la dotation).	Oui.	Oui.	Oui.
Produits du patrimoine	Oui (le cas échéant, une partie de la dotation si elle est consomptible).	Oui.	Oui.	Oui.
Produits des activités[f]	Oui.	Selon les fondations abritantes.	Oui.	Oui.
		Fiscalité		
Activités économiques	Si respect des critères de non-lucrativité[g], exonération des impôts et taxes dits « commerciaux » (TVA, IS, TP). En cas d'activité lucrative et fiscalement « concurrentielle », assujettissement aux impôts et taxes dits « commerciaux ». *NB* : s'agissant des fonds de dotation, l'administration fiscale a précisé que son analyse sera similaire (à certaines réserves près) à celle applicable aux associations et fondations (v. instr. du 18 décembre 2006, *BOI* 4 H-5-06).			

TABLEAU 2. (SUITE)

Thème	Fonds de dotation	Fondation sous égide	Fondation reconnue d'utilité publique	Association
		Fiscalité		
Revenus du patrimoine	Si les statuts du fonds ne prévoient pas la possibilité de consommer la dotation en capital, exonération de l'impôt sur les sociétés au taux réduit de 24 % (ou de 10 %) sur les revenus du patrimoine si respect des critères de non-lucrativité. Sinon, assujettissement à l'impôt sur les sociétés au taux de droit commun.	*Idem* que fondation RUP.	Exonération de l'impôt sur les sociétés au taux réduit de 24 % (ou de 10 %) sur les revenus du patrimoine si respect des critères de non-lucrativité. Sinon, assujettissement à l'impôt sur les sociétés au taux de droit commun.	Assujettissement à l'impôt sur les sociétés au taux de 24 % ou de 10 % si respect des critères de non-lucrativité. Sinon, assujettissement à l'impôt sur les sociétés au taux de droit commun.
Mécénat	Éligible au mécénat des entreprises (60 %) ou des particuliers (66 % ou 75 %) pour les dons. Exonérations des droits de mutation à titre gratuit pour toutes les donations et legs.	Éligible au mécénat des entreprises ou des particuliers pour les dons. Exonérations des droits de mutation à titre gratuit pour les legs et donations à certaines fondations. Réduction d'impôt de solidarité sur la fortune (ISF) de 75 % du montant des dons en numéraire et des dons en pleine propriété de certains titres de société[h] dans la limite de 50 000 € (soit un don de 66 666 €).	Éligible au mécénat des entreprises ou des particuliers pour les dons. Exonérations des droits de mutation à titre gratuit pour les legs et donations à certaines fondations. Réduction d'impôt de solidarité sur la fortune (ISF) de 75 % du montant des dons en numéraire et des dons en pleine propriété de certains titres de société[i] dans la limite de 50 000 € (soit un don de 66 666 €).	Éligible au mécénat des entreprises ou des particuliers pour les dons. Exonérations des droits de mutation à titre gratuit pour les legs et donations à certaines fondations. Pas de réduction d'ISF (sauf rares exceptions).

Thème	Fonds de dotation	Fondation sous égide	Fondation reconnue d'utilité publique	Association
		Direction		
2.16 **Principes**	Un organe unique, le conseil d'administration, composé d'au moins trois personnes désignées, pour la première fois, par les fondateurs.	Modalités de gestion arrêtées par la fondation abritante (par le biais d'un règlement intérieur) qui dispose généralement d'un droit de regard et surtout de veto sur les décisions de la fondation sous égide.	Soit un conseil d'administration (entre 9 et 15 membres répartis en 3, 4 ou 5 collèges). Soit un conseil de surveillance (entre 9 et 15 membres répartis en 3, 4 ou 5 collèges) et un directoire (de 3 à 5 membres).	Des dirigeants ; la loi de 1901 n'impose pas un type d'organe particulier, à l'exception de l'assemblée des membres. L'organe de direction peut donc être un conseil, un bureau, un comité, etc.
Représentation de l'État	Pas de représentant de l'État au conseil d'administration.	*A priori* aucun représentant de l'État sauf disposition spécifique des statuts de la fondation abritante.	L'État est représenté dans les conseils (d'administration ou de surveillance) par deux membres de droit (ayant droit de vote) ou par un commissaire du gouvernement (avec voix consultative).	Pas de représentant de l'État au conseil d'administration ou au bureau.
Rémunération des dirigeants	*A priori*, l'exercice des mandats des membres des conseils et du bureau est gratuit. Possibilité de remboursement des frais. Pas visé directement par les dispositions de l'article 261, 7, 10, *d)* du code général des impôts (mais l'administration fiscale a déclaré analyser la gestion avec les mêmes tolérances que pour les associations et fondations).	Selon les fondations abritantes. Pas visé directement par les dispositions de l'article 261, 7, 10, *d)* du code général des impôts.	*A priori*, l'exercice des mandats des membres des conseils est gratuit. Possibilité de remboursement des frais. Exceptions : un directeur général peut être salarié ; les membres du conseil d'administration peuvent être rémunérés, soit dans la limite des 3/4 du Smic, soit dans le respect des conditions de l'article 261, 7, 10, *d)* du code général des impôts (sinon risque de remettre en cause le caractère non lucratif de la fondation ; (nos 8.11 et s.).	*A priori*, l'exercice des mandats des membres des conseils est gratuit. Possibilité de remboursement des frais. Exceptions : un directeur général peut être salarié ; les membres du conseil d'administration peuvent être rémunérés, soit dans la limite des 3/4 du Smic, soit dans le respect des conditions de l'article 261, 7,1°, *d)* du code général des impôts (sinon risque de remettre en cause le caractère non lucratif de la fondation (nos 8.11 et s.).

TABLEAU 2. (SUITE)

2.16

Thème	Fonds de dotation	Fondation sous égide	Fondation reconnue d'utilité publique	Association
		Direction		
Liberté de prévoir d'autres organes	Liberté contractuelle quant à la création et au fonctionnement d'autres organes de gestion statutaires.	Selon les fondations abritantes.	Possibilité de nommer un directeur général et de constituer un conseil scientifique ainsi qu'un ou plusieurs comités spécialisés.	Liberté statutaire.
Comité	Comité consultatif obligatoire, dans le cadre de la gestion financière du fonds, dès que la dotation dépasse un montant de 1 M €.	Non, en dehors du comité de gestion qui tient le rôle d'un conseil d'administration.	Comité scientifique exigé pour les fondations scientifiques. Tout autre comité possible.	Pas d'obligation (libre choix statutaire, exigence, par des tiers, possible).
		Contrôle		
Cour des comptes	Si le montant des financements publics est supérieur à 150 000 €. **Ou** Si le montant des dons ouvrant à avantage fiscal est supérieur à 153 000 €.			
Contrôle administratif	Le préfet dispose d'un pouvoir général de surveillance (se faire communiquer tout document ou engager toutes investigations utiles).	Selon les règles imposées par la fondation abritante.	Les fondations sont soumises au contrôle du Gouvernement (ministère de l'Intérieur mais aussi les autres ministères intéressés). Droit de visite par les délégués des ministères. Droit de vote du(es) membre(s) de droit représentant(s) du(es) ministère(s) ou, pour le commissaire du gouvernement, droit de faire revoter une décision contraire aux statuts, au règlement intérieur, aux lois et règlements.	En fonction du type d'activités exercées et des éventuels agréments nécessaires à ces dernières.
Désignation obligatoire d'un commissaire aux comptes	Oui (à partir de 10 000 € de recettes annuelles).	Non (mais la fondation abritante en a un).	Oui (du fait des statuts types).	Non (sauf critères légaux comme, par exemple, la réception de plus de 153 000 € de dons dans l'année).

TABLEAU 2. (SUITE)

2.16

Thème	Fonds de dotation	Fondation sous égide	Fondation reconnue d'utilité publique	Association
		Règles comptables		
Comptabilité	Privée (bilan, compte de résultat, annexes).	Privée.	Privée (bilan, compte de résultat, annexes).	Privée (au-delà de certains seuils, bilan, compte de résultat, annexes).
Obligations comptables	Comptes annuels (bilan, compte de résultat, annexe) et publication de ceux-ci avec le rapport du commissaire aux comptes auprès du préfet.	Selon les règles imposées par la fondation abritante.	Comptes annuels (bilan, compte de résultat, annexe). Établissement du budget de l'exercice suivant selon les modalités des statuts. Établissement d'un rapport moral et financier et d'un report de gestion (si activité économique). Publication des documents visés ci-dessus auprès du préfet, du ministère de l'Intérieur et, le cas échéant, des autres ministères concernés.	Comptabilité recettes/dépenses possible. Au-delà de certains seuils, comptabilité d'engagement obligatoire, notamment en cas de réception de plus de 153 000 € par an de dons.
		Fin du fonds		
Dissolution	À l'arrivée du terme statutaire, à défaut de prorogation. Volontaire. Judiciaire.	Selon les règles imposées par la fondation abritante.	En cas de décision du conseil d'administration ou du conseil de surveillance. En cas de retrait de la reconnaissance d'utilité publique. En cas de non-respect du calendrier des versements de la dotation initiale. En cas de réduction d'une dotation consomptible à 10 % de sa valeur initiale.	À l'arrivée du terme statutaire, à défaut de prorogation. Volontaire. Judiciaire.

TABLEAU 2. (SUITE)

2.16

Thème	Fonds de dotation	Fondation sous égide	Fondation reconnue d'utilité publique	Association
		Fin du fonds		
Transformation	Possible en fondation reconnue d'utilité publique.	Pas de transformation possible (mais certaines fondations abritantes acceptent d'aider des fondations abritées à devenir fondations de plein exercice, ce qui suppose la disparition du compte de l'abritée.	Impossible.	Possible en fondation reconnue d'utilité publique, en GIE ou en SCIC.
Dévolution de l'actif net	Au profit d'un ou de plusieurs autres fonds de dotation ou fondations reconnues d'utilité publique.	Selon les règles imposées par la fondation abritante.	Au profit d'un ou de plusieurs établissements publics ou reconnus d'utilité publique ayant un objet similaire.	Selon les règles imposées par les statuts ou au profit d'un ou plusieurs organismes ayant un objet similaire.

a. Il convient de vérifier au cas par cas selon les statuts de la fondation abritante.
b. Il s'agit d'une notion évolutive selon les besoins, à un moment donné, de la collectivité publique. Pour faire simple, « ce qui dépasse l'intérêt individuel des fondateurs ».
c. La notion de l'absence de la non-lucrativité suppose, au plan civil, que les bénéfices de la structure ne soient pas distribués entre ses membres. Cette notion ne doit pas être confondue avec la notion de non-lucrativité au plan fiscal (nos 8.04 et s.).
d. Il s'agit d'une notion évolutive selon les besoins, à un moment donné, de la collectivité publique. Pour faire simple, « ce qui dépasse l'intérêt individuel des fondateurs ».
e. La notion de non-lucrativité suppose, au plan civil, que les bénéfices de la structure ne soient pas distribués entre ses membres. Cette notion ne doit pas être confondue avec la notion de non-lucrativité au plan fiscal (nos 8.04 et s.).
f. Si les structures peuvent recevoir des produits de leurs activités, il convient de s'assurer que le type d'activité exercé n'a pas d'incidence sur le statut fiscal de la structure.
g. La gestion de l'organisme est désintéressée (dirigeants bénévoles, absence de distribution directe ou indirecte de bénéfices, sous quelque forme que ce soit...). Sinon, l'organisme ne doit pas concurrencer les entreprises ou des associations lucratives exerçant la même activité, dans le même secteur. Sinon, l'organisme ne doit pas exercer son activité selon des modalités de gestion similaires à celles des sociétés commerciales ou associations lucratives concurrentes (règles dites des « 4 P » : produit, public, prix et publicité).
h. Titres de sociétés admis aux négociations sur un marché réglementé français ou étranger.
i. *Idem.*

CHAPITRE 3

CRÉATION DU FONDS DE DOTATION

3.

3.

3.

MÉMO

[Fondateurs]

- Personnes physiques ou morales de droit public ou privé.

[Constitution de la dotation en capital]

- La dotation en capital est obligatoire mais ne doit pas forcément être constituée au moment de la création du fonds ; il n'existe pas de montant minimal.
- La dotation en capital comprend les libéralités, les apports et les donations temporaires d'usufruit.

[Création du fonds de dotation]

- Création *post mortem* possible.
- Création à durée déterminée ou indéterminée.

[Préfecture]

- Compétence en matière de déclaration.

POUR ALLER PLUS LOIN

[Revue *JA*]

- I. Tracq-Sengeissen, S. Marion, « Les fonds de dotation ont-ils les moyens de leurs ambitions ? », *JA* n° 425/2010, p. 34 et s.
- J. Adda, C. Bergeal, F. Charhon, S. Couchoux, L. Devic, D. Lemaistre, H. Steinberg, C. Sueur, A. Vinas, « Fonds de dotation : parole d'acteurs », *JA* n° 395/2009, p. 14.
- L. Devic, « Fonds de dotation : les mesures réglementaires », *JA* n° 391/2009, p. 31 ; « Fonds de dotation : un outil révolutionnaire pour les mécènes », *JA* n° 386/2008, p. 29.

CHAPITRE 3

CRÉATION DU FONDS DE DOTATION

I. Fondateurs

3.01

3.01. Possibilité d'une dictature. Davantage encore que dans une fondation, les fondateurs - du moins ceux d'entre eux qui le souhaitent - ont vocation à occuper une place importante dans un fonds de dotation.

Dictature confirmée par le ministère de l'Économie. Lors d'un colloque relatif aux fonds de dotation organisé le 28 avril 2009 par France générosités, Catherine Bergeal, alors directrice des affaires juridiques du ministère de l'Économie, a confirmé la possibilité, pour un fondateur, de contrôler de façon pérenne un fonds de dotation : « *Le fondateur peut être un dictateur.* »

La loi de modernisation n'a pas posé de restriction particulière quant à la nature et à l'identité des fondateurs (sur les administrateurs du fonds, n° 5.06 et n°s 5.09 et s.).

A. Personnes physiques

3.02. Capacité de la personne physique. Toute personne physique peut créer un (ou plusieurs) fonds de dotation. Dès lors qu'une telle constitution s'accompagne d'apports et/ou de donations (la loi parle de « dotations en capital », sans que cela corresponde à une notion bien définie), il est nécessaire que cette personne soit capable juridiquement. Ainsi, un mineur doit être représenté (du moins lorsque la création d'un tel fonds entraîne la réalisation d'actes de disposition ; à défaut, un mineur peut créer un fonds à la condition qu'il y soit autorisé, même tacitement, par son représentant légal).

3.03. Intervention du notaire. Si les biens apportés ou donnés au fonds de dotation ne consistent pas en des immeubles, l'intervention d'un notaire ne sera pas obligatoire (n°s 3.38 et s.).

3.04. Indifférence du nombre de fondateurs. Le fonds peut être créé par une ou plusieurs personnes physiques, apparentées ou non.

EXEMPLE 1. PHILANTHROPIE FAMILIALE

M. Maecenas, qui a des enfants, souhaite toutefois consacrer une partie de son patrimoine à une œuvre d'intérêt général. Il peut alors décider de constituer (seul ou avec ses enfants) un fonds de dotation qui sera administré par lui et par ses enfants et/ou des amis.
En fonction de l'importance du patrimoine qu'il est prêt à affecter (irrévocablement) à cette œuvre, ce fonds pourra être constitué à durée indéterminée et vivre des revenus de la dotation ainsi que de tout don ultérieur.

EXEMPLE 2. FONDS DE PRÉFIGURATION D'UNE FONDATION

M. Fonda, sans enfant, souhaite constituer une fondation reconnue d'utilité publique à laquelle il entend affecter une partie significative de son patrimoine. Déjà âgé, il s'inquiète du temps que pourra prendre la procédure de reconnaissance d'utilité publique. Plutôt que de laisser à un exécuteur testamentaire le soin de conduire à son terme, après son décès, le dossier de demande de reconnaissance d'utilité publique (dont l'attribution est toujours incertaine et laissée à l'appréciation de l'État), il pourra constituer rapidement un fonds de dotation. Ce dernier pourra avoir pour objet de commencer à conduire les activités de la future fondation et à obtenir pour cette dernière la reconnaissance d'utilité publique.

B. Personnes morales

1. Personnes morales de droit public

3.05 **3.05. FONDATRICES ET/OU ADMINISTRATEURS ?** Les personnes morales de droit public peuvent être fondatrices et/ou administratrices d'un fonds de dotation. Ainsi, peuvent créer un fonds de dotation :

- l'État ;
- les régions ;
- les départements ;
- les communes ;
- leurs établissements publics nationaux ou locaux ;
- les groupements d'intérêt public, chambres de commerce et d'industrie, etc.

La décision de créer ou de participer à la création et/ou à l'administration d'un tel fonds devra être prise par l'organe délibérant compétent de chacune de ces personnes, dans les limites, bien entendu, des compétences que leur accorde la loi.

3.06. ÉTAT ET COLLECTIVITÉS PUBLIQUES : INTÉRÊT LIMITÉ ? En revanche, dès lors qu'il n'est pas possible de verser à un fonds de dotation des fonds publics (nos 6.18 et s.), l'intérêt pour les collectivités de constituer seules un tel outil peut rester limité. À défaut de financements publics, leur participation pourra être conçue comme une participation à l'évaluation d'un projet, un soutien moral, une reconnaissance. En outre, la collectivité ne pourra fonder seule le fonds ; elle devra le faire conjointement avec une personne physique ou une personne morale de droit privé dès lors qu'il est désormais nécessaire de justifier d'une dotation initiale (n° 3.13).

INTÉRÊT POUR LES COLLECTIVITÉS PUBLIQUES. Le fonds de dotation étant une personne morale de droit privé, les personnels auxquels il pourra avoir recours seront donc des salariés de droit privé, et non de droit public. C'est, dans certaines hypothèses, un élément de nature à conduire des collectivités ou établissements publics à se tourner vers cette forme sociale pour porter certains projets d'intérêt général (dans lesquels elles ne pourront pas verser de fonds publics, sauf autorisation ministérielle très exceptionnelle). Il est à noter que certaines collectivités publiques ont pu verser des subventions à des associations en vue d'aider ces dernières à constituer un fonds de dotation...

EXEMPLE 3. CRÉATION D'UN FONDS À L'INITIATIVE D'UNE COMMUNE

Une commune peut trouver un intérêt à constituer un fonds, ou plutôt à en initier la création, pour recueillir, au sein d'une structure distincte, les donations et legs de personnes physiques qui voudraient contribuer à une action culturelle passant, par exemple, par la restauration (ou l'entretien) d'un bâtiment. L'intérêt pour la commune résiderait dans la simplification des procédures à mettre en œuvre (en matière d'embauche de personnel, par exemple). Elle devra toutefois veiller à ne pas faire de ce fonds un gestionnaire de fait.

3.07

2. Personnes morales de droit privé

3.07. PRINCIPE : TOUTE PERSONNE MORALE DE DROIT PRIVÉ. Toute personne morale de droit privé, à but lucratif ou non, peut décider de créer, seule ou avec d'autres personnes, un fonds de dotation. Pourront donc constituer un tel fonds :

- au titre des personnes morales à but non lucratif : une association, une fondation, un syndicat professionnel, une congrégation, une mutuelle, une caisse de prévoyance, etc. ;
- au titre des personnes morales à but lucratif : une Sarl, une SA, une SAS, une SEM, une Scop, une société civile, etc.

La décision de constituer un tel fonds devra être prise par l'organe statutairement compétent pour les actes de disposition (dès lors, notamment, qu'il sera souvent question d'affecter à ce fonds des biens détenus par le fondateur).

3.08. LIMITE : L'OBJET SOCIAL DE LA PERSONNE MORALE. Bien entendu, cette constitution devra entretenir un lien suffisant avec l'objet social de la personne morale constituante, et ce, d'autant plus si celle-ci entend y affecter des fonds et/ou des biens significatifs (il appartient aux dirigeants de veiller à ce que la constitution d'un tel fonds - avec les apports ou les dons y afférents - ne puisse être regardée comme un abus de bien social ou un abus de confiance)[1].

EXEMPLE 4. FONDS DE DOTATION, OUTIL COMMUN À PLUSIEURS ASSOCIATIONS

Des associations agissant dans des secteurs similaires d'activité ou complémentaires, mais ne disposant pas de la capacité juridique de recevoir des donations et des legs peuvent, pour un projet commun (à durée déterminée ou non), constituer entre elles un fonds de dotation alimenté par une dotation initiale, des donations, des legs et des campagnes d'appel à la générosité du public.

EXEMPLE 5. FONDS DE DOTATION CONÇU COMME UNE FONDATION D'ENTREPRISE

Une ou plusieurs entreprises peuvent, pour soutenir ou développer ensemble une œuvre d'intérêt général, décider de constituer une structure juridique plus souple qu'une fondation d'entreprise.
En effet, pour un fonds de dotation, les entreprises fondatrices n'auront pas à justifier d'un programme pluriannuel de 150 000 euros. Elles pourront organiser, dans le cadre du fonds de dotation, une collecte

1. A. CHAUVEAU-MAULINI, « L'abus de biens sociaux dans l'ombre du mécénat », JA n° 379/2008, p. 29 et s.

de dons auprès d'un public plus large que celui des fondations d'entreprises.

EXEMPLE 6. FONDS DE DOTATION CRÉÉ PAR UNE ASSOCIATION CULTUELLE

Sous réserve de ne pas y apporter ses propres actifs et de trouver un autre fondateur capable d'apporter la dotation initiale, une association cultuelle peut avoir intérêt à susciter ou à créer un fonds de dotation
3.09 pour favoriser le financement d'œuvres d'intérêt général à caractère confessionnel et en conserver la maîtrise indirecte (nos 8.107 et s.).

C. Le « fonds unipersonnel »

3.09. FONDATEUR UNIQUE. Comme les fondations, et à la différence des associations, des congrégations et des syndicats professionnels, le fonds de dotation peut être constitué par une seule personne physique ou morale. Mais à la différence des fondations, le fondateur unique peut conserver un contrôle étroit du fonds de dotation dans la mesure où il peut se réserver statutairement la possibilité de désigner tout ou partie des administrateurs (voire être lui-même l'un d'entre eux). C'est pour cette raison que l'on peut, dans une telle hypothèse et par extrapolation avec ce qui est possible pour certaines sociétés, parler de « fonds unipersonnel ».

D. Nationalité des fondateurs

3.10. PAS DE DISCRIMINATION. La loi instituant les fonds de dotation et son décret d'application n'imposent pas de condition de nationalité tant pour les administrateurs que pour les fondateurs, que ces derniers soient des personnes physiques ou des personnes morales. L'absence d'interdiction dans ce domaine est cohérente avec l'intention affichée par le législateur d'attirer en France, pour le développement d'activités d'intérêt général, des financements privés. Un fonds de dotation peut donc être constitué par un étranger ou une société étrangère et n'avoir pour dirigeants que des personnes de nationalité étrangère.

II. Dotation en capital : instrument de capitalisation

A. Précision sémantique préalable

3.11. TERME INCONGRU. Parler de « dotation en capital » pour un organisme qui ne possède pas de « capital » est une incongruité. En effet, le fonds de dotation ne possède pas de capital divisé en parts sociales. Il n'est pas l'équivalent d'un fonds commun de placement. Il n'est pas non plus un outil porté par une société civile ou commerciale. Le fonds de dotation est bien un être moral nouveau qui a vocation à disposer de fonds propres, comme les associations et les fondations, par exemple.

LA DOTATION DES FONDATIONS. Pour les fondations reconnues d'utilité publique, il est exigé la constitution d'une « dotation », sans référence à un capital social. La dotation constitue une partie des fonds propres de la fondation et doit représenter, au moment de la constitution, un montant d'environ un million d'euros. L'article 140 de la loi LME aurait donc pu faire référence, tout simplement, à la « dotation » au lieu d'introduire une notion en principe utilisée pour les sociétés.

L'expression « dotation en capital » était, jusqu'à l'institution des fonds de dotation, davantage utilisée pour faire référence aux fonds qu'apportait, par exemple, une collectivité publique à un organisme sous son contrôle en vue d'un projet déterminé.

EXEMPLE 7. DOTATION EN CAPITAL DE L'ADOMA

Ainsi, l'Adoma (ancienne Sonacotra), qui est société d'économie mixte (c'est-à-dire société anonyme détenue majoritairement par l'État), a-t-elle annoncé en 2009 qu'elle bénéficierait, dans le cadre du plan de relance, d'une « dotation en capital » supplémentaire de 37 millions d'euros. Juridiquement, une telle dotation en capital doit être analysée comme un apport en capital, et non comme une donation. 3.12

Il est donc difficile de déterminer si, dans l'esprit du rédacteur du texte, les dotations en capital doivent être assimilées à des libéralités ou à des apports (nos 4.08 et s.).

DOTATION ET FONDS PROPRES. Toutefois, compte tenu des termes employés par ailleurs dans le texte et dans la doctrine de l'administration fiscale, il semble que cette notion doit être entendue comme englobant les différents modes de constitution des fonds propres (en principe pérennes) du fonds de dotation ; les dotations en capital représentent les fonds propres du fonds de dotation ou plus exactement les biens et droits reçus à titre gratuit, dans le cadre de libéralités.
D'ailleurs, l'avis n° 2009-01 du 5 février 2009, relatif aux règles comptables applicables aux fondations et fonds de dotation, modifiant le règlement n° 99-01, n'intègre pas au plan comptable la notion de dotation en capital. La prise en compte des fonds de dotation dans cet avis, initialement rédigé surtout pour les fondations, peut être interprétée comme le constat selon lequel la nature des fonds propres d'un fonds de dotation n'est pas fondamentalement différente de celle des fonds propres d'une fondation.

3.12. DES FONDS PROPRES, SOURCES DE REVENUS. Si le montant minimum désormais exigé pour la dotation en capital initiale des fonds de dotation reste relativement faible, ces derniers ne pourront toutefois conduire des activités pertinentes qu'à la condition, en principe, d'accumuler des actifs significatifs, producteurs de revenus.

B. Constitution

3.13. UNE DOTATION INITIALE DÉSORMAIS OBLIGATOIRE. Alors que la loi énonce que « *le fonds de dotation est constitué par les dotations en capital qui lui sont apportées, auxquelles s'ajoutent les dons et legs qui lui sont consentis* »[1], il avait toutefois été précisé à plusieurs reprises qu'un fonds de dotation pouvait être constitué sans dotation en capital initiale, en vertu d'une lecture littérale du texte alors applicable.

1. Loi n° 2008-776 du 4 août 2008 de modernisation de l'économie (dite « loi LME »), art. 140 III, *JO* du 5.

Loi du 4 août 2008, art. 140, III, 2e alinéa (dans sa version initiale, désormais inapplicable) : « Le ou les fondateurs peuvent apporter une dotation initale au fonds »

La première modification du régime juridique des fonds de dotation, intervenue en 2014, a eu pour objet de rendre obligatoire la constitution d'une dotation initiale.

3.14 **Loi du 4 août 2008, art. 140, III, 2e alinéa (dans sa rédaction nouvelle) :** « Les fondateurs apportent une dotation initiale au moins égale à un montant fixé par voie réglementaire, qui ne peut excéder 30 000 € ».

Position initiale du législateur. Ainsi, sur le site internet officiel du ministère de l'Économie consacré à la loi de modernisation de l'économie, à la question de savoir s'il est possible de constituer un fonds de dotation sans dotation en capital initiale, il était répondu qu'« *il n'y a pas de montant minimum et pas d'obligation de dotation initiale au moment de la création* ». Cette précision avait été confirmée à plusieurs reprises oralement par Catherine Bergeal lorsqu'elle était directrice des affaires juridiques du ministère de l'Économie.
De même, dans le rapport n° 908 présenté par le député Jean-Paul Charié sur le projet de loi de modernisation de l'économie, la possibilité de constituer un fonds sans dotation était également mentionnée.
Il s'agit là d'une indication de l'état d'esprit du législateur à ce sujet ; le souhait de simplifier le mode de création d'un nouvel outil de mécénat passait par l'absence d'obstacle à la création de ce dernier.
Une évolution destinée à maîtriser le rythme de création des fonds. L'évolution des conditions de constitution des fonds de dotation est due, notamment, à l'intervention du Centre français des fonds et fondations (CFF), soucieux de ne pas voir se multiplier les « fonds coquilles », c'est-à-dire sans activité. L'exigence d'une dotation initiale minimum inciterait donc les fondateurs à bien mûrir leur projet (il est vrai qu'en ce qui concerne la collecte de dons manuels, la forme associative est aussi simple à mettre en place et soumise à moins de contrôles qu'un fonds de dotation dès lors qu'elle collecte moins de 153 000 euros de dons déductibles dans l'année...).
Dans un avis du 25 juin 2013, le Haut Conseil à la vie associative (HCVA) a critiqué la possible instauration d'une dotation minimum, considérant que l'instauration d'un tel « capital minimum » serait contraire à l'intention initiale du législateur. Il a en revanche recommandé de faciliter le contrôle et la dissolution des fonds restés trop longtemps inactifs. Nous partageons cette critique du HCVA.
Il importe de souligner que si l'exigence d'une dotation en capital initiale aura pour effet de ralentir le rythme de créations des fonds, elle n'empêchera par pour autant un fonds de consommer sa dotation et de poursuivre ainsi son existence sans disposer d'une dotation...

Cette constitution d'une dotation en capital, à laquelle la loi fait allusion en rendant désormais obligatoire un montant minimum au moment de la constitution, est un rappel de la vocation des fonds à disposer d'une dotation en capital et du caractère éventuellement contestable des fonds simplement relais.

3.14. Modalités de constitution de la dotation initale. Outre la détermination du montant minimum de cette dotation initiale, il serait opportun que le décret d'application à venir précise les conditions dans lesquelles elle devra être constituée.

Sur ce dernier point, pour favoriser un traitement simplifié et rapide des dossiers de constitution des fonds, il serait opportun de ne pas nécessairement exiger des fondateurs la production d'un acte authentique (notarié) mais de leur laisser la possibilité de produire : 3.15

- une garantie bancaire ;
- ou une attestation bancaire de dépôt des fonds selon une procédure similaire à celle mise en œuvre dans le cadre de la constitution du capital de sociétés commerciales.

Pratique constatée. Jusqu'à ce jour, lorsqu'un fonds de dotation était constitué avec une dotation initiale, il convient de noter que les préfectures n'exigeaient pas des fondateurs des justificatifs lui permettant de vérifier l'existence effective d'une telle dotation initiale. En pratique, dans la mesure où les rapports annuels d'activité des fonds de dotation doivent mentionner la liste des libéralités reçues, le contrôle des préfectures pouvait donc intervenir *a posteriori*.

3.15. Dotation : l'essentiel des actifs. Par la suite, la dotation devrait, en principe, représenter l'essentiel des actifs du fonds de dotation. En effet, à la différence des fondations reconnues d'utilité publique, les donations (hors dons manuels) et legs consentis ultérieurement au fonds de dotation devront obligatoirement être affectés à la dotation en capital (dans une fondation, les donations et legs ultérieurs peuvent ne pas être affectés à la « dotation »).

3.16. Opérations constitutives de la dotation. La dotation en capital initiale pourra être constituée de différentes façons.

S'il est assez logique de penser en premier lieu aux libéralités qui pourraient être consenties au fonds, il est également possible de s'interroger sur d'autres modes de constitution.

1. Dons et legs

3.17. Priorité aux libéralités. Comme pour les fondations, le moyen privilégié de constitution d'une dotation en capital sera les libéralités, c'est-à-dire :

- les dons manuels (nos 4.10 et s.) ;
- les donations, c'est-à-dire les libéralité entre vifs intervenant devant notaire (nos 4.14 et s.) ;
- les legs, c'est-à-dire les libéralités à cause de mort faite par acte authentique ou non mais requérant l'intervention d'un notaire (nos 4.23 et s.).

À l'instar des fondations, la loi énonce que « *le fonds de dotation [...] reçoit et gère [...] des biens de toute nature qui lui sont apportés à titre gratuit et irrévocable [...]* »[1].

1. Loi LME du 4 août 2008, art. 140, al. 1er.

Précision sémantique. Cette précision selon laquelle les biens et droits donnés au fonds de dotation sont apportés « *à titre gratuit et irrévocable* » s'inspire à l'évidence de celle utilisée pour les fondations. La mention du caractère gratuit, ajoutée au caractère irrévocable, vient probablement du fait qu'en l'espèce, la plupart des dotations de fondations sont constituées par voie de legs ou de donations.

3.18 **Loi du 23 juillet 1987, art. 18.** « La fondation est l'acte par lequel une ou plusieurs personnes physiques ou morales décident l'affectation irrévocable de biens, droits ou ressources à la réalisation d'une œuvre d'intérêt général et à but non lucratif. »[1]

2. Apports

3.18. L'apport n'est pas une libéralité. La question de la constitution de la dotation par voie d'apport se pose dès lors que l'article 140 de la loi LME semble admettre la possibilité, pour un fonds de dotation, de bénéficier d'apports. En effet, aux termes de l'article 140, III, « *le fonds de dotation est constitué par les dotations en capital qui lui **sont apportées** auxquelles s'ajoutent les dons et legs qui lui sont consentis* ».

En réalité, nous considérons que ce texte distingue le fait de doter le fonds au moment de sa constitution (il évoque ainsi « *les dotations en capital qui lui sont apportées* ») et le fait, pour l'organisme, de recevoir des libéralités en cours de vie sociale (les biens reçus dans le cadre desdites libéralités devant alors être obligatoirement affectés à la dotation en capital).

Pour autant, en raison même de la définition légale du fonds de dotation, les dotations en capital apportées doivent être assimilées à des libéralités, c'est-à-dire à des affectations gratuites et irrévocables, et non à des apports associatifs qui, par définition, ne sont pas irrévocables (sur l'extension de cette notion aux fonds de dotation, nos 4.28 et s.).

3.19. Les biens apportés ne sont pas affectés à la dotation. Si rien ne s'oppose selon nous à ce qu'un fonds de dotation puisse par ailleurs bénéficier d'apports non rémunérés par des titres mais par une contrepartie morale qu'il s'engage à respecter, il résulte de la nature juridique de ce mode de transmission qu'il ne peut être assimilé à un transfert gratuit et irrévocable. L'apport n'est donc pas, à notre sens, un mode de constitution de la dotation même s'il est aussi un mode de constitution de fonds propres. D'ailleurs, le plan comptable applicable aux associations, fondations et fonds de dotation fait bien la distinction, au passif du bilan, entre les comptes de dotation et ceux relatifs aux apports.

3. Donations temporaires d'usufruit

3.20. Moyen de donner des revenus à un fonds de dotation. La donation temporaire d'usufruit est un moyen, pour le propriétaire d'un bien, de se dessaisir de l'usufruit (c'est-à-dire des fruits et du droit de jouissance) de ce dernier pendant une période déterminée.

3.21. Donations temporaires d'usufruit : un mode de constitution discutée. Certains, considérant que le fonds de dotation est une personne morale qui reçoit et gère « des *biens et droits de toute nature qui lui ont été*

1. Loi n° 87-571 du 23 juillet 1987 relative au développement du mécénat, *JO* du 24.

apportés à titre gratuit et irrévocable »[1], doutent de la capacité du fonds de dotation à recevoir des donations temporaires d'usufruit. Le caractère temporaire de cette donation s'opposerait au caractère irrévocable des apports consentis au fonds.

Irrévocabilité et caractère temporaire. Outre que ce caractère irrévocable doit, semble-t-il, être compris comme l'impossibilité, pour le donateur, de revenir sur la donation qu'il a consentie (et non comme l'impossibilité pour lui de consentir des donations pour un temps déterminé), on pourra remarquer que de telles donations sont fréquemment faites au profit de fondations reconnues d'utilité publique alors que la loi les définissant énonce également que « *la fondation est l'acte par lequel une ou plusieurs personnes physiques ou morales décident l'affectation irrévocable de biens, droits ou ressources à la réalisation d'une œuvre d'intérêt général et à but non lucratif* »[2]. 3.22

À notre sens, si le fonds de dotation dispose indéniablement de la capacité juridique à recevoir des libéralités sous forme de donations temporaires d'usufruit, il ne semble pas évident, et en tout état de cause pas opportun, de considérer que les droits ainsi reçus aient nécessairement à être incorporés à la dotation dès lors qu'ils ne sont détenus que temporairement par le fonds. D'où les interrogations quant au mode de comptabilisation d'une telle donation temporaire (n° 4.22).

3.22. Au plan fiscal. Les avantages conférés par la donation temporaire d'usufruit peuvent être significatif (n° 4.21).

4. Cas particulier de l'affectation des dons manuels

3.23. Affectation des dons manuels spontanés. Si un fonds de dotation dispose bien de la capacité juridique à recevoir des dons manuels, il existe en revanche une controverse sur l'affectation à réserver aux dons manuels reçus par les fonds de dotation. Cette controverse est liée à une ambiguïté rédactionnelle des textes applicables aux fonds.

En effet, l'article 140, III de la loi de 2008 dispose que « *le fonds de dotation est constitué par les dotations en capital qui lui sont apportées auxquelles s'ajoutent les dons et legs qui lui sont consentis. L'article 910 du code civil n'est pas applicable à ces libéralités* ».

La position actuelle (contestable à notre sens) du bureau de droit privé de la Direction des affaires juridiques des ministères financiers est que les dons manuels reçus en dehors d'une campagne d'appel à la générosité publique (nécessairement préalablement autorisée) doivent obligatoirement être affectés à la dotation du fonds. Pour pouvoir les utiliser pour le financement des activités du fonds, il serait alors nécessaire de consommer la dotation du fonds.

Nous ne partageons pas l'analyse du ministère sur cette question. Nous considérons qu'elle est contraire à la rédaction formelle du texte puisque les libéralités visées par l'article 910 du code civil visent bien exclusivement les donations entre vifs et legs testamentaires constatés par acte authentique à l'exception des dons manuels qui échappent, par

1. Loi LME du 4 août 2008, art. 140, I.
2. Loi n° 87-571 du 23 juillet 1987, art. 18.

définition, à tout type de formalisme. La notion de dons et legs visée par le premier alinéa de l'article 140, III ne concerne donc que les libéralités constatées par acte authentique auxquelles renvoie l'article 910 du code civil.

Cette analyse est confortée, à notre sens, par le 5e alinéa de l'article 140, III de la loi du 4 août 2008 en ce qu'il dispose que « *les dons issus de la générosité publique peuvent être joints à la dotation en capital du fonds de*
3.24 *dotation* ».

Les dons manuels n'ont donc pas en principe vocation à être affectés à la dotation. Tel n'était pas en outre l'esprit du législateur lorsqu'il a décidé d'ajouter au texte initial du projet de loi instituant les fonds de dotation la possibilité de recevoir des dons manuels (n° 4.13).

Solution pragmatique. Néanmoins, au regard de ces éléments, pour les fonds de dotation qui souhaitent se livrer à des collectes de dons manuels, il convient de préconiser, à titre prudentiel, d'adresser chaque année à la préfecture une demande d'autorisation de procéder à une campagne d'appel à la générosité publique (comme doivent le faire tous les fonds qui entendent collecter des dons auprès du public).
Ainsi, les dons manuels collectés dans l'année pourront être librement utilisés comme des ressources pour financer les activités du fonds et n'auront pas nécessairement à être affectés à la dotation (non consomptible ou pas) de ce dernier.
En revanche, si la dotation est consomptible, il ne sera pas nécessaire pour le fonds d'effectuer cette demande d'autorisation, car la dotation peut alors être librement utilisée. Mais, si l'on suit l'analyse contestable précitée du ministère, ces dons commenceront par être affectés à la dotation avant que le conseil d'administration du fonds décide de la consommation partielle de ladite dotation.

5. Affectation du résultat

3.24. Renforcement de la dotation. Dans l'hypothèse où un fonds de dotation clôt son exercice avec un résultat excédentaire, son conseil d'administration peut tout à fait décider d'affecter tout ou partie de ce résultat au renforcement de la dotation, par assimilation à ce qui est parfois mis en œuvre par les fondations (lesquelles ont, statutairement, l'obligation de maintenir la valeur de leur dotation).

C. Montant de la dotation en capital

3.25. Une dotation initiale minimum. La loi instituant les fonds de dotation renvoie, depuis juillet 2014, à un décret qui fixera le montant minimum de la dotation. La loi énonce simplement que ce montant minimum exigé ne pourra être supérieur à 30 000 euros.

En cela, le fonds de dotation se distingue en pratique de la fondation reconnue d'utilité publique pour laquelle le Conseil d'État, et non la loi ou le règlement, exige que les fondateurs justifient, au moment de la constitution, d'une dotation d'environ 1,5 million d'euros.

Quelles références ? Lorsque le sujet de la détermination d'un montant minimum pour la dotation initiale des fonds a été évoqué, le CFF a suggéré de reprendre le montant évoqué par le projet de règlement européen sur la fondation européenne, qui évoque un montant de 25 000 euros.

Le montant de la dotation initiale peut être supérieur au minimum. Contrairement à ce que certains commentaires rapides de cette introduction d'une dotation initiale obligatoire ont pu laisser penser, il est bien entendu possible de constituer un fonds de dotation avec une dotation initiale d'un montant supérieur à 30 000 euros.

3.26

D. Consommation de la dotation

3.26. Principe : dotation non consomptible. Conçu, dès l'origine, comme un outil de capitalisation ayant vocation à n'utiliser que les revenus des actifs composant sa dotation, le fonds de dotation ne peut pas, en principe, consommer sa dotation en capital.

Loi du 4 août 2008, art. 140, III. Le fonds de dotation « ne peut disposer des dotations en capital dont il bénéficie ni les consommer et ne peut utiliser que les revenus issus de celle-ci ».

3.27. Exception : la consommation doit être prévue par les statuts. L'impossibilité de consommer la dotation en capital n'est pas absolue. Cette possibilité d'utiliser le prix de cession des actifs de la dotation pour financer les activités du fonds ou les aides versées par ce dernier à des organismes d'intérêt général a été introduite au cours des débats parlementaires ; elle était absente du projet du gouvernement. Les fondateurs et, plus tard éventuellement, le conseil d'administration (seul ou en accord avec le fondateur si ce dernier a conservé un droit de veto pour les modifications de statuts), peuvent prévoir dans les statuts la possibilité d'une telle consommation. Les conditions dans lesquelles la dotation pourra être consommée doivent alors être précisées dans les statuts du fonds[1].

Loi du 4 août 2008, art. 140, III. « Par dérogation [...], les statuts peuvent fixer les conditions dans lesquelles la dotation en capital peut être consommée. »

3.28. Incidences fiscales de la consommation. Le simple fait de prévoir la possibilité de consommer la dotation en capital peut faire perdre au fonds de dotation le bénéfice de l'exonération d'impôt sur les sociétés pour ses revenus de patrimoine (nos 8.01 et s.).

Consommer la dotation. Le fait de prévoir, dans les statuts, la possibilité de consommer la dotation n'a pas d'incidence, à notre sens, sur la durée du fonds de dotation (n° 3.37).

Ne pas confondre la vente d'un bien de la dotation et sa consommation. Contrairement aux fondations et associations reconnues d'utilité publique, le fonds de dotation peut décider de vendre un bien dépendant de la dotation sans avoir à solliciter une autorisation administrative. La vente devra simplement être décidée dans le respect du fonctionnement institutionnel du fonds. Dans un fonds dont les statuts ne prévoient pas la possibilité de consommer la dotation, le prix de la vente devra être remployé dans la dotation (pour acheter un bien d'une autre nature ou un bien différent). Par exemple, un immeuble compris dans la dotation pourra

1. Loi LME du 4 août 2008, article 140, III.

être vendu et son prix remployé dans l'acquisition d'autres immeubles ou de titres de portefeuille. En revanche, le prix ne pourra pas *a priori* servir pour faire des travaux sur des biens de la dotation.

PLUS-VALUE ET CONSOMMATION DE LA DOTATION. La consommation des seuls gains en capital générés par le fonds dans le cadre de la gestion des biens de sa dotation doit, à notre sens, être analysée comme une consommation de la dotation. Cette règle mériterait d'être assouplie par le 3.29 législateur ou, le cas échéant, par l'administration fiscale dans sa doctrine. Cette dernière pourrait se livrer à une interprétation souple du principe de non-consommation dans le cadre de la gestion d'un portefeuille de valeurs mobilières affectées à la dotation et considérer que les plus-values générées dans ce cadre peuvent être utilisées pour le financement des activités sans pour autant entraîner la perte de l'exonération d'impôt sur les sociétés pour les revenus de patrimoine du fonds (n° 8.64). L'administration fiscale pourrait ainsi s'inspirer de la notion américaine d'*historic dollar value* définie par l'Uniform Management of Institutional Funds Acte (UMIFA, approuvé par l'Uniform Law Commission en 1972, aux États-Unis) en autorisant l'utilisation des plus-values sous réserve que la dotation conserve sa valeur.

RESSOURCES ET PRODUITS DES LEGS ET DONATIONS. Le fait de préciser, dans un article des statuts relatif aux ressources du fonds qu'elles seront constituées, notamment, par les produits des dons et legs (c'est-à-dire la vente des biens reçus à titre libéral) peut être interprété comme une autorisation statutaire de consommation de la dotation (n° 6.11).

III. Modes de création

A. Création directe

3.29. MOMENT DE LA CRÉATION. Le fonds de dotation sera constitué :

- nécessairement pendant l'existence de la personne morale fondatrice ;
- et, la plupart du temps, du vivant du fondateur, personne physique fondatrice.

CRÉATION RAPIDE DU FONDS DE DOTATION. Ces hypothèses de création directe sont, en pratique, les plus nombreuses. Elles peuvent en outre être recommandées aux personnes physiques désireuses de favoriser, après leur décès, la création d'une œuvre non nécessairement reconnue d'utilité publique.

En effet, contrairement aux fondations, dont la longueur de la procédure de reconnaissance peut constituer, pour des personnes âgées, un obstacle d'ordre psychologique dissuasif (outre le caractère discrétionnaire de la reconnaissance de l'utilité publique), le fonds de dotation peut être constitué en moins de deux mois, sans nécessairement lui affecter au départ un patrimoine significatif. Le fondateur pourra ainsi déterminer de son vivant la composition du conseil d'administration du fonds et son objet social précis. Il pourra consentir de son vivant une donation de certains de ses biens et/ou tester la formule du fonds de dotation en toute connaissance de cause.

B. Création indirecte

3.30. FONDS *POST MORTEM*. S'agissant des personnes physiques, la loi prévoit expressément que le fonds pourra également être constitué *post mortem*[1]. En effet, un legs peut être fait au profit d'un fonds de dotation qui n'existe pas au jour de l'ouverture de la succession à condition qu'il acquière la personnalité morale dans l'année suivant l'ouverture de celle-ci. Dans ce cas, la loi énonce que la personnalité morale du fonds de dotation rétroagit au jour de l'ouverture de la succession. 3.30

3.31. UN EXÉCUTEUR TESTAMENTAIRE ? À défaut de désignation par le testateur des personnes chargées de constituer le fonds de dotation, on procède à cette constitution par une fondation reconnue d'utilité publique, un fonds de dotation ou une association reconnue d'utilité publique. Pour l'accomplissement des formalités de constitution du fonds, les personnes chargées de cette mission ou le fonds de dotation désigné à cet effet ont la saisine sur les meubles et immeubles légués. Ils disposent à leur égard d'un pouvoir d'administration, à moins que le testateur ne leur ait conféré des pouvoirs plus étendus.

3.32. MÉCANISME INSPIRÉ PAR LES FONDATIONS. La création indirecte du fonds de dotation par une constitution *post mortem* s'inspire des fondations.

Loi du 23 juillet 1987, art. 18-2.
« Un legs peut être fait au profit d'une fondation qui n'existe pas au jour de l'ouverture de la succession sous la condition qu'elle obtienne, après les formalités de constitution, la reconnaissance d'utilité publique. La demande de reconnaissance d'utilité publique doit, à peine de nullité du legs, être déposée auprès de l'autorité administrative compétente dans l'année suivant l'ouverture de la succession. Par dérogation aux dispositions du deuxième alinéa de l'article 18, la personnalité morale de la fondation reconnue d'utilité publique rétroagit au jour de l'ouverture de la succession.

À défaut de désignation par le testateur des personnes chargées de constituer la fondation et d'en demander la reconnaissance d'utilité publique, il est procédé à ces formalités par une fondation reconnue d'utilité publique désignée par le représentant de l'État dans la région du lieu d'ouverture de la succession. Pour l'accomplissement de ces formalités, les personnes mentionnées à l'alinéa précédent ont la saisine sur les meubles et immeubles légués. Elles disposent à leur égard d'un pouvoir d'administration à moins que le testateur ne leur ait conféré des pouvoirs plus étendus. »[2]

CRITIQUES. Ce mécanisme, s'il s'inspire de celui prévu pour les fondations reconnues d'utilité publique, n'est pas exempt de critiques. Ainsi, là où la loi de 1987 confie au préfet (en cas d'absence de désignation par le testateur de personnes chargées de constituer la fondation) le soin de désigner une fondation qui procédera aux formalités de reconnaissance de la fondation voulue par le testateur, l'article 140 de la loi LME se contente de préciser qu'il « *est procédé à cette constitution par une fondation reconnue d'utilité publique, un fonds de dotation ou une association reconnue d'utilité publique* » sans préciser par qui ces derniers seront désignés...

1. Loi LME du 4 août 2008, art. 140, IV.
2. Loi n° 87-571 du 23 juillet 1987, art. 18-2.

3.33. Conseil du notaire. Pour la création de fonds de dotation *post mortem*, il appartiendra essentiellement aux notaires d'inviter les personnes souhaitant opter en faveur d'un futur fonds de dotation (et qui ne souhaitent pas user de la faculté qui leur est offerte de créer ce fonds de leur vivant) à déterminer dans le testament lui-même tant les principales stipulations statutaires que les personnes qui seront chargées de constituer le fonds.

3.34

IV. Durée du fonds de dotation

3.34. Libre choix de la durée. Le fonds peut être constitué pour une durée indéterminée ou pour une durée déterminée.

3.35. Présomption d'une durée indéterminée. En l'absence de précision dans les statuts, il convient de considérer que le fonds de dotation est présumé avoir été constitué pour une durée indéterminée dès lors que ni la loi ni le décret ne posent le principe d'une durée déterminée. Toutefois, le ministère de l'Économie considère que les statuts doivent indiquer une durée[1].

Opportunité d'une durée. Parmi les fonds créés, certains l'ont été pour une durée de 10, 35 ou 99 ans. D'une façon générale, il ne sera opportun de stipuler une durée dans les statuts que pour les fonds de relative courte durée (moins de 10 ans). Au-delà, le risque est d'oublier l'existence d'un terme et de se retrouver dans l'obligation de modifier les statuts pour éviter qu'il ne soit mis un terme à l'activité du fonds alors que cette dernière devrait être pérenne.

3.36. Durée déterminée en cas de volonté expresse du fondateur. La durée du fonds de dotation pourra aussi dépendre d'une stipulation statutaire fixant une durée ou de la mission qu'ont pu lui confier ses fondateurs puisque ces derniers peuvent décider de le constituer pour atteindre un objectif particulier (la restauration d'un tableau, par exemple).

3.37. Durée et consommation de la dotation : pas de lien automatique. Certains ont pu considérer que le fait, pour un fonds de dotation, de prévoir statutairement la possibilité de consommer la dotation en capital l'obligerait également à prévoir une durée d'existence. La consommation totale de la dotation déboucherait nécessairement sur la dissolution du fonds de dotation.

Interprétation erronée. Incontestablement, il s'agit d'une interprétation erronée de ce qu'a voulu le législateur ; dès lors que ce dernier n'a prévu aucun seuil minimum pour le montant de la dotation précitée, il ne nous paraît pas possible de conclure qu'un fonds de dotation dont les statuts prévoient la possibilité de consommer la dotation en capital est nécessairement un fonds à durée déterminée.

1. Circ. du 19 mai 2009 relative à l'organisation, au fonctionnement et au contrôle des fonds de dotation, *JO* du 19 juin 2009, p. 9992, annexe 1 (outil 6).

V. Intervention d'un notaire

3.38. Pas d'intervention systématique. Les rapports qu'entretiennent les fonds de dotation avec les notaires sont du même ordre que ceux que ces derniers entretiennent avec les fondations et associations disposant de la capacité à recevoir des libéralités (donations et legs) autres que les simples dons manuels.

3.39. Intervention obligatoire en cas de volonté expresse du défunt. Ainsi, l'intervention d'un notaire pourra être obligatoire dès la constitution du fonds de dotation. Tel sera le cas lorsque cette création relève de la volonté d'un défunt qui a déclaré par testament son intention de créer un tel organisme.

3.40. Intervention obligatoire en présence d'immeubles. L'intervention d'un notaire sera également requise lorsque les fondateurs d'un fonds de dotation voudront, de leur vivant et dès la constitution du fonds, doter ce dernier d'immeubles.

3.41. Protection des héritiers. Elle pourra également être nécessaire si les dons manuels envisagés (numéraire, biens meubles tels que, par exemple, portefeuille de titres) au moment de la constitution sont d'une importance telle qu'ils rendent plus prudent l'intervention d'un tel officier public. En effet, ce dernier aura soin de tenir compte à la fois de la situation patrimoniale et de la situation de famille du fondateur de façon, notamment, à ce que les dons manuels envisagés ne portent pas atteinte à la quotité disponible des héritiers. Il pourra ainsi proposer à ces derniers une renonciation à succession sur la partie de l'actif successoral correspondant aux biens donnés.

3.42. Lorsque le don manuel prend la forme d'un acte. D'autre part, dès lors que le don manuel se caractérise, en principe, par l'absence d'écrit, la stipulation d'un montant de don (à titre de dotation en capital), dans les statuts du fonds de dotation, pourrait être regardée comme une donation rendant obligatoire l'intervention d'un notaire (c'est la raison pour laquelle des fondateurs décidaient de créer un fonds sans dotation en capital initiale et de ne verser que dans un second temps leur don manuel, sans autre formalisme que la remise - non obligatoire - à l'administration fiscale du formulaire n° 2735 ; cette façon de faire ne dispensait pas les fondateurs de se poser la question de l'incidence d'un tel don manuel sur le sort de leur succession et la situation de leurs éventuels héritiers...). Il conviendra de voir quelles seront les exigences des préfectures compte tenu de l'obligation dans laquelle sont désormais placés les fondateurs de justifier d'une dotation initiale (☞ n° 3.14).

3.43. Intervention obligatoire pour toute donation ou legs. Ensuite, au cours de la vie sociale du fonds de dotation, l'intervention d'un notaire sera nécessaire pour l'acceptation de toutes les donations consenties dans un acte écrit et les legs consentis à l'organisme, ainsi que pour toute mutation immobilière.

3.44. Attribution du boni de liquidation. Enfin, l'intervention d'un notaire pourra être rendue nécessaire compte tenu de la composition du boni de liquidation d'un fonds de dotation dissous. En effet, l'attribution du boni de liquidation à un autre fonds de dotation ou à une fondation reconnue d'utilité publique est une libéralité. Si cette attribution est réglée par un acte ou si elle comprend un immeuble, elle devra revêtir la forme authentique.

VI. Dénomination du fonds

A. Principe : liberté de choix

3.45

3.45. Liberté dans la dénomination du fonds de dotation. La loi instituant les fonds de dotation n'a rien prévu à ce sujet. Le fonds de dotation se trouve donc placé dans la même position qu'un certain nombre d'autres organismes, comme les associations par exemple.

B. Exceptions : les dénominations réservées ou incertaines

3.46. Termes réservés. Toutefois, à l'instar d'une association, le fonds de dotation ne peut pas faire usage, dans sa dénomination, d'un certain nombre de termes réservés.

Il ne peut ainsi se désigner comme une « fondation » (sauf à s'appeler « Fonds de préfiguration de la fondation X... » ou « Fonds d'appui aux recherches de la Fondation Y... ») et ne peut donc choisir pour dénomination « Fondation Z... ».

Loi du 23 juillet 1987, art. 20. « Seules les fondations reconnues d'utilité publique peuvent faire usage, dans leur intitulé, leurs statuts, contrats, documents ou publicité, de l'appellation de fondation. Toutefois, peut également être dénommée fondation l'affectation irrévocable, en vue de la réalisation d'une œuvre d'intérêt général et à but non lucratif, de biens, droits ou ressources à une fondation reconnue d'utilité publique dont les statuts ont été approuvés à ce titre, dès lors que ces biens, droits ou ressources sont gérés directement par la fondation affectataire, et sans que soit créée à cette fin une personne morale distincte.
« Seules les fondations d'entreprises répondant aux conditions prévues aux articles 19-1 à 19-10 de la présente loi peuvent faire usage, dans leur intitulé, leurs statuts, contrats, documents ou publicité, de l'appellation de fondation d'entreprise. Elle peut être accompagnée du ou des noms des fondateurs. »

Il ne peut non plus user de termes réservés à certains établissements, notamment publics (par exemple, « Université X... », « Musée de France », etc.). En revanche, contrairement à ce qui est prévu pour les sociétés, il n'est pas fait obligation au fonds de dotation de préciser, à côté de sa dénomination, sur les documents officiels, sa nature juridique.

Utilisation des termes « foundation » et « institut ». En pratique, l'utilisation du terme « foundation » est accepté par les préfectures. C'est la raison pour laquelle, au mois de septembre 2014, sept fonds de dotation utilisent ce terme dans leur dénomination. Près de quarante fonds de dotation utilisent le terme « institut ».

3.47. Dénominations incertaines. Dans l'hypothèse où un fonds de dotation est constitué par une entreprise, la question de l'emploi du nom de cette dernière dans la dénomination du fonds de dotation peut se poser.

Nom de l'entreprise fondatrice et problématique soulevée. En effet, pour les fondations d'entreprises, le code général des impôts[1] mentionne explicitement que ces dernières peuvent porter le nom de l'entreprise fondatrice sans que le caractère déductible du don fait par cette dernière à sa fondation puisse être remis en cause. En effet, la tentation est grande, en ce domaine, de voir dans l'utilisation, par la fondation d'entreprise, du nom de l'entreprise fondatrice, une contrepartie (de nature publicitaire) faisant perdre au versement son caractère libéral. 3.48

C. Protection du nom du fonds

3.48. Le nom est un attribut de la personnalité. En sa qualité de personne morale de droit privé, le fonds de dotation est protégé contre l'utilisation, par une autre personne, d'une dénomination identique ou suffisamment proche de la sienne pour être source de confusion. La réparation d'un éventuel préjudice suppose toutefois que la dénomination ait acquis une certaine renommée sur le territoire géographique d'intervention du fonds. En outre, un fonds de dotation dispose d'un droit exclusif sur sa dénomination si le ou les termes choisis sont, en eux-mêmes ou dans leur ensemble, suffisamment originaux (elle ne doit donc pas être usuelle, descriptive ou générique). Le fonds de dotation pourra décider de protéger son nom si celui-ci constitue sa marque. Il s'adressera alors à l'Institut national de la propriété industrielle (INPI) ou à l'Office de l'harmonisation dans le marché intérieur (OHMI) dans l'hypothèse où la protection doit s'étendre aux pays membres de l'Union européenne, par exemple.

VII. Formalisme déclaratif simplifié

A. Rôle de la préfecture

3.49. Compétence de la préfecture en matière de déclaration. La préfecture est l'autorité administrative compétente pour recevoir les déclarations de fonds de dotation et pour le contrôle de ces derniers (ne sont traités ici que les aspects déclaratifs relatifs aux statuts et dirigeants du fonds ; pour les missions de contrôle de la préfecture, nos 7.03 et s.).

1. Au moment de la création du fonds de dotation

3.50. Compétence des préfectures de département. Le fonds de dotation est déclaré à la préfecture du département dans le ressort duquel il a son siège social. Cette déclaration est assortie :

- des statuts du fonds de dotation ;
- de la liste et de l'identité complète des administrateurs du fonds : nom, prénom, date et lieu de naissance, profession, adresse de domicile, nationalité[2] ;
- de l'imprimé de demande de publication au *Journal officiel* (outil 27) ;

1. CGI, art. 238 *bis*.
2. Loi LME du 4 août 2008, art. 140, III et décr. n° 2009-158 du 11 février 2009 relatif aux fonds de dotation, art. 7.

• et, sous réserve de ce qu'énoncera le décret d'application à intervenir pour la détermination du montant minimum de la dotation, le justificatif de l'existence de cette dernière (n° 3.14).

3.51 **3.51. Précisions apportées par la circulaire.** La circulaire du 19 mai 2009, relative à l'organisation, au fonctionnement et au contrôle des fonds de dotation (outil 6), adressée aux préfectures pour le traitement des fonds de dotation précise les conditions dans lesquelles celles-ci doivent traiter les dossiers relatifs aux fonds de dotation. Elle sera sans doute complétée prochainement pour tenir compte de l'existence désormais obligatoire d'une dotation en capital initiale.

Incompétence des sous-préfectures. À la différence des associations, la sous-préfecture n'est jamais compétente pour recevoir les déclarations de fonds de dotation.

Particularité de l'administrateur personne morale. Lorsque les administrateurs sont des personnes morales, on veille à donner leur identité complète ainsi que celle de leur représentant légal ou de la personne qui a été expressément mandatée pour représenter au conseil d'administration du fonds la personne morale administratrice.

Importance d'avoir un objet social suffisament déterminé. Comme toute personne, le fonds de dotation doit dire qui il est et ce qu'il fait. Un objet indéfini (« Le fonds a pour objet de conduire et soutenir des activités d'intérêt général ») serait, par exemple, trop imprécis et pourrait conduire la préfecture à considérer que le dossier de création n'est pas complet. Deux circulaires ont ainsi attiré l'attention des services des préfectures sur ce sujet[1]. Attention toutefois : certaines préfectures, s'appuyant sur ces circulaires, ont tendance à demander aux fondateurs de fonds de dotation de détailler fortement l'objet social, exigeant même parfois, par exemple, que les lieux d'intervention du fonds soient précisés dans l'objet social. Ce type de demande est à l'évidence abusif (en principe, un fonds de dotation qui aurait pour objet « de soutenir des activités d'intérêt général à caractère éducatif » devrait être considéré comme ayant un objet suffisamment déterminé).

Vérifier les adresses de correspondance - LRAR. L'expérience montre que les fondateurs d'un fonds de dotation ont toujours intérêt à s'assurer, auprès de la préfecture du lieu du siège du futur fonds de dotation, de l'exactitude de l'adresse du service compétent pour traiter le dossier. Il est également recommandé d'adresser le courrier de déclaration de création par lettre recommandée avec accusé de réception.

2. En cas de modification

3.52. Déclaration en préfecture. Les déclarations en préfecture de modifications de statuts doivent également mentionner l'identité complète des administrateurs du fonds.

Le décret précise en outre que le fonds est tenu de faire connaître à la préfecture, dans les trois mois, tous les changements survenus dans son administration (les changements des membres du conseil d'administration) et les changements d'adresse de siège social.

1. Circ. du 19 mai 2009 relative à l'organisation, au fonctionnement et au contrôle des fonds de dotation, NOR ECEM0908677C (outil 6) et Circ. du 22 janvier 2010, NOR IOC/D/10/02052/C (outil 12).

SUGGESTION D'ALIGNEMENT SUR LES ASSOCIATIONS. S'agissant de ces règles déclaratives, il aurait sans doute été préférable de s'inspirer davantage des règles applicables aux associations en prévoyant, par exemple, que « *les fonds de dotation sont tenus de faire connaître, dans les trois mois, tous les changements survenus dans leur administration, ainsi que toutes les modifications apportées à leurs statuts et leur siège social* » (puisqu'en l'état du texte du décret, on ne voit pas où figure l'obligation de déclarer également dans les trois mois les modifications de statuts).
De même, il aurait été opportun, pour les changements de dirigeants, d'ajouter une précision selon laquelle « *ces changements de dirigeants ne sont opposables aux tiers qu'à partir du jour où ils auront été déclarés en préfecture* ».

3. Récépissé de déclaration

3.53. RÉCÉPISSÉ DANS LES CINQ JOURS. Comme pour les associations, la préfecture est tenue de délivrer aux déclarants un récépissé dans les cinq jours de la déclaration. En pratique, ce délai est très rarement respecté.

JUSTIFICATIF POUR L'OUVERTURE D'UN COMPTE BANCAIRE ? Il est à noter que plusieurs banques acceptent d'ouvrir un compte au nom du fonds de dotation sur la base du seul récépissé de déclaration, sans attendre la publication au *Journal officiel* de la déclaration. Certes, seule la publication confère la personnalité juridique au fonds de dotation. Mais, d'une façon pragmatique, les banques peuvent raisonnablement considérer qu'un fonds déclaré sera nécessairement un fonds qui existera dès lors que la création d'un tel fonds relève d'une procédure déclaratoire et non d'une autorisation de la préfecture.

B. Publicité au *Journal officiel*

3.54. FORMALITÉS AUPRÈS DES PRÉFECTURES. Dès lors que le fonds de dotation ne jouit de la personnalité morale qu'à compter de la date de publication au *Journal officiel* de la déclaration faite en préfecture, les fondateurs de fonds de dotation doivent procéder à cette publication. Il en va de même pour les modifications de statuts dès lors qu'il est précisé qu'elles ne sont opposables aux tiers qu'à compter de leur publication au *Journal officiel*. En pratique, les déclarants doivent compléter un formulaire spécifique qu'ils adresseront à la préfecture en même temps que la déclaration de création ou de modification. La publication est faite dans le *Journal officiel* Associations et fondations d'entreprises, consultable en ligne[1].

VIII. Acquisition de la personnalité morale

A. Publication au *Journal officiel*

3.55. DATE DE NAISSANCE DU FONDS DE DOTATION. À une exception près (nos 3.30 et s.), la date de publication au *Journal officiel* marque (comme pour la création d'associations) la date de naissance juridique du fonds de dotation. À compter de cette date, le fonds de dotation peut

1. http://www. journal-officiel.gouv.fr/association.

disposer d'un patrimoine propre et consentir à des actes juridiques. En pratique, le délai compris entre la date de la déclaration du fonds en préfecture et la date de publication au *Journal officiel* est d'un bon mois.

B. Cas particulier des fonds de dotation créés par legs

3.56 **3.56. Date de naissance antérieure à la publication.** Lorsque le fonds a été créé par un legs, la date d'acquisition de sa personnalité morale rétroagit au jour de l'ouverture de la succession. La date de création du fonds sera donc rétroactivement celle du décès du testateur. La fondation, l'association reconnue d'utilité publique, le fonds de dotation ou toute autre personne qui aura été chargée, par le testateur, de créer le fonds de dotation, devra se dessaisir des biens meubles et immeubles légués.

IX. Identification du fonds auprès de l'Insee (Siren)

3.57. La préfecture n'attribue pas de Siren. Le premier service de l'État conduit à connaître un fonds de dotation nouvellement créé sera donc la préfecture du département dans lequel il a son siège social. Mais, comme pour les associations, la simple déclaration en préfecture et la publication au *Journal officiel* du fonds de dotation ne suffisent pas à permettre l'identification de ce dernier auprès de l'administration fiscale et des organismes sociaux.

3.58. CFE de l'Urssaf ou du centre des impôts. Seul l'envoi d'une déclaration d'existence, sur la base du formulaire M0 (Cerfa n° 11680*01) permettra l'attribution d'un numéro Siren (et éventuellement de plusieurs Siret).

Identification et embauche. En pratique, cette identification intervient au moment de la première embauche (laquelle nécessite l'identification, auprès de l'Insee, de l'employeur). Le formulaire M0 pourra donc être adressé auprès du Centre des formalités de l'Urssaf dont dépend le siège du fonds de dotation.
Il est à noter que cette identification pourrait même intervenir à l'initiative de l'administration fiscale elle-même dès lors qu'elle devrait être informée, par la préfecture, de toute déclaration de fonds de dotation.

CHAPITRE 4

OBJET ET CAPACITÉ DU FONDS DE DOTATION

4.

MÉMO

[Apports]

- Le fonds de dotation peut bénéficier d'apports.
- Confirmation par l'administration.

[Ressources]

- Revenus produits par la dotation, les dons et les libéralités.

[Donation]

- Le donateur se dépouille actuellement et irrévocablement de la chose donnée, en faveur du donataire qui l'accepte.

[Objet]

- Licéité de l'objet du fonds de dotation.

POUR ALLER PLUS LOIN

[Revue *JA*]

- X. Caroff, « Fonds de dotation : les dernières précisions de l'administration », *JA* n° 403/2009, p. 29.
- L. Devic, « Fonds de dotation et mécénat : l'administration publie son analyse », *JA* n° 398/2009, p. 31.
- L. Devic, « Fonds de dotation : les mesures réglementaires », *JA* n° 391/2009, p. 31.
- L. Devic, « Le fonds de dotation : un concurrent des fondations ? », *JA* n° 387/2008, p. 19.

CHAPITRE 4

OBJET ET CAPACITÉ DU FONDS DE DOTATION

I. Objet du fonds de dotation

4.01. QUALIFICATION. L'objet du fonds de dotation est l'activité pour laquelle il a été constitué. Il est la cause de l'engagement du ou des fondateurs.

4.02. CADRE DÉFINI PAR LA LOI. Le fondateur n'est toutefois pas entièrement libre du choix de l'objet dès lors que la loi définit le cadre particulier dans lequel le fonds peut agir. Le fonds lui-même doit, dans le cadre de son objet, veiller à ne pas adopter des modes de fonctionnement ou à engager des actions l'éloignant du cadre légal.

A. But non lucratif, gestion désintéressée et intérêt général

4.03. NATURE NON LUCRATIVE. Le caractère non lucratif du fonds de dotation distingue nettement ce dernier des sociétés civiles ou commerciales, lesquelles sont généralement constituées dans le but de permettre le partage des bénéfices entre leurs associés.

L'analyse du caractère non lucratif du fonds de dotation (caractère qui correspond essentiellement à une définition fiscale) pourra passer par l'étude du caractère désintéressé de sa gestion, avec toutefois la particularité présentée par ce nouvel être juridique (☛ nos 6.01 et s.).

4.04. RÉFÉRENCE LÉGALE À L'INTÉRÊT GÉNÉRAL. En outre, à la différence de la loi du 1er juillet 1901, relative au contrat d'association, et de la loi n° 87-571, relative au développement du mécénat définissant les fondations, la définition juridique des fonds de dotation fait mention du caractère d'intérêt général que doivent présenter ses activités et celles des organismes qu'il soutient.

Cette référence explicite à l'intérêt général dans la définition légale elle-même du fonds de dotation est de nature à susciter des interrogations sur les incidences fiscales d'une telle définition (☛ nos 8.01 et s.).

B. Principe de spécialité : une activité d'intérêt général n'est pas suffisante

4.05. OBJET SUFFISAMMENT DÉTERMINÉ. Comme pour toute personne morale, l'objet du fonds de dotation doit être suffisamment déterminé, ou à tout le moins déterminable, de telle façon que les limites de sa capacité juridique puissent être clairement définies. En effet, de cet objet dépend la capacité du fonds à agir[1].

---

1. Circ. du 19 mai 2009 relative à l'organisation, au fonctionnement et au contrôle des fonds de dotation, *JO* du 19 juin, p. 9992 (✎ outil 6) ; Circ. du 22 janvier 2010 relative à l'objet du fonds de dotation (✎ outil 12).

Circulaire du 19 mai 2009. « L'objet du fonds de dotation, qui doit être précis, ne saurait être d'un intérêt manifestement privé, ni consister en une simple reprise du texte de la loi (comme, par exemple, "réaliser une œuvre ou une mission d'intérêt général"). À défaut, le dossier de déclaration sera considéré comme incomplet. »

4.06 **4.06. Des préfectures souvent intrusives.** L'expérience montre que les préfectures, s'appuyant sur l'instruction précitée (inspirée par une recommandation du comité stratégique sur les fonds de dotation), exigent parfois des fondateurs qu'ils détaillent l'objet social au-delà du nécessaire et du raisonnable. Ainsi, certaines préfectures ont pu exiger des fondateurs qu'ils précisent, dans l'objet statutaire, les différents lieux d'intervention du fonds ou les modes d'actions particuliers qu'entend mettre en œuvre le fonds.

Préférer un objet ramassé. Si la précision selon laquelle un fonds *« a pour objet de soutenir et/ou conduire des activités d'intérêt général »* peut effectivement apparaître insuffisante, le fait de préciser que ces activités présentent, par exemple, *« un caractère éducatif »* devrait permettre de considérer que l'objet est suffisamment précis. Le clausier proposé par le comité stratégique sur les fonds de dotation cite d'ailleurs des exemples d'objet statutaire ramassés (outil 24).

C. Objet illicite

4.07. Licéité de l'objet. La loi LME ne mentionne pas, à l'inverse de celle du 1er juillet 1901, relative au contrat d'association, que le fonds de dotation ne doit pas être fondé sur une cause ou en vue d'un objet illicite. Toutefois, il est bien évident que l'objet (statutaire et réel) du fonds de dotation devra être licite.

II. Capacité du fonds de dotation

A. Capacité à recevoir des libéralités

4.08. Grande capacité juridique. À la différence des associations simplement déclarées, le fonds de dotation dispose de la grande capacité juridique lui permettant de recevoir également, outre les dons manuels, des donations et des legs.

Libéralités et associations. Les associations simplement déclarées ne peuvent recevoir – à quelques exceptions près comme, par exemple, les associations ayant pour objet exclusif l'assistance, la bienfaisance ou le culte –, d'autres libéralités que les simples dons manuels. Il convient cependant de noter que le projet de loi relative à l'économie sociale et solidaire, déposé sur le bureau du Sénat en juillet 2013, introduit une petite révolution en prévoyant de conférer à toutes les *« associations déclarées depuis trois ans au moins et entrant dans les prévisions du b du 1 de l'article 200 du CGI [c'est-à-dire les associations d'intérêt général] (la capacité juridique)* *d'accepter les libéralités entre vifs ou testamentaires dans les conditions fixées par l'article 910 du code civil »*[1].

4.09. CAPACITÉ PLUS LARGE QUE CELLE DES FONDATIONS ET ASSOCIATIONS RECONNUES D'UTILITÉ PUBLIQUE. D'une certaine façon, on pourrait même dire que cette capacité juridique est plus large encore que celle des fondations et associations reconnues d'utilité publique dès lors, en effet, qu'il n'est pas exigé des libéralités consenties aux fonds de dotation qu'elles fassent l'objet d'une déclaration en préfecture (par le notaire chargé de l'acte de donation ou de l'exécution testamentaire) ; elles ne peuvent non plus faire l'objet d'un droit d'opposition du préfet. En effet, l'article 910 du code civil n'est pas applicable aux donations et legs consentis aux fonds de dotation. 4.09

Code civil, art. 910, al. 2. « Toutefois, les dispositions entre vifs ou par testament au profit des fondations, des congrégations et des associations ayant la capacité à recevoir des libéralités, à l'exception des associations ou fondations dont les activités ou celles de leurs dirigeants sont visées à l'article 1er de la loi n° 2001-504 du 12 juin 2001 tendant à renforcer la prévention et la répression des mouvements sectaires portant atteinte aux droits de l'homme et aux libertés fondamentales, sont acceptées librement par celles-ci. »

1. Dons manuels

4.10. DÉFINITION DU DON MANUEL. Étymologiquement, le don manuel est le don remis « de la main à la main ». Il s'agit donc d'une donation caractérisée juridiquement par une « tradition réelle », c'est-à-dire par une remise portant sur une chose.

4.11. DONS MANUELS : FORME ET BIENS CONCERNÉS. Le don manuel peut donc porter sur du numéraire (c'est le cas le plus courant en pratique) et, plus généralement, sur tout bien meuble (meuble meublant tel qu'une chaise, une table, un véhicule, une œuvre d'art, un lingot, etc.). Un immeuble ne peut donc faire l'objet d'un don manuel ; le don d'un tel bien doit être fait dans la forme authentique (nos 3.36 et s.).

Virement bancaire et chèque. La jurisprudence admet par ailleurs qu'un virement de compte à compte puisse être considéré comme un don manuel. Peuvent donc constituer des dons manuels des virements bancaires (dons en lignes notamment) et des dons portant sur des titres de sociétés (parts ou actions). De même qu'un don manuel peut être effectué par chèque[2].

4.12. VALIDITÉ DU DON MANUEL. Bien entendu, la validité du don manuel suppose que le donateur soit animé d'une intention libérale, qu'il se dessaisisse effectivement du bien donné (c'est la raison pour laquelle, en matière de virement bancaire, la jurisprudence exige que le compte du donateur soit provisionné[3] et que le don soit accepté par le donataire, le fonds de dotation en l'espèce).

ATTENTION AUX DONS MANUELS DES PERSONNES PHYSIQUES. Juridiquement, le don manuel reste une donation entre vifs. Lorsqu'il est consenti

1. Projet de loi relative à l'économie sociale et solidaire, déposé sur le bureau du Sénat en juillet 2013, art. 43.
2. Com., 20 novembre 1985, *Bull. civ.* IV, n° 314 ; *RTD com.* 1986. 413, note M. Cabrillac et B. Teyssier.
3. V. note précédente.

par une personne physique, il est soumis au rapport et à la réduction en cas de dépassement de la quotité disponible si la preuve du don est rapportée. Il est donc vivement conseillé aux dirigeants d'un fonds de dotation recevant un don manuel important d'un particulier de veiller à ce que ce dernier soit bien informé des conditions dans lesquelles il peut opérer de tels dons.

4.13 **4.13. DON MANUEL ET DOTATION EN CAPITAL.** Il peut être légitimement soutenu que les dons manuels consentis aux fonds de dotation, dans le cadre de campagnes d'appel à la générosité du public ou non, n'ont pas à être obligatoirement affectés à la dotation en capital.

En effet, il résulte des débats parlementaires que la possibilité de consommer directement les dons manuels reçus par le fonds pour les besoins de ses activités a été introduite dans le texte de l'article 140 de la loi LME dans le but de permettre aux fonds de faible capitalisation, notamment, d'utiliser les dons manuels qui leur sont consentis (pour de plus amples explications à ce sujet, n° 3.23).

AMENDEMENT 722 (ASS. NAT.). Dans l'amendement 722 rectifié déposé par les députés Jean-Paul Charié et Pierre Morange et adopté par le Parlement, il a été précisé « *qu'il semble préférable de ne pas imposer l'intégration des sommes collectées dans la dotation en capital afin de permettre aux fonds de dotation, notamment modestes, qui ne disposent pas d'une capitalisation importante, de financer à très court terme des opérations programmées à partir des seules ressources issues de dons de la générosité publique* ».

2. Donations

4.14. DÉFINITION DE LA DONATION. La donation est l'acte par lequel « *le donateur se dépouille actuellement et irrévocablement de la chose donnée, en faveur du donataire qui l'accepte* »[1]. Il s'agit donc d'une libéralité au sens de l'article 893 du code civil et, à ce titre, elle doit remplir les conditions de fonds communes à toutes les libéralités (consentement libre et éclairé du donateur, capacité de ce dernier à disposer, intention libérale et irrévocable du donateur). Elle doit obéir à un formalisme strict qui consiste notamment en l'établissement d'un acte authentique, c'est-à-dire requérant l'intervention d'un notaire.

4.15. ACTE CONSENTI À TITRE GRATUIT. Comme pour les dons manuels, la donation est, par essence, un acte à titre gratuit. Le donateur est animé d'une intention libérale. Son acte suppose l'absence de contrepartie matérielle de la part du donataire.

4.16. DIFFÉRENTES DONATIONS. Parmi les donations, on peut distinguer :

- la donation en pleine propriété ;
- la donation avec réserve d'usufruit ;
- la donation d'usufruit.

1. C. civ., art. 894.

4.17. Donations et dotation en capital. Il résulte de l'article 140 de la loi LME que les donations consenties au fonds de dotation doivent obligatoirement être affectées à la dotation en capital.

Loi du 4 août 2008, art. 140. « Le fonds de dotation est constitué par les dotations en capital qui lui sont apportées auxquelles s'ajoutent les dons et legs qui lui sont consentis. »

Consommation de la dotation prévue par les statuts. Dans l'hypothèse où l'utilisation des donations consenties au fonds de dotation (et non les seuls revenus de ces dernières) serait nécessaire au financement de l'activité de ce dernier, il faudra que les statuts autorisent une telle « consommation » de la dotation en capital (n° 3.27).

4.18

3. Le cas particulier des donations temporaires d'usufruit

4.18. La donation temporaire d'usufruit est juridiquement possible. La capacité juridique du fonds de dotation à recevoir une donation temporaire d'usufruit ne fait aucun doute compte tenu de la grande capacité juridique conférée par la loi à cet organisme (n° 3.20). L'intérêt est d'ordre financier pour le fonds et peut être d'ordre fiscal pour le donateur.

4.19. Intérêt pour le fondateur personne physique. Lorsque le fondateur est une personne physique, une telle donation (qui doit intervenir par acte authentique, du moins lorsqu'elle porte sur un bien ou un droit immobilier, et requérir dans ce cas l'intervention d'un notaire) peut éventuellement lui permettre de diminuer l'assiette de l'impôt de solidarité sur la fortune (ISF) auquel il est éventuellement assujetti (puisqu'aux termes de l'article 885 G du code général des impôts, il est prévu que les biens ou droits grevés d'usufruit sont, sauf exceptions, compris, au titre de l'ISF dans le patrimoine de l'usufruitier pour leur valeur en toute propriété ; une donation temporaire portant sur un immeuble permettra ainsi au donateur de sortir l'immeuble de l'assiette de son ISF pour la totalité de sa valeur). La donation permet dans le même temps au fonds de dotation de percevoir lui-même les revenus des biens dont il a l'usufruit (dividendes de titres de sociétés ou revenus fonciers d'un immeuble, par exemple).

4.20. Intérêt pour le fondateur personne morale. Lorsque le fondateur est une personne morale, cette donation peut lui permettre d'aider au démarrage du fonds (en lui affectant les fruits d'un bien) tout en supprimant une éventuelle imposition (l'impôt sur les sociétés au taux réduit pour les revenus fonciers d'un immeuble détenu par une association, par exemple).

4.21. Position de l'administration fiscale. Reste effectivement que si la question a été tranchée, à sa façon, par l'administration fiscale pour les fondations et les associations disposant de la grande capacité juridique, ladite administration ne s'est toujours pas officiellement prononcée sur le cas des fonds de dotation.

Une instruction administrative[1] a indiqué les conditions dans lesquelles une opération de transmission temporaire d'usufruit n'est pas susceptible de donner lieu à la mise en œuvre de la procédure de répression pour abus de droit. L'opération doit satisfaire, cumulativement, aux conditions suivantes :

- prendre la forme d'une donation par acte notarié (alors même qu'en matière mobilière l'intervention d'un notaire n'est, en principe, pas obligatoire) ;
- être réalisée au profit d'une fondation ou association reconnue d'utilité publique ou d'une association cultuelle ou de bienfaisance autorisée à recevoir des dons et legs ou être en faveur d'un établissement public ou artistique à but non lucratif agréé. Il s'agit d'organismes d'intérêt général habilités à recevoir des donations. L'intérêt général se caractérise par l'exercice d'une activité non lucrative, le caractère désintéressé de la gestion et l'absence de fonctionnement au profit d'un cercle restreint de personnes ;
- être effectuée pour une durée minimum de trois ans ;
- porter sur des actifs contribuant (matériellement ou financièrement) à la réalisation de l'objet de l'organisme bénéficiaire ;
- préserver les droits de l'usufruitier.

EXTENSION DE L'INSTRUCTION FISCALE AUX FONDS DE DOTATION. Il serait donc opportun que l'administration fiscale étende donc explicitement aux fonds de dotation le bénéfice de cette instruction fiscale, ce qu'elle s'est refusée de faire à l'occasion de la transposition de l'instruction fiscale du 6 novembre 2003 dans le site du BOFIP. Toutefois, on pourra noter que les questions/réponses relatives aux fonds de dotation publiées sur le site dédié du ministère de l'Économie et des Finances précisent très clairement, dans une réponse à une question portant sur les avantages fiscaux du fonds de dotation, « *qu'il est possible de consentir une donation temporaire d'usufruit à un fonds de dotation* » (outil 20 > Fiscalité). En outre, l'expérience montre que la mise en œuvre d'opérations de donation temporaire d'usufruit a été validée dans le cadre de rescrits fiscaux.

RESTER PRUDENT VIS-À-VIS DES CAS D'ABUS DE DROIT POSSIBLES. Compte tenu de l'impact que peut avoir une donation temporaire d'usufruit sur l'ISF du donateur, il conviendra d'éviter toute opération portant sur un bien qui ne génère aucun revenu (par exemple : don de l'usufruit de titres d'une société dont le donateur sait qu'elle ne distribuera aucun dividende) ou qui ne confère aucune jouissance au bénéficiaire (don de l'usufruit d'un appartement occupé gratuitement par les enfants du donateurs et dont le fonds ne peut disposer pour ses propres activités d'intérêt général).

4.22 **4.22. COMPTABILISATION.** En pratique, dès lors que l'usufruit d'un bien est un droit réel (mobilier ou immobilier), il a vocation à se retrouver à l'actif du bilan, comptabilisé dans les immobilisations incorporelles, et fait l'objet d'un amortissement sur la durée pour laquelle l'usufruit a été donné. La question de sa comptabilisation n'a toutefois pas encore été arrêtée dans tous ses aspects.

1. Instr. fiscale du 6 novembre 2003, *BOI* 7 S-4-03, désormais reprise dans BOI-PAT-ISF-30-20-20-20120912, n° 200.

Compte de résultat : ce que dit le règlement n° 2009-01 du 3 décembre 2009 du Comité de la réglementation comptable. L'annexe dudit règlement précise que « *les produits de l'usufruit dont la fondation bénéficie doivent être comptabilisés au compte de résultat sur l'exercice au cours duquel ils sont perçus. Une information adéquate est fournie en annexe aux comptes annuels sur l'existence de tels actes au bénéfice de la fondation (nature, conditions, montant des produits perçus, etc.)* ».

Au bilan, ce qui peut être mis en œuvre. Par assimilation à la pratique applicable en matière de commodat (prêts à titre gratuit), il serait envisageable de comptabiliser à l'actif du bilan un droit incorporel traduisant ce droit d'usage gratuit des biens mis à disposition dans un sous-compte du compte 228 qui pourrait s'appeler « 228 – Donation temporaire d'usufruit » en contrepartie du compte de passif « 229 - Droits des propriétaires ». 4.23

La valeur retenue serait la valeur vénale du droit (usufruit) ainsi consenti ; la détermination de cette valeur n'est pas toujours évidente dès lors qu'on ne retient pas nécessairement la règle d'évaluation qui s'applique légalement pour la détermination du montant des droits d'enregistrement (lorsque de tels droits sont dus ; l'usufruit, dans ce cas, représente 23 % de la valeur en pleine propriété, par tranche de 10 ans)[1].

La dotation aux amortissements d'une immobilisation, grevée de droits, ne constitue pas une charge de l'exercice. À la fin du contrat, les comptes 228 et 229 devraient alors être soldés l'un par l'autre.

Ainsi, le fonds bénéficiant de la donation temporaire d'usufruit constaterait, au passif du bilan, la contrepartie du droit incorporel dans un sous-compte 229 qui pourrait s'appeler « 2291 – Droits des propriétaires – Donation temporaire d'usufruit ».

Ce compte serait mouvementé chaque année du montant de l'amortissement de la donation temporaire d'usufruit par l'écriture :

- Débit d'un sous-compte « 2291 – Droits des propriétaires – Donation temporaire d'usufruit » ;
- Crédit d'un sous-compte « 228 – Donation temporaire d'usufruit ».

Toutes les informations relatives aux caractéristiques de chaque donation temporaire d'usufruit dont l'organisme a le bénéfice seront détaillées dans l'annexe aux comptes annuels au titre des engagements hors bilan reçus par l'organisme.

Cette solution présente l'avantage d'être pragmatique et de ne pas engendrer une comptabilisation de la donation temporaire d'usufruit dans la dotation du fonds. Cette dernière ayant vocation, en principe, à ne pas être consomptible, il aurait été paradoxal que l'acceptation d'une donation temporaire d'usufruit entraîne, *ipso facto*, la requalification du fonds en fonds à dotation consomptible. Le caractère temporaire du transfert de propriété est contradictoire avec la vocation de la dotation, qui est en principe le résultat d'une affectation définitive d'un patrimoine à une œuvre d'intérêt général.

4. Legs

4.23. Définition du legs. Le legs est une disposition à titre gratuit, à cause de mort et par testament (éventuellement verbal), par laquelle le

1. CGI, art. 699. Toutefois, pour mémoire, un fonds de dotation est en principe exonéré de droits d'enregistrement.

testateur lègue tout ou partie de ses biens (mobiliers et/ou immobiliers) au profit d'un ou plusieurs légataires. Le legs ne produit ses effets qu'au décès du testateur. Le legs est une libéralité révocable tant que le testateur n'est pas décédé. Pour être valable, le legs doit être fondé sur un testament régulièrement établi.

4.24. Legs et fonds de dotation inexistant. Un legs peut être fait au profit d'un fonds de dotation qui n'existe pas au jour du décès du testateur (nos 3.30 et s.).

4.25. Legs et dotation en capital. Comme pour les donations
4.24 (n° 4.17), le legs fait à un fonds de dotation doit nécessairement être affecté par ce dernier à sa dotation en capital.

> **Assurance vie.** Dès lors que la souscription d'un contrat d'assurance vie doit, compte tenu de la nature des produits proposés aujourd'hui aux mécènes (produits de capitalisation, pour la plupart, et non produits d'assurance prévoyance), être assimilée à une libéralité[1], il ne fait pas de doute qu'un fonds de dotation peut être désigné (compte tenu de sa grande capacité juridique) comme bénéficiaire d'un contrat d'assurance vie. C'est un avantage par rapport à l'association simplement déclarée. Le capital reçu doit alors *a priori* être affecté à la dotation en capital.

B. Capacité à recevoir des apports

4.26. Pas d'interdiction. Même si les libéralités doivent être en pratique le principal moyen de constitution de la dotation en capital au moment de la création du fonds de dotation, rien ne semble s'opposer à ce que ce dernier puisse également bénéficier d'apports (avec ou sans droit de reprise) non rémunérés par des titres, mais par une contrepartie morale qu'il s'engage à respecter. En toute hypothèse, la loi instituant ce nouvel être juridique ne s'y oppose pas.

4.27. Réalité entérinée par l'administration fiscale. L'administration semble admettre elle-même la possibilité qu'un fonds de dotation puisse recevoir des apports. Elle précise en effet que le respect du caractère désintéressé de la gestion du fonds de dotation repose notamment sur le fait que « *ses membres et leurs ayants droit ne peuvent pas être déclarés attributaires d'une part quelconque de l'actif, sous réserve du droit de reprise des apports* »[2].

Exemple 8. Apport par une association

Une association, fondatrice (éventuellement avec d'autres) d'un fonds de dotation dont elle ne serait pas administrateur, pourrait éventuellement décider d'apporter audit fonds (et non de donner) un bien (numéraire ou immobilier, par exemple). La question de savoir si un apport doit être affecté à la dotation en capital reste à notre sens ouverte.

1. CA Versailles, 1re ch., 7 septembre 2006, n° 05/04973.

2. Instr. fiscale du 9 avril 2009, *BOI* 4 C-3-09, n° 12, désormais BOI-IS-CHAMP-10-50-10-20-20120912, n° 60.

4.28. L'APPORT : UNE RÉALITÉ CONNUE DANS LES ASSOCIATIONS ET LES FONDATIONS. La notion d'apport a fait l'objet de nombreux débats, en doctrine, à propos des associations essentiellement ; et la pratique a développé depuis longtemps des opérations d'apport de biens à de telles structures comme à des fondations.

4.29. L'APPORT : UNE RÉALITÉ *SUI GENERIS*. Désormais, l'ensemble des auteurs s'accorde pour reconnaître dans l'acte d'apport une institution *sui generis* qui se distingue de « l'apport en société » car « *l'apporteur ne reçoit rien en contrepartie (autre qu'un avantage moral) et qu'il n'a aucun droit dans les bénéfices que l'association pourra réaliser* »[1]. 4.29

4.30. APPORT : DISTINCTION AVEC LE DON, LE PRÊT ET LA VENTE. L'acte d'apport peut être défini par trois critères négatifs :

- l'apport est un acte à titre onéreux[2], car il suppose une contrepartie morale et peut être assorti de charges ou conditions[3]. Mais ce n'est pas une vente puisque ces contreparties ne sont pas forcément appréciables en argent. Ces termes doivent être entendus dans leur sens juridique. En effet, le droit fiscal distingue quant à lui l'apport à titre onéreux, qui suppose obligatoirement une contrepartie en numéraire ou appréciable en argent, de l'apport à titre pur et simple, dont la contrepartie consiste en de simples droits sociaux exposés à tous les risques de l'entreprise ;
- l'apport n'est pas un don car « *si l'apporteur à une association se dépouille actuellement du bien qu'il apporte, il ne s'y dépouille pas irrévocablement puisqu'il conserve le droit de reprendre son bien si l'association se dissout* »[4] ou au terme du contrat d'apport pour lui-même et ses héritiers ou ayants droit. D'autre part, le don suppose une intention libérale qui n'existe pas dans l'acte d'apport. En ce sens, si les charges sont insuffisantes par rapport à la valeur des biens transmis, l'acte peut être requalifié en libéralité ;
- enfin, l'apport n'est pas un prêt à usage, et l'acte qui l'authentifie ne peut s'assimiler à un bail à commodat, car il entraîne réellement le transfert, même temporaire le cas échéant, de la propriété du bien. À ce titre, l'association bénéficiaire peut, par exemple, vendre ou échanger le bien apporté sous la seule condition de respecter l'objet en vue duquel il a été apporté.

4.31. APPORT EN PROPRIÉTÉ ET APPORT EN JOUISSANCE. L'apport en propriété tel qu'il est défini ici doit cependant être distingué de l'apport en jouissance qui n'opère pas transfert de propriété du bien apporté au bénéficiaire. Ce dernier peut utiliser le bien (*usus*) et en percevoir les fruits (*fructus*), mais n'acquiert pas le droit d'en disposer librement (*abusus*).

4.32. LICÉITÉ DE L'APPORT. La doctrine en la matière et la jurisprudence des tribunaux tiennent, aujourd'hui, pour évidente la licéité des apports au profit d'associations. Aucune interdiction expresse ne figure, en effet, dans la loi du 1er juillet 1901 ou dans son décret d'application du 16 août

---

1. P. CHASSAGNADE-BELMIN, « Les apports aux associations », *Journal des notaires*, 1958, n° 20, art. 456-46, p. 577 ; CA Lyon, 8 juin 1971, *D.* 1972. 555, note CHAVRIER.
2. R. BRICHET, « Associations et syndicats », Litec, 1986, n° 381, p. 162 ; Rép. min. *JO* Débats chambre des députés, séance du 10 mars 1937, p. 947 ; *JOAN* 29 octobre 1955, p. 5369, n° 16088.
3. Au sens de l'article 1106 du code civil, c'est un contrat qui assujettit chacune des parties à donner ou à faire quelque chose ; v. Civ., 26 janvier 1983, note A. BRETON, *D.* 1983. 317.
4. P. CHASSAGNADE-BELMIN, *op. cit.*

1901. Ce dernier texte rappelle même la possibilité pour les sociétaires de reprendre leurs apports éventuels à la dissolution de l'association[1].

4.33. Apport : reconnaissance par le droit fiscal. Le droit fiscal, même s'il est autonome, a consacré également ce principe dans deux textes différents :

- l'article 9 de la loi de finances pour 1936, devenu depuis l'article 809, 1, 2° du code général des impôts ;
- et une note de la Direction générale des impôts du 11 janvier 1984[2].

Enfin, dès 1930, la Cour de cassation admettait implicitement la
4.33 licéité des apports aux associations[3]. Les cours d'appel de Lyon et d'Orléans ont également affirmé que les apports mobiliers et immobiliers à des associations sont autorisés[4].

4.34. Apport : reconnaissance par l'administration. L'administration semble admettre également la possibilité qu'un fonds de dotation puisse recevoir des apports puisqu'elle précise que le respect du caractère désintéressé de la gestion du fonds de dotation repose notamment sur le fait que « *ses membres et leurs ayants droit ne peuvent pas être déclarés attributaires d'une part quelconque de l'actif, sous réserve du droit de reprise des apports* »[5].

4.35. Apport de dotations en capital. Enfin, il est éventuellement possible de se fonder sur le texte même de l'article 140 de la loi LME pour admettre la possibilité, pour un fonds de dotation, de bénéficier d'apport. En effet, aux termes de l'article 140, III, « *le fonds de dotation est constitué par les dotations en capital qui lui sont apportées auxquelles s'ajoutent les dons et legs qui lui sont consentis* ».

Licéité des apports au fonds de dotation. Si certains auteurs ont pu s'interroger sur la licéité des apports aux associations (sans en remettre toutefois en cause le principe), il faut constater, aujourd'hui, que la possibilité pour ces dernières et pour les fondations de recevoir de tels apports est largement reconnue.
Rien ne s'oppose, à notre sens, à appliquer aux fonds de dotation le raisonnement qui a été développé au sujet des associations et fondations. Seule la jurisprudence tranchera, le cas échéant.

C. Capacité à détenir des biens mobiliers

4.36. Biens et placements possibles. Les fonds de dotation peuvent détenir des « *biens et droits de toute nature* »[6].

Clarté du régime de détention de biens. À la différence des fondations reconnues d'utilité publique, pour lesquelles il n'a été accepté qu'en 2005 la possibilité de recevoir des parts sociales ou des actions d'une

1. Civ., 11 décembre 1973, n° 72-13.853, *Bull. civ.* I, n° 344, p. 305.
2. Ancien *BODGI* 7H-1-84.
3. Civ., 20 janvier 1930, *D.* 1930. 179 ; Civ., 24 février 1932, *D.* 1932. 235 ; Civ., 4 novembre 1982, *Revue des sociétés* 1983, 826 note G. Sousi.
4. CA Lyon, 8 juin 1971, *D.* 1972. 555, note Chavrier ; CA Orléans, 19 février 1986, *JA* n° 24/1986, p. 34.
5. Instr. fiscale du 9 avril 2009, *BOI* 4 C-3-09, n° 12, désormais BOI-IS-CHAMP-10-50-10-20-20120912, n° 60.
6. Loi n° 2008-776 du 4 août 2008 de modernisation de l'économie (dite « loi LME »), art. 140, I.

société ayant une activité industrielle ou commerciale, dès le départ il est donné au fonds de dotation la possibilité de détenir n'importe quel bien (voir toutefois n° 5.33 et n° 8.110).

Loi du 23 juillet 1987, art. 18-3. Pour les fondations reconnues d'utilité publique, désormais, « dans le cadre d'une opération de cession ou de transmission d'entreprise, une fondation reconnue d'utilité publique peut recevoir des parts sociales ou des actions d'une société ayant une activité industrielle ou commerciale, sans limitation de seuil ou de droits de vote, à la condition que soit respecté le principe de spécialité de la fondation »[1].

4.37

FONDATION PIERRE-FABRE. C'est ce nouvel article 18-3 de la loi du 23 juillet 1987 qui a permis la réalisation de la donation, par Pierre Fabre, de 90 % des titres de sa holding à la fondation Pierre-Fabre.

Un fonds de dotation peut donc recevoir des meubles de toute nature : meubles meublant, œuvres d'art, titres de toute nature (parts, actions, obligations, etc.), lingots, etc.

Une limite est toutefois posée pour les biens reçus par voie de libéralité ou d'apport et que le fonds de dotation entend conserver comme placements financiers.

En effet, les modalités de gestion financière du fonds de dotation sont déterminées par le décret du 11 février 2009, en référence aux placements des institutions de prévoyance (n° 5.33).

4.37. BIENS MOBILIERS GÉNÉRATEURS DE REVENUS. À l'exception des biens utilisés par le fonds de dotation lui-même (immeuble du siège, par exemple) et de ceux d'une nature particulière qu'il a reçus en vue de leur conservation (œuvres d'art, par exemple), le fonds de dotation devra veiller à ce que ses actifs lui procurent des revenus suffisants (lesquels pourront toutefois être complétés par des ressources issues de campagnes d'appel à la générosité du public).

D. Capacité à détenir des immeubles

4.38. IMMEUBLES DE RAPPORT. Un fonds de dotation pouvant détenir des biens et droits de toute nature, il pourra détenir directement ou indirectement (via une SCI, par exemple) tout type d'immeuble, dont des immeubles de rapport.

Contrairement aux associations[2], il n'est donc pas tenu de ne posséder que « *les immeubles strictement nécessaires à l'accomplissement du but qu'elle[s] se propose[nt]* » (comprendre : affectés à l'exercice de son objet).

CONTRAINTES LIÉES À L'ACTIVITÉ DE GESTION IMMOBILIÈRE. S'il est effectivement possible, pour le fonds, de détenir des immeubles, il est important d'en mesurer les conséquences. Ainsi, dans la plupart des cas, l'immeuble sera compris dans les biens composant la dotation. Si

1. Article créé par l'article 39 de la loi n° 2005-882 du 2 août 2005 en faveur des petites et moyennes entreprises, *JO* du 3.

2. Loi du 1er juillet 1901, art. 6 ; à noter que cet article ouvre désormais aux associations dont l'ensemble des activités sont d'intérêt général et aux associations reconnues d'utilité publique la possibilité de détenir de l'immobilier de rapport.

l'immeuble est affecté aux activités d'intérêt général du fonds, ce dernier pourra en jouir et l'occuper ; il devra néanmoins l'entretenir et donc puiser dans une partie de ses ressources à cette fin. L'immeuble peut aussi être mis à la disposition d'un autre organisme d'intérêt général, soit dans le cadre d'un commodat (prêt à titre gratuit, permettant d'apporter une aide moyennant la charge d'entretien qui reste sur la tête de l'emprunteur), soit dans le cadre d'un bail à loyers (au prix du marché ou non). Il peut également être considéré comme un pur immeuble de rapport et être donné en location à une personne physique ou à une société commerciale. Mais, sauf à disposer de la capacité statutaire de consommer sa dotation, le fonds ne pourra céder des actifs composant cette dernière aux fins de financer des travaux sur l'immeuble. De même que le prix de cession de ce dernier (dont l'éventuelle plus-value) ne pourra servir au financement de travaux sur d'autres immeubles du fonds ; ce prix devra être remployé pour acheter d'autres biens destinés à être affectés à la dotation. C'est la raison pour laquelle la constitution de fonds de dotation destinés à porter un patrimoine immobilier reste dangereuse si le souhait des fondateurs est de ne pas consommer la dotation (pour bénéficier d'un régime fiscal favorable sur les revenus fonciers ; nos 8.67 et s.). On pourra recommander à ces fonds de détenir leurs immeubles par l'intermédiaire de SCI de façon à retrouver, dans une certaine mesure, des marges de manœuvre pour la mutualisation des loyers et des charges.

4.38 **Possibilité de conclure un bail rural environnemental.** Il est intéressant de noter que le fonds de dotation est l'un des rares organismes à pouvoir consentir, pour les immeubles qu'il détient, des baux ruraux environnementaux. Ce bail présente la particularité de permettre au bailleur d'imposer au preneur des conditions particulières pour l'exercice de son activité de production, dans un objectif de protection de l'environnement. L'extension aux fonds de dotation de cette possibilité est notamment due à l'association Terre de Liens.

Code rural et de la pêche maritime, art. L.411-27. « Les obligations du preneur relatives à l'utilisation du fonds pris à bail sont régies par les dispositions des articles 1766 et 1767 du code civil.

Le fait que le preneur applique sur les terres prises à bail des pratiques ayant pour objet la préservation de la ressource en eau, de la biodiversité, des paysages, de la qualité des produits, des sols et de l'air, la prévention des risques naturels et la lutte contre l'érosion ne peut être invoqué à l'appui d'une demande de résiliation formée par le bailleur en application du présent article.

Des clauses visant au respect par le preneur de pratiques culturales mentionnées au deuxième alinéa peuvent être incluses dans les baux, lors de leur conclusion ou de leur renouvellement, dans les cas suivants :

- lorsque le bailleur est une personne morale de droit public, une association agréée de protection de l'environnement, une personne morale agréée "entreprise solidaire", une fondation reconnue d'utilité publique ou un fonds de dotation ;
- pour les parcelles situées dans les espaces mentionnés aux articles L. 211-3, L. 211-12, L. 322-1, L. 331-1, L. 331-2, L. 332-1, L. 332-16, L. 333-1, L. 341-4 à L. 341-6, L. 371-1 à L. 371-3, L. 411-2, L. 414-1 et L. 562-1 du code de l'environnement, à l'article L. 1321-2 du code de la santé publique et à l'article L. 114-1 du présent code à condition que ces espaces aient fait l'objet d'un document de gestion officiel et en conformité avec ce document.

Un décret en Conseil d'État fixe les conditions d'application des trois alinéas précédents, notamment la nature des clauses qui peuvent être insérées dans les baux. »

E. Capacité à recevoir des fonds publics

4.39. CAPACITÉ INOPÉRANTE. En principe, le fonds de dotation dispose de la capacité à recevoir des subventions publiques. Cependant, la loi l'instituant fait interdiction aux collectivités publiques et à leurs établissements de lui verser des fonds publics (la loi n'utilise pas les termes « subventions publiques »). Il n'est possible de déroger à cette interdiction que dans des conditions très restrictives (nos 6.18 et s.).

5.

CHAPITRE 5

ORGANISATION ET FONCTIONNEMENT

MÉMO

[Comité consultatif]

- Obligation de constituer un comité consultatif lorsque la dotation en capital du fonds de dotation dépasse 1 000 000 d'euros.

[Conseil d'administration]

- Obligation pour le fonds de dotation d'être dirigé par un conseil d'administration.

POUR ALLER PLUS LOIN

5.

[Revue *JA*]

- X. CAROFF, « Fonds de dotation : les dernières précisions de l'administration », *JA* n° 403/2009, p. 29.
- L. DEVIC, « Fonds de dotation et mécénat : l'administration publie son analyse », *JA* n° 398/2009, p. 31.
- J. ADDA, C. BERGEAL, F. CHARHON, S. COUCHOUX, L. DEVIC, D. LEMAISTRE, H. STEINBERG, C. SUEUR, A. VINAS, « Fonds de dotation : parole d'acteurs », *JA* n° 395/2009, p. 14.
- L. DEVIC, « Fonds de dotation : les mesures réglementaires », *JA* n° 391/2009, p. 31.
- L. DEVIC, « Fonds de dotation : un outil révolutionnaire pour les mécènes », *JA* n° 386/2008, p. 29.

CHAPITRE 5

ORGANISATION ET FONCTIONNEMENT

5.01. Liberté dans la création et l'organisation du fonds de dotation. L'article 140 de la loi LME fait de la liberté le principe présidant à la création et à l'organisation du fonds de dotation (nos 2.01 et s.). Comme pour la loi du 1er juillet 1901, relative au contrat d'association, les rédacteurs du projet de loi LME, suivis par le Parlement, ont voulu laisser au(x) fondateur(s) d'un fonds de dotation le libre choix des dispositions statutaires, et donc du fonctionnement du fonds de dotation, à quelques exceptions près. 5.01

I. Statuts

5.02. Statuts obligatoires. L'article 140 de la loi LME fait de l'existence des statuts une évidence dès lors qu'elle précise que la déclaration en préfecture d'un fonds de dotation « *est assortie du dépôt de ses statuts* ». Comme pour toute personne morale, toute création de fonds de dotation commence donc par la rédaction de statuts dans lesquels le ou les fondateurs définissent leur projet et les règles d'organisation et de fonctionnement de ce dernier.

5.03. Statuts : la « loi des parties ». Contrat au départ soit unilatéral (en cas de création par un seul fondateur), soit synallagmatique (lorsque plusieurs fondateurs conviennent ensemble des conditions dans lesquelles ils vont créer un être moral nouveau), les statuts sont l'œuvre du ou des fondateurs et s'imposent à ces derniers dès lors qu'ils ont été adoptés.

5.04. Contenu des statuts. Compte tenu de la grande variété des objectifs pouvant être poursuivis par un fonds de dotation, de la grande liberté laissée aux fondateurs quant à l'organisation de la vie institutionnelle du fonds de dotation et de la liberté accordée aux fonds de dotation en matière de capacité juridique, il est en pratique impossible de proposer un modèle type de statuts. Comme pour les associations, tout modèle éventuellement proposé l'est nécessairement sur la base d'un parti pris (outil 25).

Danger des statuts types. Il serait d'ailleurs souhaitable que les préfectures, qui sont chargées de la réception des dossiers de création de fonds de dotation, évitent d'imposer des statuts types ; en effet, en matière associative, l'expérience démontre que les fondateurs et membres sont rarement satisfaits des statuts types, notamment les versions proposées par les préfectures (ils sont parfois mal adaptés aux réalités de la vie institutionnelle). L'existence de tels statuts types contribue à favoriser, au sein du bureau de certaines préfectures, une attitude de censeur *a priori* de ce qu'ont voulu les fondateurs dans le cadre du respect de la loi. À cet égard, le clausier proposé par le comité stratégique sur les fonds de dotation doit être apprécié avec prudence. Il sera important de rappeler aux préfectures les propos introductifs de ce clausier... (outil 24).

Au moment de l'élaboration des statuts, il est surtout important de bien s'interroger tant sur la pertinence de l'objet social du fonds que sur les partenaires qui pourraient y être associés afin, notamment, de préserver le fonds de dotation de toute remise en cause de son caractère non lucratif et, par voie de conséquence, de son régime fiscal.

Sur le modèle de ce qu'il est possible d'imaginer pour les associations, les statuts d'un fonds de dotation doivent contenir des stipulations dans les domaines suivants[1] :

- l'objet du fonds ;
- le nom du fonds ;
- la durée du fonds ;
- l'identité du ou des fondateurs ;
- les conditions éventuelles d'adhésion à certaines instances ;
- la composition du patrimoine du fonds (notamment dotation) ;
- la composition et le mode d'organisation du conseil d'administration ;
- l'institution éventuelle de conseils (conseils des mécènes, par exemple) et/ou de comités (comme, par exemple, un comité consultatif) ;
- les conditions de modification des statuts ;
- les conditions de dissolution, de fusion et de liquidation ;
- le sort du boni de liquidation.

5.05 **5.05. Modèles de statuts.** Le lecteur trouvera dans les outils un modèle de statuts qui pourra être utilisé pour le fonds de dotation qu'un ou plusieurs fondateurs entendent constituer rapidement (outil 25). Il y trouvera également le clausier commenté proposé en juin 2013 par le comité stratégique sur les fonds de dotation (outil 24), sans oublier que ces clauses types ne constituent que des propositions, aucunement obligatoires (sur ce sujet, il convient de se méfier de la réaction des préfectures qui pourraient être tentées d'exiger des créateurs de fonds de dotation le respect scrupuleux du clausier précité...).

Lorsque le ou les fondateurs s'inscrivent dans la perspective de créer ultérieurement une fondation reconnue d'utilité publique, il sera recommandé d'adopter les statuts les plus proches possibles de ceux de la future fondation (pour laquelle il sera en pratique nécessaire de se référer aux statuts types « imposés » par le Conseil d'État). Ainsi, les règles de gouvernance particulières aux fondations pourront mieux être appréhendées par le fondateurs.

II. Fondateurs (et membres)

5.06. Quelles prérogatives ? Les fondateurs, qu'ils soient personnes morales ou physiques, peuvent exercer un contrôle étroit du fonds qu'ils ont constitué. Étant les auteurs des statuts du fonds de dotation, ils peuvent librement décider des prérogatives qui leur semblent importantes à conserver. Si l'article 140 de la loi LME précise que le fonds est administré par un conseil d'administration, il n'interdit pas aux fondateurs d'être membres dudit conseil. Il ne leur interdit pas non plus de stipuler un

1. V. annexe de la circulaire du 19 mai 2009 adressée aux préfectures dans laquelle les ministères de l'Intérieur et de l'Économie précisent (de façon abusive) les « mentions obligatoires » devant figurer dans les statuts (outil 6).

droit de veto sur certaines décisions, comme les modifications de statuts, la dissolution du fonds, la consommation de sa dotation, etc. Ce droit de veto ne doit pas pour autant avoir pour effet de retirer, par principe, toute marge de manœuvre au conseil d'administration pour la conduite courante des activités du fonds.

Loi du 4 août 2008, art. 140. « Les statuts déterminent la composition ainsi que les conditions de nomination et de renouvellement du conseil d'administration. »

LE RAPPEL DE LA LIBERTÉ DES FONDATEURS. Ces derniers sont ceux qui rédigent et adoptent les statuts constitutifs du fonds. L'article 140 de la loi LME leur reconnaît la possibilité, dans le cadre de ce document normatif (les statuts), de déterminer non seulement la composition mais aussi les conditions de nomination et de renouvellement du conseil d'administration. Il convient de rester attaché à ce principe de liberté qui est un véritable élément distinctif et de souplesse par rapport aux fondations.

5.07

III. Vie institutionnelle et administration du fonds

5.07. **ORGANISATION PROCHE DE LA FONDATION.** L'organisation institutionnelle du fonds de dotation ressemble, pour une part importante, à celle des fondations. Toutefois, à la différence de ces dernières (qui sont tenues de respecter les statuts types du Conseil d'État), les fondateurs restent libres d'adopter les stipulations qu'ils souhaitent.

A. Question de l'existence d'une assemblée de membres

5.08. **PAS D'ASSEMBLÉE DE MEMBRES.** Dès lors que, comme les fondations, le fonds de dotation n'a pas vocation à avoir d'autres membres que ses administrateurs et, éventuellement, ses fondateurs, il n'y a pas d'assemblée dans un fonds de dotation. Ce dernier n'a pas vocation à proposer des adhésions à des personnes physiques et morales. Comme dans une fondation, la seule « assemblée » est en fait son conseil d'administration. Rien n'interdit toutefois à un fondateur de prévoir dans les statuts, ou au conseil d'administration, de décider de l'institution de comités ou de conseils dotés de prérogatives spécifiques.

B. Composition des organes

5.09. **PRÉSENCE D'UN CONSEIL D'ADMINISTRATION IMPOSÉE PAR LA LOI.** Contrairement aux associations, dans lesquelles la loi de 1901 impose uniquement de faire connaître l'identité de ceux qui, à un titre quelconque, sont chargés de l'administration de l'association, l'article 140 de la loi LME précise explicitement que le fonds de dotation doit être géré par un conseil d'administration.

Loi du 4 août 2008, art. 140. « Le fonds de dotation est administré par un conseil d'administration qui comprend au moins trois membres nommés, la première fois, par le ou les fondateurs. »

5.10. **PRÉSIDENT.** En outre, l'article 140 précité et le décret du 11 février 2009 mentionnent l'existence d'un « président » du fonds de dotation (ce qui n'est pas le cas de la loi du 1er juillet 1901 et de son décret d'application).

5.11. Bureau, comités, conseils, etc. Comme dans une association ou une fondation, rien n'interdit par ailleurs de prévoir l'existence, au sein du conseil d'administration, d'un bureau. Rien n'interdit non plus de fixer, statutairement ou dans le cadre d'une délibération du conseil d'administration, des comités ou conseils chargés d'assister le conseil d'administration dans sa mission. Le décret n° 2009-158 du 11 février 2009 institue d'ailleurs une obligation de constituer un comité consultatif pour les fonds dont la dotation en capital dépasse un million d'euros (outil 2).

5.11
1. Conseil d'administration

a. Principes d'organisation

5.12. Administrateur et mineur : deux statuts compatibles. En principe, rien n'interdit à un mineur, même non émancipé, d'être membre du conseil d'administration d'un fonds de dotation, de gérer et de représenter le fonds de dotation (sauf en pratique si ce dernier entreprend, dans le cadre de ses activités, l'édition d'une publication). Dès lors que la fonction d'administrateur d'un fonds de dotation doit être analysée comme un mandat, le code civil permet qu'un mineur non émancipé puisse être choisi comme mandataire. Il est donc possible qu'un mineur puisse être conduit à représenter le fonds de dotation.

Code civil, art. 1990. « Un mineur non émancipé peut être choisi pour mandataire ; mais le mandant n'aura d'action contre lui que d'après les règles générales relatives aux obligations des mineurs. »

5.13. L'administrateur n'est pas nécessairement un fondateur. Dès lors que ce sont les statuts qui « *déterminent la composition ainsi que les conditions de nomination et de renouvellement du conseil d'administration* »[1], les fondateurs peuvent tout à fait décider d'être membres, de droit, du conseil d'administration et de participer au renouvellement de ce dernier. L'article 140 de la loi LME ne l'interdit pas. Il est vrai que ce dernier est imprécis dès lors que, dans le même temps, il énonce que « *le conseil d'administration comprend au minimum trois membres nommés, la première fois, par le ou les fondateurs* ». Faut-il comprendre que seuls les premiers administrateurs peuvent être nommés par le ou les fondateurs ?

Éviction des tiers dans la désignation des premiers administrateurs. En réalité, il semblerait, compte tenu de la liberté reconnue aux fondateurs pour la détermination du contenu des statuts, que la précision selon laquelle la désignation des administrateurs est faite, « la première fois », par le ou les fondateurs, a essentiellement pour objet de préciser que les premiers administrateurs n'ont pas à être désignés par un tiers (l'État, par exemple).

En pratique, dans les fonds de dotation constitués à ce jour, il est fréquent de retrouver le fondateur présent, de plein droit, au conseil d'administration du fonds qu'il a institué.

1. Loi n° 2008-776 du 4 août 2008 de modernisation de l'économie (dite « loi LME »), art. 140.

5.14. Fonctions des administrateurs. Assez traditionnellement, on retrouve dans un conseil les fonctions de président, de vice-président, de secrétaire et de trésorier. Ces appellations ne sont cependant pas obligatoires, à l'exception de celle de « président » dont la désignation est rendue obligatoire par la loi. Les fonctions au sein d'un conseil et d'un bureau peuvent être confiées à un « chancelier », une « économe », un « secrétaire général », un « argentier ». Chaque fondateur est libre d'adopter les termes qu'il veut. En pratique, dans les nombreux fonds créés, si l'on retrouve toujours un président (du fait de l'obligation légale applicable aux fonds de dotation), les fonctions de secrétaire ou de trésorier ne sont pas toujours présentes.

b. Des exclusions limitées

5.15. Aucune interdiction légale. Ni l'article 140 de la loi LME instituant les fonds de dotation ni le décret n° 2009-158 du 11 février 2009 ne contiennent de disposition interdisant à une personne d'être administrateur d'un fonds de dotation. Ainsi, une personne physique ou une personne morale (y compris de droit public) peut être administrateur d'un fonds de dotation.

Incompatibilité de fonctions. Il conviendra de veiller, s'agissant d'une personne publique, à ce que la personne siégeant au conseil d'administration ne soit pas exposée à une incompatibilité. La notion de « conseiller intéressé » pour les collectivités territoriales s'applique également dans les fonds de dotation ; certains risques pénaux peuvent être associés à un cumul d'activités[1].

5.16. Nationalité des membres du conseil d'administration. Il n'est pas exigé des administrateurs qu'ils soient de nationalité française.

5.17. Condamnations de dirigeants, un obstacle pour la collecte de dons. En revanche, les condamnations pénales dont une personne a pu faire l'objet peuvent constituer un obstacle au déploiement d'une campagne d'appel à la générosité du public par un fonds de dotation.

En effet, l'autorisation d'organiser une telle collecte de dons peut être refusée par le préfet s'il apparaît qu'un membre du conseil d'administration a fait l'objet, depuis moins de cinq ans, d'une condamnation définitive (non frappée d'appel ou d'un recours en cassation) pour un certain nombre d'infractions déterminées.

Décret du 11 février 2009, art. 12. « L'autorité administrative peut refuser l'autorisation prévue à l'article 11 […] lorsqu'un membre du conseil d'administration a fait l'objet, depuis moins de cinq ans, d'une condamnation définitive pour l'une des infractions prévues par les articles 222-38, 222-40, 313-1 à 313-3, 314-1 à 314-3, 324-1 à 324-6, 432-15, 433-1, 434-9, 435-1 à 435-4, 435-7 à 435-10, 441-1 à 441-9, 445-1 à 445-4 et 450-1 du code pénal, par l'article 1741 du code général des impôts, et par les articles L. 241-3 (4°), L. 242-6, L. 242-30, L. 243-1, L. 244-1 et L. 654-1 à L. 654-6 du code de commerce. »

Attestation de non-condamnation pénale. Lorsque le fonds souhaite solliciter une autorisation préfectorale pour collecter des fonds

1. V. le délit de prise illégale d'intérêts : C. pén., art. 432-12.

auprès du public, il doit alors communiquer à l'autorité administrative une attestation de non-condamnation pénale pour chaque dirigeant (✐ outil 34).

2. Bureau

5.18. Possibilité statutaire. Les fondateurs ont la possibilité d'identifier plus particulièrement un petit groupe de personnes issues du conseil d'administration pour leur conférer des prérogatives spécifiques. Mais il ne s'agit absolument pas d'une obligation. Ce choix peut être opportun dans les fonds de dotation disposant d'un nombre important de membres au sein du conseil d'administration. Dans cette hypothèse, le bureau d'un fonds de dotation peut être conçu comme un outil collégial, ne
5.18 pouvant toutefois disposer des pouvoirs conférés par la loi au conseil d'administration. Le bureau rassemble alors généralement le président, le secrétaire, le trésorier et, éventuellement, le vice-président. Dans les fonds de dotation dont le conseil est composé de trois administrateurs, l'existence d'un bureau ne se justifie pas.

3. Comité consultatif

5.19. Obligation réglementaire. L'article 140 de la loi LME énonçant que les conditions de gestion financière du fonds de dotation sont fixées par décret, le gouvernement a estimé qu'à partir d'un montant d'un million d'euros, les statuts du fonds doivent prévoir la création d'un comité consultatif.

5.20. Personnalités qualifiées. Ce comité doit être composé de personnalités qualifiées nommées par le conseil d'administration mais extérieures à ce dernier.

5.21. Composition du comité. Dès lors qu'il s'agit d'un comité, cet organe doit être composé d'au moins deux personnes. Pour fonctionner correctement et être en mesure de prendre des décisions dans le cadre de ses compétences spécifiques, il est fortement recommandé d'y désigner au moins trois personnes.

C. Fonctionnement des organes

5.22. Principe de liberté. Ce sont les statuts qui déterminent librement le fonctionnement des organes du fonds de dotation (quorum, règles de majorité, convocations, etc.). La loi n'impose rien en ce domaine. Les règles adoptées par les statuts ne pourront toutefois avoir pour effet de retirer au conseil d'administration les compétences qui lui sont dévolues par la loi ou le règlement.

5.23. Pas de registre spécial obligatoire. À la différence des règles relatives aux associations, la loi et le décret n'imposent pas aux dirigeants du fonds de tenir un registre récapitulant toutes les modifications apportées aux statuts, à la composition du conseil d'administration, à son objet ou à son siège (✐ outil 14).

5.24. La tenue d'un registre est recommandée. Toutefois, pour faciliter la rédaction du rapport annuel d'activité et le suivi de la vie institutionnelle du fonds, il est recommandé de consigner dans un registre les délibérations du conseil d'administration et, le cas échéant, du comité consultatif et des autres comités ou commissions institués dans le fonds.

Tenir compte des recommandations du comité stratégique. L'expérience montre qu'il est préférable d'avoir des statuts relativement complets quant aux règles définissant le fonctionnement des organes et d'éviter la rédaction d'un règlement intérieur qui peut, parfois, être oublié (voire contenir des dispositions contraires aux statuts). Le comité stratégique sur les fonds de dotation se montre assez soucieux de ce point et formule des recommandations en ce qui concerne la composition et le fonctionnement du comité consultatif et des éventuels autres comités ou commissions institués dans le fonds (outils 16 et 24). La clarté de ces règles participe aussi de la confiance créée entre le fonds et ses donateurs.

D. Pouvoirs des organes

5.25

5.25. Conseil d'administration : pouvoir de direction et d'administration. D'une façon générale, l'article 140 de la loi LME énonce que le fonds de dotation est administré par un conseil d'administration. À quelques exceptions près, cet article n'entre pas dans le détail des attributions de ce dernier, les statuts ayant vocation à préciser les règles d'organisation du fonds. C'est donc le conseil qui détermine en principe les activités du fonds et les conditions dans lesquelles il les exerce. Il pourra ainsi décider du niveau et des destinataires des aides qu'il entend apporter à des organismes éligibles au régime fiscal du mécénat. Il pourra également décider du lancement de campagnes d'appel à la générosité du public et des conditions d'affectation des dons issus de cette campagne à la dotation en capital du fonds.

Il aura compétence pour mettre en œuvre, le cas échéant, la consommation de la dotation (les statuts peuvent utilement comporter des stipulations particulières à ce sujet). Il a également compétence pour les embauches de personnels.

Le cas échéant, c'est lui qui désigne le commissaire au compte et approuve les comptes de l'organisme. C'est le conseil qui peut également décider de la modification des statuts et de la dissolution ou de la fusion du fonds de dotation, sauf si le fondateur s'est réservé ces prérogatives. Le conseil peut aussi avoir à constituer le comité consultatif (même si ce sont en fait les statuts qui doivent déterminer les conditions de création de ce comité). Le fondateur peut ainsi prévoir de le faire désigner par un tiers, voire le désigner lui-même.

5.26. Conseil d'administration : compétences spécifiques. L'article 140 de la loi LME et le décret relatif au fonds de dotation attribuent, sur certains points, une compétence spécifique au conseil. Ainsi, le conseil d'administration du fonds de dotation définit la politique d'investissement du fonds, dans des conditions précisées par ses statuts (même si ce n'est pas nécessairement lui qui désigne, ensuite, le comité consultatif). Le conseil peut être conduit à délibérer sur les faits de nature à compromettre l'activité du fonds de dotation. Le conseil d'administration a également la responsabilité de la transmission des comptes ainsi que de divers autres documents auprès de la préfecture et de la publication de ces informations sur le site internet de la direction des Journaux officiels (n°s 7.01 et s.).

Publication à la charge du fondateur. En revanche, et assez étonnamment, c'est le fondateur qui doit, à ses frais, publier les modifications de statuts et les changements de dirigeants au *Journal officiel*[1]. Cette exigence, si elle peut se concevoir au moment de la constitution du fonds, n'a plus nécessairement de sens en cours de vie sociale dès lors que le fondateur peut avoir disparu ou s'être fait remplacé comme administrateur.

Le conseil d'administration doit donner son accord en vue de la publication au *Journal officiel* de la dissolution volontaire ou statutaire du fonds de dotation.

Le conseil d'administration devra prendre une délibération pour
5.27 utiliser, sur une période de six mois, et au-delà du délai prévu pour la réalisation de son objet, l'actif net résultant de la dissolution et de la liquidation du fonds de dotation.

Décret du 11 février 2009, art. 15. « À l'expiration du délai prévu pour la réalisation de son objet, un fonds de dotation à durée déterminée peut, par délibération de son conseil d'administration notifiée à l'autorité administrative par lettre recommandée avec demande d'avis de réception, utiliser l'actif net restant à l'issue de la liquidation du fonds pendant un délai qui ne peut excéder six mois. »

5.27. Bureau : des pouvoirs encadrés par les statuts. En dehors des pouvoirs conférés spécifiquement au conseil d'administration, au président et au fondateur du fonds de dotation par la loi et par le décret relatif aux fonds de dotation, le bureau pourra exercer, par délégation du conseil d'administration, certaines attributions de ce dernier. Ces attributions devront être déterminées par les statuts, voire occasionnellement par une délibération spécifique du conseil d'administration.

5.28. Comité consultatif : une mission de conseil. Dans le cadre de la politique d'investissement du fonds de dotation (surtout celle concernant les actifs de la dotation en capital) définie par son conseil d'administration et, le cas échéant, par ses statuts, ce comité est chargé de faire des propositions de politique d'investissement et d'en assurer le suivi. Il n'est donc *a priori* pas une instance décisionnaire ; il est chargé de conseiller le conseil d'administration. Il est reconnu également à ce comité consultatif la possibilité de proposer aux administrateurs des études et des expertises[2].

Statut des membres du comité consultatif. En pratique, la question du statut des membres de ce comité peut se poser ; en particulier, peuvent-ils être rémunérés au titre des fonctions qui leur sont attribuées ?
À notre sens, rien ne l'empêche. Les membres de ce comité ne sont pas (car ils ne peuvent l'être) des dirigeants de droit (membres du conseil d'administration) du fonds de dotation. Il s'agira en pratique de personnes extérieures au fonds (gestionnaires de patrimoine, personnes disposant d'une compétence spécifique, voire directeur financier salarié du fonds). Les premiers fonds constitués en France ont eu recours à de la main-d'œuvre bénévole. Mais il est probable que les fonds de

1. Décr. n° 2009-158 du 11 février 2009 relatif aux fonds de dotation, art. 7, *JO* du 13.
2. Décr. n° 2009-158 du 11 février 2009, art. 2.

dotation les plus importants s'inspireront des pratiques développées en Grande-Bretagne et outre-Atlantique : les *endowment funds* font appel à des sociétés dédiées au conseil en cette matière, lesquelles s'interdisent de gérer elles-mêmes des fonds. Économiquement, cette activité de conseil n'est susceptible de se développer qu'à partir d'un montant relativement élevé d'actifs (environ 30 millions d'euros) détenus par les fonds de dotation (puisque la rémunération de ces conseils est souvent établie sur la base du total des actifs sur lesquels porte le conseil). La neuvième recommandation du comité stratégique sur les fonds de dotation a accepté le principe d'un appel à des professionnels rémunérés (outil 16).

E. Sanctions

5.29. ANNULATION DES DÉCISIONS ET DES ACTES. Les décisions prises et les actes accomplis dans des conditions irrégulières peuvent être sanctionnés par la nullité. Ces irrégularités peuvent consister tant dans une violation des obligations statutaires que dans une violation des obligations légales et réglementaires précitées. Par assimilation avec les règles établies par la jurisprudence en matière associative, peu importe que l'irrégularité d'ordre statutaire ait pu avoir ou non une incidence sur l'adoption de la décision prise. L'irrégularité entraîne en principe la nullité. Toutefois, les juges saisis d'une demande de nullité pourront tenir compte des usages constants contraires aux stipulations statutaires. L'annulation des délibérations protège les intérêts privés des victimes de l'irrégularité ; seules ces dernières (un administrateur, un fondateur, un membre du comité consultatif, par exemple) ont donc qualité pour agir. 5.29

5.30. IRRÉGULARITÉS ET SUSPENSION DU FONDS DE DOTATION. Le non-respect des règles de fonctionnement légales, réglementaires et statutaires du fonds de dotation, qui peut être constaté tant par le préfet que par le commissaire aux comptes, est susceptible d'entraîner la suspension de l'activité de ce dernier (n°s 7.34 et s.).

5.31. PRÉSIDENT ET MEMBRES DU CONSEIL D'ADMINISTRATION : PEINES ENCOURUES. Le non-respect de l'obligation de publication et de déclaration des comptes, et de désignation du commissaire aux comptes est sanctionné pénalement[1]. Les peines prévues aux articles L. 242-8 et L. 820-4 du code de commerce s'appliquent aux dirigeants du fonds de dotation.

Code de commerce, art. L. 242-8. « Est puni d'une amende de 9 000 euros le fait, pour le président, les administrateurs ou les directeurs généraux d'une société anonyme, de ne pas, pour chaque exercice, dresser l'inventaire et établir des comptes annuels et un rapport de gestion. »

Code de commerce, art. L. 820-4. « Nonobstant toute disposition contraire :
1° Est puni d'un emprisonnement de deux ans et d'une amende de 30 000 euros le fait, pour tout dirigeant de personne ou de l'entité tenue d'avoir un commissaire aux comptes, de ne pas en provoquer la désignation ou de ne pas le convoquer à toute assemblée générale ;
2° Est puni d'un emprisonnement de cinq ans et d'une amende de 75 000 euros le fait, pour les dirigeants d'une personne morale ou toute personne ou entité au service d'une per-

1. Loi LME du 4 août 2008, art. 140, VI.

sonne ou entité tenue d'avoir un commissaire aux comptes, de mettre obstacle aux vérifications ou contrôles des commissaires aux comptes ou des experts nommés en exécution des articles L. 223-37 et L. 225-231, ou de leur refuser la communication sur place de toutes les pièces utiles à l'exercice de leur mission et, notamment, de tous contrats, livres, documents comptables et registres de procès-verbaux. »

IV. Gestion des biens détenus par le fonds de dotation

A. Composition du patrimoine du fonds

5.32 **5.32. Biens et droits de toute nature.** La définition des fonds de dotation donnée par l'article 140 de la loi LME prévoit que cette personne morale peut détenir des « *droits et biens de toute nature* ». En conséquence, et par principe, le fonds de dotation ne connaît pas de limitation quant à la composition de son patrimoine et à la nature des actifs qu'il peut détenir (nos 4.08 et s.). Toutefois, le législateur a prévu des règles spécifiques pour la gestion de ce patrimoine, qui conduisent, pour une partie, à limiter le choix des actifs possibles. En effet, les modalités de gestion des actifs financiers sont définies par la loi et par le règlement.

Loi du 4 août 2008, art. 140, III. « Les modalités de gestion financière du fonds de dotation sont fixées par décret en Conseil d'État. »

B. Gestion des actifs financiers

5.33. Choix de supports d'actifs relativement limité. Le décret du 11 février 2009 énonce que les actifs éligibles aux placements du fonds de dotation sont les mêmes que ceux qui sont éligibles pour les institutions de prévoyance. En effet, plutôt que de créer une nouvelle liste d'actifs éligibles, le législateur a décidé de faire référence à une liste déjà existante. Il a donc utilisé la liste que les institutions de prévoyance sont tenues de respecter, lesquelles sont placées par ailleurs sous le contrôle de l'Autorité de contrôle des assurances et mutuelles (Acam) qui vérifie le respect de cette règle. Ainsi, les actifs éligibles sont ceux qu'énumère l'article L. 931-10-2 du code de la sécurité sociale, qui visent en réalité les « *engagements réglementés* » des institutions de prévoyance et non les actifs financiers, ou les modalités de gestion financière (outil 4). La liste de ces actifs distingue :

- les valeurs mobilières et titres assimilés ;
- les actifs immobiliers ;
- les prêts et dépôts.

Liste non adaptée. Cette liste est assez large, mais n'est pas nécessairement adaptée aux activités que développent certains fonds de dotation. Ainsi, un fonds de dotation qui souhaite développer, grâce à ses actifs financiers, une activité humanitaire en Asie ou en Afrique en utilisant la voie du microcrédit (le fait de consentir un prêt n'étant pas considéré comme une consommation de la dotation) se voit opposer la liste précitée (laquelle limite les bénéficiaires d'un prêt du fonds de dotation à des personnes physiques ou morales ayant leur domicile ou leur siège dans un pays membre de l'OCDE).
La liste est-elle applicable aux seuls actifs de la dotation ? Cette question se pose notamment pour les fonds qui, dans le cadre de campagnes d'appel à

la générosité du public, décident de ne pas affecter à la dotation en capital tout ou partie des fonds collectés.
Il semblerait que l'intention des rédacteurs du texte de l'article 140 de la loi LME était bien de définir les conditions de gestion financière de la dotation en capital dès lors que cette dernière est en principe représentative de l'essentiel des actifs du fonds destinés à produire des revenus. Elle ne semble donc pas nécessairement concerner les actifs financiers hors dotation, lesquels doivent en outre rester liquides (ayant *a priori* vocation à être utilisés en cours d'exercice).

5.34. Politique d'investissement et dispersion par catégorie de placement. Le conseil d'administration, éventuellement assisté par le comité consultatif, doit définir la politique d'investissement du fonds de dotation en incluant à ses réflexions des règles de dispersion par catégories de placement et de limitation par émetteur[1]. Il conviendra de voir comment, en pratique, cette politique pourra être contrôlée. 5.34

Les fonds dotés de titres d'entreprises. Il arrive que des fonds soient constitués par des chefs d'entreprise à l'occasion d'une réorganisation de leur patrimoine professionnel et personnel. Dans ce cadre, un fonds peut recevoir un don de parts ou d'actions d'une seule et même société qui a bien l'intention de distribuer des dividendes. Dans ce cas de figure, la mise en œuvre de l'exigence d'une politique de dispersion du patrimoine par catégorie d'émetteur peut se révéler délicate, voire impossible (notamment lorsque le don a été assorti d'une charge d'inaliénabilité temporaire). Il nous semble que ces situations doivent être appréciées avec prudence, mais aussi avec pragmatisme. C'est le rôle du comité consultatif, lorsqu'il existe, d'élaborer un avis à ce sujet, au besoin en amont, avant l'acceptation du don manuel, de la donation ou du legs. (Sur la question des fonds actionnaires de sociétés, n° 8.110.)

C. Gestion des actifs non financiers

5.35. Actifs non financiers. En dehors du numéraire et des titres (parts, actions, obligations, FCP, etc.) qu'un fonds de dotation peut recevoir par voie de donation, de legs ou d'apport, le fonds peut également recevoir et détenir des immeubles, des droits de propriété intellectuelle et industrielle, des œuvres d'art, etc. Ces biens et droits ont vocation à être affectés à la dotation en capital.

Liberté dans la gestion des actifs non financiers. Dès lors que l'on considère que la règle énoncée par l'article 140, III de la loi LME (n° 5.32) concerne la politique de gestion financière du fonds, il nous semble possible de conclure que le fonds reste libre pour la gestion de ses actifs non financiers. On imagine mal, en effet, un fonds de dotation ayant reçu par donation un bien immobilier historique ou des œuvres d'art représentant plus de la moitié des actifs dudit fonds être obligé de les vendre pour respecter la liste de l'article R. 931-10-21 du code de la sécurité sociale ou la règle de dispersion par catégories de placement.

1. Décr. n° 2009-158 du 11 février 2009, art. 1er.

D. Modalités pratiques de gestion

5.36. Gestion autonome possible. En principe, les dirigeants ne sont pas obligés d'avoir recours aux services d'un gestionnaire de patrimoine ni d'un mandataire rémunéré pour gérer les actifs du fonds, dont les actifs financiers. Le fonds peut trouver la ressource interne pour mettre en œuvre une gestion conforme tant à ses intérêts qu'aux obligations qui viennent d'être rappelées pour les actifs financiers. En outre, pour ces derniers, le fonds pourra s'appuyer sur les conseils du comité consultatif.

5.37. Gestion professionnelle en pratique nécessaire. Dès lors que les actifs financiers commencent à être d'un montant significatif, peu de fonds de dotation parviendront toutefois à se passer complètement de
5.36 l'intervention d'un conseiller ou d'un mandataire rémunéré. Le fonds de dotation peut établir avec l'établissement financier qu'il a choisi une gestion sous mandat ou une gestion plus institutionnelle. Cette gestion pourra faire l'objet d'un contrôle par le comité consultatif du fonds de dotation, s'il existe.

E. Comité consultatif

5.38. Mission générale de conseil. Ce comité, dont les conditions de création sont définies par décret (n° 5.19), sera conduit à intervenir dans la politique de gestion des biens de la dotation. Chargé de faire au conseil d'administration des propositions de politique d'investissement et d'en assurer le suivi, ce comité interviendra donc essentiellement, à notre sens, sur la gestion des actifs financiers de la dotation. Dans ce cadre, il est reconnu au comité la possibilité de proposer au conseil des études et des expertises.

5.39. Quelle autonomie et quelle initiative ? La question se posera en pratique de savoir si le comité peut prendre l'initiative de réaliser de telles études et expertises ou s'il ne peut les solliciter qu'après autorisation, ou sur demande, du conseil d'administration.

> **Recommandations.** Pour éviter toute ambiguïté sur le cadre et l'étendue de la mission du comité, il est recommandé :
> - soit de prévoir des stipulations précises à ce sujet dans les statuts du fonds de dotation ;
> - soit de faire adopter par le conseil d'administration instituant le comité consultatif une délibération fixant précisément les règles de fonctionnement qui lui sont applicables.
>
> Le clausier proposé par le comité stratégique sur les fonds de dotation propose des règles assez précises en la matière (outil 24) ; il convient toutefois de garder à l'esprit que, sur ce sujet, le comité stratégique avait en tête le cas du fonds de dotation du Louvre, dont la dotation est d'un montant significatif (124 millions d'euros au 31 décembre 2012).

5.40. Outil de contrôle du fonds de dotation. Les avis, propositions, rapports et expertises réalisés ou sollicités par le comité consultatif constitueront, pour les donateurs notamment, des informations permettant de vérifier la pertinence des décisions de gestion et d'investissement prises par le conseil d'administration. Mais il appartiendra aux dirigeants de les rendre publics, le rapport d'activité du fonds n'étant *a priori* pas tenu d'en donner le détail.

Dotation immobilière : nécessité d'un comité consultatif ? Il est possible de s'interroger sur l'utilité du comité consultatif si la dotation du fonds est constituée d'un unique immeuble (d'une valeur vénale de plus d'un million d'euros) générateur de revenus fonciers. En effet, il semble que le comité a vocation à s'occuper de la gestion financière du fonds de dotation, et non de la gestion de l'ensemble des biens constituant la dotation en capital. Une interprétation raisonnable du texte de l'article 140, III (dernier alinéa) de la loi LME et des articles 1er et 2 du décret n° 2009-158 du 11 février 2009 devait conduire à considérer que ce n'est pas tant le montant de la dotation que celui des actifs financiers qui déclenche l'obligation de désigner un comité consultatif. Le comité stratégique sur les fonds de dotation pourra utilement être interrogé à ce sujet.

V. Règlement intérieur

5.41. Le règlement intérieur n'est pas obligatoire. L'élaboration d'un règlement intérieur n'est pas une obligation dès lors, notamment, que les statuts n'y renvoient pas. Ce règlement pourra, en certaines hypothèses, compléter utilement les statuts du fonds de dotation, notamment lorsqu'au moment de l'adoption de ces derniers le ou les rédacteurs ne sont pas en mesure de prévoir dans le détail l'ensemble des règles de fonctionnement du fonds ou lorsqu'ils souhaitent laisser au conseil d'administration le soin de préciser les statuts. 5.41

Exemple 9. Composition et fonctionnement du comité consultatif

L'objet d'un règlement intérieur pourra être de préciser le mode de désignation et de fonctionnement du comité consultatif dont la constitution est obligatoire dès que la valeur de la dotation en capital dépasse un million d'euros.

5.42. Le règlement intérieur ne peut être contraire aux statuts. En aucun cas le règlement intérieur ne pourra contenir des stipulations contraires aux statuts. Dans l'hypothèse où de telles contradictions existent, ce sont les dispositions statutaires qui prévalent.

CHAPITRE 6

ACTIVITÉS ET RESSOURCES DU FONDS

MÉMO

[Fonds opérationnels]

- Fonds exerçant lui-même une activité d'intérêt général.

[Fonds de distribution]

- Fonds géré de façon désintéressée et qui « reverse » les revenus tirés des dons et versements reçus à certains organismes éligibles au régime du mécénat.

[Subventions]

- Le fonds de dotation ne peut, en principe, recevoir de subventions.

[Intérêt général : deux conceptions]

- Somme des intérêts particuliers.
- Expression de la volonté générale. Cette deuxième conception est plus largement admise.

[Intérêt général : définition fiscale] 6.

- Organisme non lucratif.
- Gestion désintéressée.
- Fonctionnement qui ne se fait pas au profit d'un cercle retreint de personnes.

POUR ALLER PLUS LOIN

[Revue *JA*]

- L. DEVIC, « Fonds de dotation et mécénat : l'administration publie son analyse », *JA* n° 398/2009, p. 31.
- L. DEVIC, « Fonds de dotation : un outil révolutionnaire pour les mécènes », *JA* n° 386/2008, p. 29
- L. DEVIC, « L'intérêt général : une définition fiscale discutée », *JA* n° 384/2008, p. 48.

CHAPITRE 6

ACTIVITÉS ET RESSOURCES DU FONDS

I. Activités du fonds

6.01. Gérer des actifs pour distribuer des aides et conduire des activités. Il résulte de la définition même des fonds de dotation[1] que cette personne morale à but non lucratif utilise les revenus de son patrimoine (« sa capitalisation »), mais aussi, le cas échéant, les dons manuels reçus et le produit des donations et des legs[2] en vue :

- de la réalisation d'une œuvre ou d'une mission d'intérêt général ;
- de les redistribuer pour assister une (ou des) personne(s) morale(s) dans l'accomplissement de ses (leurs) œuvres et de ses (leurs) missions d'intérêt général. 6.01

A. Conduire et/ou distribuer

6.02. Fonds opérationnels et/ou fonds de distribution ? Une distinction est habituellement faite entre les fonds de dotation exerçant eux-mêmes une activité d'intérêt général (que l'on pourrait appeler les « fonds opérationnels ») présentant certains caractères (philanthropique, éducatif, scientifique, social, etc.) et les fonds de dotation que l'on pourrait qualifier « de distribution », lesquels doivent être gérés de façon désintéressée et « *reverser les revenus tirés des dons et versements reçus à certains organismes éligibles au régime du mécénat* ». Cette distinction, à finalité pédagogique[3], se base également sur le texte même des articles 200 et 238 *bis* du code général des impôts qui, au sujet des fonds de dotation, établissent effectivement une distinction sur la portée de laquelle il convient toutefois de s'interroger.

Double activité possible. Cette distinction ne signifie pas qu'il soit en pratique interdit à un fonds de dotation d'exercer à la fois des activités d'intérêt général et une activité de distribution d'aides financières à des organismes visés aux articles précités du code général des impôts. L'article 140 de la loi de modernisation de l'économie ne semble pas imposer de choisir entre les deux types d'activités. Et les débats parlementaires ne permettent pas de considérer que le législateur a voulu créer deux catégories étanches de fonds de dotation. En pratique, de très nombreux fonds de dotation combinent les deux modes d'intervention.
« Fonds relais » : une appellation à éviter. On évitera d'utiliser, à propos des fonds qui redistribuent leurs revenus à des œuvres d'intérêt général, l'appellation de « fonds relais » pour écarter tout risque de confusion avec les quelques fondations reconnues d'utilité publique qui

1. Loi n° 2008-776 du 4 août 2008 de modernisation de l'économie (dite « loi LME »), art. 140, *JO* du 5.
2. C'est-à-dire, pour ces libéralités autres que les dons manuels, le prix de cession des biens reçus lorsque la dotation est consomptible.
3. Notamment dans la première instruction fiscale applicable aux fonds de dotation (nos 7.01 et s.).

ont la capacité légale et statutaire de jouer le rôle d'organismes relais[1] (rôle leur permettant de collecter des dons pour le compte d'associations, par exemple). En effet, les fonds de dotation, qualifiés de distribution, distribuent en principe les revenus de leurs actifs (lesquels ont pu être constitués grâce aux dons et legs reçus), et non directement les dons reçus comme mandataires de leurs donateurs.

B. Mission d'intérêt général

6.03. Intérêt général : une définition discutée. L'actualité politique et, plus confidentiellement, l'actualité jurisprudentielle contribuent à réinterroger régulièrement le droit français au sujet de la notion d'intérêt général. Sur le terrain philosophique, elle peut faire l'objet de débats interminables, souvent passionnants. Mais la passion est l'ennemi du droit dont la mise en œuvre ne satisfait le besoin de justice que s'il repose
6.03 sur des concepts aux définitions claires et stables. Or, particulièrement en France, la notion d'intérêt général mérite d'être (mieux) définie compte tenu des enjeux qu'elle représente pour les financements des organismes non lucratifs.

6.04. Importance de cette définition pour les fonds de dotation. Pour les fonds de dotation, comme pour les associations, fondations et congrégations, la notion d'intérêt général est primordiale puisqu'elle doit s'appliquer aux activités mises en œuvre et/ou soutenues par ces organismes dans le cadre de deux catégories importantes de leurs recettes :

- les dons (dons manuels, donations et legs) ;
- les subventions (pour les associations, les fondations et de rares fonds de dotation autorisés).

Or, cette notion n'est pas définie dans un texte général de principe, mais plutôt dans des commentaires administratifs relatifs au régime fiscal des dons (☞ n° 6.08) ou au régime juridique des subventions.

6.05. Mise en perspective de l'intérêt général. Historiquement, c'est à partir du XVIIIe siècle que l'idée d'intérêt général a progressivement supplanté la notion de bien commun qui constituait le socle de l'organisation de la vie de la cité et la justification de l'intervention de l'État, en référence à des vérités acceptées par le plus grand nombre (loi naturelle). Depuis lors, dans le cadre d'une conception plus relativiste, deux définitions de l'intérêt général s'affrontent régulièrement :

- l'une ne voit dans l'intérêt commun que la somme des intérêts particuliers, laquelle se déduit spontanément de la recherche de leur utilité par les agents économiques. Cette approche laisse peu de place à l'arbitrage de la puissance publique et peut traduire une méfiance de principe envers l'État ;
- l'autre conception ne se satisfait pas d'une conjonction provisoire et aléatoire d'intérêts économiques, incapable à ses yeux de fonder durablement une vie en société paisible. L'intérêt général, qui exige le dépassement des intérêts particuliers, est d'abord, dans cette seconde perspective, l'expression de la volonté générale (tout comme la loi), ce qui confère à l'État la mission de poursuivre des fins qui s'imposent à

1. CGI, art. 200, 2.

l'ensemble des individus, par-delà leurs intérêts particuliers. C'est très clairement cette seconde conception qui a longtemps prédominé en France.

6.06. Intérêt général et utilité publique. La distinction entre l'intérêt général et l'utilité publique n'est pas aisée à appréhender non plus. Initialement liée à la question du droit de propriété (et du droit d'expropriation), la notion d'utilité publique a connu une évolution qui a enrichi son contenu ; elle a désormais pour fonction primordiale de consacrer en tant que tel l'intérêt général qui s'attache à la réalisation d'un projet. Disons qu'elle permet de distinguer, parmi les projets d'intérêt général, ceux d'entre eux qui méritent d'être reconnus et davantage soutenus, en particulier par l'État (au moyen notamment d'avantages juridiques et fiscaux particuliers).

6.07. Appréciation fiscale critiquable de l'intérêt général par l'administration fiscale. De la bonne compréhension de la notion fiscale d'intérêt général dépend la sécurité des réductions d'impôts et exonérations de droits de mutation attachées aux dons (y compris manuels) et legs consentis à des organismes tels que les fonds de dotation. En effet, pour émettre des reçus fiscaux ouvrant droit aux réductions d'impôts accordées en matière d'impôt sur le revenu et d'impôt sur les sociétés, les activités des fonds de dotation doivent nécessairement être des œuvres « d'intérêt général » ou venir en aide à des œuvres elles-mêmes d'intérêt général (⊛ n°s 8.01 et s.).

6.08. Définition fiscale de l'intérêt général. Dans ses premiers commentaires après la loi de 1987[1], toujours d'actualité (même si, à ce jour, la nouvelle doctrine de l'administration fiscale est en préparation et n'est pas encore publiée au BOFIP), l'administration fiscale précisait, à propos de la notion d'intérêt général, qu'elle impliquait que l'activité de l'organisme présente les trois caractéristiques cumulatives suivantes :

- ne pas être lucrative (c'est-à-dire qu'elle soit exonérée des impôts commerciaux) ;
- être gérée de façon désintéressée (ses dirigeants ne devant pas, sauf exception, être rémunérés au titre de leur mandat social) ;
- ne pas fonctionner au profit d'un cercle restreint de personnes.

Cette condition fait l'objet d'une appréciation par l'administration non exempte de critique (l'administration considérant, par exemple, que les associations patriotiques départementales ou d'anciens combattants « *ne présentent pas un caractère d'intérêt général au sens défini ci-dessus* »)[2].

6.09. Conception fiscale restrictive de l'intérêt général. Si l'énoncé des conditions posées par l'administration pour la définition de l'intérêt général est donc compréhensible, la mise en œuvre de ces dernières révèle en pratique une conception restrictive de cette notion. En outre, l'administration crée occasionnellement d'autres limitations à la notion d'intérêt général. Il a ainsi pu être constaté, dans le cadre de procédures de rescrits, que l'administration conditionnait, dans le domaine scolaire, la reconnaissance du caractère général de l'activité de l'association gestionnaire au fait que les programmes suivis sont validés par l'Éducation

1. Instr. *BOI* n° 4 C-2-88 du 26 février 1988 et instr. *BOI* n° 5-B-13-88 du 8 mars 1988.
2. ⊛ « Association d'intérêt général », *JA* n° 293/2004, p. 25.

soient considérées comme des activités lucratives et fiscalisées). Quant aux activités d'un fonds de distribution, elles consisteront surtout à gérer ses actifs et à distribuer les revenus qui en sont issus.

CAS PARTICULIER : LES COTISATIONS. Certaines préfectures s'opposent aux statuts qui contiennent des stipulations relatives aux cotisations. Il est vrai que la direction des affaires juridiques de Bercy a précisé, dans des questions/réponses, qu'un « *fonds de dotation ne peut être alimenté par des cotisations, qui supposent une contrepartie à l'adhésion, contraire à la philosophie du fonds de dotation* » (outil 20 > Dotation). Bien au contraire, nous pensons que cette philosophie consiste à laisser les fondateurs libres des stipulations statutaires dans ce domaine. Dans le cadre de l'organisation de la gouvernance, et dès lors que l'on reconnaît au fonds de dotation la capacité de percevoir les produits de ses activités, nous ne voyons pas ce qui s'oppose à ce que les modalités de composition de comités ou de commissions prévoient le versement d'une cotisation (le caractère non lucratif des activités du fonds restant acquis par ailleurs). C'est un point que la jurisprudence pourra trancher un jour. Mais la pratique montre que certaines préfectures ont finalement accepté ces stipulations.

3. Quote-part de la dotation consomptible affectée au résultat

6.14. LA CONSOMMATION DE LA DOTATION GÉNÈRE DES RESSOURCES. Dans le quatrième alinéa de l'article 140 de la loi LME, le législateur a oublié de préciser que le caractère consomptible de la dotation génère, pour ce dernier, des ressources. Celles-ci transitent par le compte de résultat. Cette consommation des actifs du fonds peut être décidée soit au moment où le conseil d'administration du fonds statue sur l'affectation des biens et droits reçus par donation ou legs, soit ultérieurement.

B. Ressources extérieures

1. Libéralités

6.15. DONATIONS, LEGS ET DONS MANUELS. Le fonds de dotation peut recevoir librement les donations et les legs (n° 3.17). S'agissant des dons manuels, il peut également les recueillir soit spontanément de la part de donateurs (personnes physiques ou morales), soit dans le cadre d'une campagne autorisée d'appel à la générosité du public.

6.16. DONS MANUELS : DES RESSOURCES ? Les biens reçus par donations (notariées) et par legs doivent directement être affectés à la dotation (au passif du bilan), sans transiter par le compte de résultat. Il ne s'agit donc pas de ressources, au sens comptable. La question de l'assimilation à des ressources des biens (nécessairement meubles) reçus par le fonds par dons manuels reste discutée, même si les préfectures ont tendance à exclure ces derniers de la liste des ressources (nos 3.23 et s.).

2. Apports

6.17. APPORT AVEC OU SANS DROIT DE REPRISE. Le fonds de dotation peut, à notre sens, recevoir des apports non rémunérés par des droits sociaux dès lors que, nonobstant l'utilisation, par la loi LME, de l'expression « *dotation en capital* », le fonds de dotation ne dispose pas de capital divisé en parts ou actions. Il ne s'agit pas, à proprement parler, de ressources financières mais d'un moyen d'augmenter les fonds propres (au passif du bilan) du fonds et les revenus que ces derniers peuvent éventuellement générer.

RÉCEPTION D'APPORT POSSIBLE. À l'image de ce qui est possible pour les associations et fondation, il est plausible que le fonds de dotation puisse recevoir des apports (nos 3.18 et s.).

3. Fonds publics (subventions)

6.18. PRINCIPE : L'INTERDICTION DES FONDS PUBLICS. La loi affirme un principe relativement clair en cette matière. 6.18

Loi du 4 août 2008, art. 140. « Aucun fonds public, de quelque nature qu'il soit, ne peut être versé à un fonds de dotation. Il peut être dérogé à cette interdiction, à titre exceptionnel, pour une œuvre ou un programme d'action déterminé, au regard de son importance ou de sa particularité. Les dérogations sont accordées par arrêté conjoint des ministres chargés de l'Économie et du Budget. »[1]

Il importe de noter que le principe d'interdiction ne concerne pas tant le fonds de dotation, qui a bien la capacité juridique de recevoir des fonds publics, que les collectivités et établissements qui détiennent de tels fonds.

D'autre part, la question de la portée de cette interdiction se pose assez rapidement en pratique dès lors que le texte vise non les « subventions publiques », désormais définies par la loi, mais les « fonds publics » et que l'on essaie de transposer aux fonds de dotation les relations que peuvent entretenir des associations et des fondations avec les collectivités publiques.

DÉFINITION DES FONDS PUBLICS. Il n'y a pas véritablement de définition de la notion de fonds publics. En réalité, c'est davantage la notion de deniers publics qui a été définie. Ainsi, la détermination du caractère public ou privé des fonds et valeurs se fait par la détermination du régime comptable auquel est soumise l'entité (collectivité ou établissement) dont les fonds et valeurs sont en cause. Le règlement général sur la comptabilité publique n° 62-1587 du 29 décembre 1962 modifié mentionne, en son article 11, « *les fonds ou valeurs appartenant à des organismes publics dotés d'un comptable public* ». Ainsi, un établissement public à caractère administratif (EPA) détient des fonds publics ; ce n'est *a priori* pas le cas d'un établissement public à caractère industriel et commercial (Epic) dès lors que ce dernier est soumis à une comptabilité privée.

Loi n° 2000-321 du 12 avril 2000 modifiée, art. 9-1. Constituent des subventions, au sens de la présente loi, les contributions facultatives de toute nature, valorisées dans l'acte d'attribution, décidées par les autorités administratives et les organismes chargés de la gestion d'un service public industriel et commercial, justifiées par un intérêt général et destinées à la réalisation d'une action ou d'un projet d'investissement, à la contribution au développement d'activités ou au financement global de l'activité de l'organisme de droit privé bénéficiaire. Ces actions, projets ou activités sont initiés, définis et mis en œuvre par les organismes de droit privé bénéficiaires. Ces contributions ne peuvent constituer

1. Loi n° 2008-776 du 4 août 2008 de modernisation de l'économie (dite « loi LME »), art. 140, *JO* du 5.

la rémunération de prestations individualisées répondant aux besoins des autorités ou organismes qui les accordent.

6.19. Interdiction étendue aux mises à disposition. Dans le cadre des mécanismes d'aide aux activités d'intérêt général mis en place par les collectivités et établissements publics, ces derniers peuvent, certes, attribuer des concours financiers ; mais ils peuvent aussi mettre des locaux et/ou du personnel à disposition. Faut-il considérer que l'interdiction précitée s'étend à ces mises à disposition, qui ne constituent pas à proprement parler des fonds publics. Dans la mesure où le fonds de dotation a été créé pour favoriser, dans des conditions très souples, l'arrivée de fonds privés vers des œuvres d'intérêt général, il peut être cohérent de poser parallèlement le principe de l'interdiction des versements des fonds publics. D'un point de vue comptable, ces mises à disposition doivent être évaluées et traitées comme des subventions en nature. Ce qui peut conduire les commissaires
6.19 aux comptes et les experts-comptables à les prohiber également. Toutefois, il semble que le législateur a eu davantage présent à l'esprit les concours financiers de l'État, des collectivités et de leurs établissements plutôt que ces subventions d'une nature particulière. Par prudence, nous avions initialement recommandé d'éviter tout concours des collectivités publiques concernées (à l'exception, bien entendu, de l'exercice de fonctions d'administrateur par l'un des élus de la collectivité concernée par les actions du fonds). L'administration a depuis confirmé que « *tout apport indirect par prêt gratuit de personnel, de locaux ou de moyens quelconques constitue un financement public interdit* » (outil 20 > Dotation). La jurisprudence ne s'est pas encore prononcée à ce sujet. En revanche, certaines chambres régionales de la Cour des comptes ont pu formuler des observations critiques sur des mises à disposition de personnes ou de locaux au profit de fonds de dotation.

6.20. Interdiction étendue aux dotations globales et prix de journée. Enfin, l'interdiction de recevoir des fonds publics a été étendue aux dotations globales et prix de journée versés aux fonds de dotation qui seraient tentés de gérer en direct (fonds opérationnels) des établissements d'hébergement pour personnes âgées dépendantes (Ehpad), des établissements et services d'aide par le travail (Esat) ou tout autre établissement financé au moyen de ces versements. En effet, le ministre interrogé a confirmé que les fonds de dotation ont vocation à constituer des outils de financement complémentaires de tels établissements lorsqu'ils sont portés par des associations et des fondations ; ils n'ont pas vocation à porter eux-mêmes l'activité desdits établissements dès lors que ces derniers reçoivent des fonds publics et/ou peuvent être fiscalisés[1].

6.21. Ne pas confondre subventions et prestations de service. En revanche, à notre sens, cette interdiction de verser des fonds publics à un fonds de dotation ne peut être étendue au prix versé pour les prestations qui seraient rendues à des collectivités ou établissements publics par un tel fonds.

Interdiction contraire à la volonté du législateur. Il semblerait qu'une telle interdiction irait à l'encontre de la volonté du législateur.

1. V. Rép. min. à G. Dériot, *JO* Sénat du 8 octobre 2009, p. 2361, question n° 08959 (outil 10).

À notre sens, ce serait aller plus loin dans l'interdiction que ce qu'il a visiblement souhaité.

6.22. Exception : conserver une vision pragmatique. On ne peut déroger à l'interdiction de verser des subventions publiques à un fonds de dotation « *qu'à titre exceptionnel, pour une œuvre ou un programme d'actions déterminé, au regard de son importance ou de sa particularité* »[1]. En outre, les dérogations doivent être accordées par arrêté conjoint des ministres chargés de l'Économie et du Budget.

Premier cas particulier : celui du Louvre. Concrètement, cet aménagement de l'interdiction précitée a été rendu nécessaire pour prendre en compte le cas des collectivités et établissements publics qui, recevant des donations et legs parfois importants, souhaitent les affecter à des œuvres portées par des fonds de dotation.
Tel est le cas de l'établissement public du Louvre qui, ayant reçu un versement important dans le cadre d'un contrat conclu avec Abu Dhabi, a souhaité affecter les sommes reçues à un fonds de dotation. Ces fonds reçus par l'établissement public précité sont devenus publics ; il était donc nécessaire de prévoir la possibilité de les affecter à un fonds de dotation, à titre exceptionnel (outil 9). 6.22

À ce jour, en dehors de l'arrêté relatif à la constitution du fonds de dotation de l'établissement public du Louvre[2], seuls deux autres autorisations ont été accordées pour deux autres fonds de dotation. Il s'agit du fonds « InPACT, initiative pour le partage culturel » (outil 17) et du fonds « les technologies pour l'homme » (outil 18).

Vocation du fonds de dotation : attirer des fonds privés. À notre sens, dès lors qu'une activité est destinée à être durablement financée par des subventions publiques, il ne sera pas opportun de la faire porter par un fonds de dotation. La structure de l'association ou de la fondation reconnue d'utilité publique sera beaucoup plus adaptée (sauf à ce que le fonds de dotation détenteur d'actifs donnés par des personnes privées, loge des activités opérationnelles dans une association « fille »).
Les fond publics ont-ils à être affectés à la dotation ? Le bureau de droit privé de la Direction des affaires juridiques des ministères financiers considère que les fonds publics reçus dans le cadre de l'arrêté d'autorisation doivent être affectés à la dotation. Cette position est à notre sens contestable puisque la loi et le décret régissant les fonds de dotation ne le prévoient pas. Le cas échéant, cette affectation pourrait être imposée par la collectivité ou l'établissement ayant versé de tels fonds publics.

1. Loi LME du 4 août 2008, art. 140, III.
2. Arr. du 16 juillet 2009 autorisant le versement de fonds publics au fonds de dotation du musée du Louvre, *JO* du 24, p. 12383 (outil 9).

III. Personnels attachés au fonds

A. Salariés du fonds

6.23. Fonds de dotation : employeur de droit privé comme un autre. Lorsque le fonds de dotation entend avoir recours à de la main-d'œuvre salariée, il est soumis au code du travail et aux conventions collectives éventuellement applicables à l'activité qu'il exerce.

6.24. Attribution d'un numéro Siren. La publication de la création d'un fonds de dotation au *Journal officiel* n'emporte pas attribution automatique d'un numéro de Siren/Siret. Or, ce dernier est nécessaire pour l'embauche d'un salarié, aux fins d'identification de l'employeur. Le fonds peut donc demander directement auprès de l'Insee ou auprès du centre de formalités de l'Urssaf dont il dépend l'attribution d'un tel numéro (il est à noter que ce dernier est en tout état de cause nécessaire pour la formalité de
 publication des comptes annuels sur le site de la direction des Journaux officiels).

Recours limité aux salariés. En pratique, parmi les fonds de dotation disposant des ressources leur permettant de rémunérer des intervenants (sans que les charges y afférentes grèvent de façon démesurée leur capacité à mettre en œuvre leurs actions), il sera intéressant d'analyser la proportion de ceux qui privilégieront le recours à de la main-d'œuvre salariés et de ceux qui feront appel à des prestataires extérieurs (gestion de la collecte, de l'attribution des subventions, etc.). Compte tenu de la nature des fonds créés à ce jour, il est probable que cette nouvelle entité juridique aura un recours plus limité encore que les fondations à du personnel salarié.
Il est à noter par ailleurs qu'il ne peut pas embaucher de personnel dans le cadre, bien pratique, du chèque emploi associatif. Réservé jusqu'à récemment aux seules associations de moins de 10 salariés, ce dernier a été étendu aux fondations par la loi relative à l'économie solidaire et sociale du 31 juillet 2014, mais pas aux fonds de dotation. Ceux-ci ne pourront pas non plus avoir recours au volontariat associatif (et aux titres repas du volontaire) ni aux chèques repas du bénévole.

B. Personnel mis à disposition du fonds

6.25. Collaboration et mécénat de compétence. Comme les associations et les fondations, le fonds de dotation pourra bénéficier de mises à disposition gratuites de personnels. Ces mises à disposition pourront intervenir soit dans le cadre de collaborations entre organismes à but non lucratif, soit dans le cadre d'une opération de mécénat de compétence mise en œuvre par un mécène (entreprise la plupart du temps).

CHAPITRE 7

CONTRÔLE DU FONDS

MÉMO

[Générosité publique]

- Autorisation préalable de l'administration.

[Commissaire aux comptes]

- Le fonds de dotation a l'obligation de désigner un commissaire aux comptes dès 10 000 euros de dotation.

[Préfecture]

- Compétence en matière de modifications statutaires et d'ordre institutionnel.

POUR ALLER PLUS LOIN

[Revue *JA*]

- L. Devic, « Bonnes pratiques : le comité stratégique préconise... », *JA* n° 426/2010, p. 35 et s.
- L. Devic, « Comité stratégique et bonnes pratiques : les 11 recommandations », *JA* n° 424/2010, p.6.
- P. Marcenac, I. Scolan, « Focus sur les fonds de dotation », *JA* n° 411/2010, p. 25.
- J. Adda, C. Bergeal, F. Charhon, S. Couchoux, L. Devic, D. Lemaistre, H. Steinberg, C. Sueur, A. Vinas, « Fonds de dotation : parole d'acteurs », *JA* n° 395/2009, p. 14.
- L. Devic, « Fonds de dotation : le décret enfin publié », *JA* n° 394/2009, p. 7.
- L. Devic, « Fonds de dotation : les mesures réglementaires », *JA* n° 391/2009, p. 31.

[Autres revues]

- P. Audebert, G. Lissandre, « Le contrôle des fonds de dotation par l'autorité administrative », in *Le Courrier juridique des finances et de l'industrie spécial fonds de dotation*, décembre 2010.

CHAPITRE 7

CONTRÔLE DU FONDS

7.01. Absence de contrôle : une critique justifiée ? Comme il fallait s'y attendre, l'instauration des fonds de dotation a soulevé, en particulier chez certains gestionnaires d'associations et de fondations, des critiques. Ainsi, par exemple, le fonds de dotation serait-il un outil mal contrôlé. Serait-il donc intrinsèquement dangereux ? Qu'en est-il exactement ? Certes, la création d'un fonds de dotation, comme celle d'une association simplement déclarée, n'est soumise à aucun contrôle préalable[1] Mais l'article 140 de la loi LME et le décret relatif aux fonds de dotation élaborent un régime de contrôle dont l'étude nous conduit à la conclusion suivante : l'idée selon laquelle les fonds de dotation ne feraient pas l'objet de contrôles suffisants est une opinion dont la pertinence est discutable. En particulier parce que le fonds de dotation est soumis à des contrôles 7.01
nettement plus importants que ne le sont les associations qui collectent moins de 153 000 euros de dons déductibles par an (lesquelles n'étant alors tenues ni d'établir un bilan et un compte de résultat ni de désigner un commissaire aux comptes ni encore de publier leurs comptes sur Internet).

7.02. Plusieurs niveaux de contrôle. Le fonds de dotation fait ainsi l'objet de plusieurs types de contrôle. Aux contrôles externes s'ajoutent des contrôles internes. Ces contrôles portent tant sur les activités du fonds de dotation que sur le fonctionnement institutionnel de ce dernier. Ils s'exercent à différents stades de son existence.

I. Contrôle administratif

7.03. Contrôle de l'État à plusieurs niveaux. L'autorité administrative compétente est la préfecture du lieu du siège du fonds de dotation. Elle dispose de larges pouvoirs d'investigation et de contrôle.

Décret du 11 février 2009, art. 6. « L'autorité administrative mentionnée au VII de l'article 140 de la loi du 4 août 2008 susvisée et dans le présent décret est le préfet du département dans lequel le fonds de dotation a son siège social. »

A. Contrôle de la vie institutionnelle

7.04. Modifications portées à la connaissance de la préfecture. L'ensemble des modifications statutaires et d'ordre institutionnel doivent être portées à la connaissance de la préfecture. C'est un premier niveau de contrôle qui s'exerce tant au moment de la création du fonds qu'en cours de vie sociale.

1. Changements de dirigeants

7.05. Déclaration dans les trois mois. Le fonds de dotation est tenu de faire connaître à l'autorité administrative, dans les trois mois, tous

1. À l'exception, pour les fonds de dotation, du contrôle du notaire dont l'intervention pourra être en pratique obligatoire au moment de la création dudit fonds et de sa dotation en capital.

les changements survenus dans son administration, notamment les changements de membres[1]. La déclaration de ces modifications est donc une obligation qui permet de suivre l'évolution du fonds de dotation.

2. Changements de statuts

7.06. Publication obligatoire. Les modifications des statuts du fonds sont déclarées et rendues publiques par publication au *Journal officiel* ; elles ne sont opposables aux tiers qu'à compter de leur publication.

7.07. Déclaration dans les trois mois. La déclaration de modification des statuts, prévue au II de l'article 140 de la loi du 4 août 2008 susvisée, mentionne les noms, prénoms, dates de naissance, lieux de naissance, professions, domiciles et nationalités de ceux qui sont chargés, à un titre quelconque, de son administration. Elle doit également intervenir en principe dans les trois mois qui suivent la décision de modification des statuts, même si l'article 7 du décret du 11 février 2009 n'est pas très clair quant à ce délai.

7.06

B. Droit de communication de l'autorité administrative

7.08. Pouvoir d'investigation de l'autorité administrative. La préfecture dispose d'un large pouvoir d'investigation. En effet, le préfet doit s'assurer de la régularité du fonctionnement du fonds de dotation. À cette fin, il peut se faire communiquer tous documents et procéder à toutes investigations utiles.

Loi du 4 août 2008, art. 140, VII. « L'autorité administrative s'assure de la régularité du fonctionnement du fonds de dotation. À cette fin, elle peut se faire communiquer tous documents et procéder à toutes investigations utiles. »

Ce pouvoir de communication du préfet est donc nettement plus important dans un fonds de dotation que dans une association.

Un large droit de communication. L'expérience montre que ce pouvoir peut aller jusqu'à solliciter des dirigeants du fonds la remise de la copies de factures lorsque le préfet s'interroge sur la pertinence de tel ou tel poste de charges. Un refus de communication pourrait conduire le préfet à engager une procédure de suspension de l'activité du fonds (conditions précises n° 7.34).
L'expérience montre également que certaines préfectures lisent attentivement les rapports d'activité. C'est la lecture de ces derniers, combinée à la lecture des comptes, qui peut provoquer des interrogations de la préfecture.

C. Campagnes d'appel à la générosité du public

7.09. Demande d'autorisation préalable qui passe par la préfecture. Le fonds de dotation peut faire appel à la générosité publique après autorisation administrative dont les modalités sont simples. Les dons issus de la générosité publique « peuvent » alors être joints à la dotation en capital du fonds de dotation, ce qui signifie qu'en principe ils n'ont pas vocation à rejoindre la dotation (v. discussion relative aux dons manuels n° 3.23).

1. Décr. n° 2009-158 du 11 février 2009 relatif aux fonds de dotation, art. 7, *JO* du 13.

Loi du 4 août 2008, art. 140, III : « Le fonds peut faire appel à la générosité publique après autorisation administrative dont les modalités sont fixées par décret ».

7.10. Le champ d'application de la demande d'autorisation. Le texte de l'article 140 de la loi LME et de son décret d'application n'est pas clair car il ne renvoie pas explicitement au champ d'application de la loi n° 91-772 du 7 août 1991 « *relative [...] au contrôle des comptes des organismes faisant appel à la générosité publique* ». Il résulte de la lecture de l'article 3 de cette loi que son champ concerne pourtant les fonds de dotation (qui n'ont été introduits qu'en 2008 dans le droit positif français).

Loi du 7 août 1991, art. 3 : « Les organismes qui, afin de soutenir une cause scientifique, sociale, familiale, humanitaire, philanthropique, éducative, sportive, culturelle ou concourant à la défense de l'environnement, souhaitent faire appel à la générosité publique dans le cadre d'une campagne menée à l'échelon national soit sur la voie publique, soit par l'utilisation de moyens de communication, sont tenus d'en faire la déclaration préalable auprès de la préfecture du département de leur siège social. »

7.10

Les administrateurs des fonds de dotation qui sollicitent des dons auprès des fondateurs, des autres administrateurs, de leurs proches ou auprès de réseaux plus larges s'interrogent donc sur la limite à partir de laquelle la procédure de demande d'autorisation doit être mise en œuvre. Une lecture restrictive de l'article 140 précité pourrait conduire à penser que toute sollicitation de personnes extérieures aux fondateurs, voire aux administrateurs du fonds, supposerait qu'elle ait été autorisée préalablement par la préfecture. Une lecture plus souple nous semble devoir toutefois être retenue si l'on se réfère, notamment, à l'esprit tant de la loi du 7 août 1991 que de la procédure d'autorisation spécifique aux fonds : protéger les donateurs sollicités par le fonds et n'ayant pas, avec ces derniers, des rapports qui leur permettent d'avoir une bonne connaissance des activités. En fait, et même si les débats parlementaires ne donnent pas de véritable indication à ce sujet, il nous semble possible de considérer que le législateur (et, ensuite, le pouvoir règlementaire à l'origine du décret d'application qui cite la loi de 1991) n'a pas voulu créer un champ d'application spécifique pour les fonds mais simplement substituer, pour les fonds uniquement, le régime d'autorisation préalable au régime de déclaration préalable.

Procédure en principe temporaire et non véritablement contraignante. Il résulte des informations orales communiquées par les rédacteurs du texte sur les fonds de dotation que cette procédure d'autorisation préalable a été instituée en vue de maîtriser l'activité des premiers fonds de dotation.

Il est probable qu'à terme les fonds de dotation pourront entreprendre librement des campagnes d'appel à la générosité, dans le cadre du droit commun applicable aux associations et fondations (qui doivent simplement déclarer préalablement leurs campagnes).

En tout état de cause, cette procédure de demande d'autorisation, telle qu'elle est établie, n'est pas une véritable contrainte dès lors que le préfet ne peut s'y opposer que pour des motifs précis et assez cohérents (n° 7.11).

NATURE DES COLLECTES CONCERNÉES PAR LA PROCÉDURE D'AUTORISATION PRÉALABLE. Qu'est-ce qu'une campagne d'appel à la générosité du public ? Il convient d'être attentif à la jurisprudence de la Cour des comptes en ce domaine dès lors, notamment, que celle-ci considère que le fait de rendre possible des dons en ligne sur un site internet suffit à faire tomber cet outil de collecte dans le champ des règles relatives aux campagnes nationales d'appel à la générosité du public (demande d'autorisation en préfecture, tenue d'un compte d'emploi, etc.).
D'autre part, s'agissant de la frontière à partir de laquelle les sollicitations de donateurs par un fonds de dotation entrent dans le champ de la demande d'autorisation, il est intéressant de remarquer que le comité stratégique sur les fonds de dotation rappelle, dans le clausier (outil 24) « *que la loi ouvre aux fonds de dotation la possibilité de faire appel à la générosité publique dans les conditions définies par la loi n° 91-772 du 7 août 1991* » et qu'« *est une campagne nationale d'appel à la générosité publique "toute opération d'une certaine importance conduite suivant les modalités mentionnées à l'article 3 de la loi de 1991 lorsqu'il y a une absence de lien préétabli entre l'organisme*
7.11 *et le destinataire de l'appel" (Cour des comptes, rapport public 1998, p. 52)* ». Il résulte de ces précisions qu'un appel aux dons adressé aux seuls administrateurs, à leurs proches (ayant connaissance du fonds) et aux donateurs habituels ne suppose pas la mise en œuvre d'une procédure d'autorisation préalable.

1. Demande préalable d'autorisation

7.11. FORME DE LA DEMANDE. La demande d'autorisation de faire appel à la générosité publique est adressée au préfet par lettre recommandée avec accusé de réception.

7.12. CONTENU DE LA DEMANDE. Le dossier de la demande doit indiquer[1] :

- les objectifs poursuivis ;
- les périodes et les modalités d'organisation de la campagne d'appel à la générosité publique.

PRÉVOIR UNE PÉRIODE AU MOINS ANNUELLE. Compte tenu de la nature des informations à communiquer et de la procédure d'autorisation mise en place, il sera recommandé de privilégier des périodes assez longues de campagne pour éviter d'avoir à solliciter de trop nombreuses autorisations (conformément à une pratique habituellement mise en œuvre par les associations et fondations tenues de déposer en préfecture un dossier de déclaration de campagne de collecte).
En particulier, pour une demande d'autorisation de mise en place d'un outil de collecte en ligne, il sera recommandé de bien préciser que cet outil sera présent en permanence sur le site internet du fonds de dotation.
Néanmoins, en pratique, il convient de noter que les préfectures accordent des autorisations annuelles...
COMMUNIQUER ÉGALEMENT UNE ATTESTATION DE NON-CONDAMNATION. En pratique, pour le dossier de demande d'autorisation, les préfectures exigent également la remise d'une attestation de non-condamnation à

1. Décr. n° 2009-158 du 11 février 2009, art. 11

faire signer par chaque dirigeant (outil 34). Ce formalisme est lourd dès lors que la demande d'autorisation doit être renouvelée chaque année.

2. Refus du préfet

7.13. Différents cas de refus du préfet. L'autorité administrative peut refuser l'autorisation pour un motif d'ordre public ou dans les trois cas suivants[1] :

- lorsque l'objet de l'appel n'entre pas dans les prévisions de l'article 3 de la loi du 7 août 1991 visant les organismes qui, afin de « *soutenir une cause scientifique, sociale, familiale, humanitaire, philanthropique, éducative, sportive, culturelle ou concourant à la défense de l'environnement, souhaitent faire appel à la générosité publique dans le cadre d'une campagne menée à l'échelon national soit sur la voie publique, soit par l'utilisation de moyens de communication* » ;
- « *lorsqu'un membre du conseil d'administration a fait l'objet, depuis moins de cinq ans, d'une condamnation définitive pour l'une des infractions prévues par les articles 222-38, 222-40, 313-1 à 313-3, 314-1 à 314-3, 324-1 à 324-6, 432-15, 433-1, 434-9, 435-1 à 435-4, 435-7 à 435-10, 441-1 à 441-9, 445-1 à 445-4 et 450-1 du code pénal, par l'article 1741 du code général des impôts, et par les articles L. 241-3 (4°), L. 242-6, L. 242-30, L. 243-1, L. 244-1 et L. 654-1 à L. 654-6 du code de commerce* » ; 7.13
- « *lorsque, en application des dispositions du troisième alinéa du VII de l'article 140 de la loi du 4 août 2008 susvisée, l'autorité administrative a suspendu l'activité du fonds de dotation ou a saisi l'autorité judiciaire en vue de sa dissolution* »[2].

La question du champ d'application de l'article 3 de la loi du 7 août 1991. Il résulte, sans doute par une maladresse due aux renvois à la loi précitée, que le champ d'application de l'article 3 dressant la liste des causes pour lesquelles un appel à la générosité publique peut être entrepris ne correspond pas tout à fait à la liste, plus large, des causes qu'un fonds peut soutenir. La conséquence serait alors que le fonds ne puisse, en tout état de cause, pas procéder à de telles campagnes d'appel à la générosité publique compte tenu du premier des motifs d'opposition précités du préfet.

3. Décision implicite d'acceptation

7.14. Le silence vaut acceptation. Le silence conservé par le préfet à l'expiration d'un délai de deux mois à compter du dépôt du dossier complet de demande d'autorisation d'appel à la générosité publique vaut autorisation tacite. L'engagement d'une telle campagne engendre la naissance d'obligations comptables spécifiques (n° 7.25).

D. Lutte contre le blanchiment

7.15. Fonds de dotation et déclaration de soupçon. Le IX de l'article 140 a inséré un 7 à l'article L. 562-2-1 du code monétaire et financier qui concernait l'obligation pour les experts-comptables de procéder à la

1. Décr. n° 2009-158 du 11 février 2009, art. 12.
2. Pour le détail des infractions visées, voir la circulaire du 19 mai 2009 relative à l'organisation, au fonctionnement et au contrôle des fonds de dotation, *JO* du 19 juin, p. 9992 (outil 6).

déclaration des sommes inscrites dans leurs livres pouvant provenir de différents types d'opérations criminelles (trafic de stupéfiants, fraude, activités criminelles organisées, financement du terrorisme) lorsque ces derniers réalisaient, dans le cadre de leur activité professionnelle, au nom et pour le compte de leur client, toute transaction financière ou immobilière ou lorsqu'ils participaient en assistant leur client à la préparation ou à la réalisation d'un certain nombre de transactions, auxquelles la loi LME a ajouté la constitution ou la gestion de fonds de dotation.

Or, l'article L. 562-2-1 a été abrogé par l'ordonnance n° 2009-104 du 30 janvier 2009, relative à l'utilisation du système financier aux fins de blanchiment de capitaux et de financement du terrorisme. Cette abrogation est intervenue dans le cadre d'une refonte des dispositions du code monétaire et financier, relatives à la lutte contre le blanchiment. Les fonds de dotation font partie des organismes qui peuvent faire l'objet de déclarations de soupçon de la part des personnes à qui cette obligation est imposée[1].

7.16

II. Contrôle de l'activité (rapport d'activité)

7.16. Contrôle détaillé de l'État et des tiers sur les activités exercées. En effet, au-delà du contrôle administratif portant sur le respect d'un certain nombre de règles de fonctionnement des fonds de dotation, l'article 140 de la loi LME et le décret du 11 février 2009 ont prévu la possibilité d'un contrôle de l'activité elle-même. Les défaillances dans l'exercice des activités du fonds de dotation peuvent entraîner sa suspension, voire sa dissolution.

A. Contenu du rapport d'activité

7.17. Rapport d'activité obligatoire. Les dirigeants du fonds de dotation sont tenus d'établir et d'approuver chaque année un rapport d'activité dont le contenu est déterminé par voie réglementaire[2] (outil 33).

7.18. Contenu du rapport. Ce rapport contient les éléments suivants :

- un compte rendu de l'activité du fonds de dotation qui porte tant sur son fonctionnement interne que sur ses rapports avec les tiers ;
- la liste des actions d'intérêt général financées par le fonds de dotation et leurs montants ;
- la liste des personnes morales bénéficiaires des redistributions prévues au I de l'article 140 de la loi du 4 août 2008 susvisée, et leurs montants ;

> **Attestations de versements.** Le fonds pourra opportunément produire, à cette occasion, les attestations de versement qui auront dû lui être remises par les organismes bénéficiaires de ses versements.

- si le fonds de dotation fait appel à la générosité publique, le compte d'emploi des ressources collectées auprès du public prévu à l'article 4 de la loi du 7 août 1991, qui précise notamment l'affectation des dons

1. C. mon. fin., art. L. 561-1 et s.
2. Loi n° 2008-776 du 4 août 2008 de modernisation de l'économie (dite « loi LME »), art. 140, VII et décr. n° 2009-158 du 11 février 2009, art. 8.

par type de dépenses et qui mentionne les informations relatives à son élaboration ;

- la liste des libéralités reçues.

Libéralités : portée de l'obligation. On peut s'interroger sur la portée de cette obligation. Les libéralités visées sont-elles les seuls legs et donations, ou faut-il y inclure également les dons manuels ? À notre sens, le terme « libéralités » vise ici surtout les donations et les legs, et non les dons manuels issus, par exemple, d'un appel à la générosité du public. Cette obligation de déclaration des libéralités reçues est, d'une certaine façon, calquée sur la procédure de déclaration qui s'impose aux associations et aux fondations[1].

B. Communication du rapport d'activité

7.19. Communication au préfet. Les dirigeants du fonds de dotation sont tenus de déposer en préfecture le rapport d'activité (approuvé par le conseil d'administration) dans un délai de six mois à compter de la clôture de l'exercice (soit avant le 30 juin N de l'année suivant celle qui s'est clôturée le 31 décembre N-1). 7.19

La circulaire du 19 mai 2009 (publiée au *Journal officiel* du 19 juin) exige que le rapport soit transmis avec un extrait de la délibération du conseil d'administration l'ayant approuvé.

Lorsque le rapport n'a pas été notifié dans le délai précité, ou lorsqu'il est incomplet, le préfet peut mettre en demeure le fonds de dotation de se conformer à ses obligations dans un délai d'un mois[2].

7.20. Contrôle de la préfecture. À cette occasion, le préfet analyse les activités et peut, s'il constate des dysfonctionnements graves affectant la réalisation de l'objet du fonds de dotation, décider, par un acte motivé qui fait l'objet d'une publication au *Journal officiel*, de suspendre l'activité du fonds et/ou de saisir l'autorité judiciaire aux fins de dissolution du fonds (nos 7.34 et s.).

7.21. Communication au commissaire aux comptes. Le rapport doit également être communiqué au commissaire aux comptes, en même temps que les comptes annuels, au moins quarante-cinq jours avant la date de la réunion du conseil d'administration convoqué pour leur approbation[3].

C. Communication des statuts aux tiers

7.22. Droit de communication, sans déplacement, des seuls statuts. Toute personne peut prendre connaissance, sans même se déplacer, des statuts du fonds de dotation et peut s'en faire délivrer une copie ou un extrait, mais à ses frais.

Loi du 4 août 2008, art. 140, II. « Toute personne a droit de prendre connaissance, sans déplacement, des statuts du fonds de dotation et peut s'en faire délivrer, à ses frais, une copie ou un extrait. »

1. C. civ., art. 910.
2. Décr. n° 2009-158 du 11 février 2009, art. 8.
3. Décr. du 16 août 1901, art 3.

Dirigeants et rapport : pas de droit de communication. Contrairement à ce qui est prévu pour les associations, ce droit de communication n'a pas été étendu aux « *pièces faisant connaître les modifications de statuts et les changements survenus dans l'administration et la direction* »[1].
Il n'est pas étendu non plus au rapport d'activité dont seuls les administrateurs, le préfet et le commissaire aux comptes peuvent avoir connaissance de plein droit (à noter toutefois que les comptes annuels et le rapport du commissaire aux comptes sont publiés chaque année sur le site internet de la direction des Journaux officiels.

III. Contrôle des comptes

7.23 **7.23. Des obligations de nature à assurer une transparence satisfaisante.** Les règles comptables applicables aux fonds de dotation sont d'un bon niveau d'exigence. La communication publique de leurs comptes correspond à la mise en œuvre du principe énoncé par la ministre de l'Économie de l'époque, Christine Lagarde : liberté de constitution et contrôle *a posteriori* des fonds de dotation.

A. Obligations comptables

7.24. Comptes annuels et annexes. Le fonds de dotation doit tenir une comptabilité d'engagements. Il est ainsi tenu d'établir chaque année des comptes comprenant un bilan, un compte de résultat, une annexe. Ces comptes doivent être tenus sur la base du règlement n° 99-01 du comité de la réglementation comptable, relatif aux comptes annuels des associations et des fondations. Ce règlement a été mis à jour par un avis n° 2009-01 du 5 février 2009 du Conseil national de la comptabilité, lequel a intégré des règles spécifiques aux fondations et aux fonds de dotation (pour tenir compte, notamment, des règles particulières applicables aux dotations).

Le fonds, assimilé aux fondations. Toutefois, l'intégration des fonds de dotation dans ce nouveau plan comptable semble avoir été faite un peu au dernier moment. C'est la raison pour laquelle, sans doute, il n'a pas été précisé comment il convenait de définir la notion de « dotation en capital ». Il prend en compte cependant la question du traitement comptable des dotations pérennes et des dotations consomptibles.

Dans l'attente de l'arrêté d'homologation de ce nouveau règlement par l'État, les fonds de dotation peuvent utiliser volontairement le plan comptable modifié.

7.25. Compte d'emploi. Lorsque le fonds de dotation a fait appel à la générosité du public, il doit en outre tenir un compte d'emploi des ressources collectées auprès du public qui figure alors dans l'annexe des comptes annuels.

Homologation du règlement CRC n° 2008-12. Il est à noter que le règlement du comité de la réglementation comptable n° 2008-12 du 7 mai 2008, afférent à l'établissement du compte d'emploi des ressources

1. Décr. du 16 août 1901, art. 2.

des associations et fondations, modifiant le règlement du comité de la réglementation comptable n° 99-01, a été homologué par un arrêté du 11 décembre 2008 (*JO* du 21, p. 19651).

B. Obligations déclaratives

7.26. Dépôt en préfecture. Les comptes annuels doivent être déposés en préfecture dans les six mois suivant la clôture de l'exercice. Le rapport d'activité et le rapport du commissaire aux comptes doivent être joints à ces comptes. Ils doivent être adressés à la préfecture par lettre recommandée avec demande d'avis de réception.

7.27. Publication au *Journal officiel*. Le fonds de dotation doit assurer la publication de ses comptes annuels, y compris, le cas échéant, de l'annexe, sur le site internet de la direction des Journaux officiels dans les mêmes conditions que les associations ou fondations soumises aux prescriptions du premier alinéa de l'article L. 612-4 du code de commerce[1].

Le non-respect de ces obligations n'est toutefois pas pénalement sanctionné. En effet, il n'est prévu, dans le décret n° 2009-540 du 14 mai 2009 (pris pour l'application de l'article L. 612-4 précité), aucune sanction en cas de défaut de publicité. 7.26

Code de commerce, art. 612-4. « Toute association ayant reçu annuellement des autorités administratives [...] doit assurer, dans des conditions déterminées par décret en Conseil d'État, la publicité de leurs comptes annuels et du rapport du commissaire aux comptes. »

Pas de sanction pénale. À défaut de sanction prévue par les textes, et s'il devait être raisonné par analogie avec le droit des sociétés, l'article 226-1 du décret n° 67-236 du 23 mars 1967 sur les sociétés commerciales prévoit que le « *fait de ne pas satisfaire aux obligations de dépôt prévues aux articles L. 232-21 à L. 232-23 du code de commerce est puni de l'amende prévue par le 5° de l'article 131-13 du code pénal* » (1 500 euros).
Autre sanction possible. Le fait de ne pas respecter les obligations déclaratives constitue un dysfonctionnement grave (au sens de l'article 9 du décret du 11 février 2009) susceptible de permettre au préfet de suspendre l'activité du fonds (n° 7.36).

C. Commissaires aux comptes

1. Désignation en pratique obligatoire

7.28. Désignation dès 10 000 euros de ressources annuelles. Le fonds nomme au moins un commissaire aux comptes et un suppléant, choisis sur la liste mentionnée à l'article L. 822-1 du code de commerce, « *dès lors que le montant total de ses ressources dépasse 10 000 euros en fin d'exercice* »[2].

En pratique, une obligation. En pratique, la quasi-totalité des fonds de dotation devront désigner un commissaire aux comptes titulaire et un suppléant (il faut espérer que les fonds créés envisagent de collecter plus

1. Décr. n° 2009-158 du 11 février 2009, art. 4.
2. Loi LME, article 140, VI.

de 10 000 euros de recette par an et/ou de disposer d'actifs générateurs de plus de 10 000 euros de revenus annuels).
Dans de nombreux fonds de dotation créés, on procède même à cette désignation dès la constitution, dans les statuts.

Précisions quant à l'obligation de nomination d'un commissaire aux comptes. La commission juridique de la Commission nationale des commissaires aux comptes (CNCC) considère qu'il faut intégrer dans le seuil de 10 000 euros les ressources suivantes : « *les revenus de la dotation, les dons issus de l'appel à la générosité publique pour lesquels l'organe délibérant n'a pas décidé d'une affectation en dotation et, le cas échéant, la quote-part de la dotation consomptible affectée au résultat* ». Bien entendu, doivent être ajoutés à ces ressources les produits liés aux activités (dont les prestations de services et/ou les ventes de biens) du fonds de dotation[1].
D'autre part, la direction des affaires juridiques (DAJ) du ministère de l'Économie et des Finances a considéré, dans un avis du 5 avril 2013 (outil 20 > Intervention du commissaire aux comptes), que le seuil de 10 000 euros doit être apprécié en cours d'exercice. Selon la CNCC,
7.29 si la nomination du commissaire aux comptes n'intervient qu'au cours de l'exercice suivant (N +1) celui ayant connu le dépassement du seuil de 10 000 euros (N), une mission complémentaire de certification des comptes de l'exercice N doit être confiée au commissaire aux comptes dans une résolution distincte du conseil d'administration[2].

2. Mission

7.29. Mission spécifique de contrôle des activités. Les comptes annuels d'un fonds de dotation tenu d'avoir un commissaire aux comptes sont mis à la disposition de celui-ci au moins quarante-cinq jours avant la date de la réunion du conseil d'administration convoqué pour leur approbation. Il leur est alors joint le rapport d'activité.

En effet, le commissaire aux comptes qui certifie les comptes annuels du fonds de dotation doit également vérifier leur concordance avec le rapport d'activité établi par le conseil d'administration.

3. Procédure d'alerte

7.30. Surveillance de la continuité de l'activité. Lorsque le commissaire aux comptes relève, à l'occasion de l'exercice de sa mission, des faits de nature à compromettre la continuité de l'activité, il demande sans délai des explications au président du conseil d'administration par lettre recommandée adressée avec accusé de réception.

7.31. Réponse du président. Le président du conseil d'administration est tenu de lui répondre sous quinze jours. Le commissaire aux comptes en informe le préfet.

7.32. Rapport spécial et convocation. En cas d'inobservation de ces dispositions ou s'il constate qu'en dépit des décisions prises la continuité de l'activité demeure compromise, le commissaire aux comptes établit un rapport spécial et invite, par un écrit dont la copie est envoyée au préfet, le président à faire délibérer le conseil d'administration sur les faits relevés.

1. V. *Bulletin CNCC* n° 169, p. 100 et s.
2. V. note précédente.

Dans ce cas, le commissaire aux comptes fixe la date, dans un délai qui ne peut excéder huit jours, l'ordre du jour et, le cas échéant, le lieu de la réunion du conseil d'administration. Les frais de cette réunion sont à la charge du fonds de dotation.

7.33. INFORMATION DE LA PRÉFECTURE EN CAS D'ÉCHEC. Si, à l'issue de la réunion du conseil d'administration, le commissaire aux comptes constate que les décisions prises ne permettent pas d'assurer la continuité de l'activité, il informe de ses démarches l'autorité administrative et lui en communique les résultats.

TABLEAU 3. PROCÉDURE DE CONTRÔLE DES COMPTES ET DES FORMALITÉS LÉGALES

Intervenants	Étapes de la procédure		
	Clôture	+ 45 jours	+ 6 mois
Fonds de dotation	Établissement des comptes annuels et préparation du rapport annuel d'activité.	—	Date limite de tenue du conseil d'approbation des comptes annuels et du rapport d'activité.
Commissaire aux comptes	—	Communication des comptes et du rapport d'activité.	—
Autorité administrative	—	—	Envoi du rapport d'activité, des comptes annuels et du rapport du commissaire aux comptes.
Publication au *JO*	—	—	Envoi des comptes annuels approuvés pour leur publication sur le site Internet des *JO*.

7.33

IV. Sanctions

A. Suspension du fonds

1. Modalités de suspension du fonds

7.34. SUSPENSION À L'INITIATIVE DU PRÉFET. Si ce dernier constate des dysfonctionnements graves affectant la réalisation de l'objet du fonds de dotation (n° 7.20), il peut, après mise en demeure non suivie d'effet, décider, par un acte motivé faisant l'objet d'une publication au *Journal officiel*, de suspendre l'activité du fonds pendant une durée de six mois au plus.

7.35. PUBLICITÉ DE LA SUSPENSION. La suspension de l'activité du fonds de dotation est notifiée au président du fonds de dotation et au commissaire aux comptes par le préfet, qui procède également à la publication de sa décision au *Journal officiel* de la République française, aux frais du fonds. La décision mentionne les motifs, la durée et les modalités d'exécution de la suspension.

TABLEAU 4. SYNTHÈSE DE LA PROCÉDURE D'ALERTE

Intervenants	Étapes	
	Phase 1	Phases 2 et 3
N° 1 : Commissaire aux comptes	Relève des faits de nature à compromettre la continuité de l'activité. Demande des explications au président du conseil d'administration. Démarches engagées sans délai (LR + AR).	Établit un rapport spécial en cas d'absence de réponse du président dans les 15 jours ou s'il constate qu'en dépit des décisions prises la continuité de l'activité demeure compromise. Invite par écrit, dont copie est envoyée à l'autorité administrative (LR + AR), le président à faire délibérer sur les faits relevés.
N° 2 : Président du conseil d'administration	Réponse sous quinze jours (LR + AR).	Convoque le conseil d'administration. Délai = huit jours. Frais à la charge du fonds.
N° 3 : Commissaire aux comptes	Informe l'autorité administrative (LR + AR).	Informe l'autorité administrative si, à l'issue de la réunion du conseil d'administration, il constate que les décisions prises ne permettent pas d'assurer la continuité de l'activité (LR + AR).

CONTRÔLE PAR INTERNET. La liste des fonds de dotation dont l'activité a été suspendue peut être consultée sur le site internet du *Journal officiel* Associations et fondations d'entreprises, en sélectionnant dans l'outil de recherche la rubrique « Fonds de dotation/Suspension ». Au 30 août 2014, dix fonds ont fait l'objet d'un avis de suspension, à l'initiative de cinq préfectures différentes.

MOTIFS DE SUSPENSION INVOQUÉS. Les avis de suspension précités font état des motivations suivantes :
- les seules dépenses assurées par le fonds de dotation sont celles qui permettent de répondre à ses obligations fiscales et de publication des comptes ;
- l'ensemble des activités du fonds de dotation sont suspendues ; les organes administratifs du fonds de dotation ne demeurent en fonctionnement que pour répondre aux obligations du fonds de dotation vis-à-vis de l'administration ;
- absence d'établissement des comptes, de dépôt des comptes auprès de l'autorité administrative et de publicité des comptes par le fonds de dotation.

2. Dysfonctionnements pouvant justifier la suspension

7.36

7.36. DÉFINITION DES DYSFONCTIONNEMENTS GRAVES. Constituent des dysfonctionnements graves, dès lors qu'ils affectent la réalisation de l'objet du fonds de dotation[1] :

- la violation des règles de gestion financière (désignation du comité consultatif, règles de dispersion des actifs, supports possibles, etc.) ;
- la violation des règles relatives à l'établissement, à la publicité des comptes annuels et à la mission du commissaire aux comptes ;

1. Décr. n° 2009-158 du 11 février 2009, art. 9.

• le fait, pour le fonds de dotation, de disposer ou de consommer tout ou partie de la dotation en capital dont il bénéficie dans le cas où les statuts n'autorisent pas à consommer cette dotation, et, dans le cas où les statuts prévoient cette possibilité, le fait de disposer ou de consommer tout ou partie de la dotation en violation des conditions fixées par les clauses statutaires ou pour une cause étrangère à la réalisation des œuvres ou des missions d'intérêt général ;

• la consommation par un fonds de dotation à durée déterminée de sa dotation au-delà du terme statutaire d'activité du fonds, en violation des dispositions réglementaires relatives aux conditions dans lesquelles le boni de liquidation peut être consommé ;

• le fait, pour le fonds de dotation, de ne pas avoir adressé les rapports d'activité à l'autorité administrative ou d'avoir adressé des rapports d'activité incomplets, durant deux exercices consécutifs, malgré la mise en demeure qui lui a été faite.

B. Dissolution du fonds

1. Cause de la dissolution

7.37. Non-respect de la mission d'intérêt général. Dans le cadre du contrôle du fonds de dotation, la dissolution[1] peut intervenir à la demande du préfet lorsque la mission d'intérêt général n'est plus assurée et qu'il constate des dysfonctionnements graves affectant la réalisation de l'objet du fonds de dotation ; dans ce cas, il doit saisir l'autorité judiciaire aux fins de sa dissolution, ne pouvant la prononcer lui-même.

2. Sort du boni de liquidation

7.38. Gestion de la phase de liquidation. Lorsque la dissolution est prononcée judiciairement, le liquidateur est désigné par le juge. Il prend alors la place des dirigeants de l'organisme pour la gestion de la liquidation, nonobstant les dispositions statutaires contraires.

7.39. Des bénéficiaires limités. En cas de dissolution du fonds de dotation, l'éventuel boni de liquidation ne peut être attribué qu'à une fondation reconnue d'utilité publique ou à un autre fonds de dotation. À défaut de stipulations statutaires indiquant à qui devra être attribué le boni de liquidation, le liquidateur décidera seul de la destination finale dudit boni.

Objet social du bénéficiaire du boni de liquidation. Même si ni la loi ni le décret ne le précisent, les bénéficiaires de l'attribution du boni de liquidation devront avoir un objet social proche de celui du fonds dissous. Cela est d'ailleurs rappelé par l'annexe 1 de la circulaire ministérielle du 19 mai 2009 (outil 6).

Responsabilité des dirigeants. Dans le cadre de la liquidation, s'il doit apparaître un important passif dû à une faute de gestion des dirigeants, ces derniers pourront voir leur responsabilité engagée dans les conditions de droit commun (action en comblement de passif et faillite personnelle).

1. Pour les règles générales de dissolution, nos 10.44 et s.

CHAPITRE 8

FISCALITÉ APPLICABLE AU FONDS DE DOTATION

8.

MÉMO

[Régime des exonérations]

- CGI, art. 261.

[Gestion désintéressée]

- CGI, art. 261, 7, 1°, *d)*.

[Trois quarts du Smic]

- Seuil annuel brut dont le calcul tient compte des salaires et honoraires, remboursements de frais forfaitaires, avantages en nature, etc.
- Au 1er septembre 2014 : 13 008,42 euros.

[Trois fois le montant du plafond de la sécurité sociale]

- Au 1er septembre 2014 : 9 387 euros.

[TVA : 10 % du chiffre d'affaires total hors taxe]

- Limite du montant des ventes aux membres de l'association.

[Exonération des prestations ou ventes de biens à caractère social]

- CGI, art. 261, 7, 1°, *b)*.

8. [Six manifestations par an]

- CGI, art. 261, 7, 1°, *c)*.
- Exonération de tous les impôts et taxes commerciaux.

[Règle des « 4 P »]

- Produit, public, prix, publicité.
- Conditions d'exonération des impôts commerciaux.

[Taux de TVA en vigueur au 1er janvier 2014]

- 2,1 % ; 5,5 % ; 10 % ; 20 %.

POUR ALLER PLUS LOIN

[Revue *JA*]

- X. Delsol, « Taxation des dons manuels : un risque zéro ? », *JA* n° 481/2013, p.36 et s.
- X. Caroff, « Aides en nature ou en compétences ; des ressources complémentaires ? », *JA* n° 434/2011, p. 39 et s.
- L. Devic, « Intérêt général et fiscalité : ne pas confondre mécénat, social business et RSE », *JA* n° 419/2010, p. 36 et s
- O. Dantil, « Rémunération des dirigeants et maintien de la gestion désintéressée : c'est possible », *JA* n° 400/2009, p. 31.
- L. Devic, « Fonds de dotation et mécénat : l'administration publie son analyse », *JA* n° 398/2009, p. 31.
- O. Dantil, « Les aspects fiscaux de la filialisation », *JA* n° 396/2009, p. 31.
- P. Daubas, S. Laurent, « Persche : un petit séisme pour les dons en Europe », *JA* n° 395/2009, p. 32.
- L. Devic, « Un régime fiscal comparable à celui des organismes reconnus d'utilité publique », *JA* n° 384/2008, p. 10.
- O. Dantil, « L'activité non lucrative prépondérante : une limite à ne pas franchir », *JA* n° 373/2008, p. 29.
- L. Devic, « Le rescrit fiscal pour les dons : une certaine garantie », *JA* n° 369/2007, p. 23.

- A.-S. FRANC, « Le critère de concurrence : entre doctrine administrative et jurisprudence », *JA* n° 367/2007, p. 30.
- L. DEVIC, « Commodat et fiscalité font-ils toujours bon ménage ? », *JA* n° 365/2007, p. 28 et s.
- L. DEVIC, « 60 000 euros – Une franchise utile et obligatoire », *JA* n° 359/2007, p. 29.
- L. DEVIC, « Les manifestations exceptionnelles exonérées d'impôt », *JA* n° 349/2006, p. 29.
- L. DEVIC, « Publicité et fiscalité : vérifiez où vous mettez les pieds », *JA* n° 347/2006, p. 30.
- L. DEVIC, « Services aux personnes : maîtriser sa fiscalité en général et la TVA en particulier », *JA* n° 345/2006, p. 30.
- B. CLAVAGNIER, « À propos des exonérations fiscales autres que celle des "4 P" », *JA* n° 320/2005, p. 29.
- L. DEVIC, « Comment éviter les pièges de la gestion désintéressée ? », *JA* n° 318/2005, p. 28.

[Le Juri'Guide]

- A. BECQUART, X. DELSOL, *Fiscalité des associations*, Le Juri'Guide n° 3, Juris éditions, 2008.

8.

CHAPITRE 8

FISCALITÉ APPLICABLE AU FONDS DE DOTATION

8.01. Organisme à but non lucratif. La définition du fonds de dotation donnée par l'article 140, I de la loi LME[1] contient des termes qui renvoient directement à des réalités juridiques et fiscales connues dans les associations et les fondations, notamment.

En effet, le fonds de dotation est défini comme « *une personne morale de droit privé à but non lucratif* » (n°s 2.02 et s.) qui réalise et/ou soutient des « *œuvres ou des missions d'intérêt général* » (n° 6.03).

8.02. Une source d'inspiration à connaître : le régime fiscal des associations et fondations. Les conditions dans lesquelles s'analyse le régime fiscal des activités du fonds de dotation sont donc très proches de celles applicables aux associations et fondations. 8.01

Selon que leurs activités présentent, fiscalement, un caractère lucratif ou non, elles sont soumises ou non aux impôts dits « commerciaux » (TVA, impôt sur les sociétés au taux de droit commun, contribution économique territoriale, taxe d'apprentissage).

Impôts commerciaux : un lien automatique contestable. S'agissant des organismes non lucratifs comme les associations et les fondations, l'administration considère qu'il existe un lien automatique entre les impôts commerciaux précités. Ainsi, en application de ce principe, une activité assujettie à la TVA devrait également être soumise à l'impôt sur les sociétés au taux de droit commun, à la taxe d'apprentissage et à la contribution économique territoriale[2].
En réalité, chacun de ces impôts a un champ d'application distinct ; l'administration ne peut donc pas, dans une simple instruction, modifier la portée des textes légaux instituant chaque impôt[3].
Il est donc important d'avoir une connaissance suffisante des règles fiscales applicables aux activités des associations et des fondations.

8.03. Régime fiscal des activités, condition d'un traitement favorable des autres ressources du fonds de dotation. En effet, du régime fiscal applicable aux activités du fonds de dotation dépend ensuite celui de ses revenus de patrimoine, de ses gains en capital, des dons et libéralités reçus des fondateurs et mécènes et, en définitive, la pertinence de ce nouvel outil pour un projet donné.

1. Loi n° 2008-776 du 4 août 2008 de modernisation de l'économie (dite « loi LME »), art. 140.
2. V. instr. du 18 décembre 2006, *BOI* 4 H-5-06, n° 6, désormais reprise dans le BOFIP sous les références suivantes : BOI-IS-CHAMP-10-50, BOI-IS-AUT-40-10-10, BOI-TPS-TA-10, BOI-TVA-CHAMP-30-10-30, BOI-IF-TH-10-10-20, BOI-IF-CFE-10-20-20-20, BOI-IF-CFE-20 , BOI-IF-CFE-20-20-10-10 , BOI-ENR-AVS-20-80, Le Juri'Guide n° 3, *Fiscalité des associations*, Juris éditions, 2008.
3. Sur ces questions, v. X. Delsol, « Une brèche dans le principe d'unicité des impôts commerciaux », *JA* n° 400/2009, p. 9.

Circulaire du 19 mai 2009. « Les fonds de dotation sont par principe soumis au même régime fiscal que les organismes sans but lucratif. Aussi, dès lors qu'ils n'ont pas de caractère lucratif (*cf.* notamment instr. fiscale du 18 décembre 2006, *BOI* 4 H-5-06), ils ne sont pas soumis aux impôts commerciaux. Toutefois, ils peuvent, sous certaines conditions, être soumis à l'impôt sur les sociétés à raison de certains de leurs revenus patrimoniaux au sens de l'article 206, 5 du CGI. »[1]

Régime fiscal : pas d'instruction spécifique. L'administration n'avait pas prévu de publier une instruction d'ensemble relative au régime fiscal des fonds de dotation. Elle estimait que les précisions apportées au sujet des associations et fondations étaient suffisantes[2].
L'administration n'a publié que deux instructions fiscales relatives aux fonds de dotation : l'instruction du 9 avril 2009, relative aux conditions dans lesquelles est applicable le régime du mécénat à ce nouvel être juridique[3], et l'instruction du 25 juin 2009, commentant le régime d'exonération des droits de mutation à titre gratuit (outil 8). Elle n'a pas publié d'instruction sur le régime d'exonération d'impôt sur les sociétés pour les revenus de patrimoine mais des précisions à ce sujet ont néanmoins été intégrées dans le BOFIP depuis la mise en place de ce
8.04 dernier le 14 septembre 2012[4].

I. Régime fiscal des activités

8.04. Fonds opérationnels et fonds de distribution. Il faut tout de suite noter que l'étude du régime fiscal des activités concernera ici essentiellement les « fonds opérationnels », c'est-à-dire les fonds qui conduisent eux-mêmes des œuvres et missions d'intérêt général (gestion d'un musée, d'un établissement sanitaire et social, d'une activité d'entraide, etc.).

Les fonds conçus comme de simples outils de distribution n'auront en principe qu'une activité plus limitée dès lors que cette dernière consistera à sélectionner des projets portés par des tiers en vue de les soutenir éventuellement. Ce ne sera alors pas tant l'activité du fonds elle-même qui conditionnera la pertinence du choix de cette forme sociale que le régime fiscal des structures soutenues (analysé à l'aune de ce qui suit, nos 8.05 et s.).

Fonds de distribution et gestion désintéressée. L'exigence d'une gestion désintéressée concerne également les fonds n'ayant qu'une activité de distribution. Leur éligibilité au régime du mécénat dépend du respect de cette condition.

1. Circ. du 19 mai 2009 relative à l'organisation, au fonctionnement et au contrôle des fonds de dotation, *JO* du 19 juin, p. 9992.
2. V. instr. du 18 décembre 2006, *BOI* 4 H-5-06 précitée.
3. Instr. du 9 avril 2009, *BOI* 4 C-3-09, désormais en cours de reprise au BOFIP.
4. BOI-IS-CHAMP-10-50-10-40-20130325, 330 et 570.

8.05. Exonérations « de droit commun ». Le fonds de dotation peut bénéficier de l'ensemble des exonérations propres à chaque impôt et applicables à toute personne morale, quelle que soit sa nature juridique.

Par exemple, le fonds de dotation exerçant une activité de formation professionnelle (qui est généralement considérée par l'administration fiscale comme une activité lucrative fiscalisée, à de rares exceptions près) peut opter, comme une société ou une association, pour l'exonération de TVA (cette activité devra néanmoins rester accessoire si le fonds veut conserver, au titre de son activité non lucrative prépondérante, une capacité à recevoir des dons déductibles). De même que sont exonérés de contribution économique territoriale les établissements d'enseignement privés (alors même que leur activité peut éventuellement être lucrative). Mais ce ne sont pas ces exonérations, non spécifiques aux organismes sans but lucratif, qui nous intéressent en l'espèce (puisque, notamment, elles s'appliquent, par définition, aux organismes exerçant des activités lucratives assujetties aux impôts commerciaux).

8.06. Activités des organismes sans but lucratif : trois approches fiscales distinctes. En dehors des exonérations spécifiques précitées, propres à chaque impôt, des exonérations s'appliquent aux organismes sans but lucratif, c'est-à-dire gérés de façon désintéressée (nos 8.14 8.06
et s.), qui satisfont à certaines conditions.

En effet, des organismes sont exonérés pour les services qu'ils rendent à leurs membres (nos 8.07 et s.). D'autres sont exonérés parce qu'ils réalisent des prestations de services et des ventes de biens à caractère social au profit de toute personne (nos 8.09 et s.). Au-delà de ces cas spécifiques prévus par le code général des impôts, l'administration fiscale a présenté de manière large, dans sa doctrine, l'appréciation fiscale de la notion d'organisme à but non lucratif (n° 8.15).

A. Exonération des activités exercées au profit des seuls membres

8.07. Services et ventes concernées. Certaines prestations de services ou ventes de biens rendues au profit de leurs membres par des organismes sans but lucratif (à gestion désintéressée) sont, en toute hypothèse, exonérées de TVA et d'impôt sur les sociétés.

Code général des impôts, art. 261, 7, 1°, *a*). Sont exonérés « les services de caractère social, éducatif, culturel ou sportif rendus à leurs membres par les organismes légalement constitués agissant sans but lucratif, et dont la gestion est désintéressée.
Il en est de même des ventes consenties à leurs membres par ces organismes, dans la limite de 10 % de leurs recettes totales.
Toutefois, demeurent soumises à la taxe sur la valeur ajoutée, sous réserve des dispositions du *b* : les opérations d'hébergement et de restauration ; l'exploitation des bars et buvettes ».

Code général des impôts, art. 207, 1, 5° *bis* . Sont exonérés de l'impôt sur les sociétés « les organismes sans but lucratif mentionnés au 1° du 7 de l'article 261, pour les opérations à raison desquelles ils sont exonérés de la taxe sur la valeur ajoutée ».

L'administration a eu l'occasion de donner, dans ce cadre, une liste non exhaustive de prestations rendues aux membres et pouvant faire l'objet d'exonérations.

8.08. Exonération qui ne devrait pas concerner les fonds de dotation. N'ayant, comme la fondation, pas vocation à avoir d'autres membres que ses dirigeants, le fonds de dotation ne peut être systématiquement comparé à l'association.

En effet, pour cette dernière, l'administration fiscale s'appuie sur la distinction faite par le code général des impôts pour distinguer les associations qui offrent des services à leurs seuls membres de celles qui réalisent des opérations au profit de toute personne. Cette distinction, qui est à la source de motifs d'exonérations d'impôts différentes selon les associations, ne nous semble opportune ni pour les fondations ni pour les fonds de dotation.

B. Exonération des activités à caractère social exercées au profit de toute personne

8.09. Opérations susceptibles d'être exonérées. Les exonérations concernées sont prévues en matière de TVA. Comme pour le précédent cas d'exonération, le code général des impôts se contente de renvoyer, pour l'exonération d'impôt sur les sociétés au taux de droit commun, à l'article relatif à l'exonération de TVA.

8.08

Code général des impôts, art. 261, 7, 1°, *b)* . Sont exonérées « les opérations faites au bénéfice de toute personne par des œuvres sans but lucratif qui présentent un caractère social ou philanthropique et dont la gestion est désintéressée, lorsque les prix pratiqués ont été homologués par l'autorité publique ou que des opérations analogues ne sont pas couramment réalisées à des prix comparables par des entreprises commerciales, en raison notamment du concours désintéressé des membres de ces organismes ou des contributions publiques ou privées dont ils bénéficient ».

Code général des impôts, art. 207, 1, 5° *bis*. Sont exonérés de l'impôt sur les sociétés « les organismes sans but lucratif mentionnés au 1° du 7 de l'article 261, pour les opérations à raison desquelles ils sont exonérés de la taxe sur la valeur ajoutée ».

8.10. Conditions d'exonération. En dehors de la condition relative au caractère désintéressé de la gestion (n° 8.14), l'activité de l'organisme doit présenter un caractère social. Cette condition est respectée lorsque « des *opérations analogues ne sont pas couramment réalisées à des prix comparables par des entreprises commerciales, en raison notamment du concours désintéressé des membres* »[1].

Ainsi, l'activité d'un fonds de dotation est présumée sociale lorsqu'elle n'est pas proposée, aux mêmes conditions, notamment tarifaires, par le secteur commercial.

Les conditions de cette exonération sont assez proches de celles définies par l'administration dans une instruction de synthèse du 18 décembre 2006 portant sur le régime fiscal des associations, fondations et congrégations[2].

C'est la raison pour laquelle nous abordons directement ces conditions exposées par l'administration fiscale.

1. CGI, art. 261, 7, 1° *b)*.
2. Instr. du 18 décembre 2006, *BOI* 4 H-5-06, précitée.

C. Exonération générale prévue par la doctrine fiscale

8.11. Instruction du 18 décembre 2006 : synthèse fiscale de référence. L'administration fiscale a tenté de définir globalement la notion d'organisme sans but lucratif au sens fiscal du terme, cette définition devant lui permettre de déterminer si un organisme est régulièrement exonéré ou pas de l'ensemble des taxes et impôts commerciaux. Cette définition est intervenue une première fois dans une instruction fiscale du 15 septembre 1998 puis, dans un second temps, dans une instruction de synthèse du 18 décembre 2006.

Instruction du 15 septembre 1998 (reprise pour l'essentiel par l'instruction du 18 décembre 2006), introduction. « Compte tenu de l'évolution du secteur associatif et de la jurisprudence, les critères, désignés sous le vocable de "doctrine des œuvres" précédemment utilisés pour caractériser le non-assujettissement des associations aux impôts commerciaux de droit commun sont abandonnés. [...] Cette nouvelle instruction a pour objet d'exposer les nouveaux critères qu'il convient de prendre en compte pour apprécier si une association peut ne pas être soumise à ces impôts. »[1] L'instruction du 18 décembre 2006 précise que ces nouveaux critères s'appliquent aux activités des « associations régies par la loi du 1er juillet 1901, congrégations religieuses, associations régies par la loi locale maintenue en vigueur dans les départements de la Moselle du Bas-Rhin et du Haut-Rhin, fondations reconnues d'utilité publique et fondations d'entreprises. »[2]

Dans ses premiers commentaires portant sur les fonds de dotation[3], l'administration a fait explicitement référence à l'instruction du 18 décembre 2006 précitée comme instrument d'analyse du régime fiscal de cette nouvelle personne morale.

Depuis le 12 septembre 2012, l'intégralité de la doctrine de l'administration fiscale a été reprise dans une nouvelle version du *Bulletin officiel* (dénommée « BOFIP »). L'instruction du 18 décembre 2006 a donc été refondue. L'essentiel de la présentation de la fiscalité des associations figure donc désormais sous les références suivantes : BOI-IS-CHAMP-10-50-10-10-20120912. La présentation est commune à l'ensemble des organismes de droit privé autres que les sociétés.

8.12. Méthode d'appréciation du caractère non lucratif des activités. Pour déterminer le régime fiscal d'un fonds de dotation, et vérifier le caractère non lucratif de son ou ses activités principales, il est donc recommandé de suivre la méthode d'analyse pratique proposée par l'administration fiscale et précisée ci-après.

En effet, à titre pédagogique, l'administration fiscale détermine le caractère lucratif ou non d'un organisme selon une démarche en trois étapes, conduite pour chaque activité réalisée par l'organisme et confirmée par le Conseil d'État[4] :

- un fonds de dotation est soumis aux impôts commerciaux si sa gestion est intéressée ;
- si sa gestion est désintéressée et qu'il ne concurrence pas le secteur commercial, un fonds de dotation n'est pas imposable ;

1. Instr. du 15 septembre 1998, *BOI* 4 H-5-98.
2. Instr. du 18 décembre 2006, *BOI* 4 H-5-06, précitée.
3. Instr. du 9 avril 2009, *BOI* 4 C-3-09 et circ. du 19 mai 2009, *JO* du 19 juin, p. 9992 (outils 5 et 6).
4. CE 1er octobre 1999, n° 170289.

• si sa gestion est désintéressée et qu'il concurrence le secteur commercial, un fonds de dotation est imposable lorsqu'il exerce son activité selon des modalités de gestion similaires à celles des entreprises commerciales.

TABLEAU 5. LES TROIS ÉTAPES PERMETTANT D'IDENTIFIER LES ORGANISMES SANS BUT LUCRATIF

ÉTAPE 1
La gestion de l'organisme est-elle désintéressée ?

Non
L'organisme est imposable aux impôts commerciaux.

Oui
Passer à l'étape 2.

ÉTAPE 2
L'organisme concurrence-t-il une entreprise ?

Non
L'organisme est exonéré des impôts commerciaux.

Oui
Passer à l'étape 3.

8.13

ÉTAPE 3
L'organisme exerce t-il son activité dans des conditions similaires à celles d'une entreprise par le produit qu'il propose, le public qui est visé, les prix qu'il pratique et la publicité qu'il fait (règle des « 4 P ») ?
Ces critères s'apprécient dans l'ordre décroissant.

Non
L'organisme est exonéré des impôts commerciaux.

Oui
L'organisme est imposable aux impôts commerciaux

8.13. SCHÉMA D'ANALYSE FISCALE. L'administration propose donc un raisonnement en trois étapes, qu'il convient de détailler.

UNE AIDE : LES FICHES TECHNIQUES. Après la publication de la première instruction du 15 septembre 1998, plusieurs fédérations et organismes représentant différents secteurs d'activité ont mis au point, avec l'administration fiscale elle-même, des fiches techniques. Ces dernières déclinent, par secteur d'activité, la méthode d'analyse proposée ci-après par l'administration fiscale[1]. Certaines de ces fiches ont été officiellement reprises dans la doctrine de l'administration, au BOFIP, sous forme de rescrits publiés. Les autres ne sont connues que des fédérations professionnelles ou des organismes concernés (elles ne sont opposables qu'à ces derniers, à titre individuel).

1. Le Juri'Guide n° 3, *Fiscalité des associations*, Juris éditions, 2008, partie « Outils de travail ». Ces fiches techniques ont, pour certaines d'entre elles, été reprises sous forme de rescrits publiés sur le site internet de la documentation fiscale en ligne : http://doc.impots.gouv.fr.

1. Caractère désintéressé de la gestion

8.14. CONDITION ESSENTIELLE. Le caractère désintéressé de la gestion du fonds de dotation, c'est-à-dire la gratuité des fonctions exercées par ses administrateurs (les membres de son conseil d'administration), est une condition préalable exigée tant pour les exonérations afférentes aux activités exercées au profit des membres (n° 8.07) et aux activités à caractère social exercées au profit de toute personne (n°s 8.09 et s.) que pour l'exonération générale dont il est question ici.

Cette condition, définie initialement de manière stricte, est tempérée par l'administration fiscale et la jurisprudence comme par le code général des impôts.

EXTENSION AUX FONDS DE DOTATION. L'administration fiscale a précisé que, s'agissant des fonds de dotation, la gestion désintéressée « *est appréciée dans les mêmes conditions que pour les organismes sans but lucratif* » ; elle a ainsi fait renvoi aux paragraphes 13 à 55 de l'instruction du 18 décembre 2006[1].
Ainsi, alors que les tempéraments apportés par le code général des impôts en matière de gestion désintéressée s'appliquent, en principe, aux seules associations et fondations[2], il faut comprendre que le renvoi précité aux dispositions de l'instruction de 2006 a pour effet d'étendre aux fonds de dotation, à l'initiative de l'administration fiscale elle-même, les assouplissements apportés pour les associations et fondations. 8.14
Dans le BOFIP, l'assimilation est encore plus claire puisque les passages qu'il consacre aux critères de la gestion désintéressée concerne l'ensemble des organismes de droit privé autres que les sociétés[3].

a. Définition légale stricte.

8.15. DÉFINITION ET PRINCIPES. La définition du caractère désintéressé de la gestion est donnée par le code général des impôts.

Code général des impôts, art. 261, 7, 1°, *d*). « Le caractère désintéressé de la gestion résulte de la réunion des conditions ci-après :
L'organisme doit, en principe, être géré et administré à titre bénévole par des personnes n'ayant elles-mêmes, ou par personne interposée, aucun intérêt direct ou indirect dans les résultats de l'exploitation ;
[...]
L'organisme ne doit procéder à aucune distribution directe ou indirecte de bénéfice, sous quelque forme que ce soit ;
Les membres de l'organisme et leurs ayants droit ne doivent pas pouvoir être déclarés attributaires d'une part quelconque de l'actif, sous réserve du droit de reprise des apports. »

Le caractère non lucratif du fonds de dotation repose donc notamment sur le caractère bénévole des fonctions des membres du conseil d'administration du fonds de dotation.

TOUS LES FONDS SONT CONCERNÉS. Cette exigence de gestion désintéressée concerne :

1. Instr. du 9 avril 2009, *BOI* 4 C-3-09, n° 12.
2. CGI, art. 261, 7, 1° *d*).
3. BOI-IS-CHAMP-10-50-10-20-20120912, n°s 1 et s.

– tant les fonds opérationnels pour lesquels elle constitue la première des trois étapes permettant de vérifier le caractère non lucratif des activités qu'ils portent ;
– que les fonds de distribution pour lesquels elle est la principale condition préalable à l'émission régulière de reçus fiscaux pour les dons et libéralités dont ils bénéficient.

BOI-IS-CHAMP-10-50-30-50-20130211, n° 110. « Le caractère désintéressé de la gestion d'un fonds de dotation est apprécié dans les mêmes conditions que pour les organismes sans but lucratif. »

8.16. Notion de dirigeant de fait. En présence d'un salarié (le directeur du fonds, par exemple), s'il apparaît que ce dernier se comporte en dirigeant de fait, le caractère désintéressé de la gestion du fonds sera remis en cause.

8.16 **BOI-IS-CHAMP-10-50-10-20-20120912. « N° 380.** [...] Il est précisé que la notion de dirigeant de fait s'apprécie selon les mêmes critères qu'en matière de société. Les dirigeants de fait s'entendent des personnes qui remplissent des fonctions normalement dévolues aux dirigeants de droit, qui exercent un contrôle effectif et constant de l'association et qui en définissent les orientations.

N° 390. Il incombe au service des impôts d'apporter la preuve d'une gestion de fait. À cette fin, il doit réunir le maximum d'éléments de fait permettant de retenir cette qualification (signature des contrats engageant durablement l'organisme, disposition des comptes bancaires sans contrôle effectif des dirigeants statutaires, etc.).

N° 400. Toutefois, certains organismes ont recours à un directeur salarié qui participe à titre consultatif au conseil d'administration et dispose, le plus souvent, de pouvoirs étendus. La requalification de la fonction de directeur salarié en dirigeant de fait ne pourrait être mise en œuvre que s'il apparaissait que les membres du conseil d'administration n'exercent pas leur rôle, en particulier celui de contrôler et, le cas échéant, révoquer ce salarié et le laissent en fait déterminer la politique générale de l'organisme à leur place. »

Comité consultatif et rémunération de ses membres. Les membres du comité consultatif ne sont *a priori* pas concernés par les règles relatives à la gestion désintéressée. Ce comité, composé de personnes extérieures au conseil d'administration, n'a pas nécessairement vocation à exercer sa mission gratuitement (nos 5.19 et s.). Il pourra rassembler les gestionnaires habituels d'actifs du fonds ou des consultants indépendants, bénévoles ou non.
Le versement d'une rémunération aux membres du comité ne porte pas atteinte, selon nous, au caractère désintéressé de la gestion dudit organisme.

b. Tolérance administrative des trois quarts du Smic

8.17. Rémunération possible sous condition. Sous certaines conditions, qui ont été précisées la première fois à l'initiative de l'administration fiscale elle-même (et non dans le cadre d'un texte légal), un organisme à but non lucratif comme le fonds de dotation peut rémunérer ses dirigeants sans pour autant perdre le caractère désintéressé de sa gestion.

Ainsi, il est admis que le caractère désintéressé de la gestion de l'organisme ne soit pas remis en cause si la rémunération brute mensuelle totale versée à chaque dirigeant, de droit ou de fait, n'excède pas les trois quarts du Smic.

BOI-IS-CHAMP-10-50-10-20-201209126, n° 140. « Par rémunération, il convient d'entendre le versement de sommes d'argent ou l'octroi de tout autre avantage consenti par l'organisme ou l'une de ses filiales. Sont notamment visés les salaires, honoraires et avantages en nature, et autres cadeaux, de même que tout remboursement de frais dont il ne peut être justifié qu'ils ont été utilisés conformément à leur objet. »

Cette mesure de tempérament ne peut être mise en œuvre dans un fonds qui a décidé d'avoir recours au mécanisme de la tolérance légale, détaillé ci-après.

Trois premières années : la limite des trois quarts du Smic. En pratique, si les fondateurs ont le désir de permettre, dès la constitution du fonds, la rémunération de certains administrateurs, ils ne pourront le faire que dans la limite des trois quarts du Smic. En effet, la tolérance légale ne concerne que les organismes qui peuvent justifier d'au moins trois années d'existence notamment.

c. Exception légale

8.18. Rémunération d'un à trois administrateurs sous conditions. Pour répondre aux besoins exprimés par une partie du secteur associatif, 8.18
il est possible, depuis 2002, d'attribuer régulièrement une rémunération à un, deux ou trois administrateurs, dans la limite, assez élevée, de trois fois le plafond de la Sécurité sociale, sous réserve du respect des conditions suivantes, sans que soit pour autant remis en cause le caractère désintéressé de la gestion[1].

1°. Transparence financière de l'organisme

8.19. Conditions de la transparence. La transparence financière du fonds de dotation est garantie par :

- les statuts qui doivent explicitement prévoir la possibilité de rémunérer certains dirigeants ;

Des statuts à modifier. La quasi-totalité des fonds de dotation créés sont organisés par des statuts qui stipulent la gratuité des fonctions des administrateurs. La mise en place d'une rémunération d'un à trois de ces derniers rendra donc nécessaire une modification des statuts et, dans la majorité des cas, l'accord du (ou des) fondateur(s).

- une délibération et un vote de l'instance délibérative statutairement compétente (le conseil d'administration dans les fonds de dotation) qui fixent le niveau et les conditions de rémunération hors de la présence du dirigeant concerné. La décision de l'organe délibérant doit être prise à la majorité des deux tiers des membres de ce dernier, présents ou représentés. Cette condition suppose la participation effective de l'ensemble des administrateurs et non simplement des seuls membres présents lors de la délibération ;
- l'indication, dans une annexe aux comptes du fonds de dotation, du montant des rémunérations versées à chacun des dirigeants concernés ;

1. BOI-IS-CHAMP-10-50-10-20-20120912, n°s 130 et s.

• la présentation d'un rapport au conseil d'administration par le président ou le commissaire aux comptes, sur les conventions prévoyant une telle rémunération ;

• la certification des comptes de l'association par un commissaire aux comptes (ce qui est le cas, en toute hypothèse, dans un fonds de dotation dont les ressources annuelles dépassent 10 000 euros).

2°. Fonctionnement démocratique de l'organisme

8.20. VIE DÉMOCRATIQUE. Le fonctionnement démocratique de l'organisme se traduit par :

• l'élection démocratique régulière et périodique des dirigeants ;

• un contrôle effectif sur la gestion du fonds de dotation, effectué par les administrateurs.

L'ensemble de ces conditions exclut par conséquent les rémunérations versées à des salariés qui seraient dirigeants de fait du fonds de dotation. En effet, dans ces situations, les conditions liées au fonctionnement démocratique ne sauraient être remplies puisque le dirigeant de fait échappe, par définition, au contrôle des dirigeants de droit.

3°. Rémunération en adéquation avec les sujétions des dirigeants

8.20 **8.21. RÉMUNÉRATION LÉGITIME.** L'adéquation de la rémunération aux sujétions des dirigeants est réputée acquise si :

• la rémunération versée est la contrepartie de l'exercice effectif de son mandat par le dirigeant concerné ;

• la rémunération est proportionnée aux sujétions effectivement imposées aux dirigeants concernés, notamment en matière de temps de travail ;

• la rémunération est comparable à celles couramment versées pour des responsabilités de nature similaire et de niveau équivalent ;

• des règles d'encadrement des cumuls sont établies par l'organisme.

4°. Plafonnement de la rémunération

8.22. RÉMUNÉRATION PLAFONNÉE. Le montant de l'ensemble des rémunérations versées mensuellement à chaque dirigeant, au titre des fonctions de dirigeants ou d'autres activités au sein de l'organisme, ne peut excéder trois fois le montant du plafond de la Sécurité sociale visé à l'article L. 241-3 du code de la sécurité sociale.

Au 1er septembre 2014, le plafond de la rémunération était :
3 129 euros × 3 = 9 387 euros.

Cette limite s'applique à l'ensemble des rémunérations versées à une même personne, qu'elle soit dirigeante d'un ou de plusieurs organismes sans but lucratif et que cette rémunération soit perçue ou non au titre d'autres fonctions que celle de dirigeant (par exemple : activité d'enseignement au sein de l'organisme). Toutefois, cette règle ne doit pas aboutir à la conclusion du caractère intéressé de la gestion d'un organisme qui ne rémunère pas du tout son dirigeant.

EXEMPLE 10. MODALITÉS DE CALCUL DE LA RÉMUNÉRATION DES DIRIGEANTS

Le dirigeant d'une société commerciale est par ailleurs président de trois organismes sans but lucratif :

• dans le premier, le dirigeant est rémunéré dans la limite des trois quarts du Smic ;

• dans le second, il ne perçoit aucune rémunération ;

• dans le dernier, il est rémunéré en fonction des ressources de l'organisme.

Pour l'appréciation de la condition de plafonnement de sa rémunération en qualité de président, il conviendra de faire la somme des rémunérations perçues en qualité de président des deux organismes sans but lucratif dans lesquels le dirigeant est effectivement rémunéré. Il ne sera donc pas tenu compte de ces rémunérations pour apprécier le caractère intéressé ou non de la gestion de l'organisme qui ne rémunère pas du tout le dirigeant.

En outre, la rémunération perçue en qualité de dirigeant de société commerciale n'est pas prise en compte.

5°. Nombre de dirigeants pouvant être rémunérés dans le cadre de l'exception légale

8.23. Un à trois dirigeants maximum. Seuls un à trois dirigeants peuvent être rémunérés en fonction du montant des ressources de l'organisme sans que cela remette en cause le caractère désintéressé de la gestion de ce dernier.

6°. Seuil minimum de ressources

8.24. Seuil de ressources privées. Le montant des ressources à retenir pour apprécier la capacité de l'organisme à rémunérer des dirigeants est égal à l'ensemble des ressources financières versées à l'organisme, à quelque titre que ce soit, par des personnes physiques ou par des personnes morales de droit privé sauf si ces dernières sont contrôlées en droit ou en fait et financées majoritairement par des personnes morales de droit public. 8.23

8.25. Exclusion des ressources publiques (ou assimilées). Ne sont donc pas pris en compte les contributions ou apports effectués en nature ou en industrie à l'organisme ainsi que les versements effectués par des personnes morales de droit public (État, Union européenne, organismes consulaires, collectivités territoriales, établissements publics, etc.), et ce, quelle que soit la forme des versements (subventions, dons, prix de journées) et qu'il existe ou non une contrepartie à ces versements.

Fonds publics en principe inexistants. Rappel : en tout état de cause, il ne peut être versé aucuns fonds publics à un fonds de dotation (n° 4.39).

8.26. Prise en compte des organismes affiliés. Ce montant est majoré des ressources, déterminées selon des modalités identiques, des organismes sans but lucratif qui lui sont affiliés à la condition que ceux-ci remplissent les conditions de transparence financière et de fonctionnement démocratique quand bien même ils ne verseraient pas de rémunération à leurs dirigeants (nos 8.19 et s.). Sont considérées comme affiliées les structures membres de l'organisme et à jour de leur cotisation.

D'autre part, les ressources d'un même organisme ne peuvent être prises en compte que pour l'appréciation de son propre montant de ressources ainsi que pour l'appréciation du seuil de ressources d'un seul organisme dont il est membre, quand bien même il serait affilié à plusieurs organismes différents.

PRISE EN COMPTE DES « MEMBRES » D'UN FONDS DE DOTATION ? Dans un fonds de dotation, comme dans une fondation, il n'y a en principe pas de membres ; il est éventuellement possible de considérer que les administrateurs sont les seuls membres ; ces derniers pouvant être des organismes à but non lucratif (associations ou fondations, par exemple), cette condition d'affiliation est un critère qui devrait pouvoir être pris en compte dans l'appréciation du seuil de ressources précité.

ADMINISTRATEURS COMMUNS AVEC L'ASSOCIATION FONDATRICE DU FONDS. Assez logiquement compte tenu de la nature particulière du fonds de dotation, l'administration a pu confirmer que la présence d'administrateurs communs entre une association et le fonds qu'elle a constitué et qui lui verse des aides financières n'est pas de nature à remettre en cause le caractère désintéressé de la gestion du fonds de dotation[1]. Tel est, par exemple, le modèle de fonctionnement du fonds de dotation du Louvre. La composition du conseil d'administration du fonds est totalement maîtrisée, et pour partie commune, par le conseil d'administration de l'établissement public fondateur.

8.27 **8.27. PÉRENNITÉ DES RESSOURCES PRIVÉES.** Pour déterminer le nombre de dirigeants pouvant être rémunérés en fonction des ressources de l'organisme, le montant des ressources à prendre en compte est le montant moyen constaté au cours des trois exercices clos précédant celui au cours duquel la rémunération est versée au-delà des trois premières années. Pour que le caractère désintéressé de sa gestion ne soit pas remis en cause, un organisme peut rémunérer ses dirigeants pour un montant supérieur aux trois quarts du Smic, au plus tôt, lors de sa quatrième année d'existence.

TABLEAU 6. NOMBRE DE DIRIGEANTS POUVANT ÊTRE RÉMUNÉRÉS EN FONCTION DU MONTANT DES RESSOURCES DE L'ORGANISME

Montant des ressources de l'organisme, majoré des ressources des organismes affiliés et hors ressources issues de versements publics	Nombre de dirigeants pouvant être rémunérés
Jusqu'à 200 000 €	Aucun
Supérieur à 200 000 € jusqu'à 500 000 €	1
Supérieur à 500 000 € jusqu'à 1 000 000 €	2
Au-delà de 1 000 000 €	3

EXEMPLE 11. FONDS DE DOTATION CRÉÉ RÉCEMMENT

Soit un fonds de dotation créé le 14 mars 2009 (date de publication au *Journal officiel* du premier fonds de dotation) ; le montant de ses ressources hors versements publics a été budgété par son fondateur de la façon suivante :

2009	2010	2011	2012	2013
150 000 €	200 000 €	250 000 €	300 000 €	500 000 €

Le fonds de dotation ne pourra verser à l'un de ses dirigeants une rémunération excédant les trois quarts du Smic qu'à compter de

1. BOI-IS-CHAMP-10-50-30-50-20130211, n° 110, qui reprend une réponse ministérielle très précise et cohérente : Rép. min. à M. MARLAND-MILITELLO, *JO* Ass. nat. du 17 mai 2011, p. 5104 , question n° 62981 (outil 15).

2013 puisque, pour que la condition tenant au montant moyen des ressources soit satisfaite, le fonds de dotation doit avoir clos au moins trois exercices.

EXEMPLE 12. FONDS DE DOTATION CRÉÉ PAR DES ASSOCIATIONS

Un fonds de dotation a été créé par quatre associations pour conduire une activité commune d'intérêt général.

En moyenne, ses ressources s'élèvent à 350 000 euros et se répartissent comme suit :

- 50 000 euros de contribution versée annuellement par chacune des associations fondatrices ;
- 100 000 euros d'aide versée par une entreprise mécène ;
- 50 000 euros de revenus de son patrimoine.

Le montant de ses ressources permettrait donc au fonds de dotation, sans que le caractère désintéressé de sa gestion soit remis en cause, de ne rémunérer pour un montant supérieur aux trois quarts du Smic qu'un seul dirigeant, les autres conditions étant par ailleurs satisfaites.

Cela étant, le montant cumulé des ressources des associations locales qui sont toutes gérées en respectant les règles de fonctionnement démocratique et de transparence financière s'élève à 4 000 000 euros répartis comme suit :

- 500 000 euros de cotisations, dont 100 000 euros de cotisations versées par des personnes morales de droit public ;
- 3 000 000 euros de subventions versées par les collectivités territoriales ;
- 250 000 euros de revenus du patrimoine ;
- 250 000 euros de recettes de prestations de services, dont 50 000 euros de prestations assurées pour des personnes morales de droit public.

Le montant des ressources des associations affiliées hors versements de personnes morales de droit public s'élève donc à :

(500 000 - 100 000) + 250 000 + (250 000 - 50 000)
= 850 000 euros

En conséquence, le montant des ressources du fonds de dotation majoré des ressources des organismes fondateurs (hors versements de personnes morales de droit public) est supérieur à 1 000 000 euros (1 200 000 euros). Le fonds peut, dès lors que toutes les autres conditions sont remplies, rémunérer, pour un montant supérieur aux trois quarts du Smic, jusqu'à trois dirigeants sans que soit remis en cause le caractère désintéressé de sa gestion.

7°. Situation des dirigeants mis à disposition

8.28

8.28. PRISE EN COMPTE POUR LA DÉTERMINATION DU NOMBRE DE DIRIGEANTS POUVANT ÊTRE RÉMUNÉRÉS. L'administration fiscale a précisé que les conditions énoncées ci-dessus doivent également être réunies lorsque le dirigeant est mis à la disposition de l'organisme par une autre structure (entreprises, administrations, etc.). Peu importe que l'organisme assume ou non le coût de la rémunération, le dirigeant n'étant en aucun cas, dans ces situations, bénévole.

Un dirigeant rémunéré dans ces conditions doit donc être pris en compte pour la détermination du nombre de dirigeants pouvant être rémunérés par l'organisme en fonction de ses ressources.

En cas de mise à disposition à temps partiel, le montant de rémunération maximum admis sans que le caractère désintéressé de la gestion soit remis en cause est réduit au prorata du temps de travail au sein de l'association.

Cependant, l'administration semble admettre, dans le même texte[1] et de façon assez contradictoire par rapport aux conditions qui précèdent, que, par tolérance, « *les dirigeants rémunérés dans le cadre de mises à disposition au profit des OSBL ne soient pas pris en compte pour la détermination du nombre de dirigeants pouvant être rémunérés par l'association en fonction de ses ressources* ». Les rémunérations versées dans le cadre de ces mises à disposition sont alors traitées comme des subventions publiques.

Mise à disposition de fonctionnaire et de fonds public. La question se pose de savoir si de telles mises à disposition de fonctionnaire doivent être assimilées à des versements de fonds publics, impossibles en principe lorsque le bénéficiaire est un fonds de dotation (n° 6.17). La direction des affaires juridiques du ministère de l'Économie y apporte une réponse positive (outil 20 > Dotation) ; mais c'est un sujet qui peut être discuté, notamment lorsque la mise à disposition est remboursée à l'administration de rattachement.

8.29

8°. Obligations déclaratives

8.29. Information annuelle à l'administration. L'organisme qui décide de rémunérer un ou plusieurs de ses dirigeants dans les conditions précisées ci-avant doit communiquer chaque année à la direction des services fiscaux dont il dépend, dans les six mois suivant la clôture de l'exercice au titre duquel les rémunérations ont été versées, un document :

- attestant du montant des ressources de l'organisme déterminé dans les conditions évoquées ;
- mentionnant l'identité des dirigeants ainsi rémunérés[2].

9°. Conséquences du non-respect de ces conditions

8.30. Choix entre deux tolérances. Le non-respect de ces conditions, qui doivent être réunies cumulativement, conduit à l'assujettissement aux impôts commerciaux du fait de la perte du caractère désintéressé de la gestion ; mais il reste admis, sans qu'il soit besoin que les conditions précitées soient remplies, que le caractère désintéressé de la gestion de l'organisme n'est pas remis en cause si la rémunération brute mensuelle totale versée à chaque dirigeant, de droit ou de fait, n'excède pas les trois quarts du Smic (n° 8.17). En outre, chaque organisme doit choisir les modalités de rémunération de ses dirigeants. Ce choix (seuil des trois quarts du Smic ou seuil en fonction des ressources de l'organisme) est exclusif de tout autre. Ainsi, si un organisme rémunère trois dirigeants dans les conditions lui permettant de conserver une gestion désintéressée, il ne sera pas admis que d'autres dirigeants soient rémunérés dans la limite des trois quarts du Smic.

1. BOI-IS-CHAMP-10-50-10-20-20120912, n°s 330 et s.
2. CGI, Annexe II, art. 242 C.

8.31. Dirigeants soumis au régime salarié. Il est admis, dans un souci de simplification pour les dirigeants ainsi rémunérés :

- que cette rémunération soit assimilée à un salaire et soumise comme telle aux cotisations habituelles de Sécurité sociale[1]. En principe, la rémunération est exonérée de la cotisation Assedic si l'administrateur ainsi rémunéré ne peut justifier de l'existence d'un lien de subordination vis-à-vis de son organisme employeur (ce qui serait le cas, par définition, du président de l'organisme par exemple) ;
- que cette rémunération soit imposée, à titre personnel chez les bénéficiaires, à l'impôt sur le revenu des personnes physiques en tant que revenu salarié[2].

2. Le fonds de dotation concurrence-t-il une entreprise lucrative ?

8.32. Quels organismes concurrents lucratifs ? En cas de gestion désintéressée, le caractère lucratif d'un fonds de dotation ne peut être éventuellement constaté que si celui-ci concurrence des organismes du secteur lucratif en exerçant ses activités dans les mêmes conditions que ces derniers. La situation du fonds s'apprécie donc concrètement par rapport à des entreprises ou des organismes lucratifs exerçant la même activité, dans le même secteur. 8.31

Les fonds de distribution ne sont pas concernés. Cette seconde étape (concurrence), tout comme la troisième – qui suit –, ne concerne que les fonds qui développent des activités opérationnelles et non ceux qui n'ont pas d'activité propre en dehors de celle de reverser des aides à des organismes d'intérêt général (n° 8.110).

8.33. Étude de la concurrence à « un niveau fin ». L'appréciation de la concurrence ne s'effectue donc pas en fonction de catégories générales d'activités (spectacles, tourisme, activités sportives...), mais à l'intérieur de ces catégories. « *C'est à un niveau fin que l'identité d'activités doit être appréciée.* »[3]

BOI-IS-CHAMP-10-50-10-20-20120912, n° 540 (v. n°s 530 et s.). « Ainsi, les activités de tourisme s'adressant aux enfants ne présentent pas un caractère identique à celles qui s'adressent aux étudiants ou aux familles. De même, des compétitions de sports différents ne sont pas des spectacles comparables. Il n'y a pas non plus concurrence entre un organisme qui organise des spectacles de variétés musicales et un théâtre. Enfin, un organisme, lucratif ou non, dont l'activité consiste en l'enseignement d'une discipline sportive ne fait, *a priori*, pas de concurrence à un autre organisme qui se borne à donner en location le matériel nécessaire à l'exercice de ce sport. »

En définitive, la question qu'il convient de se poser est de savoir si le public peut indifféremment s'adresser à une structure lucrative ou non lucrative. Cet élément s'apprécie en fonction de la situation géographique du fonds de dotation et de sa « zone de chalandise » naturelle.

1. CSS, art. L. 311-3, 22°.
2. CGI, art. 80, al. 3.
3. BOI-IS-CHAMP-10-50-10-20-20120912, n°s 530 et s.

S'il n'existe pas d'organisme lucratif concurrent, le fonds de dotation montre qu'il exerce une activité qui n'est pas prise en compte par le marché et qu'il est donc d'utilité sociale.

En revanche, s'il existe des organismes lucratifs concurrents, le fonds de dotation pourra justifier du caractère non lucratif de ses activités s'il démontre qu'il les exerce dans des conditions différentes de celles de son concurrent fiscalisé.

3. Appréciation de la lucrativité d'un fonds de dotation concurrençant le secteur lucratif

8.34. Appréciation sur la base d'un faisceau d'indices. Le fait qu'un organisme à but non lucratif intervienne dans un domaine d'activité où coexistent des entreprises du secteur lucratif ne conduit pas *ipso facto* à le soumettre aux impôts commerciaux. Il convient en effet de considérer l'utilité sociale de l'activité, l'affectation des excédents dégagés par l'exploitation, les conditions dans lesquelles le service est accessible, ainsi que les méthodes auxquelles l'organisme a recours pour exercer son activité.

8.35. Les quatre premiers critères : les « 4 P ». Pour apprécier si le fonds
8.34 de dotation exerce son activité dans des conditions similaires à celles d'une entreprise, il faut examiner successivement les critères suivants selon la méthode du faisceau d'indices :

- le produit proposé par l'organisme ;
- le public bénéficiaire ;
- les prix qui sont pratiqués ;
- les opérations de communication réalisées, c'est-à-dire la publicité.

Ces critères n'ont pas tous la même importance. L'énumération qui précède les classe en fonction de l'importance décroissante qu'il convient de leur accorder. Par exemple, le critère de la publicité ne peut à lui seul permettre de conclure à la lucrativité d'un organisme. À l'inverse, une attention toute particulière doit être attachée aux critères de l'utilité sociale (produit et public) et de l'affectation des excédents.

BOI-IS-CHAMP-10-50-10-20-20120912, n° 580. « En outre, il est rappelé qu'il n'est pas exigé que tous les critères soient remplis pour que les conditions d'exercice soient considérées comme différentes de celles des entreprises du secteur lucratif (méthode dite du faisceau d'indices). »

8.36. Un cinquième critère : la gestion des excédents. Aux « 4 P » précités, l'administration fiscale ajoute un autre critère, lié à la façon dont le fonds de dotation gère ses excédents.

Ce cinquième indice du faisceau est en fait étudié par l'administration après les indices du produit et du public et avant ceux du prix et de la publicité.

8.37. Le produit, premier critère d'utilité sociale. Est d'utilité sociale l'activité qui tend à satisfaire un besoin qui n'est pas pris en compte par le marché ou qui l'est de façon peu satisfaisante.

Certaines administrations, notamment celles de l'État, ont mis en place des procédures de reconnaissance ou d'agrément des organismes sans but lucratif qui, agissant dans leur secteur d'intervention, peuvent contribuer à l'exercice d'une mission d'intérêt général, voire de service public. Dès lors que ces agréments prennent en compte la nature du besoin à satisfaire et les conditions dans lesquelles il y est fait face, ils peuvent contribuer à l'appréciation de l'utilité sociale d'un organisme. Cela étant, les relations avec des organismes publics et les procédures d'agrément visées à l'alinéa précédent constituent un élément qui n'est ni nécessaire ni suffisant pour établir ce caractère d'utilité sociale.

8.38. Le public, second critère d'utilité sociale. Sont susceptibles d'être d'utilité sociale les actes payants réalisés principalement au profit de personnes justifiant l'octroi d'avantages particuliers au vu de leur situation économique et sociale (notamment chômeurs, personnes handicapées).

Ce critère ne doit pas s'entendre des seules situations de détresse physique ou morale. Par exemple, le fait que le public bénéficiaire nécessite un encadrement important relevant du travail d'assistance sociale dans un village de vacances contribue à l'utilité sociale de l'organisme « organisateur ».

BOI-IS-CHAMP-10-50-10-20-20120912, n° 610. « Il est en outre précisé que pour l'appréciation de ce critère, il convient de se référer au public réel de l'activité concernée et non à la personne ou à l'organisme qui la finance, ni même aux bénéficiaires des excédents dégagés par l'activité. »

8.39. Gestion des excédents. S'il est légitime qu'un fonds de dotation dégage, dans le cadre de son activité, des excédents, reflets d'une gestion saine et prudente, il ne doit pas les accumuler dans le seul but de les placer, sans les mettre au service de ses actions. Les excédents réalisés, voire temporairement accumulés, doivent être destinés à faire face à des besoins ultérieurs ou à des projets entrant dans le champ de son objet non lucratif. 8.38

Ainsi, une utilisation manifestement abusive des excédents (rémunération de nombreux dirigeants, engagement de dépenses somptuaires par l'organisme au profit de ses membres…) doit conduire à considérer que l'organisme de par ses modalités de gestion n'est pas non lucratif. En conséquence, dans une telle hypothèse, le critère tenant aux conditions de gestion de l'organisme doit être considéré comme non rempli pour l'appréciation de la non-lucrativité du fonds de dotation.

Atténuation du critère « gestion des excédents ». Cette analyse faite par l'administration à propos des associations doit cependant être appréciée en fonction de la nature de l'organisme à but non lucratif qu'est le fonds de dotation.

Or, il ne faut pas perdre de vue qu'il est dans la nature du fonds de dotation d'accumuler des actifs producteurs de revenus. Il n'est cependant pas tenu, contrairement aux fondations, par une obligation de maintien de la valeur de sa dotation.

Pour un fonds de dotation, il conviendra donc de vérifier que ses revenus (issus de sa dotation, à laquelle doivent obligatoirement être affectés les legs et donations reçus, et issus de la partie des dons manuels non affectés à la dotation) sont bien mis au service d'une activité d'intérêt général et/ou distribués à des organismes éligibles au régime du mécénat.

BOI-IS-CHAMP-10-50-10-20-20120912, n° 640. « La situation des fondations ou organismes assimilés (voir notamment BOI-IS-CHAMP-10-50-30-50-II pour la situation des "fonds de dotation"), qui tendent à la réalisation d'un projet déterminé en s'appuyant sur un patrimoine et qui sont dès lors contraints de placer en réserve une partie de leurs excédents, doit être ici clairement distinguée de celle des associations. »

8.40. Critère du prix : l'accessibilité du public aux prestations du fonds de dotation. Il convient d'évaluer si les efforts faits par le fonds de dotation pour faciliter l'accès du public se distinguent de ceux accomplis par les entreprises du secteur lucratif, notamment par un prix nettement inférieur pour des services de nature similaire. Cette condition peut éventuellement être remplie lorsque l'organisme pratique des tarifs modulés en fonction de la situation des clients.

Cette condition de prix est réputée respectée lorsque les tarifs du fonds de dotation se trouvent homologués par la décision particulière d'une autorité publique ; ceci suppose que l'organisme soit soumis à une tarification qui lui est propre.

Bien entendu, il convient de comparer les prix du fonds de dotation avec les prix hors taxe des entreprises du secteur lucratif.

8.41. Publicité, un indice de méthode commerciale. En principe, le recours à des pratiques commerciales est un indice de lucrativité. Mais
8.40 le fonds de dotation peut, sans que sa non-lucrativité soit remise en cause, procéder à des opérations de communication pour faire appel à la générosité publique (par exemple : campagne de dons au profit de la lutte contre les maladies génétiques). Il peut également réaliser une information, notamment sur des sites internet, sur ses prestations sans toutefois que celle-ci s'apparente à de la publicité commerciale destinée à capter un public analogue à celui des entreprises du secteur concurrentiel.

La mention d'un site de fonds de dotation sur un moteur de recherche Internet n'est pas, de manière générale, un indice de lucrativité, à l'exception des cas où l'organisme a demandé à bénéficier, de la part du moteur de recherche, d'un traitement particulier prenant notamment l'aspect d'occurrences de citation plus fréquentes que celles proposées par le fonctionnement normal des moteurs de recherche. Auquel cas, il s'agit là d'une publicité de type commercial.

BOI-IS-CHAMP-10-50-10-20-20120912, n° 690. « Pour distinguer l'information de la publicité, il convient de regarder si le contenu des messages diffusés et le support utilisé ont été sélectionnés pour tenir compte du public particulier auquel s'adresse l'action non lucrative de l'organisme en cause. »

Internet : méthode commerciale ? Sur la question des sites internet des fonds de dotation, voir la fiche technique élaborée par l'administration, Le Juri'Guide n° 3, *Fiscalité des associations*, Juris éditions, 2008.

4. Exonération de six manifestations commerciales exceptionnelles

8.42. Exonération liée au caractère exceptionnel des manifestations de nature lucrative. Sont exonérées de tous les impôts et taxes commerciaux les recettes de six manifestations de bienfaisance ou de soutien organisées dans l'année, à leur profit exclusif, par les organismes tels que les fonds de dotation (dès lors que l'activité principale de ces derniers est non lucrative).

Les recettes générées à l'occasion de telles manifestations sont bien, en principe, de nature lucrative (ventes de biens et de services à l'occasion de concerts, de kermesses, etc.) ; mais compte tenu de leur caractère exceptionnel et de leur objet (financer les activités non lucratives du fonds de dotation), le législateur a prévu de ne les soumettre à aucune fiscalité.

Code général des impôts, art. 261, 7, 1°, *c*). Sont exonérées de TVA « les recettes de six manifestations de bienfaisance ou de soutien organisées dans l'année à leur profit exclusif par les organismes désignés au *a)* et *b)* ainsi que par les organismes permanents à caractère social des collectivités locales et des entreprises ».

8.43. Exonération de taxe sur les salaires. Les rémunérations versées au personnel recruté à l'occasion et pour la durée des manifestations de bienfaisance ou de soutien sont même exonérées de taxe sur les salaires en application de l'article 231 *bis* L du même code[1].

8.44. Recettes commerciales non prises en compte dans la franchise de 60 000 euros. Les recettes issues des six manifestations précitées ne sont pas prises en compte dans l'appréciation du seuil de la franchise spécifique aux activités lucratives accessoires des organismes sans but lucratif (nos 8.47 et s.).

8.43

5. Cas particulier des relations privilégiées avec des entreprises

8.45. Relations pouvant révéler le caractère lucratif du fonds de dotation. Ce dernier est en principe soumis à l'impôt sur les sociétés, à la contribution économique territoriale et à la taxe sur la valeur ajoutée s'il entretient des relations privilégiées avec des organismes du secteur lucratif qui en retirent un avantage concurrentiel (étant précisé que tout organisme qui exerce des activités au profit d'entreprises n'entretient pas pour autant systématiquement des relations privilégiées avec les entreprises).

Pour l'administration fiscale, est lucratif un organisme qui permet de manière directe aux professionnels de réaliser une économie de dépenses, un surcroît de recettes ou de bénéficier de meilleures conditions de fonctionnement, quand bien même cet organisme ne rechercherait pas de profits pour lui-même[2].

Néanmoins, la circonstance qu'un fonds de dotation réalise à titre accessoire des prestations au profit d'entreprises ne suffit pas à considérer que celui-ci entretient des relations privilégiées avec ces entreprises et à entraîner l'assujettissement de l'ensemble de l'organisme aux impôts commerciaux. En effet, la relation privilégiée avec les entreprises doit s'apprécier au regard du fonctionnement global de l'organisme.

Un critère parfois subjectif. En pratique, ce critère relatif à l'existence de relations privilégiées est délicat à mettre en œuvre. Il repose en partie sur une analyse subjective de l'administration, non exempte de critiques. À notre connaissance, à ce jour, seul un fonds de dotation a vu son régime non lucratif être remis en cause du fait des relations privilégiées qu'il entretenait avec l'entreprise fondatrice. Une telle remise en cause peut engendrer les effets suivants : perte de la possibilité de recevoir des

1. V. doc. adm. 5-L-1322 nos 17 à 26.
2. V. instr. du 18 décembre 2008, *BOI* 4 H-5-06, nos 86 et s.

dons déductibles, perte de l'exonération de droits de mutation à titre gratuit, assujettissement aux dits droits du fait du redressement (60 %) et versement d'une amende de 25 % du montant total figurant sur les reçus émis irrégulièrement.

8.46. Activités lucratives présumées. Dans le même ordre d'idée, le législateur a pris soin de préciser, dans le texte légal instituant les fonds de dotation, que les activités de ces derniers sont réputées lucratives dès lors qu'ils reversent les fruits des dons qu'ils reçoivent et de leurs dons et biens à des organismes non éligibles au régime du mécénat.

CGI, art. 206, 1 *bis*. « Toutefois, ne sont pas passibles de l'impôt sur les sociétés prévu au 1 les associations régies par la loi du 1er juillet 1901, les associations régies par la loi locale maintenue en vigueur dans les départements de la Moselle, du Bas-Rhin et du Haut-Rhin, les syndicats régis par les articles L. 2131-1 à L. 2136-2 du code du travail, les fondations reconnues d'utilité publique, les fondations d'entreprise, les fonds de dotation et les congrégations, dont la gestion est désintéressée, lorsque leurs activités non lucratives restent significativement prépondérantes et le montant de leurs recettes d'exploitation encaissées au cours de l'année civile au titre de leurs activités lucratives n'excède pas 60 000 euros. Sont réputées lucratives les activités de gestion et de capitalisation, par les fonds de dotation, de dons, droits et legs dont les fruits sont versés à des organismes autres que ceux mentionnés au présent alinéa ou à des organismes publics pour l'exercice d'activités lucratives. »

Contrôler les aides apportées par le fonds. C'est la raison pour laquelle les dirigeants d'un fonds de dotation devront exercer une vigilance particulière sur la destination des aides financières apportées par ledit fonds. Ils doivent s'assurer que les organismes bénéficiaires sont eux-mêmes éligibles au régime du mécénat (en dehors du cas dans lequel un fonds serait agréé au titre d'une activité exclusive d'aide aux PME/PMI en vertu de l'article 238 *bis*, 4 du CGI). C'est également la raison pour laquelle le législateur a prévu l'obligation, pour les organismes bénéficiaires d'une aide d'un fonds de dotation, de remettre à ce dernier une attestation fiscale (n° 8.101).

D. Le traitement des activités lucratives

8.47. Activités lucratives. Lorsque l'analyse des différentes activités du fonds de dotation conduit à considérer que certaines d'entre elles sont de nature lucrative, le caractère non lucratif du fonds de dotation peut être préservé dans les trois hypothèses suivantes.

Fiscalisation non liée à la perte du caractère désintéressé de la gestion. Dans les trois cas ci-dessous, la qualification de l'activité en activité lucrative ne résulte pas de la perte du caractère désintéressé de la gestion. En effet, lorsque l'organisme n'est plus géré de façon désintéressée, il devient un organisme lucratif (fiscalisé) pour la totalité de ses activités. Sont visées ci-après les seules hypothèses dans lesquelles la fiscalisation d'une ou plusieurs activités résulte de l'étude de la concurrence et des critères des « 4 P » précités et non de l'absence de gestion désintéressée.

1. La franchise de 60 000 euros : une exonération spécifique

8.48. Un seuil annuel. Depuis 2000, il a été institué une franchise spécifique, fixée à 60 000 euros par an[1]. Cette franchise permet d'exonérer les recettes lucratives, mais accessoires, des organismes sans but lucratif qui ne dépassent pas ce seuil annuel.

8.49. Conditions d'application. Cette franchise s'applique sous réserve du respect des conditions suivantes :

- la gestion de l'organisme doit être désintéressée (nos 8.14 et s.) ;
- les activités non lucratives doivent rester significativement prépondérantes (cette notion s'applique de manière similaire à la condition prévue, dans le même esprit, pour permettre de sectoriser des activités lucratives au sein de l'organisme) ;
- le montant des recettes d'exploitation lucrative au cours de l'année civile ne doit pas excéder ce seuil de 60 000 euros.

Sur ce dernier point, il s'agit de toutes les sommes encaissées (et non pas des créances acquises) provenant d'activités théoriquement assujettissables aux trois taxes et impôts commerciaux. Cela n'inclut donc ni les revenus patrimoniaux ni les revenus financiers et autres plus-values non lucratives ni les recettes exceptionnelles ou provenant des six manifestations annuelles exonérées ni même les recettes tirées de l'exploitation de revues non lucratives[2]. 8.48

Cette franchise s'applique obligatoirement sans que l'organisme concerné puisse y renoncer.

8.50. Obligations simplifiées et conséquences en cas de dépassement. Les organismes concernés par cette franchise ne sont pas soumis aux obligations comptables des contribuables soumis aux impôts commerciaux ; toutefois, le fonds de dotation est, en tout état de cause, obligé de tenir des comptes annuels complets. En outre, ces mêmes organismes doivent souscrire une déclaration d'existence auprès de l'Urssaf (ou du centre des impôts dont ils relèvent, en l'absence de salarié).

8.51. Dépassement du seuil. Lorsque le seuil des 60 000 euros est dépassé en cours d'année, l'organisme devient assujettissable à la TVA dès le premier jour du mois suivant le dépassement, à l'impôt sur les sociétés à compter du 1er janvier de l'année de dépassement et à la contribution économique territoriale à partir de l'année suivante. Il peut alors sectoriser son activité lucrative[3].

2. Sectorisation

8.52. Activités lucratives fiscalisées mais accessoires. Tant que les activités lucratives demeurent significativement prépondérantes, les activités lucratives accessoires peuvent, si elles dépassent le seuil de la franchise précitée (60 000 euros), être maintenues dans le fonds de dotation à condition de constituer un secteur comptable et fiscal distinct de celui regroupant les activités non lucratives du fonds.

---

1. CGI, art. 206, 1 *bis* et 261, 7, 1°, *b)* ; L. Devic, « 60 000 euros – Une franchise utile et obligatoire », *JA* n° 359/2007, p. 29.
2. Instr. du 18 décembre 2006, *BOI* 4 H-5-06, n° 144.
3. Le Juri'Guide n° 3, *Fiscalité des associations*, Juris éditions, 2008.

Instruction du 18 décembre 2006. « **N° 192.** Un organisme, dont l'activité principale est non lucrative, peut réaliser des opérations de nature lucrative. Ce peut être notamment le cas quand l'organisme estime que le développement d'une activité à caractère commercial est nécessaire à l'exercice de son activité non lucrative.

N° 193. Dans cette hypothèse, le caractère non lucratif d'ensemble de l'organisme n'est pas contesté si les opérations lucratives sont dissociables de l'activité principale non lucrative.

N° 194. Il est en outre nécessaire que l'activité non lucrative demeure significativement prépondérante. En effet, la partie lucrative ne doit pas orienter l'ensemble de l'activité de l'organisme. De plus, le traitement fiscal de cette activité lucrative accessoire varie en fonction de l'impôt considéré : impôt sur les sociétés, taxe sur la valeur ajoutée, contribution économique territoriale. »

Ainsi, un fonds de dotation peut, sous certaines conditions, constituer un secteur dit « lucratif » qui sera seul soumis aux impôts commerciaux[1].

3. Filialisation

8.53 **8.53. Recettes lucratives non accessoires.** Lorsque le volume et l'importance des activités de nature lucrative ne permettent plus de les considérer comme accessoires, il est recommandé de les sortir du fonds de dotation.

À cet effet, l'administration a confirmé qu'il est possible, pour un organisme sans but lucratif, d'apporter ses activités lucratives à une structure distincte.

Une telle opération consiste dans une filialisation des activités concernées.

8.54. Recettes lucratives de l'activité principale. Lorsque l'analyse des activités principales du fonds de dotation ne permet pas de conclure au caractère non lucratif de ces dernières, l'organisme doit alors être assujetti à l'ensemble des impôts commerciaux. Il est regardé comme un organisme lucratif, ce qui remet en cause son utilité dès lors qu'il ne peut plus faire bénéficier ses donateurs et mécènes du régime du mécénat.

E. Définition fiscale des activités d'intérêt général

8.55. Non-lucrativité, condition primordiale de l'intérêt général. L'administration fiscale considère qu'est d'intérêt général un organisme qui satisfait aux trois conditions suivantes :

- être géré de façon désintéressée ;
- exercer une activité principale non lucrative ;
- ne pas s'adresser à un cercle restreint de personnes.

Instruction du 13 juillet 2004, n° 10. « Il est rappelé que la condition d'intérêt général est présumée remplie lorsque l'organisme ne fonctionne pas au profit d'un cercle restreint de personnes, ne fait pas l'objet d'une gestion intéressée et n'exerce pas d'activités lucratives au sens de l'article 206-1 et de l'instruction 4 H-5-98 publiée au *Bulletin officiel des impôts* le 15 septembre 1998. »[2]

---

1. V. instr. du 18 décembre 2006, *BOI* 4 H-5-06, n°s 203 et s.
2. Instr. du 13 juillet 2004, *BOI* 4 C-5-04. V. également doc. adm. 5 B 3311, n°s 11 et s. Attention, ces précisions n'ont pas encore été reprises au BOFIP, qui n'a pas encore mis à jour cette partie de la doctrine de l'administration ; on retrouve certains éléments dans la doctrine relative à l'ISF.

On le voit, les deux premières conditions font, en définitive, référence à des constatations d'ordre fiscal que nous avons exposées (n°s 8.11 et s.).

Quant à la notion de cercle restreint, elle fait l'objet de nombreux débats en raison de l'analyse relativement restrictive qu'a tendance à en faire l'administration fiscale.

BOI-PAT-ISF-40-40-10-20-20120912, n° 40 et s. « En revanche, doit notamment être regardé comme fonctionnant au profit d'un cercle restreint de personnes, un établissement dont l'activité essentielle est la fourniture de services à ses membres ou à un groupe particulier et individualisable. Par exemple, sont considérés comme exerçant leur activité au profit d'un cercle restreint de personnes, des établissements qui ont pour objet de servir les intérêts d'une ou plusieurs familles, personnes ou entreprises, ou de faire connaître les travaux de certains chercheurs, ou dont l'enseignement est réservé à des professionnels ou aux salariés d'un nombre d'entreprises bien définies. ».

8.56. CARACTÈRES DE L'ACTIVITÉ D'INTÉRÊT GÉNÉRAL : UNE LISTE LIMITATIVE ? Les articles du code général des impôts relatifs au régime du mécénat précisent, notamment, que sont déductibles les dons consentis aux organismes « *d'intérêt général ayant un caractère philanthropique, éducatif, scientifique, social, humanitaire, sportif, familial, culturel ou concourant à la mise en valeur du patrimoine artistique, à la défense de l'environnement naturel ou à la diffusion de la culture, de la langue et des connaissances scientifiques françaises* ».[1] 8.56

Le législateur a voulu, dès l'origine, apprécier de façon large les conditions dans lesquelles les caractères des activités d'intérêt général doivent être analysés. C'est la raison pour laquelle la liste précitée n'a pas en principe à être conçue comme une liste limitative, mais comme une série d'exemples d'activités d'intérêt général.

INTÉRÊT GÉNÉRAL : DES DÉBATS PARLEMENTAIRES CLAIRS. Au cours de la discussion devant l'Assemblée nationale de la première loi sur le mécénat de 1987, certains députés, craignant que l'administration fiscale n'interprète de façon trop restrictive les termes de l'article 200 du code général des impôts (*« ayant un caractère philanthropique, éducatif, etc. »*), se proposaient d'ajouter à la liste quelques mots qualifiant certaines activités afin d'éviter que celles-ci soient exclues par l'administration fiscale.
Le ministre chargé du Budget leur répliqua explicitement que le texte avait au contraire « *vocation à être entendu de façon large* » : « *Je partage tout à fait le sentiment de Mme de Panafieu lorsqu'elle souligne que tout cela est inutile et que la formulation extrêmement large du projet du gouvernement, plus large d'ailleurs que la rédaction retenue par le Sénat, suffirait à couvrir tous les cas de figure que M. Masson – j'ai déjà répondu sur les clubs de football non professionnels – ou que M. d'Aubert ou que M. Savy veulent viser. Je crains même, connaissant un peu l'administration fiscale, que vous n'arriviez au résultat exactement inverse. Dans votre souci de qualifier les différentes activités visées par ce texte, vous allez conduire le vérificateur fiscal à en conclure que,* a contrario, *tout ce qui n'est pas explicitement cité dans un texte de plus en plus précis est exclu du domaine de la loi.* »

1. CGI, art. 200 et 238 *bis*.

Au terme du débat, le ministre réaffirma même très nettement que la rédaction du texte devait s'entendre de façon large : « *Je reviens à l'essentiel. Le souci de M. d'Aubert et de M. Savy d'éviter qu'on ne laisse tomber certaines activités est satisfait par le texte actuel. Je suis formel sur ce point, et les débats en feront foi. Ce que je souhaite, c'est qu'on ne surcharge pas la rédaction du texte, puisqu'il n'y a aucune ambiguïté.* »[1]
Ou encore, lors des débats du 1er avril 2003 à propos du projet de loi sur le mécénat, il a été répondu ainsi :
« *M. Gilbert Gantier. - L'amendement 1 de M. de Courson vise à étendre le dispositif aux associations de défense des contribuables, qui œuvrent pour l'intérêt général en contribuant au débat démocratique. Il faut préciser que les dons faits à ces associations seront déductibles.*
M. le Rapporteur. - De nombreux commissaires se sont montrés sensibles à la défense des intérêts des contribuables, mais la commission a approuvé un système de rescrits pour déterminer les associations éligibles et ce dispositif est suffisant. Avis défavorable.
M. le Ministre. - Ce projet est de portée générale. Ne commençons pas à énumérer des groupes d'associations. Avis défavorable. »[2]
Dans ces conditions, il est difficile de comprendre la doctrine administrative de base lorsqu'elle écrit que les caractères que doit présenter une
8.57 association « *sont d'interprétation stricte et limitativement énumérées par la loi* ». C'est tout le contraire.
Lors des débats parlementaires relatifs à l'institution des fonds de dotation, la portée des activités d'intérêt général a également été abordée ; il ressort de ces débats que le législateur et le ministère de l'Économie ont également confirmé la façon large dont doit être entendue la référence aux activités d'intérêt général (outil 22).

F. Taxe sur les salaires

8.57. CHAMP D'APPLICATION : LES FONDS NON ASSUJETTIS OU PARTIELLEMENT ASSUJETTIS À LA TVA. Sont assujettis à la taxe sur les salaires les employeurs :

- qui ne sont pas assujettis à la TVA ;
- ou qui ne l'ont pas été sur 90 % au moins de leur chiffre d'affaires au titre de l'année précédente. Dans cette situation, l'assiette de la taxe sur les salaires est obtenue en appliquant aux rémunérations versées le rapport existant, l'année précédant celle du paiement des rémunérations, entre le chiffre d'affaires qui n'a pas été soumis à la TVA (quelle qu'en soit la raison) et le chiffre d'affaires total[3].

Sont donc concernés par la taxe sur les salaires les fonds de dotation qui embauchent du personnel salarié pour leurs activités non lucratives (exonérées de TVA totalement ou partiellement, c'est-à-dire au-delà de 10 % de leur chiffre d'affaires).

8.58. BASE DE CALCUL. La base de la taxe sur les salaires est la même que l'assiette des cotisations de Sécurité sociale.

En sont exclus cependant : les salaires versés à des salariés embauchés pour des taches limitées aux manifestations exceptionnelles de soutien

1. *JOAN* CR, 2e séance du 23 juin 1987, p. 3071 à 3076.
2. Débats parlementaires, Assemblée nationale, 2e séance du mardi 1er avril 2003.
3. CGI, art. 231, 1.

(n° 8.43) et certaines rémunérations exonérées (certains contrats aidés, les rémunérations versées par les établissements d'enseignement supérieur privés délivrant un diplôme d'État, etc.).

8.59. Pas d'abattement. À la différence des associations et fondations, notamment, le fonds de dotation ne bénéficie pas de l'abattement spécifique de taxe sur les salaires, porté depuis le 1er janvier 2014 à 20 161 euros.

8.60. Taux de la taxe. Le barème de calcul de la taxe sur les salaires 2013 s'établit comme suit :

Tableau 7. **BARÈME DE CALCUL DE LA TAXE SUR LES SALAIRES**

Tranches de salaires annuels bruts pour un salarié	Taux d'imposition (en France métropolitaine)
< 7 666	4,25 %
> 7 666 < 15 308	8,5 %
> 15 308 < 151 208	13,60 %
> 151 208	20 %

II. Régime fiscal des revenus du patrimoine

8.61. Définition des revenus de patrimoine. Les revenus patrimoniaux du fonds de dotation sont ceux tirés non de ses activités (ventes de biens ou de prestations), mais de son patrimoine, lequel peut être constitué de droits et de biens détenus tant en pleine propriété que de façon démembrée : biens meubles (portefeuille de titres, etc.) ainsi que biens et droits immobiliers (immeubles de rapport, etc.).

Le fonds de dotation a d'ailleurs vocation à financer ses activités principalement grâce à ses revenus de patrimoine, en principe rassemblé pour l'essentiel dans sa dotation en capital.

Cette dernière ne peut, en principe, être consommée (n° 3.26).

8.62. Distinguer selon le caractère consomptible ou non de la dotation. La loi instituant les fonds de dotation a toutefois prévu que ces derniers peuvent, si leurs statuts les y autorisent, consommer tout ou partie de leur dotation en capital.

Or, aux termes de l'article 206, 5 du code général des impôts, seuls sont exonérés d'impôt sur les sociétés au taux réduit de 24 %, 15 % ou 10 % « *les fonds dont les statuts ne prévoient pas la possibilité de consommer la dotation en capital* »[1].

Code général des impôts, art. 206, 5. « [...] les associations et collectivités non soumises à l'impôt sur les sociétés en vertu d'une autre disposition, à l'exception, d'une part, des fondations reconnues d'utilité publique et, d'autre part, des fonds de dotation dont les statuts ne prévoient pas la possibilité de consommer leur dotation en capital, sont assujettis audit impôt » en raison de certains revenus patrimoniaux.

1. BOI-IS-CHAMP-10-50-10-40-20130325, nos 330 et 570.

A. Exonération pour le fonds de dotation à dotation non consomptible

8.63. Pas d'autorisation statutaire. Seul le fonds de dotation dont les statuts ne prévoient pas la possibilité de consommer sa dotation en capital se trouve placé dans la même situation qu'une fondation reconnue d'utilité publique : tous ses revenus patrimoniaux (dividendes, revenus fonciers, etc.) sont exonérés d'impôt sur les sociétés au taux réduit (de 10, 15 ou 24 %).

Ainsi, dans une telle hypothèse, un immeuble de rapport détenu par le fonds procure à ce dernier des revenus fonciers qui ne subissent aucun prélèvement au titre de l'impôt sur les sociétés.

Vendre n'est pas nécessairement consommer. La vente d'un bien de la dotation n'est pas nécessairement assimilée à une consommation de la dotation. En effet, si le prix de la vente est remployé dans l'acquisition d'un autre bien (d'une nature différente ou non) maintenu dans la dotation, l'opération consiste en un remploi de la dotation, et non en une consommation de cette dernière.

8.63 Par exemple, un immeuble de la dotation peut tout à fait être vendu et son prix être employé pour l'acquisition de titres de placement conservés dans la dotation.

En revanche, la cession d'un immeuble de la dotation en vue d'utiliser le prix de vente pour financer des aides à d'autres organismes ou des travaux sur des immeubles du fonds peut être considérée comme une consommation de la dotation.

Cession des titres reçus par donation. Dans le cadre d'opérations de donations de titres avant cessions d'entreprises, certains juristes se sont interrogés sur la capacité d'un fonds de dotation à céder des valeurs mobilières comprises dans sa dotation (valeurs initialement reçues par donation).

Aux termes de l'article 140 III, alinéa 7 de la loi LME, il est certes précisé qu'« *[Un fonds de dotation] ne peut disposer des dotations en capital dont il bénéficie ni les consommer et ne peut utiliser que les revenus issus de celles-ci.* »

Il convient en premier lieu de rappeler que l'expression dotation en capital correspond davantage à la volonté de traduire en français l'expression *endowment fund* qu'à l'utilisation d'une définition juridique française précise... (pour mémoire, il n'y a pas de capital dans un fonds de dotation). À notre sens, par dotation il faut comprendre que l'on désigne non pas un actif mais l'acte d'affectation d'un ou plusieurs biens ou droits à un objet particulier.

On a donc pu s'interroger sur la portée de cette disposition qui pourrait, selon certaines analyses, interdire à un fonds dont la dotation n'est pas consomptible toute cession des actifs de sa dotation. En fin de compte, un fonds recevant d'un donateur des titres d'un groupe ne pourrait les céder pour acheter d'autres supports d'investissement dans le cadre de la gestion financière de sa dotation. Il serait obligé de conserver les titres groupe quand bien même elles perdraient leur valeur.

Pour notre part, tenant compte des conditions d'adoption de l'article 140 précité, nous considérons qu'un fonds de dotation à dotation non

consomptible reste libre de céder les actifs affectés à sa dotation[1] à condition de remployer le prix de vente dans l'acquisition d'autres actifs qui restent affectés à ladite dotation[2].
Certes, les termes utilisés pour la rédaction de l'alinéa précité créent une ambiguïté sur la portée de cette interdiction de « disposer » des « dotations en capital ». Mais notre analyse reste la suivante : le législateur et le gouvernement n'ont pas eu l'intention d'interdire la possibilité de gérer les actifs de la dotation, et en particulier de céder les actifs financiers, mais simplement d'interdire la possibilité de modifier le montant desdites dotations.
La lecture des débats parlementaires nous conforte dans cette analyse[3], tout comme la lecture des recommandations formulées par le comité stratégique sur les fonds de dotation, dans lesquelles la question des « *réallocations nécessaires* » est évoquée (outil 16 > Recommandations 7 à 11).
C'est la raison pour laquelle nous considérons que la cession des actifs compris dans la dotation en capital n'est pas interdite et qu'elle n'est pas assimilable à une consommation de la dotation.

B. Perte de l'exonération pour le fonds autorisé à consommer sa dotation en capital

8.64. Dotation consomptible et assujettissement à l'impôt sur les sociétés au taux réduit. Le fonds de dotation dont les statuts prévoient la possibilité de consommer la dotation en capital perd le bénéfice de l'exonération d'impôt sur les sociétés et se retrouve dans la même situation qu'une association.

Celle-ci est effectivement assujettie à l'impôt sur les sociétés au taux réduit (10, 15 ou 24 %) sur plusieurs de ses revenus de patrimoine.

Code général des impôts, art. 206, 5. Les « fonds de dotation dont les statuts ne prévoient pas la possibilité de consommer leur dotation en capital, sont assujettis audit impôt [sur les sociétés] en raison :
a) De la location des immeubles bâtis et non bâtis dont ils sont propriétaires, et de ceux auxquels ils ont vocation en qualité de membres de sociétés immobilières de copropriété visées à l'article 1655 *ter ;*
b) De l'exploitation des propriétés agricoles ou forestières ;
c) Des revenus de capitaux mobiliers dont ils disposent, à l'exception des dividendes des sociétés françaises, lorsque ces revenus n'entrent pas dans le champ d'application de la retenue à la source visée à l'article 119 *bis* ; ces revenus sont comptés dans le revenu imposable pour leur montant brut ;
d) Des dividendes des sociétés immobilières et des sociétés agréées visées aux 3° *ter* à 3o *sexies* de l'article 208 et à l'article 208 B perçus à compter du 1er janvier 1987. Ces dividendes sont comptés dans le revenu imposable pour leur montant brut ;
e) Des dividendes des sociétés d'investissements immobiliers cotées visées à l'article 208 C et prélevés sur les bénéfices exonérés en application du premier alinéa du II de cet article ».

1. Sous réserve d'éventuelles charges d'inaliénabilité ayant pu être stipulées par le donateur.
2. Sur la question de l'utilisation de l'éventuelle plus-value de cession, voir la réponse de l'administration (outil 13).
3. V. Rapport n° 413 de L. Béteille ; débats Sénat, 1re lecture, séance du 3 juillet 2008.

Attention à la rédaction des statuts. Une interprétation littérale du texte de l'article 206, 5 du code général des impôts conduit à conclure que la seule mention, dans les statuts, de la possibilité de consommer la dotation suffit à faire perdre au fonds de dotation le bénéfice de l'exonération précitée (alors même que la dotation n'aurait pas été effectivement consommée).
Compte tenu du recul que nous offre l'expérience acquise par les fonds de dotation constitués à l'étranger, qui sont pour la plupart conduits, à un moment ou à un autre, à consommer une faible partie de leur dotation en capital (pour faire face, par exemple, à une diminution occasionnelle de leurs ressources), il serait opportun que l'administration admette, dans une instruction, que les fonds de dotation, dont les statuts distinguent la partie de la dotation qui ne peut être consommée de la partie qui peut l'être, pourront être exonérés d'impôt sur les sociétés au taux réduit (de 24, 15 ou 10 %) pour les revenus issus de la dotation non consomptible. De même, s'agissant toujours de la consommation de la dotation en capital, l'administration pourrait préciser l'incidence d'une modification des statuts d'un fonds sur le régime fiscal de ses revenus patrimoniaux.
Car, en effet, à titre de règle pratique, il sera recommandé de constituer des fonds de dotation sans dotation initiale en capital (pour jouir de
8.65 l'exonération d'impôt sur les sociétés) et ne modifier les statuts du fonds que lorsque la consommation de la dotation sera devenue nécessaire (l'exonération devrait alors être perdue au titre de l'exercice au cours duquel les statuts auront été modifiés).
Location d'immeuble : attention à la nature des immeubles donnés en location. La location reste une activité de nature civile tant que les immeubles donnés en location consistent en des terrains et des locaux nus. Si le fonds de dotation donne en location des locaux meublés ou aménagés, les revenus qu'il perçoit à ce titre doivent être analysés comme des bénéfices industriels et commerciaux (BIC) ; ils permettent alors de caractériser l'exercice d'une activité de nature lucrative, assujettie notamment à l'impôt sur les sociétés au taux de droit commun. Si ces revenus constituent la principale source de financement du fonds, ce dernier peut donc voir son caractère d'intérêt général être remis en cause et, dès lors, sa capacité à recevoir des dons déductibles.

8.65. Tableau de synthèse de la fiscalité applicable aux revenus mobiliers. À titre d'information, s'agissant des revenus mobiliers, le tableau 8 expose les règles d'assujettissement à l'impôt sur les sociétés applicables aux organismes sans but lucratif (autres que les fondations reconnues d'utilité publique et les fonds de dotation dont les statuts ne prévoient pas la possibilité de consommer la dotation en capital)[1].

8.66. Obligation déclarative : déclaration annuelle n° 2070. Comme les associations, le fonds de dotation disposant de revenus patrimoniaux assujettis à l'impôt sur les sociétés est tenu de les déclarer chaque année.

1. Le Juri'Guide n° 3, *Fiscalité des associations*, Juris éditions, 2008.

TABLEAU 8. IMPOSITION DES REVENUS MOBILIERS PERÇUS PAR LES ORGANISMES DANS UN BUT LUCRATIF[A]

	Régime normal		Régime de faveur (caisse de retraite et de prévoyance, etc.)	
Nature des produits et des gains	Retenue à la source (ou prélèvement)	Impôt sur les sociétés	Retenue à la source (ou prélèvement)	Impôt sur les sociétés
• Dividendes des sociétés françaises (dont les Sicav)	0	15 %	0	0
• Dividendes des sociétés immobilières de gestion des Sicomi, des sociétés agréées pour le financement des télécommunications, des sociétés agréées dans le cadre des économies d'énergie et des sociétés immobilières d'investissement	0	10 % (pour les produits perçus à compter du 1er janv. 1987)	0	10 % (pour les produits perçus à compter du 1er janv. 1987)
• Intérêts des obligations et autres titres d'emprunt négociables émis en France :				
- titres émis avant le 1er janvier 1987	10 % ou 12 %	0	10 % ou 12 %	0
- titres émis après le 1er janvier 1987	0	10 %	0	10 %
• Intérêts des rentes sur l'État ou des emprunts d'État :				
- titres émis avant le 1er janvier 1987	0	0	0	0
- titres émis après le 1er janvier 1987	0	10 %	0	10 %
• Intérêts des bons de caisse nominatifs	10 %	0	10 %	0
• Intérêts des bons d'épargne et des bons du Trésor sur formule	18 % (prélèvement d'office)	0	15 % (prélèvement d'office)	0
- Si l'anonymat est demandé	50 % + CSG, CRDS, etc.	0	50 % + CSG, CRDS, etc.	0
• Dividendes des valeurs étrangères (actions et obligations)[B]	0	24 %	0	24 %
• Intérêts des dépôts bancaires et comptes sur livret (+ livret B)	0	24 %	0	10 %
• Intérêts des comptes à terme et autres créances non négociables	0	24 %	0	10 %
• Intérêts des bons et contrats de capitalisation souscrits après le 1er janvier 1983	0	24 %	0	24 %

8.66

TABLEAU 8. (SUITE)

	Régime normal		Régime de faveur (caisse de retraite et de prévoyance, etc.)	
Nature des produits et des gains	Retenue à la source (ou prélèvement)	Impôt sur les sociétés	Retenue à la source (ou prélèvement)	Impôt sur les sociétés
• Intérêts des sommes inscrites (dans la limite de 76 500 €) sur les livrets A des Caisses d'épargne	0	0	0	0
• Intérêts des sommes inscrites (dans la limite de 76 500 €) sur les livrets « bleus » des caisses du Crédit mutuel	0	0	15 % sur 1/3 des produits	0
• [Nouveaux produits monétaires] Intérêts et primes de remboursement sur : – les certificats de dépôt – les bons d'institutions financières spécialisées – les billets de trésorerie – les bons du Trésor en compte courant – les fonds communs de créance	0	10 %	0	10 %

(A) Les fondations reconnues d'utilité publique sont exonérées de toute imposition sur les revenus de leur patrimoine (CGI, art. 219 *bis*, III).
(B) Sous réserve du crédit d'impôt éventuellement imputable en déduction, en vertu d'une convention internationale, pour éviter les doubles impositions.

La déclaration doit être déposée auprès du service des impôts dont dépend le siège du fonds, avant le 5 mai de l'année qui suit celle de perception des revenus en question.

Elle comprend cinq cadres destinés : aux revenus mobiliers et assimilés, aux revenus des exploitations agricoles et forestières, aux voitures de tourisme dont l'organisme est propriétaire ou assume les frais d'entretien, aux revenus fonciers et à la détermination du bénéfice imposable.

8.67. Des revenus exonérés lorsqu'ils concourent à l'objet désintéressé du fonds de dotation. De la même façon que les associations peuvent, dans certaines conditions, être exonérées d'impôt sur les sociétés au taux réduit pour les revenus provenant de l'exploitation de certains de leurs biens, il nous semble que les fonds de dotation dont les statuts prévoient la possibilité de consommer leur dotation en capital (et qui ont donc perdu le bénéfice de l'exonération légale d'impôt sur les sociétés au taux réduit) peuvent malgré tout bénéficier du même cas spécifique d'exonération.

Revenus indissociables de l'objet du fonds. En effet, par extension de la jurisprudence rendue en matière d'associations, il nous semble que les revenus liés à l'objet social du fonds ne sont pas imposables lorsqu'ils proviennent de biens qui :

- concourent directement et matériellement à l'exécution même de l'activité non lucrative ;
- sont indissociables des autres moyens que le fonds de dotation met en œuvre pour remplir son objet désintéressé ;
- ne peuvent pas être regardés comme une activité distincte dont les résultats seraient considérés comme des placements assujettis à l'impôt sur les sociétés au taux réduit.

Sont visés ici les revenus perçus au titre d'une activité concourant intrinsèquement à l'objet social désintéressé et non lucratif de l'organisme.

D'une façon générale, en matière de revenus fonciers, la non-imposition des revenus patrimoniaux est subordonnée à la réunion des trois conditions suivantes :

- la location doit être consentie moyennant un loyer modique ;
- à d'autres organismes sans but lucratif ;
- qui se livrent à une activité complétant la mission de l'organisme sans but lucratif concerné[1].

Un fonds de dotation qui, dans le cadre de ses activités, respecte ces conditions échappe, pour les biens considérés, à l'impôt sur les sociétés[2] dans la mesure où ces revenus ne sont plus considérés comme des revenus d'ordre patrimonial mais comme des revenus d'activité. 8.68

8.68. Revenus mobiliers exonérés lorsqu'ils proviennent d'une participation au capital d'une société civile immobilière (SCI) transparente. Il a été précisé que la fraction des revenus fonciers que procure à une association sa participation au capital d'une société civile immobilière non soumise à l'impôt sur les sociétés échappe à cet impôt.

En effet, les revenus fonciers perçus par une telle société doivent en principe être imposés chez la personne de ses associés. Lorsque les titres de la société sont détenus par un organisme sans but lucratif, les revenus perçus sont analysés non comme des revenus fonciers mais comme des dividendes de société française, dès lors exonérés d'impôt sur les sociétés. Ils n'ont donc pas à figurer dans la déclaration 2070[3].

Cette solution est à notre sens tout à fait transposable au fonds de dotation dès lors que ce dernier exerce une activité principale non lucrative (et que les revenus perçus *via* la SCI sont affectés à ladite activité).

III. Régime des gains en capital (plus-values)

8.69. Définition du gain en capital. Désigné également comme une plus-value, le gain en capital est « *un accroissement de la valeur réelle ou monétaire d'un bien intervenu entre le début et la fin d'une période* »[4] (c'est la durée de possession d'un bien immeuble, par exemple).

8.70. Exonération des gains en capital dans les organismes sans but lucratif. Il est admis que, pour les associations et fondations qui

1. CE 22 octobre 1980, n° 04906, *RJF* 12/80, p. 515.
2. CE 20 avril 1983, n° 32515, *RJF* 6/83, n° 770, p. 351 (revenus fonciers). ; CE 24 février 1986, n° 54683, *JA* n° 23/1986, p 39.
3. V. Rép. min., Beauguitte, *JOAN* 1er juillet 1975, p. 5096, n° 18984 ; cette réponse, non reprise au BOFIP, ne constituait qu'une confirmation de la lecture qu'il convient de faire des articles du code général des impôts (art. 206,5 et article 219 *bis*, notamment) et non une tolérance susceptible d'être remise en cause ultérieurement.
4. *Lexique des termes juridiques*, Dalloz, 2009.

n'exercent pas d'activité lucrative, ces organismes ne sont en principe pas imposables sur leurs gains en capital.

Tel est également le cas d'un fonds de dotation exerçant une activité non lucrative.

BOI-IS-CHAMP-10-50-20-10-20130225, n°s 670 et s. « Lorsqu'un organisme décide de ne plus affecter à ses activités non lucratives une partie de ses actifs pour les mettre en société et limite effectivement son activité à la poursuite de son objet désintéressé, il n'est imposable que sur les seuls revenus énumérés au 5 de l'article 206 du CGI. Ces revenus n'incluent les plus-values sur cession d'éléments d'actif immobilisés que si les éléments cédés sont affectés à une exploitation agricole imposée d'après le régime du bénéfice réel. En dehors de ce cas, il est admis qu'il n'y a pas imposition des gains en capital. »

Ainsi, un fonds de dotation (qui ne dispose statutairement pas de la possibilité de consommer sa dotation en capital) qui acquiert des titres de société pour une valeur le 100 et les revend six mois après 110 n'est pas imposable sur le gain de 10 (il en va de même en cas de cession d'un immeuble générant, à l'occasion, une plus-value). Il n'est pas pour autant libre d'utiliser le montant de la plus-value comme une ressource pour le financement de ses activités, sauf si la dotation est consomptible.

8.71

IV. Fiscalité liée aux immeubles occupés ou détenus

8.71. LE FONDS DE DOTATION, UN OCCUPANT COMME LES AUTRES. En matière de fiscalité immobilière, le fonds de dotation est un propriétaire et un locataire comme les autres.

Au-delà du régime fiscal des revenus éventuellement issus de biens et droits immobiliers détenus par le fonds (n°s 8.61 et s.), se pose la question des autres incidences fiscales liées à l'occupation et/ou la détention d'immeubles par le fonds.

8.72. TAXE D'HABITATION. Elle est due par le fonds de dotation qui occupe à titre privatif des locaux au 1er janvier de l'année considérée, quel que soit le titre d'occupation de ces derniers (propriétaire, locataire, occupant à titre gratuit dans le cadre d'un commodat).

Code général des impôts, art. 1407. « I. La taxe d'habitation est due :

1° Pour tous les locaux meublés affectés à l'habitation ;

2° Pour les locaux meublés conformément à leur destination et occupés à titre privatif par les sociétés, associations et organismes privés et qui ne sont pas retenus pour l'établissement de la contribution économique territoriale. »

En revanche, les locaux ouverts au public peuvent être sortis de l'assiette de la taxe d'habitation.

8.73. TAXE FONCIÈRE. Tout fonds de dotation propriétaire d'un immeuble est en principe soumis à la taxe foncière dans la commune où est situé l'immeuble ; suivant le cas, il s'agit de la taxe foncière sur les propriétés bâties ou de la taxe foncière sur les propriétés non bâties.

Qu'il s'agisse de propriétés bâties ou non, la taxe foncière est établie au nom du propriétaire au 1er janvier de l'année d'imposition.

Code général des impôts, art. 1400. « I. Sous réserve des dispositions des articles 1403 et 1404, toute propriété, bâtie ou non bâtie, doit être imposée au nom du propriétaire actuel. »

8.74. Taxe foncière et démembrement. Lorsque l'usufruit d'un immeuble a été donné à un fonds de dotation, la taxe est établie au nom de l'usufruitier (le fonds en l'espèce).

Code général des impôts, art. 1400. « II. Lorsqu'un immeuble est grevé d'usufruit ou loué soit par bail emphytéotique, soit par bail à construction, soit par bail à réhabilitation ou fait l'objet d'une autorisation d'occupation temporaire du domaine public constitutive d'un droit réel, la taxe foncière est établie au nom de l'usufruitier, de l'emphytéote, du preneur à bail à construction ou à réhabilitation ou du titulaire de l'autorisation. »

8.75. Commodat et revenus fonciers. En dehors de la question de savoir si un fonds de dotation peut consentir un commodat (ou « prêt à usage ») sur un immeuble lui appartenant (à notre sens, il peut s'agir d'un moyen, pour le fonds, d'aider des organismes non lucratifs éligibles au régime du mécénat), il convient de s'interroger sur les conséquences fiscales d'une mauvaise utilisation de ce cadre juridique particulier par le fonds de dotation. 8.74

8.76. Commodat : un prêt gratuit. C'est le caractère de gratuité qui distingue le commodat du contrat de louage (bail).

Code civil, art. 1875. « Le prêt à usage ou commodat est un contrat par lequel l'une des parties livre une chose à l'autre pour s'en servir, à charge par le preneur de la rendre après s'en être servi. »

D'où l'attention qu'il convient d'accorder, dans l'acte, aux obligations mises à la charge respective des parties - le prêteur, d'une part, et le bénéficiaire ou l'emprunteur, d'autre part - afin d'éviter toute requalification d'un commodat en contrat d'une autre nature (en bail, la plupart du temps).

Un immeuble peut faire l'objet d'un commodat.

8.77. Le commodat dans le fonds à dotation non consomptible. La prise en charge, par l'emprunteur (ou commodataire), de travaux relevant en principe de la responsabilité du prêteur (travaux et grosses réparations visés à l'article 606 du code civil), n'aura, d'un point de vue fiscal, aucune incidence pratique pour le fonds dont les statuts ne permettent pas la consommation de la dotation en capital (d'un point de vue juridique, la prise en charge de telles dépenses par l'emprunteur pourra être un élément de nature à entraîner la requalification du commodat en bail).

En effet, un tel fonds étant exonéré d'impôt sur les sociétés sur ses revenus de patrimoine, la requalification en revenus fonciers des travaux pris en charge par l'emprunteur n'engendrera pas de fiscalité particulière.

8.78. Le commodat dans un fonds à dotation consomptible. En revanche, si le fonds de dotation peut, statutairement, consommer sa dotation en capital, l'assimilation à un revenu foncier du prix des travaux supportés par l'emprunteur à la place du prêteur pourra engendrer une fiscalisation dudit revenu (impôt sur les sociétés au taux de 24 % sur le revenu net foncier).

Dans l'hypothèse où un fonds de dotation à dotation consomptible (donc assujetti à l'impôt sur les sociétés sur ses revenus de patrimoine) décide de mettre à la disposition d'un tiers (un autre organisme sans but lucratif, par exemple) un bien immeuble lui appartenant, il conviendra d'éviter les deux écueils suivants :

- le fonds de dotation devra veiller à ne pas faire prendre en charge par l'emprunteur des travaux relevant en principe du prêteur, c'est-à-dire du fonds de dotation lui-même. En effet, la prise en charge de ces travaux pourrait conduire l'administration fiscale à considérer que ces derniers, réalisés par l'emprunteur, doivent être assimilés à des revenus fonciers assujettis ;
- le fonds devra également veiller à justifier que de telles mises à disposition gratuites d'immeubles ne sont pas assimilables à des actes anormaux de gestion pour le fonds. Ce dernier devra donc veiller à pouvoir justifier que le prêt gratuit d'un immeuble constitue, pour lui, un moyen d'aider une structure poursuivant un objet similaire au sien, ou se situant dans le prolongement de ses activités[1].

8.79. TVA et location. Le fonds de dotation peut, comme bailleur :

8.79

- soit être exonéré de TVA lorsqu'il donne en location un immeuble nu (terrain non aménagés ou locaux nus)[2] ou encore, de façon occasionnelle, permanente ou saisonnière, des logements meublés ou garnis à usage d'habitation[3] ;
- soit être soumis à la TVA sur : les locations occasionnelles, permanentes ou saisonnières, de logements meublés ou garnis à usage d'habitation dans six hypothèses particulières (lorsque, notamment, les prestations d'hébergement sont fournies dans des hôtels de tourisme classés, dans des villages de vacances classés ou agréés, dans des résidences de tourisme classées, etc.)[4] ; certaines locations de parkings ; les locations d'immeubles aménagés (locaux à usage professionnel munis du mobilier, du matériel ou des installations nécessaires à l'exercice de l'activité) ;

Locations meublées ou aménagées. Il importe de noter que les revenus procurés par de telles activités ont la nature de bénéfices industriels et commerciaux (BIC). Ils caractérisent donc l'existence d'une activité lucrative qui doit rester accessoire pour ne pas remettre en cause la fiscalité du fonds de dotation et le caractère d'intérêt général de son activité principale et prépondérante.

- soit exercer l'option pour l'assujettissement à la TVA du bail (de façon, notamment, à récupérer la TVA sur des travaux immobiliers qu'il aurait à supporter) dans le cas où l'immeuble est loué pour les besoins de l'activité professionnelle du preneur[5].

8.80. Bail à construction, outil de valorisation sans fiscalité. Le bail à construction peut permettre à un fonds de dotation, propriétaire

1. L. Devic, « Commodat et fiscalité font-ils toujours bon ménage ? », *JA* n° 365/2007, p. 28 et s.
2. CGI, art. 261 D, 2°.
3. CGI, art. 261 D, 4°.
4. CGI, art. 261 D, 4°.
5. CGI, art. 260, 2°.

d'un immeuble (dépendant, en principe, de sa dotation), de la mettre en valeur dans des conditions intéressantes.

8.81. Définition. Le bail à construction est le contrat par lequel le propriétaire d'un terrain en cède l'usage à un locataire qui est tenu d'y édifier des constructions. Il est conclu pour une durée comprise entre dix-huit et quatre-vingt-dix-neuf ans et confère au preneur un droit réel immobilier librement cessible. En fin de bail, le propriétaire devient généralement propriétaire bailleur des constructions édifiées (bail « à l'endroit ») sauf si le bail est assorti d'une clause prévoyant le transfert de propriété du terrain au preneur (bail « à l'envers »).

8.82. Fiscalité des revenus d'un bail à construction. Lorsque la durée du bail est supérieure à trente ans, la remise gratuite en fin de bail des constructions édifiées ne donne lieu à aucune imposition. Si la durée du bail est comprise entre dix-huit et trente ans, la remise s'analyse en revanche en un supplément de loyer constitutif d'un revenu foncier[1]. Toutefois, dans le cas d'un fonds de dotation dont les statuts ne prévoient pas la possibilité de consommer la dotation en capital, cette durée inférieure à trente ans est en principe sans incidence dès lors que les revenus fonciers du fonds ne sont pas imposables (n° 8.63). 8.81

8.83. Lorsque le loyer consiste en une remise d'immeuble. Le loyer perçu par le bailleur en cours de bail est un revenu foncier. Mais lorsque le loyer est payé par remise d'immeuble ou fractions d'immeubles, ce qu'il est tout à fait possible de stipuler dans un tel bail, ladite remise doit être également considérée comme un revenu foncier d'une valeur équivalente au prix de revient des biens remis. Or, si le fonds de dotation, bailleur, récupère, par exemple, une partie de l'immeuble construit (pour son siège social), il est exonéré d'impôt sur cette remise d'immeuble (s'il ne peut statutairement consommer sa dotation en capital, n° 8.63)[2].

V. Régime fiscal des dons et libéralités reçus

8.84. Distinguer la situation du donateur de celle du bénéficiaire. En matière de libéralités (legs, donations, dons manuels) consenties aux fonds de dotation, il convient de distinguer les droits de mutation à titre gratuit, susceptibles d'être dus par le bénéficiaire, des réductions d'impôt auxquelles peut éventuellement prétendre le donateur, que ce dernier soit un particulier ou une entreprise.

L'administration fiscale a commenté dans deux instructions distinctes :

- les conditions dans lesquelles le régime du mécénat s'applique dans le cadre des dons consentis aux fonds de dotation[3] ;
- le régime spécifique d'exonération des droits de mutation à titre gratuit pour les libéralités consenties aux fonds de dotation[4].

1. CGI, art. 33 *ter*.
2. V. Roussel, notaire, « Aspects immobiliers des fonds de dotation », *JCP N* n° 27, 3 juillet 2009.
3. V. instr. du 9 avril 2009, *BOI* 4 C-3-09 (outil 5).
4. V. instr. du 25 juin 2009, *BOI* 7 G-6-09, désormais reprise dans le BOFIP sous les références suivantes : BOI-ENR-DMTG-10-20-20-20120912, n°s 230 et s. (outil 8).

A. Droits de mutation à titre gratuit

8.85. Une exonération plus large que celle des fondations. Les donations sont soumises, en règle générale, au même régime fiscal que les successions ; les donations constatées par acte authentique et les legs sont donc en principe taxables ; or, en général, les droits de mutation applicables entre personnes non parentes (comme le sont les organismes sans but lucratif) sont élevés (60 %).

8.86. Cas des fondations. Pour les fondations reconnues d'utilité publique, le code général des impôts a prévu une liste limitative d'activités ouvrant droit à une exonération totale de droits de mutation. De même que sont exonérées certaines mutations à titre gratuit en raison de la nature des biens transmis.

Code général des impôts, art. 795.
« Sont exonérés des droits de mutation à titre gratuit :
1° Les dons et legs d'œuvres d'art, de monuments ou d'objets ayant un caractère historique, de livres, d'imprimés ou de manuscrits, faits aux établissements
8.85 pourvus de la personnalité civile, autres que ceux visés au I de l'article 794, si ces œuvres et objets sont destinés à figurer dans une collection publique ;
2° Les dons et legs consentis aux établissements publics ou d'utilité publique, dont les ressources sont exclusivement affectées à des œuvres scientifiques, culturelles ou artistiques à caractère désintéressé ;
[...]
4° Les dons et legs faits aux établissements publics charitables autres que ceux visés au I de l'article 794, aux mutuelles et à toutes autres sociétés reconnues d'utilité publique dont les ressources sont affectées à des œuvres d'assistance, à la défense de l'environnement naturel ou à la protection des animaux. [...] ;
5° Les dons et legs faits aux fondations universitaires, aux fondations partenariales et établissements d'enseignement supérieur reconnus d'utilité publique, aux sociétés d'éducation populaire gratuite reconnues d'utilité publique et subventionnées par l'État, aux associations d'enseignement supérieur reconnues d'utilité publique et aux établissements reconnus d'utilité publique ayant pour objet de soutenir des œuvres d'enseignement scolaire et universitaire régulièrement déclarées ;
6° Les dons et legs de sommes d'argent ou d'immeubles faits aux établissements pourvus de la personnalité civile autres que ceux visés au I de l'article 794 avec obligation, pour les bénéficiaires, de consacrer ces libéralités à l'achat d'œuvres d'art, de monuments ou d'objets ayant un caractère historique, de livres, d'imprimés ou de manuscrits, destinés à figurer dans une collection publique, ou à l'entretien d'une collection publique ;
7° Les dons et legs faits aux organismes d'habitations à loyer modéré ou à leurs unions ;
9° Les dons et legs faits à l'office national des anciens combattants et victimes de guerre ;
10° Les dons et legs faits aux associations cultuelles, aux unions d'associations cultuelles et aux congrégations autorisées ;
11° Les dons et legs faits aux établissements publics ou d'utilité publique autres que ceux visés au I de l'article 794, aux sociétés particulières ou autres groupements régulièrement constitués, en tant qu'ils sont affectés, par la volonté expresse du donateur ou du testateur, à l'érection de monuments aux morts de la guerre ou à la gloire de nos armes et des armées alliées [...] »

Pour les fondations n'exerçant pas les activités précitées, les tarifs des droits applicables aux dons et legs sont ceux applicables entre frères et sœurs (35 % sur la fraction des biens transmis n'excédant pas 24 430 euros et 45 % au-delà).

8.87. Exonération totale pour les fonds de dotation. Pour les fonds de dotation, l'exonération de droits de mutation est le principe ; elle a été conçue en des termes plus larges. C'est un avantage comparatif par rapport aux fondations et aux associations reconnues d'utilité publique.

Sont exonérées de droits de mutation à titre gratuit toutes les libéralités (dons manuels, donations et legs) consenties au profit d'un fonds de dotation éligible au régime du mécénat. Aucune exigence n'est posée quant à la nature et la forme de la libéralité.

Code général des impôts, art. 795. « Sont exonérés des droits de mutation à titre gratuit :
14° Les dons et legs consentis aux fonds de dotation répondant aux conditions fixées au *g* du 1 de l'article 200 du présent code. »

DONS MANUELS : UNE EXONÉRATION PLUS CLAIRE QUE CELLE APPLICABLE AUX ASSOCIATIONS. Les dons manuels consentis au fonds de dotation éligible au régime du mécénat sont donc exonérés par principe de tout droit de mutation alors que les associations ne le sont, depuis 2003, que sur la base de l'article 757 du code général des impôts (qui précise dans quelles conditions les déclarations de dons manuels ou la révélation de ces derniers n'entraînent pas d'assujettissement aux droits de mutation à titre gratuit)[1].

Dès lors que le fonds de dotation exerce une activité d'intérêt général et/ou reverse les revenus tirés des dons et versements qu'il reçoit à des organismes éligibles au régime du mécénat, il bénéficie donc d'une exonération totale de droits de mutation à titre gratuit.

EXONÉRATION DE DROITS DE MUTATION : UN FONDEMENT TEXTUEL AMBIGU ? Ce nouveau cas d'exonération de droits de mutation à titre gratuit, qui a incorporé à l'article 795 un 14°, a été créé au cours des débats parlementaires relatifs au fonds de dotation. Or cet article ne fait mention que des fonds répondant « *aux conditions fixées au g du 1 de l'article 200 du code général des impôts* », ce dernier article concernant le régime de réduction d'impôt sur le revenu des particuliers ; il n'est donc pas fait mention de l'article 238 *bis* du même code, relatif au régime du mécénat des entreprises.

Dans la mesure où la liste des organismes, au profit desquels un fonds peut exercer son activité de redistribution de fonds, n'est pas tout à fait la même selon que lesdits organismes sont ceux visés à l'article 200 ou ceux visés à l'article 238 *bis* (n° 8.56), faut-il en déduire que certaines libéralités consenties à des fonds de dotation aidant des entités non visées auxdits articles pourraient ne pas être exonérées ?

Nous ne le pensons pas. En effet, l'intention du législateur a bien été d'exonérer tous les fonds de dotation (exerçant des activités d'intérêt général et/ou versant des aides à des organismes éligibles au régime du mécénat).

8.88. DONATION AU SEUL SECTEUR NON LUCRATIF DU FONDS. L'administration a confirmé que « *dans l'hypothèse où un fonds de dotation exerce des activités lucratives et des activités non lucratives et remplit les conditions autorisant leur sectorisation„ les dons et legs qui lui sont consentis sont*

1. Sur ce sujet, v. X. DELSOL, « Taxation des dons manuels : un risque zéro ? », *JA* n° 481/2013, p. 36 et s.

exonérés de droits de mutation à titre gratuit à la condition express que ceux-ci soient affectés directement et exclusivement au secteur non lucratif »[1].

REVENUS DE LA DOTATION : AFFECTATION AUX SEULES ACTIVITÉS NON LUCRATIVES. Cela signifie à notre sens que les seules ressources du secteur lucratif seront celles générées par ce dernier (ventes de biens et de prestations de services) ; les revenus de la dotation, composée d'apports, de donations et de legs reçus, ne pourront permettre la prise en charge de dépenses dudit secteur lucratif.

8.89. LE CAS DU LEGS CONSENTI À UN FONDS INEXISTANT AU JOUR DU DÉCÈS DU FONDATEUR. Dans cette situation (nos 3.30 et s.), le legs est effectué sous condition suspensive. En principe, les héritiers saisis des biens légués sous cette condition sont tenus de les déclarer et d'acquitter les droits de mutation à titre gratuit y afférents. En effet, lorsque la condition est suspensive, le légataire n'a aucun droit certain et actuel sur le legs, dont le montant n'est pas déduit de l'actif recueilli par les héritiers ou légataires universels[2].

Dans ce cas, les droits acquittés sont restituables ou imputables après la réalisation de la condition, c'est-à-dire lorsque le fonds de dotation a
8.89 acquis la personnalité morale dans le délai d'un an suivant l'ouverture de la succession.

8.90. EXCEPTION : PAS DE PAIEMENT DES DROITS PAR LES HÉRITIERS. Par exception à ce principe, il est admis par l'administration fiscale que l'exonération de droits de mutation à titre gratuit s'applique aux legs consentis à un fonds de dotation qui n'existe pas au jour de l'ouverture de la succession. Toutefois, cette exonération est remise en cause si le fonds de dotation n'acquiert pas la personnalité morale dans le délai d'un an suivant l'ouverture de la succession concernée[3].

8.91. LE « DON SUR SUCCESSION » : INAPPLICABLE AUX FONDS DE DOTATION. Le don, réalisé à titre définitif par un héritier ou un légataire, de tout ou partie de sa part successorale ou de son legs, à certaines associations ou fondations permet à cet héritier ou à ce légataire de bénéficier d'un abattement sur l'assiette de ses droits de succession à hauteur du montant du don consenti.

Code général des impôts, art. 788, III. « Pour la perception des droits de mutation par décès, il est effectué un abattement sur la part nette de tout héritier, donataire ou légataire correspondant à la valeur des biens reçus du défunt, évalués au jour du décès et remis par celui-ci à une fondation reconnue d'utilité publique répondant aux conditions fixées au *b* du 1 de l'article 200 ou aux sommes versées par celui-ci à une association reconnue d'utilité publique répondant aux conditions fixées au *b* du 1 de l'article 200, à l'État, à ses établissements publics ou à un organisme mentionné à l'article 794 en remploi des sommes, droits ou valeurs reçus du défunt. »

Cette mesure ne s'applique pas dans le cas où le don est effectué au profit d'un fonds de dotation.

1. BOI-ENR-DMTG-10-20-20-20120912, n° 310.
2. BOI-ENR-DMTG-10-10-10-10-20120912, n° 110 et BOI-ENR-DMTG-10-20-20-20120912, n° 360.
3. BOI-ENR-DMTG-10-20-20-20120912, n° 370.

B. Avantages fiscaux consentis aux donateurs

8.92. RÉGIME CLASSIQUE DU MÉCÉNAT. L'article 140 de la loi LME est venu compléter la liste des organismes pouvant bénéficier de dons ouvrant droit, pour les particuliers et les entreprises mécènes, à une réduction d'impôt.

8.93. DISTINCTION ENTRE LES « FONDS OPÉRATIONNELS » ET LES « FONDS DE DISTRIBUTION ». S'appuyant sur les textes du code général des impôts qui déterminent les conditions dans lesquelles une réduction d'impôt peut être accordée au titre de dons consentis à un fonds de dotation, l'administration établit, pour les dons tant des particuliers que des entreprises, une distinction entre les fonds de dotation, qui exercent eux-mêmes (« fonds opérationnels ») des activités d'intérêt général présentant certaines caractéristiques (philanthropique, éducatif, scientifique, social, etc.), et les « fonds de distribution », qui doivent être gérés de façon désintéressée et « *reverser les revenus tirés des dons et versements reçus à certains organismes éligibles au régime du mécénat* ».

PORTÉE DE LA DISTINCTION. À notre sens, et même si l'administration ne le précise pas, il ne faut pas déduire d'une telle distinction qu'un fonds est contraint d'opter pour l'une ou l'autre forme.
En pratique, plusieurs fonds de dotation ont été constitués en vue de conduire des activités d'intérêt général (« fonds opérationnels ») à l'occasion desquelles ils pourront être conduits à verser des bourses ou des prix à des particuliers ou des aides financières à des organismes d'intérêt général éligibles au régime du mécénat.
Il importe toutefois de bien noter que, pour les fonds qui n'interviennent que comme organismes de distribution d'aide, il ne peut être exigé que leurs activités soient d'intérêt général (au sens fiscal) puisqu'ils n'en ont pas... Ils doivent simplement veiller au caractère désintéressé de leur gestion et à l'éligibilité au régime fiscal du mécénat des organismes qu'ils aident (nos 8.110 et s.).

8.92

1. Nature des dons effectués

8.94. DONS DES PARTICULIERS : NUMÉRAIRE, ABANDONS DE REVENUS ET DE FRAIS. Les versements peuvent consister en des versements directs. Il peut également s'agir de l'abandon exprès de revenus ou de produits, tels que les loyers, des droits d'auteur, des revenus de titres ou des produits de placements solidaires ou caritatifs (les montants abandonnés restant toutefois des revenus imposables dès lors qu'on ne peut donner, en principe, que ce que l'on a...).

Il peut encore s'agir de l'abandon exprès de frais engagés dans le cadre d'une activité bénévole et en vue strictement de la réalisation de l'objet social du fonds de dotation, à condition que ces frais soient constatés dans les comptes de ce dernier.

8.95. DONS DES ENTREPRISES. Les versements peuvent être effectués en numéraire ou en nature. Ainsi, lorsque le don est effectué en nature, il peut consister en un don d'un bien mobilier ou immobilier, ou dans la réalisation d'une prestation sans contrepartie. Il peut aussi consister dans la mise à disposition de personnel. Dans ces deux derniers cas, on parle de mécénat de compétence[1].

2. Montant des réductions d'impôt

8.96. Dons des particuliers. Les particuliers peuvent bénéficier d'une réduction d'impôt sur le revenu, égale à 66 % du montant des dons et versements, pris dans la limite de 20 % du revenu imposable, effectués notamment en faveur des fonds de dotation exerçant des missions d'intérêt général et/ou soutenant des organismes éligibles au régime du mécénat.

8.97. Organismes d'aide aux personnes en difficulté. Les particuliers peuvent bénéficier d'une réduction d'impôt sur le revenu, égale à 75 % pour les dons et versements effectués au profit d'un fonds qui procède à la fourniture gratuite de repas à des personnes en difficulté, qui contribue à favoriser leur logement ou qui procède, à titre principal, à la fourniture gratuite des soins mentionnés au 1° du 4 de l'article 261 du code général des impôts à des personnes en difficulté, dans la limite de 510 euros (cette limite de versements est relevée chaque année dans la même proportion que la limite supérieure de la première tranche du barème de l'impôt sur le revenu de l'année précédant celle des versements) à
8.96 compter de l'imposition des revenus de l'année 2012. Pour la partie d'un don supérieure à 521 euros, c'est la réduction à hauteur de 66 % qui s'applique.

En cas de dépassement du plafond précité (20 % du revenu imposable), l'excédent peut être pris en compte au cours des cinq exercices suivants.

Code général des impôts, art. 200, 1 *bis*. « Pour l'application des dispositions du 1, lorsque les dons et versements effectués au cours d'une année excèdent la limite de 20 %, l'excédent est reporté successivement sur les années suivantes jusqu'à la cinquième inclusivement et ouvre droit à la réduction d'impôt dans les mêmes conditions. »

8.98. Dons des entreprises. Les entreprises peuvent bénéficier d'une réduction d'impôt égale à 60 % du montant des versements (pris dans la limite de 0,5 % de leur chiffre d'affaires hors taxes) qu'elles effectuent au profit de fonds de dotation.

En cas de dépassement du plafond précité (0,5 % du chiffre d'affaires), l'excédent peut être pris en compte au cours des cinq exercices suivants.

S'agissant de la détermination et du sort de la réduction d'impôt prévue à l'article 238 *bis* du code général des impôts ainsi que des caractéristiques relatives aux versements effectués par les entreprises, l'administration fiscale précise qu'il convient de se reporter aux précisions générales qu'elle apporte par ailleurs pour tous les organismes d'intérêt général.

Code général des impôts, art. 238 *bis*. « [...] Lorsque la limite fixée au premier alinéa est dépassée au cours d'un exercice, l'excédent de versement peut donner lieu à réduction d'impôt au titre des cinq exercices suivants, après prise en compte des versements effectués au titre de chacun de ces exercices, sans qu'il puisse en résulter un dépassement du plafond défini au premier alinéa. »

1. Sur la nature des dons et les modes de calcul de la réduction d'impôt, Le Juri'Guide n° 5, *Collecte de fonds et philanthropie*, Juris éditions, 2009.

3. Justificatifs pour les dons

8.99. Reçu fiscal. Le bénéfice de la réduction d'impôt prévue à l'article 200 précité est soumis à la production par le donateur d'un reçu fiscal, établi par le bénéficiaire des versements, conforme au modèle fixé par l'arrêté du 26 juin 2008[1] (outil 31).

Le fonds de dotation doit donc adresser un tel reçu à ses donateurs, sur la base du modèle précité. Ce dernier fait mention de l'article 238 *bis* du code général des impôts ; il peut donc également être adressé aux entreprises mécènes (cette possibilité a d'ailleurs été reconnue par l'administration fiscale dans un rescrit publié)[2].

8.100. Dons des entreprises : déclaration spéciale. Les entreprises doivent joindre une déclaration spéciale[3] à leur déclaration de résultat de la période d'imposition ou de l'exercice en cours lors de la réalisation des dépenses ouvrant droit à la réduction d'impôt[4].

8.101. Attestation fiscale. Les organismes éligibles au régime du mécénat des entreprises ou des particuliers et qui bénéficient du financement des fonds de dotation doivent délivrer à ces derniers une attestation justifiant le montant et l'affectation des versements reçus.

Lorsque les organismes ne délivrent pas d'attestation aux fonds de dotation, ces derniers sont exclus du bénéfice du régime du mécénat. Dans cette hypothèse, les fonds de dotation ne peuvent alors valablement délivrer aux donateurs une attestation justifiant que leur versement ouvre droit à la réduction d'impôt.

Il est donc fait obligation, en pratique, aux fonds de dotation de distribution de se procurer ladite attestation auprès des organismes éligibles au régime du mécénat auxquels ils versent des aides financières (outil 32). Ces règles sont sanctionnées (n° 8.111).

4. Mécénat au profit des œuvres d'intérêt général du fonds (lorsque le fonds agit comme « fonds opérationnel »)

8.102. Le fonds qui exerce lui-même des activités d'intérêt général. Ouvrent droit à l'avantage fiscal précité, tant en matière d'impôt sur le revenu (lorsque le don est fait par un particulier) que d'impôt sur les sociétés (lorsque le don est fait par une entreprise), les versements effectués au profit de fonds de dotations qui satisfont aux deux conditions cumulatives suivantes :

- ils doivent exercer des activités d'intérêt général ;

Instruction du 9 avril 2009. « Il est rappelé que la condition d'intérêt général est présumée satisfaite lorsque le fonds de dotation ne fonctionne pas au profit d'un cercle restreint de personnes, ne fait pas l'objet d'une gestion intéressée et n'exerce pas d'activités lucratives au sens de l'article 206, 1° du CGI. »[5]

- ils exercent une activité éligible au régime du mécénat.

1. Arr. du 26 juin 2008, *JO* du 28 juin, Cerfa n° 11580*03.
2. V. rescrit n° 2009/44 du 21 juillet 2009.
3. Déclaration n° 2069-M-SD.
4. BOI-BIC-RICI-20-30-20-20120912, n° 90.
5. Instr. du 13 juillet 2004, *BOI* 4 C-5-04, § 11 ; également n° 8.39.

Instruction du 9 avril 2009. « L'activité du fonds de dotation doit présenter un caractère philanthropique, éducatif, scientifique, social, humanitaire, sportif, familial, culturel ou concourant à la mise en valeur du patrimoine artistique, à la défense de l'environnement naturel ou à la diffusion de la culture, de la langue et des connaissances scientifiques françaises (v. DB 5 B-3311, § 15 à 25). ».

8.103. Versements au titre de la dotation initiale. L'administration fiscale a précisé que les versements effectués par les particuliers et/ou les entreprises au titre de la dotation initiale du fonds de dotation ouvrent également droit aux réductions d'impôts précitées[1].

Libéralité définitive. Bien entendu, cela suppose que la dotation consiste en l'espèce dans une libéralité (dons manuels, donations ou legs) définitive et non dans une donation temporaire (nos 3.17 et s.). Il convient toutefois de noter que le don de la nue-propriété d'un bien peut aussi ouvrir droit, pour le donateur, à une réduction d'impôt calculée sur la valeur de la nue-propriété donnée et dans les limites applicables en la matière (no 8.96).

8.103

5. Mécénat au profit des activités de distribution du fonds (lorsque le fonds agit comme « fonds de distribution »)

8.104. Deux exigences : gestion désintéressée et versement à des organismes éligibles. Pour être éligible au régime du mécénat, le fonds de dotation doit, dans son activité de distribution d'aides, justifier qu'il est géré de façon désintéressée et choisir des organismes eux-mêmes éligibles au régime du mécénat.

Intérêt général : une condition *a priori* non nécessaire. Dans les fonds ayant pour seul objet d'effectuer des versements au profit d'organismes éligibles au régime du mécénat, il n'est pas exigé que ces fonds justifient du caractère d'intérêt général de leur activité (car ils n'ont pas d'activité propre). Ce qui compte est principalement l'éligibilité au régime du mécénat des organismes que ces fonds souhaitent soutenir.
La définition légale des fonds de dotation précise, certes, que « *le fonds de dotation [...] reçoit et gère, en les capitalisant, des biens et droits de toute nature qui lui sont apportés à titre gratuit et irrévocable et utilise les revenus de la capitalisation en vue [...] d'assister une personne morale à but non lucratif dans l'accomplissement de ses œuvres ou de ses missions d'intérêt général* »[2]. Mais il est à noter que dans la liste des bénéficiaires possibles des versements d'un fonds de dotation figurent des organismes qui peuvent ne pas être considérés comme d'intérêt général au sens fiscal.

8.105. Gestion désintéressée : définition classique. La gestion désintéressée est définie conformément à ce qui est précisé au sujet des organismes sans but lucratif (nos 8.14 et s.).

1. V. instr. du 9 avril 2009, *BOI* 4 C-3-09, nos 7 et 8.
2. Loi LME du 4 août 2008, art. 140, I.

Instruction du 9 avril 2009. « Le caractère désintéressé de la gestion d'un fonds de dotation est apprécié dans les mêmes conditions que pour les organismes sans but lucratif (v. instr. du 18 décembre 2006, *BOI* 4 H-5-06, § 13 à 55 ; *Dr. fisc.* 2007, n° 4, instr. 13637). Ainsi, le fonds de dotation doit notamment satisfaire aux conditions suivantes :
- être géré et administré à titre bénévole par des personnes n'ayant elles-mêmes, ou par personne interposée, aucun intérêt direct ou indirect dans les résultats de l'exploitation ;
- ne procéder à aucune distribution directe ou indirecte de bénéfice, sous quelque forme que ce soit ;
- ses membres et leurs ayants droit ne peuvent pas être déclarés attributaires d'une part quelconque de l'actif, sous réserve du droit de reprise des apports. »

RAPPEL : CAS PARTICULIER DES FONDS DE DOTATION. Il est possible de s'interroger sur la portée de cette précision apportée par l'administration fiscale au sujet du caractère désintéressé de la gestion (n° 2.05 et n° 4.34).

8.106. ORGANISMES ÉLIGIBLES. Quant aux organismes éligibles, ils diffèrent selon que l'on se situe dans le cadre du régime du mécénat des particuliers ou des entreprises. 8.106

UNE DIVERGENCE À SURVEILLER. Cette distinction peut poser des difficultés pratiques dans la mesure où un fonds de dotation n'a généralement pas vocation à renoncer à une source de financement en privilégiant, par exemple, le mécénat des entreprises à celui des particuliers.
C'est la raison pour laquelle il est vivement conseillé de s'assurer que l'activité du fonds, que ce dernier ait une fonction dominante de distribution ou non, présente le caractère d'intérêt général au sens fiscal.
UNE DÉDUCTIBILITÉ CONDITIONNNÉE PAR LA SEULE DISTRIBUTION DES REVENUS DES ACTIFS ? Certains praticiens ont pu s'interroger sur le caractère déductible des dons reçus par un fonds de dotation qui les reversent à des organismes éligibles sans avoir préalablement affecté ces dons à la dotation, ou même sans avoir reversé les seuls revenus des biens reçus par dons. Ces praticiens s'appuient sur les termes de l'instruction fiscale du 9 avril 2009 qui a commenté les règles du mécénat applicables aux fonds. En effet, l'instruction précise que « *pour que les versements effectués au profit de ce type de fonds de dotation soient éligibles au régime du mécénat, les deux conditions cumulatives suivantes doivent être satisfaites : [...] les fonds de dotation doivent reverser les revenus tirés des dons et versements à certains organismes pour lesquels les dons et versements effectués directement à leur profit sont également éligibles au régime du mécénat* ». Cette interprétation nous semble tout à fait abusive. En effet, il est couramment admis que les fonds de distribution comme les fonds opérationnels peuvent, dans certaines limites, se comporter comme des « fonds relais » en versant directement aux œuvres d'intérêt général et, plus largement, aux organismes éligibles au régime du mécénat, tout ou partie des dons manuels collectés.

a. Dons éligibles au régime du mécénat des entreprises

8.107. ORGANISMES ÉLIGIBLES : LISTE LIMITATIVE. S'agissant des dons susceptibles de bénéficier de la réduction d'impôt prévue à l'article 238 *bis* du code général des impôts, les organismes au profit desquels les fonds de dotation doivent reverser le produit des dons reçus sont ceux mentionnés aux *a)* à *e bis)* du 1 de l'article 238 *bis* du code général des impôts ainsi que, dans certaines conditions, la Fondation du patrimoine ou certaines associations ou fondations reconnues d'utilité publique et agréées par le ministre chargé du Budget.

Les organismes pouvant être bénéficiaires des versements des fonds de dotation sont donc :

- les organismes d'intérêt général ayant un caractère philanthropique, éducatif, scientifique, social, humanitaire, sportif, familial, culturel ou concourant à la mise en valeur du patrimoine artistique, à la défense de l'environnement naturel ou à la diffusion de la culture, de la langue et des connaissances scientifiques françaises[1], notamment quand les versements sont faits au bénéfice d'une fondation universitaire, d'une fondation partenariale mentionnées respectivement aux articles L. 719-12 et L. 719-13 du code de l'éducation ou d'une fondation d'entreprise, même si cette dernière porte le nom de l'entreprise fondatrice[2] ;

8.107 **FONDATION D'ENTREPRISE : UN BÉNÉFICIAIRE IMPOSSIBLE ?** Nonobstant la précision légale apportée par le code général des impôts, il convient de noter que la liste des ressources que peut recevoir une fondation d'entreprise est dressée par la loi. Or, en dehors des versements des entreprises fondatrices, des salariés, des mandataires sociaux, des sociétaires et adhérents ou des actionnaires de l'entreprise fondatrice ou des entreprises du groupe auquel appartient l'entreprise fondatrice, ainsi que des subventions publiques, la fondation d'entreprise ne peut en principe recevoir des fonds d'autres personnes privées, y compris donc des fonds de dotation[3].

- les fondations ou associations reconnues d'utilité publique et les musées de France lorsqu'ils satisfont aux conditions mentionnées à l'article 238 *bis*, 1°, *a)* du code général des impôts ;
- les associations cultuelles ;

Instruction du 9 avril 2009, n° 17. « Un organisme à caractère cultuel n'est éligible que s'il exerce par ailleurs une activité d'intérêt général » (v. examen au Sénat du projet de loi de modernisation de l'économie, séance du jeudi 3 juillet 2008, *JO* n° 57 S du 4 juillet 2008, p. 3908 : outil 22).

Circulaire du 19 mai 2009, relative à l'organisation, au fonctionnement et au contrôle des fonds de dotation. « S'agissant des associations exerçant un culte, une distinction doit être opérée entre les associations cultuelles définies au titre IV de la loi du 9 décembre 1905, dont le but est exclusivement cultuel, et les associations exerçant le culte, placées sous le régime de la loi du 1er juillet 1901. Les associations cultuelles régies par le titre IV de la loi du 9 décembre 1905 ne peuvent exercer que des activités à caractère exclusivement cultuel (v. avis d'assemblée du Conseil d'État du 24 octobre 1997). Elles ne peuvent mener aucune activité caritative ou d'intérêt général, sauf si l'activité en cause présente un caractère strictement accessoire lié à l'exercice du culte. En conséquence, elles ne peuvent ni créer un fonds de dotation, ni recevoir les revenus de fonds de dotation puisque les revenus de ce fonds doivent être utilisés pour la réalisation

1. V. instr. du 13 juillet 2004, *BOI* 4 C-5-04, § 8 à 29 ; *Dr. fisc.* 2004, n° 37 ; instr. 13176. – DB 5 B-3311, § 15 à 25.
2. CGI, art. 238 *bis,* 1°, a).
3. V. loi n° 87-571 du 23 juillet 1987 sur le développement du mécénat, art. 19-8.

d'œuvres ou de missions d'intérêt général.

En revanche, les associations régies par la loi du 1er juillet 1901 qui exercent des activités cultuelles (comme l'autorise l'article 4 de la loi du 2 janvier 1907) peuvent mener des activités à caractère caritatif, culturel, etc. Leur objet n'étant pas limité, elles peuvent créer un fonds de dotation ou recevoir les revenus de fonds de dotation en vue de la réalisation d'une œuvre ou d'une mission d'intérêt général.

Les congrégations religieuses légalement reconnues conformément aux dispositions de l'article 13 de la loi du 1er juillet 1901 et au titre II du décret du 16 août 1901 portant règlement d'administration publique pour l'exécution de la loi du 1er juillet 1901 relative au contrat d'association peuvent, en leur qualité de personne morale, créer un fonds de dotation ou recevoir les revenus d'un fonds de dotation en vue de la réalisation d'œuvres d'intérêt général. Cependant l'objet du fonds de dotation devra être en concordance avec l'objet de la congrégation puisque sa reconnaissance légale a été fondée sur un objet déterminé. »[1]

INTÉRÊT GÉNÉRAL, CULTE ET RELIGION. La circulaire précitée procède, en introduction, à un long rappel important pour les associations cultuelles et congrégations qui entendent créer un fonds de dotation puisqu'elle juge notamment impossible, pour une cultuelle de la loi de 1905, de créer un fonds de dotation. Cette affirmation reste contestable, notamment parce que la circulaire admet elle-même qu'une telle cultuelle peut conduire une activité d'intérêt général présentant un « *caractère strictement accessoire* ». La circulaire reconnaît en revanche aux cultuelles de la loi de 1901 (c'est-à-dire à celles qui n'exercent pas exclusivement des activités cultuelles) et aux congrégations la possibilité de créer un fonds de dotation destiné à porter des activités d'intérêt général. Il est même précisé qu'une congrégation peut recevoir les revenus d'un fonds pour ses activités d'intérêt général. 8.107

En outre, si ces informations de l'administration visent surtout à préciser les raisons pour lesquelles une association cultuelle ne peut pas, *a priori*, créer un fonds de dotation (ce qui n'interdit pas aux administrateurs de ladite association de créer, de leur côté, un tel fonds), elles vont à notre sens au-delà de ce qu'a voulu le législateur et de ce que dit le texte de l'article 238 *bis* lorsqu'elles aboutissent à interdire à un fonds de dotation de verser des fonds à une association cultuelle.

En effet, l'article 238 *bis* 1, 2°, g) vise, pour les organismes éligibles, l'ensemble des « *organismes mentionnés aux a) à e bis)* » du même article, au titre desquels on retrouve non seulement les associations cultuelles, mais aussi des organismes dont les activités ne peuvent fiscalement être considérées comme d'intérêt général du fait de leur assujettissement aux impôts commerciaux : les sociétés privées agréées au titre de leurs activités de recherche scientifique et technique[2], les organismes privés et les sociétés de capitaux ayant pour objet la présentation au public d'œuvres dramatiques, lyriques, musicales, etc[3].

- les établissements publics des cultes reconnus d'Alsace-Moselle ;

1. Circ. du 19 mai 2009, *JO* du 19 juin, p. 9992.
2. CGI, art. 238 *bis*, 1, c).
3. CGI, art. 238 *bis*, 1, e).

procéder à des versements grâce aux revenus des dons des entreprises... (nos 8.107).
Il est difficile de savoir si cet « oubli » est involontaire ou délibéré (éviter que des fonds constitués par des entreprises puissent permettre d'aider d'autres entreprises ?).
Il est intéressant, en tout état de cause, de noter que le comité stratégique sur les fonds de dotation à considéré, dans ses commentaires contenus dans le clausier (outil 24) relatifs à l'objet social des fonds qu'un *« fonds de dotation ne peut pas reverser des revenus à des entreprises du secteur lucratif. Une exception : le mécénat d'entreprise. Le 4 de l'article 238* bis *du CGI prévoit que les fonds de dotation, agréés par la direction départementale des finances publiques, peuvent verser des aides financières permettant la réalisation d'investissements au sens du règlement communautaire du 6 août 2008, ou la fourniture de prestations d'accompagnement, à des PME définies à l'annexe 1 dudit règlement »*.
Cette précision est intéressante car une lecture littérale des articles 200 et 238 *bis* du CGI pourrait conduire à conclure qu'un fonds ne peut être lui-même agréé comme organisme d'aide aux entreprises mais qu'il ne peut que verser des aides à des structures agréées. D'ailleurs, à notre connaissance, au moins trois fonds ont été agréés au titre de l'article 238 *bis*,
8.109 4 du CGI. Ils peuvent donc recevoir, au titre de cet agrément et nonobstant la fiscalisation éventuelle de leurs activités, des dons déductibles de l'impôt sur le revenu et de l'impôt sur les sociétés.

Code général des impôts, art. 238 *bis*, 4. Ouvrent droit à une réduction d'impôt égale à 60 % de leur montant les versements, pris dans la limite de 5 pour mille du chiffre d'affaires, effectués par les entreprises assujetties à l'impôt sur le revenu ou à l'impôt sur les sociétés au profit « d'organismes agréés dans les conditions prévues à l'article 1649 *nonies* et dont l'objet exclusif est de verser des aides financières permettant la réalisation d'investissements tels que définis au 1 de l'article 12 du règlement (CE) n° 800/2008 de la Commission du 6 août 2008 déclarant certaines catégories d'aides compatibles avec le marché commun en application des articles 87 et 88 du traité (Règlement général d'exemption par catégorie) ou de fournir des prestations d'accompagnement à des petites et moyennes entreprises telles qu'elles sont définies à l'annexe I à ce règlement. (...) Un organisme ayant pour objet exclusif de participer, par le versement d'aides financières ne relevant pas du 1 de l'article 12 du règlement mentionné au premier alinéa du présent 4, à la création, à la reprise ou au développement de petites et moyennes entreprises telles qu'elles sont définies à l'annexe I au même règlement ou de leur fournir des prestations d'accompagnement peut également se voir délivrer l'agrément, sous réserve du respect des conditions mentionnées aux 1°, 2°, 4° et 5° et du règlement (CE) n° 1998/2006 de la Commission, du 15 décembre 2006, concernant l'application des articles 87 et 88 du traité aux aides de minimis ou du règlement (CE) n° 1535/2007 de la Commission, du 20 décembre 2007, concernant l'application des articles 87 et 88 du traité CE aux aides de minimis dans le secteur de la production de produits agricoles ou du règlement (CE) n° 875/2007 de la Commission, du 24 juillet 2007, relatif à l'application des articles 87 et 88 du traité CE aux aides de minimis dans le secteur de la pêche et modifiant le règlement (CE) n° 1860/2004 ».

Il résulte des dispositions de l'article 238 *bis*, 4 du code général des impôts que l'agrément destiné aux organismes pour le financement d'entreprises est délivré aux organismes :

• qui exercent, à titre exclusif, l'activité de versement d'aides financières et d'accompagnement ;

• et qui respectent les conditions cumulatives suivantes :

- leur gestion est désintéressée ;
- les aides et prestations ne sont pas rémunérées et sont utilisées dans l'intérêt direct des entreprises bénéficiaires ;
- les aides accordées entrent dans le champ d'application du règlement (CE) n° 800/2008 précité ou sont spécifiquement autorisées par la Commission ;
- le montant versé chaque année à une entreprise ne devra pas excéder 20 % des ressources annuelles de l'organisme ;
- les aides ne peuvent bénéficier aux entreprises exerçant à titre principal une activité visée à l'article 35 du code général des impôts (achat revente de biens immobiliers).

L'agrément est alors de droit et délivré par le directeur des services fiscaux territorialement compétent, pour une période comprise entre la date de sa notification et le 31 décembre de la deuxième année qui suit cette date (puis renouvellement par tranche de cinq ans). Les organismes ont alors l'obligation d'adresser chaque année à l'autorité qui a délivré l'agrément l'origine et l'importance des sommes recueillies, ainsi que l'utilisation qui en a été faite. 8.109

S'agissant des entreprises aidées, seules les petites et moyennes entreprises au sens de la réglementation communautaire sont concernées[1].

Organismes agréés et intérêt général. La demande d'agrément est nécessaire dès lors que de tels organismes doivent, en principe, être regardés comme exerçant une activité lucrative du fait des relations privilégiées qu'ils entretiennent avec des entreprises commerciales (n° 8.45). Fiscalement, ils ne sont donc pas d'intérêt général. Pour recevoir des dons déductibles des entreprises et des particuliers, ils n'ont d'autres choix que d'être agréés.

• les associations cultuelles et de bienfaisance, ainsi que les établissements publics des cultes reconnus d'Alsace-Moselle ; si cette catégorie d'organismes est effectivement bien mentionnée dans la liste énoncée à l'article 200, g, 2 du code général des impôts, des remarques relatives aux précisions apportées par l'administration fiscale doivent toutefois être formulées (n° 8.107) ;

• les organismes publics ou privés dont la gestion est désintéressée et qui ont pour activité principale la présentation au public d'œuvres dramatiques, lyriques, musicales, chorégraphiques, cinématographiques et de cirque ou l'organisation d'expositions d'art contemporain, à la condition que les versements soient affectés à cette activité. Cette disposition ne s'applique pas aux organismes qui présentent des œuvres à caractère pornographique ou incitant à la violence ;

Le soutien à des secteurs lucratifs culturels. Dès lors qu'ils sont, pour la plupart d'entre eux, assujettis aux impôts commerciaux, ces organismes ne peuvent être considérés comme d'intérêt général. Ils

1. V. recommandation de la Commission 2003/361/CE du 6 mai 2003.

sont néanmoins autorisés à recevoir des dons déductibles de la part des particuliers et des entreprises, ainsi que des versements de fonds de dotation ayant une activité de distribution.

• la Fondation du patrimoine ou une fondation ou association qui affecte irrévocablement les versements reçus à la Fondation du patrimoine, à la condition que les versements viennent subventionner la réalisation des travaux prévus par les conventions conclues en application de l'article L. 143-2-1 du code du patrimoine. D'autre part, les versements doivent financer des travaux réalisés sur les monuments historiques qui ne font pas l'objet d'une exploitation commerciale sauf lorsque la gestion de l'immeuble est désintéressée et qu'un certain nombre de conditions cumulatives sont satisfaites, et qui sont la propriété de personnes physiques ou de sociétés civiles composées uniquement de personnes physiques et qui ont pour objet exclusif la gestion et la location nue des immeubles[1] ;

• les fondations ou associations reconnues d'utilité publique agréées par le ministre chargé du Budget dont l'objet est culturel en vue de subventionner la réalisation de travaux de conservation, de restauration ou d'accessibilité de monuments historiques classés ou inscrits dans les mêmes conditions que la Fondation du patrimoine[2].

8.110

EXEMPLE 13. VERSEMENTS AU PROFIT DE L'ASSOCIATION LA DEMEURE HISTORIQUE

Un fonds de dotation peut procéder à des versements au profit de l'association la Demeure historique. Les dons dont sont issus ces versements peuvent ouvrir droit à réduction d'impôt au profit des particuliers (et des entreprises) qui les ont consentis.

6. Le cas des fonds actionnaires

8.110. UN OUTIL EFFICACE DE DÉTENTION DE TITRES. Le fonds de dotation dispose, plus que la fondation reconnue d'utilité publique, de la capacité à constituer un outil (pérenne ou temporaire) efficace et attractif de gestion de participations majoritaires dans le capital de sociétés.

8.111. CAPACITÉ À DÉTENIR DES TITRES (ACTIONS ET PARTS SOCIALES). La loi ne limite pas, *a priori*, la capacité du fonds en matière de détention de biens meubles ou immeubles. Le fonds de dotation pourra donc détenir tout bien meuble (meubles meublant, titres de sociétés, etc.) et tout bien immeuble, de rapport ou non. Le principe est que les actifs reçus doivent produire des revenus et faire l'objet d'une gestion patrimoniale pour assurer dans le temps le financement d'activités d'intérêt général.

8.112. CAPACITÉ À INVESTIR DANS DES ACTIONS ET DES PARTS SOCIALES. Dans le cadre de sa gestion financière, le fonds de dotation peut investir sur les supports visés à l'article R. 931-10-21 du code de la sécurité sociale (il s'agit des mêmes supports que peuvent utiliser les institutions de prévoyance au titre desquels figurent notamment les actions et les parts sociales). Il peut investir les dons en numéraire reçus dans des titres de sociétés (cotées ou non), mais il doit être vigilant dans ses choix de supports d'investissement (obligations, actions, etc.) et privilégier une gestion de bon père de famille.

1. V. *BOI* 5 B-21-07, § 20 à 31.
2. *Idem.*

À cet égard, outre l'exigence réglementaire de respecter des règles de dispersion par catégories de placement et de limitation par émetteur[1], le comité stratégique des fonds de dotation a recommandé de « *plafonner le risque "émetteur" (direct ou indirect) par une dispersion forte et de définir un principe de diversification du risque produit (catégories de produits) [...]* »[2].

TITRES REÇUS DANS LE CADRE DE LIBÉRALITÉS. Bien entendu, cette règle n'interdit pas à un fonds de dotation de recevoir des titres de sociétés dans le cadre d'une donation et de les conserver un certain temps dans sa dotation même si les actifs en cause représentent la totalité des actifs de la dotation (en particulier dans le cas où la donation a été assortie d'une charge d'inaliénabilité, temporaire ou non). Un fonds de dotation peut donc tout à fait détenir des actions ou parts sociales.

8.113. ENJEUX FISCAUX : EXPOSÉ DE LA PROBLÉMATIQUE. La doctrine de l'administration fiscale en matière de détention de titres de sociétés commerciales, élaborée (en 1998-1999 et 2008) essentiellement en considération de la situation des associations ayant développé des activités fiscalisées et devant les isoler[3], précise que la détention de titres d'une société commerciale par un organisme sans but lucratif peut avoir des conséquences sur son caractère non lucratif. 8.113

Cette doctrine précise, notamment : « *Afin de déterminer si la détention des titres remet en cause le caractère non lucratif de l'activité, il convient de s'interroger sur le point de savoir si cette détention devient un élément prépondérant par rapport à l'activité non lucrative de l'organisme* ».

L'administration développe alors les trois hypothèses suivantes :

- une gestion patrimoniale qui ne remet pas en cause le caractère non lucratif général de l'organisme ;
- une gestion active de la filiale qui permet la création d'un secteur imposable dans le fonds sans remise en cause de la non-lucrativité de tout l'organisme ;
- des relations privilégiées avec la filiale qui entraînent la lucrativité de l'ensemble de l'organisme.

8.114. ENJEUX FISCAUX : DÉTENTION MINORITAIRE NE REMETTANT PAS EN CAUSE LE CARACTÈRE NON LUCRATIF DU FONDS ? La simple détention par le fonds d'une partie du capital d'une société n'est pas à même, à elle seule, de remettre en cause le caractère non lucratif de l'activité d'un fonds de dotation.

BOI-IS-CHAMP-10-50-20-10-20120912, n° 580 : « Si cette détention est minoritaire, il est possible de considérer qu'il y a une présomption de gestion passive. Si en outre, l'organisme ne joue dans la société aucun rôle de gestion actif, la gestion peut être considérée comme patrimoniale. Dans cette hypothèse, les titres de la société font partie du patrimoine de l'organisme qui demeure non lucratif, si les autres conditions sont remplies. Les dividendes reçus sont alors soumis aux règles prévues à l'article 206-5 du CGI ».

1. Décr. n° 2009-158 du 11 février 2009, art. 1er.
2. Recommandations du comité stratégique des fonds de dotation, 3 décembre 2010 (outil 16).
3. BOI-IS-CHAMP-10-50-20-10-20130225, n° 560 et s.

8.115. ENJEUX FISCAUX : DÉTENTION MAJORITAIRE REMETTANT EN CAUSE LE CARACTÈRE NON LUCRATIF DU FONDS ? Dans le cadre d'une détention majoritaire voire unique par le fonds de titres détenus dans une société commerciale, il convient d'envisager d'affecter les titres détenus dans un secteur lucratif distinct consacré à la gestion des titres de la société. En effet, la sectorisation de l'activité lucrative de gestion de titres est envisagée par la doctrine fiscale elle-même.

BOI-IS-CHAMP-10-50-20-10-20120912, n° 600 : « Ne peut être considérée *a priori* comme patrimoniale la détention d'une participation majoritaire dans le capital de la filiale. Il en est de même lorsqu'il existe des liens économiques entre les deux entités ou lorsque les dirigeants de la filiale sont également dirigeants de l'association ou lorsque des liens de parenté existent entre le dirigeant de l'association et le dirigeant de la filiale. Cela étant, la détention majoritaire du capital n'est pas suffisante pour
8.116 qualifier la gestion de gestion active. Il convient de s'interroger sur le point de savoir si l'organisme intervient concrètement et de façon importante dans la gestion de la filiale. Ainsi, l'organisme, qui peut avoir une activité distincte de la société, intervient dans tout ou partie de la gestion de sa filiale (c'est en particulier le cas lorsque la société commerciale a la forme d'une EURL). Dans cette situation, et afin d'assurer une certaine neutralité avec la situation fiscale qui résulterait d'une solution de sectorisation de l'activité, il est considéré que l'organisme exerce une activité lucrative de gestion de titres. Il convient alors d'appliquer à la gestion de ces titres les règles exposées en matière de sectorisation dans les conditions définies précédemment. Ainsi, si l'activité de gestion de titres n'est pas prépondérante (les revenus retirés de cette activité ou la gestion de la société ne requiert pas l'essentiel de l'activité de l'association), le secteur lucratif peut être limité à la seule détention des titres ».

8.116. ENJEUX FISCAUX : RELATIONS PRIVILÉGIÉES ? L'administration fiscale peut également remettre en cause la non-lucrativité du fonds en se fondant sur l'existence d'éventuelles « relations privilégiées » avec des organismes lucratifs. Dans ce cadre, l'administration peut analyser l'état des relations éventuellement entretenues entre l'organisme, d'une part, et les intervenants lucratifs fiscalisés, d'autre part (n° 8.45).

8.117. ENJEUX FISCAUX : ANALYSE. À notre sens, outre que la doctrine précitée n'exclut pas qu'une détention majoritaire dans une société puisse conserver un caractère patrimonial (v. *BOI* précité, n° 610), elle s'applique en fait aux organismes (associations, pour l'essentiel) qui développent ou entreprennent de développer des activités de nature commerciale, fiscalisées par nature.

Le cas d'un fonds de dotation qui se retrouve, du fait d'une libéralité, propriétaire d'actifs (parts ou actions) dont il n'a vocation à utiliser que les revenus pour le financement d'œuvres ou d'organismes d'intérêt général devrait être considéré de façon différente, si du moins le fonds ne joue, dans la société dont il détient la majorité, voire 100 % des titres du fait d'un legs ou d'une donation, qu'un rôle passif en se contentant d'assurer son rôle minimum d'actionnaire ou d'associé unique (désignation des dirigeants, approbation des comptes).

Du fait de sa nature, le fonds de dotation a pour vocation d'accumuler des actifs (biens et droits de toute nature), ce qui n'est pas le cas d'une association. L'analyse du régime de la détention de titres par un fonds de dotation doit donc nécessairement tenir compte de cette différence de nature entre le fonds et la forme associative.

Cette question est importante pour les fonds de dotation disposant d'une participation majoritaire, car cette situation peut conduire à ce qu'une part non accessoire, voire la totalité des ressources de ces fonds (dividendes perçus), soit de nature lucrative.

Cette situation pourrait contribuer à remettre en cause le caractère d'intérêt général d'un fonds de dotation opérationnel (ou « opérateur ») si les ressources issues des activités non lucratives ne sont pas significativement prépondérantes (et, partant, sa capacité à recevoir des dons pour l'avenir).

En effet, pour mémoire, un fonds de dotation ne peut recevoir des dons déductibles de l'impôt[1] et bénéficier de l'exonération de droits de mutation à titre gratuit[2] pour les libéralités qui lui sont consenties que si :

- comme organisme ne faisant que distribuer des aides financières : il justifie que sa gestion est désintéressée ET que les organismes bénéficiaires sont eux-mêmes éligibles au régime fiscal du mécénat (le fonds n'ayant pas d'activité lui-même, autre que d'instruire des demandes et distribuer des aides financières, il n'a pas à justifier de l'exercice d'une activité d'intérêt général, c'est-à-dire notamment d'une activité non lucrative au sens fiscal) ;
- comme organisme opérateur, déployant lui-même des activités d'intérêt général : il justifie du caractère d'intérêt général (au sens fiscal) desdites activités (il faut que ces dernières soient gérées de façon désintéressée, qu'elles soient non lucratives – au sens fiscal – et qu'elles ne soient pas réservées à un cercle restreint de personnes). 8.117

En revanche, à notre sens, si le fonds se trouve placé dans la première de ces deux hypothèses (comme fonds n'ayant qu'une activité de distribution d'aides), son éventuelle fiscalisation n'est pas un handicap (s'il devait être fiscalisé du fait de la détention majoritaire, voire de 100 % des titres d'une holding, par exemple). En effet, le fait qu'un fonds de dotation dispose d'une détention majoritaire dans une société commerciale peut éventuellement l'obliger à loger les titres en cause dans un secteur comptable lucratif de gestion de titres ; dans ce cas, il ne sera que faiblement imposé sur les dividendes reçus (régime mère-fille) et ses recettes seront principalement d'origine lucrative. Toutefois, si le fonds conserve bien une gestion désintéressée, il devrait alors pouvoir conserver sa capacité à recevoir des dons dans le cadre fiscal avantageux précité (un fonds de distribution n'a à justifier que du caractère désintéressé de sa gestion et de l'éligibilité au régime du mécénat des œuvres auxquelles il distribue des aides financières).

LE FONDS DISTRIBUTIF ET ACTIONNAIRE MAJORITAIRE DE SOCIÉTÉS EST UN OUTIL PLUS EFFICACE QU'UNE FONDATION. C'est pour la raison qui précède que le fonds de dotation nous paraît être un outil de détention de titres de sociétés commerciales plus performant que la fondation reconnue d'utilité publique. Cette dernière doit, en effet, conserver une capacité à démontrer qu'elle développe des activités d'intérêt général, celles-ci devant rester significativement prépondérante par rapport à ses activités lucratives (à défaut, elle peut alors perdre sa capacité à recevoir des dons déductibles

1. CGI, art. 200, 1, g.
2. CGI, art 795, 12°.

et à être exonérée de droits de mutation à titre gratuit). À ce titre, le fonds est susceptible de permettre une évolution du mode de détention des entreprises, à l'image de certaines fondations étrangères (l'Allemagne connaît de nombreuses fondations de cette nature).

7. Sanctions

8.118. ABSENCE DE REÇU. En l'absence d'un reçu (pour les particuliers) ou d'un justificatif (pour les entreprises), les dons consentis ne peuvent donner lieu à une réduction d'impôt.

8.119. REÇUS IRRÉGULIERS. La délivrance irrégulière de documents permettant à un contribuable d'obtenir une réduction d'impôt entraîne l'application d'une amende égale à 25 % des sommes indûment mentionnées sur ces documents ou, à défaut d'une telle mention, d'une amende égale au montant de la réduction d'impôt indûment obtenue.

Cette amende s'applique également si un organisme bénéficiant de versements d'un fonds de dotation délivre irrégulièrement l'attestation justifiant le montant et l'affectation des versements reçus du fonds.

Aussi, les fonds de dotation ou les organismes qu'ils financent peuvent être soumis à cette amende lorsqu'ils ne respectent pas les conditions
8.118 prévues aux articles 200 et 238 *bis* du code général des impôts[1].

Code général des impôts, art. 1740 A. « La délivrance irrégulière de documents, tels que certificats, reçus, états, factures ou attestations, permettant à un contribuable d'obtenir une déduction du revenu ou du bénéfice imposables, un crédit d'impôt ou une réduction d'impôt, entraîne l'application d'une amende égale à 25 % des sommes indûment mentionnées sur ces documents ou, à défaut d'une telle mention, d'une amende égale au montant de la déduction, du crédit ou de la réduction d'impôt indûment obtenu.

L'amende prévue au premier alinéa s'applique également en cas de délivrance irrégulière de l'attestation mentionnée à la seconde phrase du 2° du g du 1 de l'article 200 et à la seconde phrase du 2° du *g)* du 1 de l'article 238 *bis*. »

8.120. ATTESTATION IRRÉGULIÈRE. Il résulte du second alinéa de l'article 1740 A précité que la délivrance irrégulière, par les organismes financés par un fonds, de l'attestation justifiant le montant et l'affectation des versements reçus dudit fonds donne lieu à l'application de l'amende de 25 %[2].

VI. Rescrit fiscal

8.121. SÉCURISER LA SITUATION DU FONDS DE DOTATION. Un rescrit (du latin *rescriptum*, de *rescribere*, récrire) est un acte administratif donné par écrit (d'où son nom) par une autorité dans son domaine de compétence propre et qui fournit une réponse à une question posée par une personne (physique ou morale).

La procédure de rescrit est connue depuis longtemps à l'étranger, comme aux Pays-Bas et aux États-Unis (sous le nom de *ruling*).

1. BOI-BIC-RICI-20-30-10-20-20120912, n°s 140 et s.
2. BOI-BIC-RICI-20-30-10-20-20120912, n°s 200 et s.

8.122. Avis et non-habilitation préalable. La loi du 1er août 2003 sur le mécénat a introduit, pour les organismes susceptibles d'être éligibles au régime du mécénat au titre des articles 200 et 238 *bis* du code général des impôts, une procédure de rescrit fiscal leur permettant d'effectuer une demande d'avis sur leur possibilité d'émettre des reçus fiscaux des dons reçus.

Les modalités d'exercice de ce rescrit sont précisées par une instruction de l'administration fiscale du 19 octobre 2004 (13 L-5-04), reprise désormais dans le BOFIP sous les références suivantes : BOI-SJ-RES-10-20-20-70-20120912.

Livre des procédures fiscales, art. L. 80 C. « L'amende fiscale prévue à l'article 1740 A du code général des impôts n'est pas applicable lorsque l'administration n'a pas répondu dans un délai de six mois à un organisme qui a demandé, dans les mêmes conditions que celles prévues à l'avant-dernier alinéa du 2° de l'article L. 80 B, s'il relève de l'une des catégories mentionnées aux articles 200 et 238 *bis* du code général des impôts.
Un décret en Conseil d'État précise les conditions d'application du présent article. »[1]

Rescrit général et rescrit spécifique. On distingue le rescrit général, prévu à l'article L. 80 B 1° du livre des procédures fiscales où 8.123 l'administration prend position sur la situation de fait de l'organisme au regard d'un texte fiscal, des rescrits spécifiques, dont celui visé à l'article L. 80 C du livre des procédures fiscales sur le régime fiscal des dons consentis aux organismes à but non lucratif[2].
Le rescrit général[3] s'applique à tous les impôts, droits et taxes figurant dans le code général des impôts. Il ne s'applique ni aux procédures de contrôle ni aux obligations comptables, ni aux modalités d'application des pénalités. Dans ce cadre, la demande de rescrit général formulée par les organismes à but non lucratif tend à voir se préciser le caractère lucratif ou non de leur activité, afin de fixer le régime fiscal applicable. Il peut également être utilisé par un fonds de dotation opérationnel qui souhaiterait vérifier le caractère lucratif ou non de ses activités.

8.123. Forme de la demande. D'un point de vue formel, la demande de rescrit doit respecter certaines conditions de nature à permettre à l'administration fiscale de se prononcer en toute connaissance de cause[4].

8.124. Délai de réponse. Le délai de réponse de l'administration est fixé à six mois[5].

Ce délai commence à courir à compter de la réception de la demande par le service compétent et de la réception de la totalité des éléments nécessaires (dans le cas où le dossier était incomplet et que l'administration a été amenée à demander des informations complémentaires).

---

1. Décr. n° 2004-692 du 12 juillet 2004, *JO* du 16.
2. L. Devic, « Le rescrit fiscal pour les dons : une certaine garantie », *JA* n° 369/2007, p. 23.
3. BOI-SJ-RES-10-20-10-20120912.
4. LPF, art. R. 80 et s.
5. LPF, art. L. 80 C.

Il est retenu que l'administration a donné un accord tacite lorsqu'elle n'a pas répondu dans un délai de six mois à un organisme qui a formulé une demande de rescrit spécifique sur sa capacité à recevoir des dons[1].

Rescrit général et absence d'acceptation tacite. Il n'en est pas de même pour une demande de rescrit général, aucun texte ne prévoyant expressément l'accord tacite de l'administration en cas de non-réponse dans le délai de trois mois.

8.125. Recours contre la prise de position – Position de l'administration. Selon l'administration fiscale, si la réponse formelle engage l'administration au sens des articles L. 80 B et L. 80 C du livre des procédures fiscales, elle est dépourvue de conséquence immédiate pour l'organisme. En ce sens, il est retenu que la réponse formelle constitue un simple avis comportant réponse à une demande de renseignement qui ne lie pas l'organisme. Elle ne constitue pas davantage une décision exécutoire lui faisant grief et ne s'inscrit pas dans le cadre d'un contrôle.

Il résulte de cette absence de grief qu'un avis défavorable à l'organisme ne saurait :

- ouvrir droit aux garanties attachées à la procédure de redressement contradictoire ;
- faire l'objet d'un recours de plein contentieux ;
- être attaqué par la voie d'un recours pour excès de pouvoir. Cela étant, conformément à un principe général de droit public, l'organisme a le droit de soumettre au supérieur hiérarchique du correspondant l'avis de ce dernier, étant observé qu'en tout état de cause, la prise de position de ce supérieur ne constitue elle-même qu'un avis.

Pour autant, en pratique, la réponse défavorable de l'administration peut avoir des conséquences concrètes néfastes sur le fonctionnement et l'activité de l'organisme.

Dans un souci de renforcer la sécurité juridique des contribuables, la loi de finances rectificative pour 2008 du 30 décembre 2008 a créé une voie de recours contre les positions formelles prises par l'administration au regard de l'ensemble des textes fiscaux[2].

8.126. Recours interne de portée limitée. Ainsi, lorsqu'une position formelle a été prise sur la situation de fait de l'organisme, tant dans le cadre d'un rescrit général que d'un rescrit spécifique sur la capacité à recevoir des dons ouvrant droit à l'avantage fiscal, l'organisme intéressé qui estime que l'administration n'a pas apprécié correctement sa situation peut de nouveau saisir l'administration dans un délai de deux mois pour solliciter un second examen de sa demande, et ce, à condition d'être de bonne foi et de n'invoquer aucun élément nouveau.

L'administration examine la demande de manière collégiale et y répond de façon définitive selon les mêmes règles et délais que ceux applicables à la demande initiale[3].

1. LPF, art. L. 80 C.
2. BOI-SJ-RES-10-20-20-70-20120912.
3. Loi n° 2008-1443 du 30 décembre 2008 de finances rectificative pour 2008, art. 50, applicable aux demandes présentées à compter du 1er juillet 2009, codifié sous l'article L. 80 CB du livre des procédures fiscales.

8.127. Discussion sur la possibilité d'un recours pour excès de pouvoir. Comme nous l'avons précisé plus haut, un recours pour excès de pouvoir ne peut être formé qu'à condition que l'acte attaqué ait un caractère décisoire, c'est-à-dire qu'il modifie l'ordonnancement juridique. Il doit donc avoir une portée juridique suffisante, mais il doit également revêtir *stricto sensu* l'aspect d'une décision, c'est-à-dire qu'il doit comporter un élément de particularité affectant une situation individuelle précise. On dit alors que l'acte fait grief et cela permet un recours pour excès de pouvoir (REP). Selon une jurisprudence assez récente, « *la lettre par laquelle l'administration, saisie par une association en application de l'article L 80 C du LPF, lui indique qu'elle ne remplit pas les conditions fixées par les articles 200 et 238* bis *du CGI pour que les dons qui lui sont faits ouvrent droit, pour leurs auteurs, à une réduction d'impôt et qu'elle ne peut donc pas établir de reçus fiscaux est une décision faisant grief à l'association susceptible d'un recours pour excès de pouvoir* »[1].

Cette jurisprudence est conforme à celle du Conseil d'Etat, qui avait déjà jugé que « *la lettre par laquelle l'administration prend l'initiative d'indiquer à une association qu'elle ne remplit pas les conditions requises pour que les dons ouvrent droit à réduction d'impôt constitue une décision faisant grief à l'association qui peut faire l'objet d'un recours pour excès de pouvoir* »[2]. 8.127

La cour d'appel de Nantes a donc appliqué la même solution, dans une hypothèse où l'association avait elle-même interrogé l'administration sur le fondement de l'article L 80 C du LPF.

Toutefois, la jurisprudence doit être appréciée avec soin.

Un arrêt du Conseil d'État[3] rappelle en effet que le recours pour excès de pouvoir est autorisé à condition que l'acte attaqué (en l'occurrence la décision de l'administration fiscale) soit détachable de la procédure d'imposition : en d'autres termes, si l'acte peut être attaqué simultanément à l'imposition, alors le recours pour excès de pouvoir n'est pas admis de façon « isolée ».

L'arrêt précité expose : « *1. La lettre par laquelle l'administration, saisie par une association, lui indique, au vu des éléments de fait que celle-ci lui a soumis, ce qui lui paraissait être sa situation fiscale, à savoir que son activité entrait dans le champ des impôts commerciaux, n'emporte par elle-même aucun effet sur cette situation régie par les dispositions législatives et réglementaires en vigueur. Néanmoins, elle peut être regardée comme comportant une décision faisant grief à l'association eu égard aux sujétions, notamment comptables, que celle-ci supporterait en se conformant aux conclusions de l'administration.*

2. Toutefois, cette décision faisant grief ne présente pas le caractère d'un acte détachable de la procédure d'imposition. Elle n'est donc pas susceptible d'être attaquée par la voie du recours pour excès de pouvoir ».

Un tel recours ne semble donc admis que si l'association ne dispose pas d'autres moyens de faire annuler la disposition faisant grief (par exemple, si l'administration refusait le bénéfice du régime du mécénat au motif que la gestion n'est pas désintéressée : il n'y a pas d'autres moyens de contester la prise de position de l'administration fiscale).

1. CAA Nantes, 1re ch, 22 juin 2009, n° 08NT01607, Association l'Herboretum.
2. CE 3 juillet 2002, n° 214393, 9e et 10e s.-s., Association des contribuables associés : *RJF* 10/02 n° 1169, concl. J. Courtial, *BDCF* 10/02 n° 129.
3. CE 26 mars 2008, n° 278858, 3e et 8e s.-s., Association Pro-Musica.

Or, ne sont regardés comme détachables de la procédure d'imposition que les décisions de l'administration fiscale qui ne peuvent pas faire l'objet d'un contentieux fiscal[1].

Ainsi, l'indication à une association (ou à un fonds de dotation) qu'elle entre dans le champ d'application des impôts commerciaux ne semble pas susceptible de recours pour excès de pouvoir, bien que faisant grief à l'association, car la décision qu'elle emporte n'est pas détachable de la procédure d'imposition.

Suivant cette jurisprudence, une telle décision ne pourrait donc être contestée qu'à l'occasion d'un contentieux sur l'imposition (IS, TVA, CET).

L'excès de pouvoir. On pourra aussi noter avec intérêt un arrêt rendu dans une affaire qui concernait une association qui avait contesté avec succès devant le tribunal administratif la réponse apportée par l'administration dans le cadre d'une procédure de rescrit. Dans leur arrêt, les juges d'appel, faisant finalement droit aux arguments développés au fond par l'administration fiscale, n'ont pourtant pas estimé nécessaire de se prononcer sur la recevabilité du recours en excès de pouvoir contre une telle prise de position[2].

SE MÉFIER DE LA PROCÉDURE DE RESCRIT. Deux raisons conduisent à déconseiller, la plupart du temps, l'utilisation de la procédure du rescrit.
8.128 En premier lieu, depuis 2003 (date à laquelle la forte augmentation des avantages fiscaux accordés aux donateurs a conduit de nouveaux publics à s'intéresser au « mécénat à la française »), l'administration tente de restreindre le champ d'application des textes du code général des impôts relatif au mécénat. En outre, les réductions de différents postes du budget de l'État donnent une raison de plus à l'administration pour se livrer à des interprétations très restrictives des textes précités. En outre, force est de constater qu'on « ne prête qu'aux riches » ; là ou un fonds puissant trouvera le moyen d'obtenir la « clémence » de l'administration, un fonds plus petit, qui se propose de conduire les mêmes activités, obtiendra un avis négatif.

Enfin, notre expérience nous permet de constater que la procédure de saisine du collège territorial pour un second examen de la demande initiale est vouée à l'échec dans 99,99 % des cas. D'où la nécessité de trouver les moyens d'aller faire trancher les questions d'éligibilité au régime du mécénat d'un fonds ou d'une association devant le juge administratif, qui s'est très peu prononcé à ce sujet.

VII. Focus sur le donateur européen

8.128. LORSQUE LE DON PASSE LA FRONTIÈRE : LA RECONNAISSANCE DU DONATEUR EUROPÉEN. Depuis quelques années, les fondations notamment

1. CE 8 mai 1981, n° 17929 sect., Marquisat : *RJF* 7-8/81 n° 712.
2. CAA Nantes, 1re ch., 25 mai 2009, n° 08NT01141, min. c/ Assoc. Union sociale maritime.

sont, pour une part importante, à l'origine d'une jurisprudence communautaire[1] (et nationale)[2] qui contribue à façonner, pour les organismes sans but lucratif à rayonnement européen, un régime fiscal intéressant.

En s'appuyant essentiellement sur les principes de libre circulation de capitaux et de non-discrimination[3], cette jurisprudence nous a donné, depuis 2006, quelques décisions remarquables.

Nul doute que les fonds de dotation, par leur facilité de constitution et l'intérêt qu'ils présentent pour des mécènes étrangers, contribueront à faire évoluer les pratiques en matière de don transnational.

8.129. Révolution de l'arrêt Persche. À certains égards, il est possible de considérer que l'arrêt Persche (du nom du contribuable allemand concerné), rendu le 27 janvier 2009 par la Cour de justice des Communautés européennes (CJCE), constitue le point d'orgue d'une heureuse évolution vers la reconnaissance jurisprudentielle d'un « donateur européen »[4].

Se fondant, pour partie, sur des motivations similaires à celles contenues dans l'important arrêt Stauffer[5] (rendu en matière de revenus fonciers d'une fondation italienne possédant un immeuble en Allemagne), la CJCE a décidé, dans le cadre d'une question préjudicielle, qu'un donateur allemand peut en principe obtenir de l'État dont il est le ressortissant un avantage fiscal pour le don (y compris en nature) qu'il a consenti au profit d'une ONG portugaise reconnue d'intérêt général. 8.129

Dans cette affaire, la demande avait donc été présentée par une juridiction allemande, dans le cadre d'un litige opposant M. Persche, conseiller fiscal établi en Allemagne, au Finanzamt Lüdenscheid qui avait refusé la déductibilité fiscale d'un don en nature fait à organisme reconnu d'intérêt général portugais.

8.130. Exemple de la loi allemande. En vertu de l'article 10 b, paragraphe 1 de la loi allemande relative à l'impôt sur le revenu (*Einkommensteuergesetz*) les contribuables peuvent déduire du total de leurs revenus, à titre de charges exceptionnelles déductibles et dans certaines limites, les versements effectués au profit d'œuvres ayant un caractère philanthropique, cultuel, religieux ou scientifique, ou d'œuvres reconnues d'intérêt général. En vertu du paragraphe 3 du même article, une telle déductibilité vaut également pour les dons en nature.

D'autre part, l'article 49 du règlement d'application de la loi relative à l'impôt sur le revenu (*Einkommensteuer-Durchführungsverordnung*) précise que la déductibilité fiscale est limitée aux dons dont le bénéficiaire est soit une personne morale nationale de droit public ou un service public national, soit une personne morale, un groupement de personnes ou une masse de biens au sens de l'article 5, paragraphe 1, point 9, de la loi relative à l'impôt sur les sociétés (*Körperschaftsteuergesetz*, ci-après le « *KStG* »).

---

1. CJCE, 14 septembre 2006, aff. C-386/04, *Rec. CJCE*, p. I-8203.
2. V., par exemple, en matière de régime fiscal des plus-values : CAA Paris, 6 décembre 2007, 5e ch A., min. c/ Fondation Stichting Unilever Pensioenfonds Progress ; ou le régime des revenus de patrimoine et de la retenue à la source : CE, 3e et 8e sous-sect. réunies, 13 février 2009, n° 298108, Stichting Unilever Pensioenfonds Progress et autres contre ministère du Budget.
3. Traité CE, art. 56, 73 B et 73 D.
4. CJCE, 27 janvier 2009, Hein Persche c/ Finanzamt Lüdenscheid, C-318/07, *JA* n° 393/2009, p. 12.
5. CJCE, 14 septembre 2006, aff. C-386/04, *Rec. CJCE*, p. I-8203.

Cette dernière disposition définit l'ensemble des organismes, à savoir les personnes morales, les groupements de personnes et les masses de biens, qui sont exonérés de l'impôt sur les sociétés, c'est-à-dire ceux qui, en application de leur statut et eu égard à leur gestion effective, poursuivent exclusivement et directement des fins d'intérêt général, philanthropiques ou cultuelles. Toutefois, en vertu de l'article 5, paragraphe 2, point 2, du *KStG*, cette exonération ne s'applique qu'aux organismes établis sur le territoire allemand.

Enfin, les articles 51 à 68 du code général des impôts allemand (*Abgabenordnung*) définissent les fins qu'un organisme doit poursuivre et la manière dont ces fins doivent être poursuivies pour bénéficier de l'exonération fiscale.

8.131. Nature du don effectué. Dans sa déclaration de revenu pour l'année 2003, M. Persche avait demandé la déduction, au titre de charge exceptionnelle déductible, d'un don en nature de linge de lit et de bain ainsi que de déambulateurs et d'automobiles miniatures pour enfants qu'il avait fait au Centro Popular de Lagoa situé au Portugal pour une valeur totale de 18 180 euros (ce centre devant être une maison de retraite à laquelle est rattaché un foyer d'enfants et qui se situe dans une localité
8.131 où le requérant posséderait un logement).

C'est donc dans le cadre du refus, par le Finanzamt, d'accorder la déduction sollicitée par le contribuable allemand (au motif que le bénéficiaire serait un organisme étranger) que la question est arrivée devant le CJCE sous forme de questions préjudicielles.

8.132. Questions posées à la CJCE. La juridiction allemande avait posé les questions suivantes à la CJCE :

- les dons en nature sont-ils soumis à la libre circulation des capitaux ?
- est-il possible de ne favoriser que les dons faits en faveur d'organismes d'intérêt général ayant leur siège sur le territoire national[1] ?

Les gouvernements qui avaient souhaité faire connaître leurs observations (France, Allemagne, Espagne, Grèce, Irlande, Royaume-Uni) estimaient que la législation allemande était justifiée sur le fondement :

- de l'article 58 du traité CE, lequel énonce que le principe de liberté de circulation des capitaux (posé par l'article 56) ne fait pas obstacle au droit qu'ont les États membres d'appliquer les dispositions pertinentes de leur législation fiscale établissant une distinction entre les contribuables qui ne se trouvent pas dans la même situation en ce qui concerne leur résidence et le lieu où leurs capitaux sont investis ;
- et de l'exigence impérieuse tenant à la nécessité de garantir l'efficacité des contrôles fiscaux.

Or, ladite Cour a jugé que : « *1) Lorsqu'un contribuable sollicite dans un État membre la déductibilité fiscale de dons faits à des organismes établis et reconnus d'intérêt général dans un autre État membre, de tels dons relèvent des dispositions du traité CE relatives à la libre circulation des capitaux, même s'ils sont effectués en nature sous forme de biens de consommation courants.*

1. En réalité, cette question faisait l'objet, dans le litige, de deux questions distinctes posées par la juridiction allemande ; pour les besoins de la présente synthèse, nous traitons ces aspects de façon simplifiée, la CJCE ayant traité ensemble ces deux questions.

2) L'article 56 CE s'oppose à une législation d'un État membre en vertu de laquelle, en ce qui concerne les dons faits à des organismes reconnus d'intérêt général, le bénéfice de la déduction fiscale n'est accordé que par rapport aux dons effectués à des organismes établis sur le territoire national, sans possibilité aucune pour le contribuable de démontrer qu'un don versé à un organisme établi dans un autre État membre satisfait aux conditions imposées par ladite législation pour l'octroi d'un tel bénéfice. »

8.133. Perspectives. L'arrêt Persche a donc ouvert de très intéressantes perspectives pour les fondations, associations et fonds de dotation exerçant des activités d'intérêt général[1]. Elle en a également ouvert pour ceux dont le métier est d'aider ces organismes à trouver de nouvelles ressources.

Petit à petit, ce sont des aspects importants de la fiscalité applicable aux organismes sans but lucratif qui sont ainsi revisités par le droit communautaire. Reste à voir comment l'administration fiscale intégrera ces décisions dans sa doctrine...

8.134. En France : prise en compte imparfaite des principes communautaires. À la suite de l'arrêt Persche, le législateur est intervenu pour adapter les différents régimes d'incitation fiscale des articles 238 *bis*, 200 et 885-0 V *bis* A du code général des impôts[2].

La loi ajoute à chaque article un 4 *bis* qui dispose que les dons et 8.133
versements ouvrent droit à déduction lorsqu'ils sont effectués au profit d'organismes « *dont le siège est situé dans un État membre de la Communauté européenne ou dans un État partie à l'Espace économique européen ayant conclu avec la France une convention fiscale contenant une clause d'assistance administrative en vue de lutter contre la fraude ou l'évasion fiscale* ».

À condition que « *l'organisme poursui[ve] des objectifs et présente des caractéristiques similaires aux organismes dont le siège est situé en France* ».

Pour que les dons faits à de tels organismes ouvrent droit à réduction d'impôt au profit de contribuables français, la loi prévoit deux mécanismes distincts :

- soit l'organisme étranger a sollicité de l'État français son agrément (délivré dans les conditions prévues à l'article 1649 *nonies* du code général des impôts) ;
- soit l'organisme étranger n'a pas sollicité son agrément ; auquel cas, il appartient au contribuable de produire, dans le délai de dépôt de sa déclaration d'impôt, les pièces justificatives attestant que cet organisme poursuit des objectifs et présente des caractéristiques similaires à celles exigées pour les organismes ayant leur siège en France.

À ce jour, ces nouvelles dispositions n'ont pas encore été commentées ailleurs que dans un projet d'instruction qui a soulevé, en janvier 2012, une levée de boucliers chez les principales ONG françaises.

8.135. Perspectives pour les fonds de dotation français. Ces derniers pourront chercher à attirer des financements en provenance d'autres pays européens. Dès lors, il importera que ces fonds se renseignent, auprès de chacun des État de l'Union européenne, sur la façon dont ont été transposées, chez ces derniers, les principes communautaires rappelés

---

1. V. à cet égard la table ronde organisée par l'Academy of European Law Foundation (ERA) et le Centre européen des fondations, le 10 mars à Bruxelles.
2. Loi n° 2009-1674 du 30 décembre 2009 de finances rectificative pour 2009, art. 35.

dans l'arrêt Persche, de façon à permettre aux résidents fiscaux de ces pays d'obtenir un avantage fiscal particulier.

PERSCHE PRIS EN COMPTE. Dans une circulaire du 20 juillet 2009 (LIR - n° 112/2), le Luxembourg a pris acte de la jurisprudence Persche. Cette circulaire a été ensuite mise à jour par une nouvelle circulaire du directeur des contributions n° 112/2 du 7 avril 2010.

8.135

CHAPITRE 9

DIFFICULTÉS DU FONDS

9.

MÉMO

[Procédure d'alerte]

- Par le commissaire aux comptes lorsqu'il relève des faits de nature à compromettre la continuité de l'exploitation.

[Cessation de paiement]

- Impossibilité pour le débiteur de faire face au passif exigible au moyen de l'actif disponible.

POUR ALLER PLUS LOIN

[Revue *JA*]

- J. ADDA, C. BERGEAL, F. CHARHON, S. COUCHOUX, L. DEVIC, D. LEMAISTRE, H. STEINBERG, C. SUEUR, A. VINAS, « Fonds de dotation : parole d'acteurs », *JA* n° 395/2009, p. 14.

9.

CHAPITRE 9

DIFFICULTÉS DU FONDS

9.01. FONDS DE DOTATION, UNE PERSONNE MORALE COMME UNE AUTRE ? Comme toute personne morale, le fonds de dotation peut connaître des difficultés financières. Celles-ci peuvent avoir des incidences plus ou moins graves sur la vie du fonds et peuvent conduire à sa liquidation.

FONDS DE DOTATION ET PROCÉDURES COLLECTIVES. Les mesures de prévention, de sauvegarde, de redressement et de liquidation judiciaire sont donc applicables au fonds de dotation.

I. Prévention des difficultés

9.02. OBTENTION DE DÉLAIS DE PAIEMENT. Toute personne physique ou morale débitrice peut obtenir du juge le report ou l'échelonnement de sa dette.

Code civil, art. 1244-1. « Toutefois, compte tenu de la situation du débiteur et en considération des besoins du créancier, le juge peut, dans la limite de deux années, reporter ou échelonner le paiement des sommes dues. »

9.03. ADHÉSION À UN GROUPEMENT DE PRÉVENTION AGRÉÉ. L'adhésion à un tel groupement est possible pour un fonds de dotation dès lors que les règles applicables à ce groupement visent les personnes morales de droit privé. Ce groupement a pour mission de fournir à ses adhérents, de façon confidentielle, une analyse des informations économiques, comptables et financières que ceux-ci s'engagent à lui transmettre régulièrement.

Code de commerce, art. L. 611-1. « Toute personne immatriculée au registre du commerce et des sociétés ou au répertoire des métiers ainsi que tout entrepreneur individuel à responsabilité limitée et toute personne morale de droit privé peut adhérer à un groupement de prévention agréé par arrêté du représentant de l'État dans la région. »

9.04. PROCÉDURE D'ALERTE DU COMMISSAIRE AUX COMPTES. Dans le cadre de sa mission, le commissaire aux comptes peut mettre en œuvre une telle procédure lorsqu'il révèle, à l'occasion de l'exercice de sa mission, des faits de nature à compromettre la continuité de l'exploitation de l'activité.

Code de commerce, art. L. 612-3 et L. 612. « Lorsque le commissaire aux comptes d'une personne morale visée aux articles L. 612-1 et L. 612-4 relève, à l'occasion de l'exercice de sa mission, des faits de nature à compromettre la continuité de l'exploitation de cette personne morale, il en informe les dirigeants de la personne morale dans des conditions fixées par décret en Conseil d'État. »

9.05. PROCÉDURE DE CONCILIATION. Cette procédure a pour objet de favoriser le redressement d'un organisme, comme un fonds de dotation, grâce à l'intervention d'un conciliateur ayant pour mission d'obtenir un accord entre le fonds et ses créanciers sur des délais de paiement ou des remises de dettes. La demande d'ouverture d'une telle procédure est adressée au président du tribunal de grande instance du lieu de situation du siège du fonds de dotation. Cette procédure est en principe confidentielle.

Code de commerce, art. L. 611-4. « Il est institué, devant le tribunal de commerce, une procédure de conciliation dont peuvent bénéficier les personnes exerçant une activité commerciale ou artisanale qui éprouvent une difficulté juridique, économique ou financière, avérée ou prévisible, et ne se trouvent pas en cessation des paiements depuis plus de quarante-cinq jours. »

Code de commerce, art. L. 611-5. « La procédure de conciliation est applicable, dans les mêmes conditions, aux personnes morales de droit privé [...]. Pour l'application du présent article, le tribunal de grande instance est compétent et son président exerce les mêmes pouvoirs que ceux attribués au président du tribunal de commerce. »

II. Sauvegarde

9.06. Avant la cessation de paiement. Cette procédure doit être ouverte avant l'état de cessation des paiements, laquelle est définie comme l'impossibilité pour le débiteur de faire face au passif exigible au moyen de l'actif disponible. Cette procédure vise à faciliter la réorganisation d'un fonds de dotation afin de lui permettre de poursuivre son activité économique, de maintenir l'emploi et d'apurer son passif.

9.06 **9.07. Modalités du plan de sauvegarde.** La procédure de sauvegarde est ouverte par une demande adressée par le président du fonds de dotation au président du tribunal de grande instance. Elle donne lieu à un plan arrêté par un jugement à l'issue d'une période d'observation et, le cas échéant, à la constitution de deux comités de créanciers.

Code de commerce, art. L. 620-1. « Il est institué une procédure de sauvegarde ouverte sur demande d'un débiteur mentionné à l'article L. 620-2 qui, sans être en cessation des paiements, justifie de difficultés qu'il n'est pas en mesure de surmonter. Cette procédure est destinée à faciliter la réorganisation de l'entreprise afin de permettre la poursuite de l'activité économique, le maintien de l'emploi et l'apurement du passif. La procédure de sauvegarde donne lieu à un plan arrêté par jugement à l'issue d'une période d'observation et, le cas échéant, à la constitution de deux comités de créanciers, conformément aux dispositions des articles L. 626-29 et L. 626-30. »

Code de commerce, art. L. 620-2. « La procédure de sauvegarde est applicable à toute personne exerçant une activité commerciale ou artisanale, à tout agriculteur, à toute autre personne physique exerçant une activité professionnelle indépendante, y compris une profession libérale soumise à un statut législatif ou réglementaire ou dont le titre est protégé, ainsi qu'à toute personne morale de droit privé. Il ne peut être ouvert de nouvelle procédure de sauvegarde à l'égard d'une personne déjà soumise à une telle procédure, ou à une procédure de redressement judiciaire ou de liquidation judiciaire, tant qu'il n'a pas été mis fin aux opérations du plan qui en résulte ou que la procédure de liquidation n'a pas été clôturée. »

III. Redressement et liquidation judiciaire

9.08. État de cessation des paiements. Un fonds de dotation est soumis obligatoirement à une procédure de redressement ou de liquidation judiciaire s'il est en état de cessation des paiements. Ce sont les dirigeants du fonds de dotation qui ont le devoir de déclarer auprès du tribunal de grande instance du lieu du siège social l'état de cessation de paiement. En fonction de la nature et de l'ampleur des difficultés du fonds de dotation, il pourra être prononcé soit une liquidation immédiate, soit l'ouverture d'une période d'observation au terme de laquelle un plan de redressement pourra être arrêté, une cession envisagée ou la liquidation prononcée.

Code de commerce, art. L. 631-1. « Il est institué une procédure de redressement judiciaire ouverte à tout débiteur mentionné aux articles L. 631-2 ou L. 631-3 qui, dans l'impossibilité de faire face au passif exigible avec son actif disponible, est en cessation des paiements. Le débiteur qui établit que les réserves de crédit ou les moratoires dont il bénéficie de la part de ses créanciers lui permettent de faire face au passif exigible avec son actif disponible n'est pas en cessation des paiements.
La procédure de redressement judiciaire est destinée à permettre la poursuite de l'activité de l'entreprise, le maintien de l'emploi et l'apurement du passif. Elle donne lieu à un plan arrêté par jugement à l'issue d'une période d'observation et, le cas échéant, à la constitution de deux comités de créanciers, conformément aux dispositions des articles L. 626-29 et L. 626-30. »

Code de commerce, art. L. 631-2. « La procédure de redressement judiciaire est applicable à toute personne exerçant une activité commerciale ou artisanale, à tout agriculteur, à toute autre personne physique exerçant une activité professionnelle indépendante y compris une profession libérale soumise à un statut législatif ou réglementaire ou dont le titre est protégé, ainsi qu'à toute personne morale de droit privé. [...] »

9.09

9.09. Tableau de synthèse. Le tableau 9 a pour but de présenter, de façon synthétique, les différentes procédures pouvant être mises en œuvre lorsque le fonds de dotation connaît des difficultés.

9.09

	Prévention des difficultés et sauvegarde		
	Désignation d'un mandataire *ad hoc* (C. com., art. L. 611-3)	Désignation d'un conciliateur (C. com., art. L. 611-4)	Procédure de sauvegarde (C. com., art. L. 620-1)
Interaction des procédures	—	Le redressement et la liquidation judiciaire ne peuvent pas être demandés par un créancier si une conciliation est en cours (au maximum pendant 6 mois et demi après la cessation des paiements). En revanche, même si elle a donné lieu à un accord amiable, le dirigeant peut quant à lui solliciter l'ouverture d'une procédure collective.	S'il apparaît, après l'ouverture d'une procédure de sauvegarde, que le fonds de dotation était déjà en cessation de paiement au moment du prononcé du jugement, le tribunal la constate et convertit la procédure de sauvegarde en une procédure de redressement judiciaire (le tribunal est saisi par l'administrateur, le mandataire judiciaire, le ministère public ou il se saisit d'office). Pendant la période d'observation, à la demande du débiteur, de l'administrateur, du mandataire judiciaire, du ministère public ou d'office, le tribunal peut à tout moment convertir la procédure en redressement ou liquidation judiciaire si les conditions d'ouverture sont remplies. À la demande du débiteur, il décide également la conversion en redressement judiciaire (après avoir entendu les différents acteurs) si l'adoption d'un plan de sauvegarde est manifestement impossible et si la clôture de la procédure conduit, de manière certaine et à bref délai, à la cessation des paiements.

	Redressement et liquidation	
	Procédure de redressement judiciaire (C. com., art. L 631-1)	Procédure de liquidation judiciaire (C. com., art. L 640-1)
Situation de l'entreprise	Le fonds de dotation est en état de cessation des paiements, c'est-à-dire qu'il ne peut plus faire face à son passif exigible avec son actif disponible.	Le fonds de dotation est en état de cessation des paiements et le redressement est manifestement impossible.
Auteur de la demande	Déclaration de cessation des paiements par le représentant légal. Assignation par un créancier social. Saisine d'office ou par le ministère public.	
Forme de la demande	La déclaration de cessation des paiements doit être faite au greffe du tribunal dans le délai de 45 jours à compter de cette cessation si une procédure de conciliation n'a pas été demandée dans ce délai. L'assignation peut être faite par tout créancier social, quelle que soit la nature de ses créances, si le fonds de dotation ne fait pas l'objet d'une procédure de conciliation en cours.	

TABLEAU 9. (SUITE)

	Redressement et liquidation	
	Procédure de redressement judiciaire (C. com., art. L 631-1)	Procédure de liquidation judiciaire (C. com., art. L 640-1)
Conséquences	Le tribunal statue sur l'ouverture de la procédure collective après avoir entendu le débiteur et les représentants du comité d'entreprise et éventuellement toute personne dont l'audition lui paraît utile. Dans le jugement d'ouverture, il nomme un juge-commissaire, un mandataire judiciaire et un administrateur. Il précise la mission de celui-ci : surveiller la gestion qui continue à être exercée par les dirigeants sociaux, ou assister le fonds de dotation pour tout ou partie des actes concernant la gestion, ou assurer seul l'administration du fonds de dotation. Les organes du fonds de dotation sont maintenus, et il continue en principe son activité. Après une période d'observation, le tribunal adopte, si c'est possible, un plan de redressement.	La liquidation judiciaire peut être décidée dès l'ouverture de la procédure collective ou bien au cours de la phase d'observation de la procédure de sauvegarde ou de redressement. Le tribunal statue sur l'ouverture de la procédure collective après avoir entendu le débiteur et les représentants du comité d'entreprise et éventuellement toute personne dont l'audition lui paraît utile. Dans le jugement d'ouverture, il nomme un juge-commissaire et un liquidateur. Celui-ci exerce les droits et actions concernant le patrimoine du fonds de dotation afin de procéder aux opérations de liquidation. Le fonds de dotation est dissous et cesse en principe son activité.
Clôture de la procédure	Le tribunal peut, à la demande du dirigeant, mettre fin à la procédure au cours de la période d'observation s'il apparaît que la société dispose des sommes suffisantes pour désintéresser ses créanciers et acquitter les frais et dettes afférentes à la procédure. Sinon, après adoption d'un plan de redressement et une fois le compte rendu de l'administrateur et du mandataire judiciaire approuvé par le juge-commissaire, la procédure fait l'objet d'une ordonnance de clôture (non susceptible de recours) rendue par le président du tribunal.	La procédure prend fin une fois les opérations de liquidations terminées.
Interaction des procédures	À tout moment de la période d'observation, le tribunal, à la demande du débiteur, de l'administrateur, du mandataire judiciaire, d'un contrôleur, du ministère public ou d'office, peut prononcer la liquidation judiciaire si le redressement est manifestement impossible. Il statue après avoir entendu ou dûment appelé le débiteur, l'administrateur, le mandataire judiciaire, les contrôleurs et les représentants du comité d'entreprise ou, à défaut, des délégués du personnel, et avoir recueilli l'avis du ministère public. Lorsque le tribunal prononce la liquidation, il met fin à la période d'observation et, sous réserve des dispositions de l'article L. 641-10 du code de commerce, à la mission de l'administrateur.	—

9.09

CHAPITRE 10

TRANSFORMATION ET ÉVOLUTION DU FONDS DE DOTATION

MÉMO

[Transformation]

- Aucune transformation possible sans dissolution préalable.

[Fusion-absorption]

- Substitution complète de la structure absorbée au profit de la structure bénéficiaire.

[Apport partiel d'actifs]

- Individualisation d'une activité à laquelle est rattachée un ensemble des moyens nécessaires à la poursuite de celle-ci.

[Scission]

- Mode particulier d'apport partiel d'actif visant à attribuer à une ou à plusieurs structures tout ou partie des activités de la structure à l'origine de l'opération et destinée à disparaître.

[Dissolution volontaire]

- Résulte de la volonté du fondateur ; concerne les fonds à durée déterminée.

[Dissolution judiciaire]

- Dissolution sanction lorsque la mission d'intérêt général du fonds n'est plus assurée.

[Boni de liquidation]

- Attribution à un fonds de dotation et/ou une ou plusieurs fondations reconnues d'utilité publiques.

10.

POUR ALLER PLUS LOIN

[Revue *JA*]

- X. Caroff, « Fonds de dotation : les dernières précisions de l'administration », *JA* n° 403/2009, p. 29.
- O. Dantil, « Les aspects fiscaux de la filialisation », *JA* n° 396/2009, p. 31.
- J. Adda, C. Bergeal, F. Charhon, S. Couchoux, L. Devic, D. Lemaistre, H. Steinberg, C. Sueur, A. Vinas, « Fonds de dotation : parole d'acteurs », *JA* n° 395/2009, p. 14.
- L. Devic, « Fonds de dotation : les mesures réglementaires », *JA* n° 391/2009, p. 31.

TRANSFORMATION ET ÉVOLUTION DU FONDS DE DOTATION

I. Transformation en fondation reconnue d'utilité publique

10.01. UNE TRANSFORMATION DÉSORMAIS POSSIBLE. L'article 140 de la loi de modernisation de l'économie ne prévoyait pas la possibilité de transformer le fonds de dotation en une autre forme sociale sans création d'un être moral nouveau. La poursuite des activités d'un fonds de dotation dans le cadre d'une autre personne morale (association, fondation, etc.) devait donc nécessairement passer par sa dissolution, cette dissolution étant suivie en principe de la liquidation du fonds et de l'attribution de son boni de liquidation à un autre fonds de dotation ou à une fondation reconnue d'utilité publique (n° 10.60).

QUESTION DES FUSIONS. Il est possible que la pratique développe également, comme elle l'a fait pour les associations, des fusions absorptions de fonds de dotation par des fondations, voire par des associations. Cette dernière hypothèse semble toutefois plus délicate à envisager dès lors qu'il apparaît, à l'exposé des règles relatives à l'attribution du boni de liquidation d'un fonds de dotation, que ce dernier qu'il ne peut être attribué qu'à une fondation ou à un autre fonds de dotation. 10.01

10.02. TENTATIVE DE SOLUTION INFRUCTUEUSE. Il avait été proposé aux rédacteurs du texte du projet de loi de modernisation de l'économie de rendre possible, dans certaines conditions, la transformation du fonds de dotation en fondation ; cette possibilité aurait simplifié la procédure applicable aux fonds de dotation constitués comme outils de préfiguration d'une future fondation. Cette proposition avait été écartée sans véritable motif. Elle a finalement été rendue possible en 2014, sans difficulté, dans le cadre de la loi relative à l'économie sociale et solidaire.

TRANSFORMATION DES ASSOCIATIONS ET FONDATIONS. Rappelons qu'à la différence des associations (qui peuvent se transformer en groupement d'intérêt économique, en société coopérative d'intérêt collectif et, désormais, en fondations reconnues d'utilité publique), les fondations, notamment celles qui sont reconnues d'utilité publique, ne peuvent pas pas se transformer en un autre être moral (le retrait de la reconnaissance d'utilité publique entraîne ainsi la dissolution et la liquidation de la fondation concernée).

10.03. UN CONSTAT : LE FONDS DE DOTATION EST BIEN UNE VARIETE DE FONDATION. Indéniablement, l'analyse des textes et l'expérience montrent que le fonds de dotation appartient à « l'univers » des fondations et non à celui des associations. Assimilable à une fondation privée (comme il en existe dans nombre de pays européens), il constitue un outil souple et simple à mettre en œuvre pour la préfiguration d'une future fondation reconnue d'utilité publique. L'évolution du fonds en fondation désormais permise par la loi relative à l'économie sociale et solidaire[1] est donc une adaptation bienvenue et cohérente de la règle initiale qu'il nous a semblé opportun de proposer au législateur.

A. Autorisation administrative

10.04 **10.04. MODALITÉS DE LA TRANSFORMATION : UNE PROCÉDURE ADMINISTRATIVE LONGUE.** La transformation d'un fonds en fondation ne résulte pas automatiquement d'une décision discrétionnaire du fonds. En effet, l'attribution de la reconnaissance d'utilité publique intervient par décret, ce qui nécessite le dépôt, par le fonds, d'un dossier complet de demande de reconnaissance de la fondation auprès du Bureau des fondations du ministère de l'Intérieur (Minint). Il faut alors prévoir le calendrier approximatif suivant :

J : dépôt du dossier complet ;

J+ 2 à 3 mois : instruction du dossier par le Minint, vérification des pièces ;

J+ 4 mois : communication par le Minint du dossier, pour avis, au(x) ministère(s) concerné(s) par l'activité ;

J + 6 à 7 mois : retour éventuel des avis ;

J + 8 mois : à défaut d'avis écrit des ministères consultés, ou si avis positif, le Minint prépare le texte du décret portant reconnaissance de la fondation ;

J + 9 à 10 mois : transmission de dossier au Conseil d'État pour avis (section de l'Intérieur) ;

J + 12 à 16 mois : le cas échéant, avis positif du Conseil d'État ;

J + 17 mois : signature du décret portant reconnaissance de la fondation ;

J + 17 mois : publication au *JO* du décret de reconnaissance opérant transformation du fonds en fondation.

Loi du 4 août 2008, art. 140, XI, 3e alinéa. « La transformation prend effet à la date d'entrée en vigueur du décret en Conseil d'État accordant la reconnaissance d'utilité publique ».

10.05. CONSÉQUENCES DE LA TRANSFORMATION. L'avantage essentiel procuré par la faculté de transformer le fonds en fondation réside dans le maintien de la même personnalité juridique, qui ne fait que changer de nature (comme lorsqu'une SARL se transforme en SA). Il n'y a donc pas de dissolution à prononcer ni de patrimoine à transférer d'une personne morale (fonds de dotation) à une autre (fondation). Au plan pratique, la transformation évite l'intervention d'un notaire et les changements, notamment :

- de numéro Siren ;
- du numéro de compte bancaire ;
- d'employeur ;
- des contrats en cours ;

1. Loi n° 2014-856 du 31 juillet 2014, *JO* du 1er août, art. 87.

• de titulaires de titres de sociétés et autres valeurs mobilières de placement ;

• du fichier immobilier pour les droits et biens immobiliers détenus par le fonds de dotation.

Loi du 4 août 2008, art. 140, XI. « Le fonds de dotation peut être transformé en une fondation reconnue d'utilité publique par décret en Conseil d'État, sans donner lieu à dissolution ni à création d'une personne morale nouvelle. »

B. Procédure interne au fonds

10.06. **MODALITÉS DE LA TRANSFORMATION : DÉCISION DU FONDS DE DOTATION.** La transformation ne peut être décidée que par le conseil d'administration du fonds de dotation qui doit alors statuer dans les conditions requises par ses statuts pour sa dissolution[1].

LES STATUTS DU FONDS SONT LA LOI À RESPECTER. L'organe délibérant compétent pour décider de la dissolution, et donc de la transformation du fonds, est en principe le conseil d'administration. Il importe toutefois de noter que les statuts peuvent avoir stipulé des conditions particulières de quorum et de majorité qui rendent nécessaires, en tout état de cause, l'accord des fondateurs. De nombreux fonds de dotation disposent de statuts ainsi rédigés.

II. Fusion, scission et apports

10.06

10.07. **PROSPECTIVE.** Les premiers fonds de dotation sont encore jeunes ; en dehors de ceux constitués pour une durée déterminée courte, ils ne se sont pour la plupart pas préoccupés, pour l'instant, de leur éventuelle disparition ou de leur rapprochement avec d'autres organismes.

PREMIÈRE « TRANSFORMATION » D'UN FONDS DE DOTATION EN FONDATION RECONNUE D'UTILITÉ PUBLIQUE. À notre connaissance, le premier cas d'évolution d'un fonds de dotation en fondation reconnue d'utilité publique est celui du fonds Terre de Liens qui a été conçu comme outil de préfiguration d'une fondation Terre de Liens, reconnue d'utilité publique par décret n° 2013-416 du 21 mai 2013 (dont le siège est à Crest, dans la Drôme). En l'absence de possibilité légale de transformation au moment où le décret à été adopté, l'opération a rendu nécessaire le transfert du patrimoine du fonds à la nouvelle personne morale de la fondation (opération lourde et onéreuse en présence d'immeuble).

A. Définitions des modes de rapprochement

10.08. **DIFFÉRENTES RESTRUCTURATIONS ENVISAGÉES.** Comme d'autres personnes morales de droit privé, les fonds de dotation pourront être confrontés à la nécessité de se restructurer dans le cadre d'opérations prenant le plus souvent la forme de fusions, d'apports d'activités à une autre structure (filialisation) ou de scissions.

1. Loi du 4 août 2008, art. 140, XI, 2e alinéa.

10.09. Conséquences d'une fusion-absorption. Une fusion-absorption entraîne la substitution complète de la structure absorbée (qui est alors dissoute sans liquidation) au profit de la structure bénéficiaire, laquelle assurera la poursuite de l'ensemble des droits et obligations de l'entité dissoute.

10.10. Opération d'apport partiel d'actifs. Une opération d'apport partiel d'actifs consiste à individualiser une activité à laquelle est rattaché un ensemble de moyens nécessaires à la poursuite de celle-ci, lesquels seront apportés au profit de la structure bénéficiaire (créée à cet effet ou préexistante).

10.11. Cas particulier de la scission. Enfin, une scission est un mode particulier d'apport partiel d'actifs qui vise à attribuer à une ou à plusieurs structures - préexistantes ou créées à cette occasion - tout ou partie des activités de la structure à l'origine de l'opération et destinée à disparaître.

10.12. Point commun entre les trois opérations de restructuration. Dans les trois cas, l'opération mise en place vise à assurer la plupart du temps le transfert d'une universalité de patrimoine (actif et passif, dont créances et dettes) d'une personne morale à une autre.

B. Coût fiscal éventuellement élevé

10.13. Difficile transfert d'une activité lucrative. D'une façon générale, le coût d'une opération de fusion, d'apport partiel d'actifs ou de scission, dans le cas d'un organisme exerçant une activité lucrative, peut être assez élevé.

10.10

Fiscalité et fonds de dotation. Peu de fonds de dotation seront entièrement fiscalisés (c'est-à-dire assujettis aux impôts commerciaux, dont l'impôt sur les sociétés au taux de droit commun). En effet, alors qu'un fonds de dotation dispose de la grande capacité juridique, le fait qu'il soit fiscalisé enlèverait toute portée pratique à cette grande capacité ; les donations et legs qui lui seraient consentis seraient soumis à des droits de mutation dissuasifs (60 %). En revanche, des fonds de dotation pourront développer des activités lucratives accessoires (nos 8.01 et s.).

10.14. Traitement de la cessation d'entreprise. En effet, ces opérations sont assimilées, sur le plan fiscal, à une cessation d'entreprise et entraînent (chez l'organisme absorbé ou scindé) l'imposition immédiate des bénéfices (y compris de ceux en sursis d'imposition, et en particulier les provisions précédemment constituées qui deviennent sans objet du fait de la cessation) et des plus-values sur éléments d'actif constatées à l'occasion de la cessation. Elles peuvent en outre rendre nécessaires des régularisations en matière de TVA pour les immobilisations transférées d'une personne morale à une autre.

10.15. Enregistrement. Au regard des droits d'enregistrement, ces opérations donnent ouverture aux droits d'apport en société (qui varient suivant qu'il s'agit d'apports à titre pur et simple ou d'apports à titre onéreux et suivant la nature des biens apportés : immeubles, fonds de commerce, etc.).

10.16. Plus-values. S'agissant des apports partiels d'actifs, l'apporteur est imposable sur les plus-values d'apport et les provisions qui deviennent sans objet du fait de l'apport ; les droits d'enregistrement sont exigibles selon les règles générales (notamment, droits de mutation de 3 à 5 % en cas d'apport d'un fonds de commerce).

10.17. Régime fiscal de faveur. Pour éviter que de tels transferts d'activité aient des conséquences fiscales dissuasives, la solution consiste à rechercher selon quels moyens le transfert de l'activité pourrait être réalisé dans le cadre du régime fiscal de faveur dit « des fusions, scissions et apports partiels d'actifs »[1]. Ce régime de faveur des fusions et opérations de même nature a pour effet d'assimiler les fusions, scissions et apports partiels d'actifs à des opérations purement intercalaires, ce qui présente un intérêt significatif en matière d'impôt sur les sociétés (lorsque l'activité transférée y est effectivement assujettie).

Régime fiscal de faveur et engagements. Pour l'application du régime de faveur, l'organisme bénéficiaire doit prendre un certain nombre d'engagements dans l'acte d'apport (ou de fusion) qui consistent à :
- reprendre au passif de son bilan les provisions dont l'imposition est différée, ainsi que la réserve spéciale des plus-values à long terme ;
- inscrire à l'actif de son bilan les éléments autres que les immobilisations pour la valeur qu'ils avaient, du point de vue fiscal, dans les écritures de l'organisme apporteur ;
- le substituer à l'organisme absorbé (ou apporteur) pour la réintégration des plus-values dont l'imposition avait été différée chez ce dernier ; 10.17
- calculer les plus-values qu'il réalisera ultérieurement à l'occasion de la cession des immobilisations non amortissables reçues de l'organisme absorbé d'après la valeur qu'elles avaient, du point de vue fiscal, dans les écritures de ce dernier ;
- réintégrer dans ses bénéfices imposables les plus-values dégagées sur éléments amortissables.

En cas d'apport partiel d'actifs, l'apporteur doit aussi prendre l'engagement, dans l'acte d'apport :
- de conserver pendant trois ans les titres remis en contrepartie de l'apport ;
- de calculer ultérieurement les plus-values de cessions de ces mêmes titres par référence à la valeur que les biens apportés avaient, du point de vue fiscal, dans ses propres écritures[2].

10.18. Activité non lucrative. Lorsque les activités du fonds de dotation ne sont pas fiscalisées (et que l'opération envisagée répond à des impératifs non fiscaux), le coût fiscal de transfert est relativement faible.

La question est effectivement limitée à l'étude des droits d'enregistrement éventuellement dus. En effet, par définition, les questions relatives au traitement de l'opération au regard de l'impôt sur les sociétés ou de la TVA ne trouvent plus matière à se poser. Les fonds de dotation non assujettis ne sont imposables ni sur leurs bénéfices ni sur les plus-values sur éléments d'actif qu'ils peuvent réaliser. En outre, n'ayant *a priori* pas pu déduire la TVA acquittée à l'occasion de leurs acquisitions diverses, ces fonds de

1. CGI, art. 115, art. 210-0 A à 210 C, art. 816 à 817 A.
2. CGI, art. 201 b).

dotation n'ont pas à se poser la question de la régularisation éventuelle des déductions antérieurement pratiquées sur les biens transmis.

C. Transfert universel de patrimoine : une question discutée

1. Question doctrinale d'origine fiscale

10.19. Pas de texte. Contrairement au code de commerce pour les sociétés[1], à la loi du 1er juillet 1901 pour les associations[2] et à la loi n° 87-571 du 23 juillet 1987 pour les fondations[3], l'article 140 de la loi de modernisation de l'économie n'organise pas légalement le transfert de l'universalité du patrimoine social d'un fonds de dotation à un autre par le biais d'un apport partiel d'actifs ou d'une fusion.

10.20. Exemple des associations. Or, au sujet des associations, l'administration fiscale s'appuyait (avant que le projet de loi sur l'économie sociale et solidaire envisage de créer un régime spécifique de fusion pour les associations) sur l'absence de texte légal prévoyant le traitement des fusions pour considérer que de telles opérations ne sont pas possibles et qu'elles ne peuvent dès lors être soumises au régime fiscal de faveur des fusions, apports et scissions.

10.21. Leçons de la jurisprudence. Mais, sur la base de la jurisprudence tant nationale qu'européenne qui s'est développée au sujet des associations (pour lesquelles la loi du 1er juillet 1901 ne prévoit effectivement pas de régime juridique spécifique de fusion), il semble tout à fait possible
10.19 d'admettre la possibilité d'un tel transfert entre fonds de dotation. En effet, entre deux personnes de même nature, un tel transfert a toujours été considéré comme possible[4]. En pratique, pour les associations, de telles restructurations sont même parfois sollicitées par les pouvoirs publics eux-mêmes. Et l'administration fiscale reconnaissait elle-même indirectement la possibilité d'un transfert universel de patrimoine entre une association et une société puisque sa doctrine traite des conditions dans lesquelles une association peut filialiser ses activités lucratives au sein d'une société commerciale dans le cadre d'un régime fiscal favorable[5].

10.22. Assouplissement doctrinal pour les associations. Il importe de noter qu'avant même l'adoption d'un régime légal de fusion entre associations, l'administration fiscale avait fini par étendre, dans sa doctrine, le régime fiscal de faveur des fusions, scissions et apports partiels d'actifs aux opérations intervenant entre associations[6]. Elle ne l'a pas (encore) fait pour les opérations intervenant entre fondations (nonobstant l'institution d'un régime spécifique de fusion). On voit dès lors mal ce qui pourrait encore s'opposer à ce que les fonds concernés (les fonds opérateurs

---

1. C. com., art. L. 236-1.

2. Loi du 1er juillet 1901, art. 9 *bis*.

3. Loi n° 87-571 du 23 juillet 1987, art. 20-1.

4. CJCE, 23 avril 1986, *Rec. CJCE*, p. 1357, Assoc. Les Verts : en l'espèce, il s'agissait de la possibilité pour l'association absorbante de poursuivre à son profit une action en justice intentée par l'association absorbée selon les modalités précisées par le traité de fusion ; Com., 12 juillet 2004, n° 03-12672 CIVAS c/Assoc. Interloire, *JA* n° 308/2004, p. 7.

5. Instr. du 18 décembre 2006, *BOI* 4 H-5-06.

6. BOI-IS-FUS-10-20-20-20140613, n° 330 et s. ; BOI-ENR-AVS-20-60-30-20-20140613, n° 220.

disposant d'activités lucratives accessoires) puissent appliquer, le cas échéant, ce régime de faveur en matière d'impôt sur les sociétés.

10.23. PRUDENCE. Malgré la reconnaissance, voire la nécessité pratique de réaliser de telles opérations, et en l'absence d'organisation légale du transfert de l'universalité du patrimoine d'une structure à une autre (c'est-à-dire de mise en place d'un régime de publicité obligatoire ayant pour effet de rendre opposable l'opération aux tiers, comme en droit des sociétés), la réalisation d'une telle opération par un fonds de dotation suppose le respect d'un ensemble de précautions.

2. Transfert universel à organiser

10.24. TRANSFERT À ORGANISER. Pour les fonds de dotation opérant des restructurations, le droit positif français n'organise donc pas explicitement, comme il le fait pour les sociétés, les associations et les fondations, le transfert de patrimoine qui en résulte, c'est-à-dire le transfert d'un ensemble de créances et de dettes. Pour les sociétés, les associations et les fondations, la loi prévoit, notamment, des règles de publicité légale permettant de rendre l'opération opposable aux tiers. S'agissant des dettes et des créances des fonds de dotation, il conviendra donc de s'interroger sur les règles générales de transfert qui leur sont en principe applicables.

10.25. TRANSFERT DE CRÉANCES. Pour les créances, leur transfert est organisé par la loi.

Code civil, art. 1690. « Le cessionnaire n'est saisi à l'égard des tiers que par la signification du transport faite au débiteur [...] »

IDENTIFIER LES CRÉANCES. Dans le cadre d'une application rigoureuse de cet article, il conviendra d'identifier l'ensemble des créances dont le fonds absorbé ou apporteur est titulaire et de procéder à leur transfert au profit du cessionnaire par une information spécifique de chaque débiteur, au moyen d'une signification par acte d'huissier.
Cette formalité étant contraignante et onéreuse, on procède, en pratique, à une simple information des débiteurs, et seules les créances particulièrement importantes et/ou litigieuses font l'objet de la signification visée à l'article 1690 du code civil.

10.26. TRANSFERT DE DETTES. Le transfert de dettes pose davantage de difficultés, le code civil ne prévoyant pas une telle possibilité. Ce transfert n'est donc possible que si les créanciers donnent leur accord individuel et exprès à ce transfert. À défaut, il convient de procéder au règlement des dettes concernées préalablement à la réalisation de l'opération (en pratique toutefois, et dès lors qu'ils sont effectivement payés de leur créance, les créanciers n'ont aucun intérêt à contester ce règlement, même s'il intervient par le successeur de l'activité).

10.27. CONSÉQUENCES DE CES TRANSFERTS. Il résulte de ces deux constatations que, si le transfert de l'universalité du patrimoine d'un fonds de dotation au profit d'un autre fonds de dotation (ou, éventuellement, d'une fondation) est juridiquement possible, il convient de respecter un formalisme important et d'avoir une parfaite connaissance des créances et des dettes du fonds de dotation absorbé (ou apporteur), permettant de les individualiser.

10.28. QUESTION DES CONTRATS *INTUITU PERSONAE*. D'autre part, certains contrats peuvent imposer l'accomplissement d'obligations spécifiques pour rendre leur transfert opposable. Il peut s'agir notamment d'une clause d'*intuitu personae* (qui exigera que la structure bénéficiaire du transfert soit agréée par le cocontractant). Inversement, certains contrats, en cas de fusion, n'ont pas vocation à être transférés. C'est le cas de la reprise d'un mandat de commissaire aux comptes par la structure absorbante.

RIGUEUR POUR UNE MEILLEURE HARMONISATION. Pour l'ensemble de ces raisons, la réalisation rigoureuse d'une opération de fusion-absorption ou d'apport partiel d'actifs suppose une phase de préparation importante et un suivi rigoureux de l'opération afin de s'assurer du transfert harmonieux des créances et des dettes attachées à l'activité apportée, en concertation avec les partenaires de celle-ci.
Dans ce contexte, il est nécessaire d'être particulièrement vigilant sur les relations entre le fonds de dotation absorbé et ses partenaires publics éventuels (en principe non financeurs nos 6.18 et s.), notamment en ce qui concerne la poursuite d'agréments existants (pour un fonds gérant, par exemple, une activité soumise à agrément ou autorisation) – qui ne pourront se faire qu'en concertation et avec l'accord préalable de l'autorité administrative concernée –, ainsi qu'en cas de transfert d'une délégation ou d'un marché public (ce qui correspond à des hypothèses peu fréquentes pour les fonds de dotation).

10.29

3. Opération à organiser dans une convention

10.29. TRAITÉ À RÉDIGER. En pratique, il est indispensable de procéder à la rédaction d'une convention (appelée « traité de fusion ou d'apport ») dont l'objectif est de faire ressortir l'ensemble des droits et obligations attachés à la réalisation de l'opération. Cette convention doit contenir :

- l'objet de l'apport, et plus particulièrement la contrepartie onéreuse attachée à celui-ci (remise de titres en cas de filialisation dans une société, ou obligations particulières en cas de transfert à une structure non capitalistique) ;
- la consistance de l'apport, lequel devra être constitué d'un actif net positif qu'il conviendra d'identifier et de faire ressortir (le transfert d'un passif plus important que l'actif pouvant éventuellement conduire à considérer l'opération comme une vente et non comme un apport) ;
- la nature des créances et des dettes reprises ainsi que des droits et obligations acceptés par chaque partie pour en assurer le transfert régulier au profit du bénéficiaire (obtention d'un agrément, d'une autorisation, etc.) ;
- la date d'effet de l'opération et du transfert de propriété en résultant, cet effet pouvant être rétroactif ou différé suivant l'intention exprimée par les parties.

10.30. CONDITIONS SUSPENSIVES OU RÉSOLUTOIRES. L'opération peut même, pour sa validité, être assortie de conditions suspensives ou résolutoires, c'est-à-dire de conditions qui, en cas de réalisation, permettent de finaliser ultérieurement l'opération (obtention d'un agrément, modification des statuts de l'absorbant ou du bénéficiaire, etc.) ou, au contraire, de l'annuler rétroactivement (non-obtention d'un financement, variation de la situation nette, etc.).

10.31. Transfert des salariés. Suivant les cas, il conviendra enfin de gérer les conséquences sociales attachées à la réalisation de l'opération s'il existe des salariés.

4. Transfert réalisé à titre onéreux

10.32. Universalité de biens. Les fusions, scissions ou apports partiels d'actifs sont des opérations qui portent sur une universalité de biens : soit l'actif et le passif de l'ensemble de l'activité du fonds de dotation (cas d'une fusion), soit ceux d'une activité particulière de ce dernier pouvant être individualisée (cas d'un apport partiel d'actif ou d'une scission).

10.33. Contrepartie à définir. Juridiquement, l'opération consiste en un contrat à titre onéreux : chaque partie en attend une contrepartie. En cas d'apport en société, dans l'hypothèse d'une filialisation d'une activité lucrative, la contrepartie est constituée par l'attribution de droits sociaux. En cas d'apport entre associations, la jurisprudence admet que la contrepartie puisse être constituée par la prise en charge par le bénéficiaire d'une obligation matérielle ou morale, telle que la poursuite de l'activité ou le maintien des biens apportés à leur affectation d'origine[1], sans que celle-ci représente pour autant une valeur économique ou financière. Pour cette raison, l'apport, bien que juridiquement onéreux, est alors fiscalement considéré comme consenti à titre pur et simple.

10.34. Devenir membre : une contrepartie impossible ? L'acquisition de la qualité de membre de la structure absorbante n'étant pas une condition nécessaire à la qualification du caractère onéreux de l'opération (même si, en pratique, cette mesure est fréquemment prévue dans les opérations entre associations), le caractère juridiquement onéreux d'une opération d'apport impliquant un fonds de dotation, qui n'a pas d'autres « membres » que ses administrateurs, pourra donc être également constaté[2]. 10.31

10.35. Contrepartie probante. La contrepartie attachée à la réalisation de l'apport doit être suffisamment probante pour exclure tout risque de requalification éventuelle de l'opération en libéralité, c'est-à-dire en une opération à titre gratuit. Il sera donc important d'accorder une attention particulière, dans la rédaction de l'acte, à la qualification du caractère onéreux de l'opération afin d'éviter tout risque de requalification de l'opération.

10.36. Apprécier l'actif et le passif. Dans l'acte signé entre les parties, il est important de bien préciser la consistance de l'actif et du passif transmis. En effet, l'apport résultant d'une fusion ou d'une opération d'apport partiel d'actifs peut parfois être assimilé fiscalement à un apport mixte (onéreux et gratuit), dès lors que le montant du passif pris en charge est supérieur au montant de l'actif apporté. Dans une telle hypothèse, l'opération s'analyse davantage comme une vente que comme un apport.

En présence d'un immeuble. Des transferts d'immeubles peuvent intervenir par voie d'apport au profit du fonds de dotation. De telles opérations d'apport – que l'apport ait lieu dans le cadre d'une fusion ou non, qu'il soit le fait d'un particulier ou non (association, fondation,

1. CA Lyon, 8 juin 1971, 1re ch., *D.* 1972. 555.
2. X. Delsol, « Les apports aux associations », *JA* n° 139/1996, p. 30.

autre fonds de dotation) – peuvent-elles donner lieu à l'exercice d'un droit de préemption de la collectivité publique ? Et faut-il purger ce droit de préemption préalablement à la prise d'effet de l'opération envisagée ? En effet, aux termes de l'article L. 213-1 du code de l'urbanisme, « *sont soumis au droit de préemption [...] tout immeuble [...], bâti ou non bâti, lorsqu'ils sont aliénés, à titre onéreux, sous quelque forme que ce soit [...]* ».
Sur la base de ce texte, il a été répondu qu'en cas d'apport ou de fusion entre associations, il n'y a pas de mutation à titre onéreux puisqu'il n'y a ni paiement du prix ni échange ou attribution de titres ; on procède donc à la détermination d'une contrepartie autre que financière.
« *Dans la mesure où l'opération d'apport d'un bien immobilier, par un particulier à une association, ou par une association à une autre association (que l'apport ait lieu ou non dans le cadre d'une fusion), ne fait pas l'objet d'une contrepartie financière ou en nature, cette opération ne peut pas être considérée comme une aliénation à titre onéreux. Elle ne rentre donc pas dans le champ d'application des droits de préemption institués par le code de l'urbanisme.* »[1]
Cette confirmation, apportée à l'époque au sujet des associations, est transposable aux fonds de dotation.
Toutefois, la loi ALUR a ajouté un article au code de l'urbanisme aux termes duquel « *sont également soumis au droit de préemption les immeubles ou ensembles de droits sociaux mentionnés au 1° de l'article L. 213-1 lorsqu'ils font l'objet d'une aliénation à titre gratuit, sauf si celle-ci est effectuée entre personnes ayant des liens de parenté jusqu'au sixième degré ou des liens issus d'un mariage ou d'un pacte civil de solidarité* »[2]. Toutefois, si cet article s'applique aux donations d'immeubles intervenant au profit d'un fonds de
10.37 dotation, il ne s'applique vraisemblablement pas aux opérations de fusion (qui portent sur une universalité de patrimoine, et non sur un immeuble ou des droits sociaux donnant vocation à l'attribution en propriété ou en jouissance d'un immeuble).

D. Filialisation

1. Causes de la filialisation

10.37. Fiscalité des activités. Un fonds de dotation (excepté un fonds purement distributif) peut se retrouver placé dans l'obligation de mettre un terme à l'exercice direct de certaines activités (nous n'envisageons pas ici l'hypothèse d'une vente pure et simple desdites activités à un tiers).

Le coût élevé d'une cession. La vente d'une telle activité, si elle est fiscalisée (et gérée dans un secteur comptable distinct), pourra générer un coût important. En effet, elle pourra être analysée en une cessation d'entreprise entraînant l'imposition des plus-values latentes (sur la valeur du « fonds de commerce », par exemple) et des éventuels bénéfices en sursis d'imposition.

Tel est le cas, notamment, lorsque certaines d'entre elles, de nature lucrative, prennent une place trop importante (en matière de recettes, notamment) dans le fonds de dotation. En effet, tant que les activités

1. V. Rép. min. Garraud, *JOAN* du 30 août 2005, p. 8266, n° 66472.
2. C. urb., art. L. 213-1-1.

lucratives restent accessoires par rapport aux activités principales non lucratives, elles peuvent être sectorisées comptablement. En revanche, dès qu'elles perdent leur caractère accessoire, elles mettent en péril le caractère non lucratif du fonds de dotation et, partant, sa capacité à recevoir des dons déductibles et des libéralités en exonération de droits de mutation.

10.38. **Choix politique.** Un fonds de dotation pourra également être conduit à filialiser certaines activités pour des raisons politiques. Tel sera également le cas du fonds de dotation que les événements conduisent à développer de nouvelles activités. Tant le fondateur que le conseil d'administration peuvent estimer devoir développer ces activités, étrangères ou non à l'objet social initial, dans une entité distincte (comme un nouveau fonds de dotation, par exemple).

Exemple 14. Le fonds de distribution qui ne veut pas devenir opérationnel

Un fonds créé pour être un outil de distribution au profit d'établissements sanitaires et sociaux non lucratifs pourra être conduit à développer une activité de conseil et/ou de prise en charge de certaines activités connexes. Considérant qu'il n'a pas vocation à devenir opérationnel, il pourra décider d'apporter ces activités à une association, à une filiale commerciale (si ces activités sont lucratives) ou à une fondation.

2. Mise en œuvre de la filialisation

10.39. **Filialisation dans une société.** Lorsque la filialisation est envisagée pour des raisons fiscales, elle consiste la plupart du temps à apporter les activités lucratives à une société filiale (Sarl, SA, SAS, etc.) constituée pour l'occasion par le fonds de dotation ou à une société préexistante, déjà détenue par un ou des tiers. Dans le cadre d'une telle filialisation, le fonds de dotation recevra des titres (parts ou actions) en contrepartie de l'apport auquel il aura procédé. Il appartiendra aux parties, en fonction du montant des plus-values latentes et des bénéfices en sursis d'imposition, de déterminer si l'opération doit être soumise au régime fiscal de faveur des fusions, scissions et apports partiels d'actifs afin d'éviter le coût éventuellement prohibitif associé, le cas échéant, à ce qui serait considéré comme une cessation d'entreprise. 10.38

10.40. **Filialisation dans une structure non capitalistique.** Une telle filialisation pourra également être mise en œuvre de façon plus originale, notamment lorsqu'elle n'est pas motivée par des raisons fiscales, en apportant l'activité non à une société mais à une structure non capitalistique.

10.41. **Filialisation dans une association ?** Cette forme juridique peut éventuellement être le réceptacle d'une activité fiscalisée d'un fonds de dotation (sans, à notre sens, qu'un tel apport puisse être contesté au motif qu'en cas de dissolution, le fonds de dotation ne peut attribuer son boni de liquidation qu'à un autre fonds de dotation ou à une fondation reconnue d'utilité publique). Dans une telle filialisation, le fonds de dotation ne bénéficiera pas d'une remise de titres puisqu'une association ne dispose pas d'un capital divisé en parts sociales. En revanche, pour conserver à l'opération d'apport un caractère juridiquement (et non fiscalement) onéreux, le fonds de dotation pourra exiger de l'association bénéficiaire qu'elle prenne un certain nombre d'engagements. Ces derniers devront constituer une contrepartie suffisante pour l'apporteur.

10.42. **Filialisation dans un autre fonds de dotation.** Le fonds de dotation peut également choisir de « filialiser » son activité dans un autre fonds de dotation. Une telle filialisation ne sera en pratique possible que si l'activité filialisée n'est pas lucrative (en effet, un fonds n'ayant qu'une activité lucrative ne peut recevoir aucune libéralité ; il perd donc son intérêt).

E. Fusion

1. Causes de la fusion

10.43. **Volonté des fondateurs.** La fusion-absorption d'un fonds de dotation par un autre fonds résultera, en pratique, de la seule volonté des fondateurs et/ou du conseil d'administration. En effet, ce sont les seuls à pouvoir décider d'une dissolution volontaire du fonds de dotation et d'une transmission de ses activités à un autre fonds (voire à un autre organisme).

10.44. **Rôle du préfet.** Une fusion ne pourra résulter d'une décision du préfet. Car si ce dernier peut obtenir, dans certaines circonstances, la dissolution judiciaire du fonds, ce n'est généralement pas pour transmettre l'activité exercée à un tiers, mais pour obtenir également la liquidation de l'organisme.

10.42 10.45. **Poursuivre l'activité dans un autre fonds.** Ainsi, les fondateurs et/ou le conseil d'administration du fonds de dotation peuvent décider de mettre volontairement un terme à la vie du fonds sans pour autant arrêter les activités que ce dernier exerçait et avoir à le liquider. Deux fonds pourront ainsi décider de fusionner compte tenu de la complémentarité de leurs activités.

2. Mise en œuvre de la fusion

10.46. **Dissolution sans liquidation.** À l'occasion d'une opération de fusion, la structure absorbée est dissoute, sans liquidation, au profit de l'absorbante. Cette dernière reçoit alors les actifs et le passif du fonds dissous, une telle opération emportant transfert universel de patrimoine.

10.47. **Activités et personnes compatibles.** Pour qu'une telle opération soit possible, il est bien entendu nécessaire :

- que l'objet social de l'absorbante lui permette d'exercer les activités de l'absorbée, à défaut, cette dernière ne pourrait décider de l'apport de la totalité de son activité à la structure absorbante ;
- et, *a priori*, que la structure absorbante soit un fonds de dotation ou une fondation reconnue d'utilité publique (dans la mesure où un fonds ne peut en principe se dissoudre au profit d'une personne d'une autre nature que celles évoquées).

10.48. **Respecter les compétences.** La décision de fusion devra être prise dans le respect des statuts de chacune des deux parties, en tenant compte des prérogatives éventuelles, en pareille matière, du ou des fondateurs. Elle passera également par la rédaction d'un acte juridique, éventuellement en lien avec un notaire lorsque le patrimoine transféré comprend des immeubles.

Il appartiendra aux parties de décider de l'opportunité d'opter pour le régime fiscal de faveur des fusions (n° 10.17).

III. Dissolution et liquidation

A. Causes de dissolution

10.49. Dissolution de plein droit. La dissolution peut intervenir de plein droit lorsque le fonds de dotation a été constitué pour une durée déterminée ou lorsqu'il a été constitué en vue de la réalisation d'un objectif déterminé qui a été atteint ou qui devient impossible. Elle peut aussi consister en une sanction prononcée par les juridictions compétentes.

10.50. Dissolution volontaire ou imposée. Mais la plupart du temps, la dissolution d'un fonds de dotation constitué pour une durée indéterminée peut être décidée à tout moment par le conseil d'administration et/ou les fondateurs du fonds pour des raisons très diverses (réalisation de l'objet social, démission ou disparition de tous les fondateurs et/ou administrateurs, difficultés de gestion, fusion-absorption par un autre fonds de dotation, etc.). Elle pourra également être imposée par la voie judiciaire.

1. Dissolution volontaire

10.51. Volonté initiale. La dissolution d'un fonds de dotation peut résulter de la volonté du ou des fondateurs telle qu'ils ont pu l'exprimer dans les statuts constitutifs eux-mêmes. Par exemple, la simple stipulation d'une durée dans les statuts (généralement à l'initiative du ou des fondateurs) entraînera en principe la dissolution du fonds à l'arrivée du terme fixé. De même que l'atteinte de l'objectif assigné au fonds par ses statuts pourra conduire à la dissolution de ce dernier.

Exemple 15. Fonds constitué pour une opération de restauration limitée dans le temps

L'achèvement de la restauration d'une chapelle lorsque le fonds a été constitué dans cet objectif. Il conviendra toutefois de mesurer les incidences d'une telle dissolution sur l'existence éventuelle d'un boni de liquidation.

10.52. Durée déterminée révisable. Bien entendu, le fonds restant libre de modifier ses statuts, il ne peut être exclu qu'il décide, éventuellement avec l'aval de son fondateur (s'il est nécessaire), de prolonger son existence. C'est d'ailleurs cette liberté laissée aux dirigeants et fondateurs du fonds de dotation (à l'image de celle dont bénéficie une association) qui peut engendrer des difficultés de compréhension au sujet d'une précision apportée par le décret du 11 février 2009 relatif aux fonds de dotation. En effet, l'article 15 de ce dernier énonce qu'à « *l'expiration du délai prévu pour la réalisation de son objet, un fonds de dotation à durée déterminée peut, par délibération de son conseil d'administration notifiée à l'autorité administrative par lettre recommandée avec demande d'avis de réception, utiliser l'actif net restant à l'issue de la liquidation du fonds pendant un délai qui ne peut excéder six mois* » (outil 2).

10.53. Causes statutaires de dissolution. Les statuts peuvent également contenir l'énoncé d'un certain nombre de faits (généralement fautifs dans l'esprit des fondateurs) susceptibles d'entraîner la dissolution, automatique ou non, du fonds (éventuellement après décision du fondateur).

10.54. **Autres causes de dissolution volontaire.** Dans les fonds de dotation constitués à durée indéterminée, la dissolution résultera d'une décision du conseil d'administration et/ou des fondateurs, adoptée selon les modalités prévues par les statuts (en matière de règle de quorum et de majorité, notamment). Ainsi, la décision de dissoudre un fonds de dotation pourra être motivée par la volonté des dirigeants (et/ou du fondateur) de fusionner avec un fonds de dotation ou, éventuellement, avec une fondation reconnue d'utilité publique destinée à prendre la suite du fonds de dotation.

10.55. **Consommation de la dotation.** La dissolution du fonds pourra aussi être la conséquence d'une décision de ce dernier de consommer, sur une certaine durée, sa dotation en capital. Le fait de consommer la dotation n'emporte pas, pour autant, dissolution automatique ; elle devra être décidée.

2. Dissolution judiciaire

10.56. **Dissolution sanction.** Lorsqu'il constate que la mission d'intérêt général du fonds de dotation n'est plus assurée, notamment en cas de dysfonctionnements graves de ce dernier (sur cette notion, n° 7.37), le préfet peut saisir l'autorité judiciaire aux fins de dissolution du fonds de dotation.

3. Publicité de la dissolution

10.57. **Déclaration en préfecture.** La dissolution n'a pas à être déclarée en préfecture. En effet, la loi et le décret régissant les fonds de dotation n'énoncent pas cette obligation (la circulaire du 19 mai 2009 précise toutefois que « *la décision de dissolution du fonds de dotation est traitée comme une demande [déclaration ?] de modification* ». En revanche, elle doit être publiée au *Journal officiel* de la République française, aux frais du fonds lui-même.

Différence avec les associations. La situation des associations est différente : si elles sont tenues de déclarer leur dissolution en préfecture, elles ne sont pas tenues de la publier au *Journal officiel*. En pratique, il sera de bonne gestion, pour le liquidateur (ou les dirigeants, en cas de dissolution par voie de fusion) de déclarer en préfecture la dissolution du fonds.

10.58. **Rôle du président du fonds.** En cas de dissolution statutaire ou volontaire, la publication au *Journal officiel* « *incombe au président du fonds, après accord du conseil d'administration* »[1].

Délégation de pouvoir au président. Il faut comprendre que cette publicité (qui incombe au président) ne peut intervenir qu'après que la décision de dissolution a été prise. Celle-ci n'est pas nécessairement de la compétence du conseil d'administration. En outre, quand elle relève

1. Décr. n° 2009-158 du 11 février 2009 relatif aux fonds de dotation, art. 14, *JO* du 13.

statutairement de la compétence de ce dernier, l'article 14 précité du décret du 11 février 2009 ne doit pas, à notre sens, être interprété comme obligeant le conseil à prendre une décision spécifique sur la publication. Il suffira qu'il donne au président tout pouvoir pour conduire les opérations de liquidation à leur terme (ce qui comprendra la formalité de publication au *Journal officiel*).

10.59. RÔLE DU LIQUIDATEUR. En cas de dissolution judiciaire, cette publicité incombe au liquidateur désigné par le préfet.

INFORMATION DU PUBLIC PAR INTERNET. Il est possible de prendre connaissance des fonds dissous en se rendant sur le site des *Journaux officiels*, à la page suivante : www.journal-officiel.gouv.fr, puis : Association > Type d'annonce > Fonds de dotation > Dissolution.
79 DISSOLUTIONS AU 30 AOÛT 2014. Sur les 1 844 fonds de dotation créés depuis le mois de mars 2009, ce sont 79 fonds qui ont été dissous. Ces dissolutions ont été volontaires et, pour certaines d'entres elles, la conséquence d'une durée d'existence déterminée dans les statuts.

B. Liquidation

10.60. FIN DE LA VIE INSTITUTIONNELLE. La décision de dissolution met fin immédiatement à la vie institutionnelle du fonds de dotation et, la plupart du temps, entraîne la liquidation de ses biens (en cas de fusion, il est à noter qu'il n'y a pas de liquidation ; l'actif et le passif sont transmis à l'absorbante, nos 10.19 et s.). 10.59

10.61. MAINTIEN DE LA PERSONNALITÉ JURIDIQUE. La personnalité juridique du fonds de dotation bénéficie cependant d'une période de survie pendant le temps nécessaire à sa liquidation[1]. Il s'agit là d'un principe général commun à toute personne morale. En effet, le prononcé de la dissolution, et l'ouverture de la liquidation, ne mettent pas pour autant un terme aux éventuels contentieux en cours, par exemple.

10.62. LIQUIDATION ORGANISÉE LIBREMENT. L'article 140 de la loi énonce que les conditions de liquidation, si elles ne sont pas fixées par les statuts, sont déterminées par le liquidateur désigné par l'autorité judiciaire.

COMPÉTENCE DU CONSEIL D'ADMINISTRATION. Il ne faut pas déduire de cette énonciation que le conseil d'administration ne serait pas compétent si les statuts ne déterminent pas les conditions de mise en œuvre de la liquidation. La mention du « liquidateur désigné par l'autorité judiciaire » concerne vraisemblablement le seul cas des fonds de dotation dont la dissolution a été prononcée judiciairement.
En dehors de ce cas, il y a lieu de considérer que le conseil d'administration dispose d'un pouvoir général d'administration du fonds.

10.63. TRAITEMENT DES CRÉANCES ET DES DETTES. La phase de liquidation doit permettre le règlement des éventuels créanciers et le recouvrement des

1. Civ., 5 décembre 1984, *D.* 1985, Débizet c/ Société nationale de télévision française TF1.

créances du fonds. Elle permet également de faire retour, aux apporteurs, de leurs apports respectifs.

Reprise des apports. La reprise des apports lors de la dissolution d'un fonds de dotation ne donne lieu qu'à la formalité de publicité foncière pour les biens immobiliers éventuellement repris (taxe de 0,60 % de la valeur du bien, outre les émoluments du notaire, dont l'intervention est en l'espèce obligatoire). Si l'immeuble a acquis une plus-value ou si la reprise s'effectue sur un bien d'une valeur supérieure à celle de l'apport, cette plus-value donne lieu à la perception du droit de mutation et de l'impôt sur les plus-values selon la nature du bien repris et de l'apporteur initial.
La reprise d'un apport n'est pas considérée, sauf si les faits peuvent justifier une requalification, comme une distribution de revenus. Elle n'entraîne donc pas d'imposition particulière dans ce domaine.

L'article 15 du décret énonce également qu'à l'expiration du délai prévu pour la réalisation de son objet, un fonds de dotation à durée déterminée peut, par délibération de son conseil d'administration notifiée au préfet par lettre recommandée avec demande d'avis de réception, utiliser l'actif net restant à l'issue de la liquidation du fonds pendant un délai qui ne peut excéder six mois.

10.64 **10.64. Intervention du préfet.** Si l'utilisation projetée n'est pas conforme à l'objet du fonds, le préfet dispose d'un délai de sept jours à compter de la réception de la délibération pour s'y opposer. En cas d'opposition du préfet, ou à l'expiration du délai de six mois précité, l'actif net (boni de liquidation) restant à l'issue de la liquidation du fonds de dotation à durée déterminée est transféré dans les conditions indiquées ci-après.

C. Attribution du boni de liquidation

1. Décision d'attribution : des bénéficiaires limités

10.65. Principe : une liberté encadrée. Il appartiendra aux administrateurs et/ou aux fondateurs du fonds de dotation, voire au liquidateur de ce dernier, de décider du sort de l'éventuel boni de liquidation, en fonction de ce qu'ont éventuellement prévu les statuts. La loi limite toutefois le choix en ce domaine. Elle précise en effet que le boni de liquidation ne peut être attribué qu'à un (ou plusieurs) fonds de dotation et/ou à une ou plusieurs fondations reconnues d'utilité publique.

Ainsi, une association (même disposant de la grande capacité juridique), un syndicat professionnel et une congrégation ne pourront être les attributaires du boni de liquidation d'un fonds de dotation.

10.66. Versements préalables. Toutefois, avant même sa phase de liquidation, un fonds de dotation aura très bien pu prendre des engagements de versements de subventions à des organismes (associations, fondations, congrégations, etc.) exerçant des activités d'intérêt général et/ou pouvant bénéficier de versements dans le cadre du régime fiscal du mécénat.

10.67. Bénéficiaire compatible avec l'objet du fonds. D'autre part, du fait même de l'objet statutaire du fonds de dotation, qui détermine les limites dans lesquelles il peut agir, le conseil d'administration et/ou les liquidateurs devront attribuer le boni de liquidation à un fonds ou une fondation reconnue d'utilité publique ayant les mêmes domaines d'activité que le fonds dissous.

2. Incidences fiscales d'une dissolution-liquidation

10.68. DONATION. La dévolution, sans contrepartie, des biens à un autre fonds de dotation ou à une fondation reconnue d'utilité publique est soumise au régime des donations pour les droits de mutation.

10.69. FONDS DE DOTATION BÉNÉFICIAIRE : EXONÉRATION DE DROITS DE MUTATION À TITRE GRATUIT. Si l'organisme bénéficiaire est un fonds de dotation, il sera exonéré de droits de mutation à titre gratuit (dès lors du moins qu'il répond aux conditions fixées au g de l'article 200 du code général des impôts, nos 8.01 et s.).

10.70. FONDATION BÉNÉFICIAIRE : UNE EXONÉRATION SOUS CONDITIONS. Si l'organisme bénéficiaire est une fondation reconnue d'utilité publique, cette dernière sera en principe assujettie aux droits de mutation applicables aux libéralités intervenant entre frères et sœurs, soit aux taux (après abattement) de :

- 35 % pour la fraction de part nette taxable inférieure à 24 430 euros ;
- 45 % pour la fraction supérieure à 24 430 euros.

Code général des impôts, art. 777. « [...] Sous réserve des exceptions prévues au I de l'article 794 et à l'article 795, les dons et legs faits aux établissements publics ou d'utilité publique sont soumis aux tarifs fixés pour les successions entre frères et sœurs [...] ».

10.68

Toutefois, ces droits ne seront pas applicables si les ressources de la fondation sont exclusivement affectées à des œuvres scientifiques, culturelles ou artistiques à caractère désintéressé ou exclusivement affectées à des œuvres d'assistance. Ils ne seront pas non plus applicables si la fondation a pour objet de soutenir des œuvres d'enseignement scolaire et universitaire régulièrement déclarées ou si elle peut être considérée comme un organisme d'habitations à loyer modéré.

Code général des impôts, art. 795. « Sont exonérés des droits de mutation à titre gratuit :

1° Les dons et legs d'œuvres d'art, de monuments ou d'objets ayant un caractère historique, de livres, d'imprimés ou de manuscrits, faits aux établissements pourvus de la personnalité civile, autres que ceux visés au I de l'article 794, si ces œuvres et objets sont destinés à figurer dans une collection publique ;

2° Les dons et legs consentis aux établissements publics ou d'utilité publique, dont les ressources sont exclusivement affectées à des œuvres scientifiques, culturelles ou artistiques à caractère désintéressé ;

3° *Abrogé* ;

4° Les dons et legs faits aux établissements publics charitables autres que ceux visés au I de l'article 794, aux mutuelles et à toutes autres sociétés reconnues d'utilité publique dont les ressources sont affectées à des œuvres d'assistance, à la défense de l'environnement naturel ou à la protection des animaux.

Il est statué sur le caractère de bienfaisance de la disposition par le décret rendu en Conseil d'État ou l'arrêté préfectoral qui en autorise, le cas échéant, l'acceptation ;

5° Les dons et legs faits aux fondations universitaires, aux fondations partenariales et établissements d'enseignement supérieur reconnus d'utilité publique, aux sociétés d'éducation populaire gratuite reconnues d'utilité publique et subventionnées par l'État, aux associations d'enseignement supérieur reconnues d'utilité publique et aux établissements reconnus

d'utilité publique ayant pour objet de soutenir des œuvres d'enseignement scolaire et universitaire régulièrement déclarées ;
6° Les dons et legs de sommes d'argent ou d'immeubles faits aux établissements pourvus de la personnalité civile autres que ceux visés au I de l'article 794 avec obligation, pour les bénéficiaires, de consacrer ces libéralités à l'achat d'œuvres d'art, de monuments ou d'objets ayant un caractère historique, de livres, d'imprimés ou de manuscrits, destinés à figurer dans une collection publique, ou à l'entretien d'une collection publique ;
7° Les dons et legs faits aux organismes d'habitations à loyer modéré ou à leurs unions ;
8° *Périmé.*
9° Les dons et legs faits à l'office national des anciens combattants et victimes de guerre ;
10° Les dons et legs faits aux associations cultuelles, aux unions d'associations cultuelles et aux congrégations autorisées ;
11° Les dons et legs faits aux établissements publics ou d'utilité publique autres que ceux visés au I de l'article 794, aux sociétés particulières ou autres groupements régulièrement constitués, en tant qu'ils sont affectés, par la volonté expresse du donateur ou du testateur, à l'érection de monuments aux morts de la guerre ou à la gloire de nos armes et des armées alliées.
12° Conformément à l'article L. 322-8 du code de l'environnement, les dons et legs d'immeubles situés dans les zones définies à l'article L. 322-1 du code précité, faits au profit du Conservatoire de l'espace littoral et des rivages lacustres.
13° Les dons et legs d'immeubles situés dans les cœurs des parcs nationaux, faits au profit de l'établissement public du parc national concerné.
14° Les dons et legs consentis aux fonds de dotation répondant aux conditions fixées au g du 1 de l'article 200. »

10.71

10.71. Déclaration 2070 (revenus de patrimoine). Les fonds de dotation qui sont redevables de l'impôt sur les sociétés sur leurs revenus patrimoniaux du fait du caractère consomptible de leur dotation en capital (n° 8.64) doivent souscrire la déclaration 2070 dans un délai de 60 jours à compter de la cessation de l'activité.

10.72. Activités non lucratives : absence de plus-values taxables. En outre, la dissolution du fonds de dotation n'ayant que des activités non lucratives n'emporte aucune conséquence fiscale à l'égard des éventuelles plus-values (gains en capital) réalisées sur les biens qu'il apporte ou donne.

10.73. Droit fixe éventuel. Enfin, d'une façon générale, l'acte constatant la dissolution d'un fonds de dotation n'est passible que du seul droit fixe d'enregistrement des actes innomés, soit 125 euros, dans la mesure seulement où il est soumis volontairement à cette formalité.

10.74. Cessation d'activités lucratives. Pour leur(s) éventuelle(s) activité(s) lucrative(s), les fonds de dotation dissous sont placés dans la même situation que les sociétés commerciales qui cessent leurs activités. La dissolution peut donc être lourde de conséquences, car elle entraîne, chez le fonds de dotation dissous, l'imposition immédiate des résultats imposables et des plus-values réalisées ou constatées à l'occasion de la cessation d'activité. Les provisions éventuellement constituées antérieurement et devenues sans objet du fait de la cessation de l'activité doivent être réintégrées dans le bénéfice imposable. Le fonds dispose alors d'un délai de 60 jours pour informer l'administration fiscale de la date effective de la cessation d'activité. La liquidation de l'impôt doit être effectuée spontanément au plus tard le 15 du mois suivant celui de l'expiration du délai de 60 jours imparti pour la déclaration.

Quant à la TVA, le fonds de dotation est tenu de procéder à la régularisation de la déduction initiale des biens constituant des immobilisations.

10.74

Boîte I. Se référer aux textes

Les textes publiés ici sont la reproduction exacte de leur version publiée au *Journal officiel* ou dans un *Bulletin officiel*. Ils ont été mis à jour et consolidés par la rédaction au 15 juin 2014. Les rédacteurs ont par ailleurs apporté des éléments d'actualisation, de commentaires, de renvois, ainsi que des intitulés de titre précisant le champ des textes. Ces ajouts sont reproduits dans une mise en forme identifiable : *[texte de couleur bleue et entre crochets]*.
Cette compilation de textes officiels constitue ainsi pour le lecteur un « mini-code » dédié aux thèmes développés dans l'ouvrage. Ils doivent cependant être appréciés comme de simples outils documentaires propres à l'ouvrage et ne peuvent pas se substituer aux sources officielles *(Journal officiel, Bulletin officiel)* qui, seules, font juridiquement foi. La législation et la réglementation étant en perpétuel mouvement, il est donc recommandé de s'assurer de la validité et de l'actualité des textes reproduits ici, sur le site officiel *www.legifrance.gouv.fr* ou dans le *code des associations et fondations Dalloz.*

Outil 1. Loi du 4 août 2008 : modernisation de l'économie [Extraits : fonds de dotation]

[Loi n° 2008-776 du 4 août 2008 de modernisation de l'économie, JO du 5 août 2008]
[Il est probable que ce décret sera prochainement modifié pour intégrer les conséquences réglementaires des deux changements apportés par la loi ESS du 31 juillet 2014 au sujet de la dotation minimum des fonds de dotation et de la possibilité, pour ces derniers, de se transformer en fondation.]

Article 140

[Définition – Création]

n° 2.01 et n°s 3.01 et s.

I. – Le fonds de dotation est une personne morale de droit privé à but non lucratif qui reçoit et gère, en les capitalisant, des biens et droits de toute nature qui lui sont apportés à titre gratuit et irrévocable et utilise les revenus de la capitalisation en vue de la réalisation d'une œuvre ou d'une mission d'intérêt général ou les redistribue pour assister une personne morale à but non lucratif dans l'accomplissement de ses œuvres et de ses missions d'intérêt général.
Le fonds de dotation est créé par une ou plusieurs personnes physiques ou morales pour une durée déterminée ou indéterminée.

[Déclaration – Publication – Personnalité morale]

nos 3.48 et s.

II. – Le fonds de dotation est déclaré à la préfecture du département dans le ressort duquel il a son siège social. Cette déclaration est assortie du dépôt de ses statuts.
Le fonds de dotation jouit de la personnalité morale à compter de la date de publication au *Journal officiel* de la déclaration faite à la préfecture.
Les modifications des statuts du fonds sont déclarées et rendues publiques selon les mêmes modalités ; elles ne sont opposables aux tiers qu'à compter de leur publication.
Toute personne a droit de prendre connaissance, sans déplacement, des statuts du fonds de dotation et peut s'en faire délivrer, à ses frais, une copie ou un extrait.

[Dotation – Financement]

nos 3.13 et s.

III. – Le fonds de dotation est constitué par les dotations en capital qui lui sont apportées auxquelles s'ajoutent les dons et legs qui lui sont consentis. L'article 910 du code civil n'est pas applicable à ces libéralités.
Le ou les fondateurs peuvent apporter une dotation initiale au fonds.
Aucun fonds public, de quelque nature qu'il soit, ne peut être versé à un fonds de dotation. Il peut être dérogé à cette interdiction, à titre exceptionnel, pour une œuvre ou un programme d'actions déterminé, au regard de son importance ou de sa particularité. Les dérogations sont accordées par arrêté conjoint des

ministres chargés de l'économie et du budget.

Les ressources du fonds sont constituées des revenus de ses dotations, des produits des activités autorisées par les statuts et des produits des rétributions pour service rendu.

Le fonds peut faire appel à la générosité publique après autorisation administrative dont les modalités sont fixées par décret. Les dons issus de la générosité publique peuvent être joints à la dotation en capital du fonds de dotation.

Le fonds de dotation dispose librement de ses ressources dans la limite de son objet social.

Il ne peut disposer des dotations en capital dont il bénéficie ni les consommer et ne peut utiliser que les revenus issus de celles-ci.

Toutefois, par dérogation aux dispositions du premier alinéa du I et de l'alinéa précédent, les statuts peuvent fixer les conditions dans lesquelles la dotation en capital peut être consommée.

Les modalités de gestion financière du fonds de dotation sont fixées par décret en Conseil d'État.

[Legs à un fonds de dotation à constituer]

n° 3.30.

IV. – Un legs peut être fait au profit d'un fonds de dotation qui n'existe pas au jour de l'ouverture de la succession à condition qu'il acquière la personnalité morale dans l'année suivant l'ouverture de celle-ci. Dans ce cas, la personnalité morale du fonds de dotation rétroagit au jour de l'ouverture de la succession.

À défaut de désignation par le testateur des personnes chargées de constituer le fonds de dotation, il est procédé à cette constitution par une fondation reconnue d'utilité publique, un fonds de dotation ou une association reconnue d'utilité publique. Pour l'accomplissement des formalités de constitution du fonds, les personnes chargées de cette mission ou le fonds de dotation désigné à cet effet ont la saisine sur les meubles et immeubles légués. Ils disposent à leur égard d'un pouvoir d'administration à moins que le testateur ne leur ait conféré des pouvoirs plus étendus.

[Gouvernance]

nos 5.09 et s.

V. – Le fonds de dotation est administré par un conseil d'administration qui comprend au minimum trois membres nommés, la première fois, par le ou les fondateurs.

Les statuts déterminent la composition ainsi que les conditions de nomination et de renouvellement du conseil d'administration.

[Comptes]

nos 7.23 et s.

VI. – Le fonds de dotation établit chaque année des comptes qui comprennent au moins un bilan et un compte de résultat. Ces comptes sont publiés au plus tard dans un délai de six mois suivant l'expiration de l'exercice. Le fonds nomme au moins un commissaire aux comptes et un suppléant, choisis sur la liste mentionnée à l'article L. 822-1 du code de commerce, dès lors que le montant total de ses ressources dépasse 10 000 euros en fin d'exercice.

Le fonds de dotation alimenté par des dons issus de la générosité du public établit chaque année des comptes qui comprennent un bilan, un compte de résultat et une annexe. L'annexe comporte le compte d'emploi annuel des ressources collectées auprès du public.

Les peines prévues par l'article L. 242-8 du même code sont applicables au président et aux membres du conseil d'administration du fonds de dotation qui ne produisent pas, chaque année, des comptes dans les conditions prévues au premier alinéa du présent VI. L'article L. 820-4 du même code leur est également applicable.

Lorsque le commissaire aux comptes relève, à l'occasion de l'exercice de sa mission, des faits de nature à compromettre la continuité de l'activité, il demande des explications au président du conseil d'administration, dans des conditions fixées par décret. Le président du conseil d'administration est tenu de lui répondre sous quinze jours. Le commissaire aux comptes en informe l'autorité administrative. En cas d'inobservation de ces dispositions ou s'il constate qu'en dépit des décisions prises la continuité de l'activité demeure compromise, le commissaire aux comptes établit un rapport spécial et invite, par un écrit dont la copie est envoyée à l'autorité administrative, le président à faire délibérer sur les faits relevés le conseil d'administration convoqué dans des conditions et délais fixés par décret. Si, à l'issue de la réunion du conseil d'administration, le commissaire aux comptes constate que les décisions prises ne permettent pas d'assurer la continuité de l'activité, il informe de ses démarches l'autorité administrative et lui en communique les résultats.

[Contrôle exercé par la préfecture]

n° 7.01.

VII. – L'autorité administrative s'assure de la régularité du fonctionnement du fonds de dotation. À cette fin, elle peut se faire communiquer tous documents et procéder à toutes investigations utiles.

Le fonds de dotation adresse chaque année à l'autorité administrative un rapport d'activité auquel sont joints le rapport du commissaire aux comptes et les comptes annuels.

Si l'autorité administrative constate des dysfonctionnements graves affectant la réalisation de l'objet du fonds de dotation, elle peut, après mise en demeure non suivie d'effet, décider, par un acte motivé qui fait l'objet d'une publication au Journal officiel, de suspendre l'activité du fonds pendant une durée de six mois au plus ou, lorsque la mission d'intérêt général n'est plus assurée, de saisir l'autorité judiciaire aux fins de sa dissolution.

Les modalités d'application du présent VII sont fixées par décret en Conseil d'État.

[Dissolution et liquidation]

n°s 10.49 et s.

VIII. – La dissolution du fonds de dotation peut être statutaire ou volontaire. Elle peut également être judiciaire, notamment dans le cas prévu au troisième alinéa du VII. Elle fait l'objet de la publication prévue au même alinéa.

Il est procédé à la liquidation dans les conditions prévues par les statuts ou, à défaut, à l'initiative du liquidateur désigné par l'autorité judiciaire.

À l'issue de la liquidation du fonds, l'ensemble de son actif net est transféré à un autre fonds de dotation ou à une fondation reconnue d'utilité publique.

Un décret en Conseil d'État prévoit les conditions d'application du présent VIII et, notamment, les limites dans lesquelles un fonds de dotation à durée déterminée peut utiliser sa dotation à l'expiration du délai prévu pour la réalisation de son objet.

[Lutte contre le blanchiment]

n° 7.15.

IX. – Après le 6° de l'article L. 562-2-1 du code monétaire et financier *[devenu l'article L. 561-3, v. art. 2 de l'ordonnance n° 2009-104 du 30 janvier 2009]*, il est inséré un 7° ainsi rédigé :

« 7° La constitution ou la gestion de fonds de dotation. »

[Régime fiscal du mécénat des particuliers et des entreprises – Fiscalité des revenus de patrimoine]

n°s 8.01 et s.

X. – Le code général des impôts est ainsi modifié :

1° Le 1 de l'article 200 est ainsi modifié :

a) Après le *f,* il est inséré un *g* ainsi rédigé :

« *g)* De fonds de dotation :

« 1° Répondant aux caractéristiques mentionnées au *b)* ;

« 2° Ou dont la gestion est désintéressée et qui reversent les revenus tirés des dons et versements mentionnés au premier alinéa du présent 1 à des organismes mentionnés aux *a* à *f* ou à la Fondation du patrimoine dans les conditions mentionnées aux deux premiers alinéas du 2 *bis,* ou à une fondation ou association reconnue d'utilité publique agréée par le ministre chargé du budget dans les conditions mentionnées au dernier alinéa du 2 *bis.* Ces organismes délivrent aux fonds de dotation une attestation justifiant le montant et l'affectation des versements effectués à leur profit. » ;

b) Dans le dernier alinéa, le mot : « septième » est remplacé par le mot : « huitième » ;

2° Le premier alinéa du 1 *bis* de l'article 206 est ainsi modifié :

a) Après les mots : « fondations d'entreprise », sont insérés les mots : « les fonds de dotation » ;

b) Il est ajouté une phrase ainsi rédigée : « Sont réputées lucratives les activités de gestion et de capitalisation, par les fonds de dotation, de dons, droits et legs dont les fruits sont versés à des organismes autres que ceux mentionnés au présent alinéa ou à des organismes publics pour l'exercice d'activités lucratives. » ;

3° Dans le premier alinéa du 5 de l'article 206, après les mots : « autre disposition », sont insérés les mots : « à l'exception, d'une part, des fondations reconnues d'utilité publique et, d'autre part, des fonds de dotation dont les statuts ne prévoient pas la possibilité de consommer leur dotation en capital, » ;

4° Le III de l'article 219 *bis* est abrogé ;

5° Après le onzième alinéa du 1 de l'article 238 *bis*, il est inséré un g ainsi rédigé :

« *g)* De fonds de dotation :

« 1° Répondant aux caractéristiques mentionnées au *a)* ;

« 2° Ou dont la gestion est désintéressée et qui reversent les revenus tirés des dons et versements mentionnés au premier alinéa du présent 1 à des organismes mentionnés aux *a* à *e bis* ou à la Fondation du patrimoine dans les conditions mentionnées aux deux premiers alinéas du *f*, ou à une fondation ou association reconnue d'utilité publique agréée par le ministre chargé du budget dans les conditions mentionnées au quatrième alinéa du *f*. Ces organismes délivrent aux fonds de dotation une attestation justifiant le montant et l'affectation des versements effectués à leur profit. » ;

6° L'article 1740 A est complété par un alinéa ainsi rédigé :

« L'amende prévue au premier alinéa s'applique également en cas de délivrance irrégulière de l'attestation mentionnée à la seconde phrase du 2° du g du 1 de l'article 200 et à la seconde phrase du 2° du *g* du 1 de l'article 238 *bis*. »

Article 141

nos 9.01 et s.

[...]

[LIBÉRALITÉS : EXONÉRATION DE DROITS DE MUTATION]

II. L'article 795 du même code est complété par un 14° ainsi rédigé : « 14°. Les dons et legs consentis aux fonds de dotation répondant aux conditions fixées au *g* du 1 de l'article 200 du présent code. »

[Cet article modifie code général des impôts, CGI art. 795, art. 885-0 V bis A, reproduit sous outil n° 3.]

Outil 2. Décret du 11 février 2009 : fonds de dotation

[Décret n° 2009-158 du 11 février 2009 relatif au fonds de dotation, JO du 13 février]

TITRE I. DES MODALITÉS DE GESTION FINANCIÈRE DU FONDS DE DOTATION

nos 5.25 et s.

Article 1

Le conseil d'administration du fonds de dotation définit la politique d'investissement du fonds, dans des conditions précisées par les statuts. Ces conditions incluent des règles de dispersion par catégories de placement, et de limitation par émetteur.

Les actifs éligibles aux placements du fonds de dotation sont ceux qu'énumère l'article R. 931-10-21 du code de la sécurité sociale.

Article 2

Lorsque le montant de la dotation excède un million d'euros, les statuts du fonds de dotation prévoient la création, auprès du conseil d'administration, d'un comité consultatif, composé de personnalités qualifiées extérieures à ce conseil, et chargé de lui faire des propositions de politique d'investissement et d'en assurer le suivi. Ce comité peut proposer des études et des expertises.

TITRE II. DE LA MISSION DU COMMISSAIRE AUX COMPTES

nos 7.28 et s.

Article 3

Les comptes annuels d'un fonds de dotation tenu d'avoir un commissaire aux comptes en vertu du VI de l'article 140 de la loi du 4 août 2008 susvisée sont mis à la disposition de celui-ci au moins quarante-cinq jours avant la date de la réunion du conseil d'administration convoquée pour leur approbation. Leur est joint le rapport d'activité prévu au VII du même article de la même loi.

Le commissaire aux comptes certifie les comptes annuels du fonds de dotation et vérifie leur concordance avec le rapport d'activité prévu à l'article 8.

Article 4

Les comptes annuels et le rapport du commissaire aux comptes sont adressés à l'autorité administrative par lettre recommandée avec demande d'avis de réception dans un délai de six mois à compter de la clôture de l'exercice.

Le fonds de dotation assure la publication de ses comptes annuels, telle qu'elle est prévue au VI de l'article 140 de la loi du 4 août 2008 susvisée, y compris, le cas échéant, de l'annexe mentionnée au deuxième alinéa du VI de cet article, sur le site internet de la Direction des Journaux officiels dans les mêmes conditions que les associations ou fondations soumises aux prescriptions du premier alinéa de l'article L. 612-4 du code de commerce.

Article 5

Les démarches du commissaire aux comptes auprès du président du fonds de dotation prévues par le quatrième alinéa du VI de l'article 140 de la loi du 4 août 2008 susvisée sont faites par lettre recommandée avec demande d'avis de réception.

Lorsque le commissaire aux comptes constate des faits de nature à compromettre l'activité du fonds de dotation, il engage ces démarches sans délai.

Lorsque le commissaire aux comptes invite le président du fonds de dotation à faire délibérer le conseil d'administration sur les faits ainsi relevés, il fixe la date, dans un délai qui ne peut excéder huit jours, l'ordre du jour et, le cas échéant, le lieu de la réunion du conseil d'administration. Les frais de cette réunion sont à la charge du fonds de dotation.

Titre III. Du contrôle de l'autorité administrative

nos 7.01 et s.

Article 6

L'autorité administrative mentionnée au VII de l'article 140 de la loi du 4 août 2008 susvisée et dans le présent décret est le préfet du département dans lequel le fonds de dotation a son siège social.

Article 7

La déclaration de création du fonds de dotation ainsi que la déclaration de modification des statuts prévues au II de l'article 140 de la loi du 4 août 2008 susvisée mentionnent les noms, prénoms, dates de naissance, lieux de naissance, professions, domiciles et nationalités de ceux qui sont chargés, à un titre quelconque, de son administration. L'autorité administrative en délivre récépissé dans un délai de cinq jours.

La publication de ces déclarations au *Journal officiel* de la République française incombe aux fondateurs du fonds de dotation. Elles sont faites à leurs frais. Elles mentionnent :

a) La dénomination et le siège social du fonds de dotation ;

b) L'objet du fonds de dotation ;

c) La durée pour laquelle le fonds de dotation est créé ;

d) La date de la déclaration.

Le fonds de dotation est tenu de faire connaître, dans les trois mois, à l'autorité administrative tous les changements survenus dans son administration, notamment les changements de membres et les changements d'adresse du siège social.

Article 8

Le fonds de dotation établit chaque année un rapport d'activité, qui est soumis à l'approbation du conseil d'administration, et qu'il adresse à l'autorité administrative dans un délai de six mois à compter de la clôture de l'exercice.

Ce rapport contient les éléments suivants :

a) Un compte rendu de l'activité du fonds de dotation, qui porte tant sur son fonctionnement interne que sur ses rapports avec les tiers ;

b) La liste des actions d'intérêt général financées par le fonds de dotation, et leurs montants ;

c) La liste des personnes morales bénéficiaires des redistributions prévues au I de l'article 140 de la loi du 4 août 2008 susvisée, et leurs montants ;

d) Si le fonds de dotation fait appel à la générosité publique, le compte d'emploi des ressources collectées auprès du public prévu à l'article 4 de la loi du 7 août 1991 susvisée, qui précise notamment l'affectation des dons par type de dépenses et qui mentionne les informations relatives à son élaboration ;

e) La liste des libéralités reçues.

Lorsque le rapport d'activité n'a pas été notifié dans le délai mentionné au premier alinéa, ou lorsque le rapport est incomplet, l'autorité administrative peut mettre en demeure le fonds de dotation de se conformer à ses obligations dans un délai d'un mois.

Article 9

Constituent des dysfonctionnements graves, dès lors qu'ils affectent la réalisation de l'objet du fonds de dotation :

a) La violation des règles de gestion financière prévues au titre Ier ;

b) La violation des dispositions du VI de l'article 140 de la loi du 4 août 2008 susvisée et du titre II du présent décret relatives à l'établissement et à la publicité des comptes annuels, et à la mission du commissaire aux comptes ;

c) Le fait, pour le fonds de dotation, de disposer ou de consommer tout ou partie de la dotation en capital dont il bénéficie dans le cas où les statuts n'autorisent pas à consommer cette dotation, et, dans le cas où les statuts prévoient cette possibilité, le fait de disposer ou de consommer tout ou partie de la dotation en violation des conditions fixées par les clauses statutaires ou pour une cause étrangère à la réalisation des œuvres ou des missions d'intérêt général prévues au premier alinéa du I de l'article 140 de la loi du 4 août 2008 susvisée ;

d) La consommation par un fonds de dotation à durée déterminée de sa dotation au-delà du terme statutaire d'activité du fonds, en violation des dispositions de l'article 15 du présent décret ;

e) Le fait, pour le fonds de dotation, de ne pas avoir adressé les rapports d'activité à l'autorité administrative ou d'avoir adressé des rapports d'activité incomplets, durant deux exercices consécutifs, malgré la mise en demeure qui lui a été faite en application de l'article 8 du présent décret.

Article 10

La suspension de l'activité du fonds de dotation est notifiée au président du fonds de dotation et au commissaire aux comptes par l'autorité administrative, qui procède également à la publication de sa décision au *Journal officiel* de la République française, aux frais du fonds. La décision mentionne les motifs, la durée et les modalités d'exécution de la suspension.

Titre IV. De l'autorisation d'appel à la générosité publique

n° 7.09.

Article 11

La demande d'autorisation de faire appel à la générosité publique prévue au III de l'article 140 de la loi du 4 août 2008 susvisée est adressée à l'autorité administrative par lettre recommandée avec demande d'avis de réception.

Le dossier de la demande doit indiquer les objectifs poursuivis, ainsi que les périodes et les modalités d'organisation de la campagne d'appel à la générosité publique.

Article 12

L'autorité administrative peut refuser l'autorisation prévue à l'article 11 pour un motif d'ordre public ou dans les cas suivants :

a) Lorsque l'objet de l'appel n'entre pas dans les prévisions de l'article 3 de la loi du 7 août 1991 susvisée ;

b) Lorsqu'un membre du conseil d'administration a fait l'objet, depuis moins de cinq ans, d'une condamnation définitive pour l'une des infractions prévues par les articles 222-38, 222-40, 313-1 à 313-3, 314-1 à 314-3, 324-1 à 324-6, 432-15, 433-1, 434-9, 435-1 à 435-4, 435-7 à 435-10, 441-1 à 441-9, 445-1 à 445-4 et 450-1 du code pénal, par l'article 1741 du code général des impôts, et par les articles L. 241-3 (4°), L. 242-6, L. 242-30, L. 243-1, L. 244-1 et L. 654-1 à L. 654-6 du code de commerce ;

c) Lorsque, en application des dispositions du troisième alinéa du VII de l'article 140 de la loi du 4 août 2008 susvisée, l'autorité administrative a suspendu l'activité du fonds de dotation ou a saisi l'autorité judiciaire en vue de sa dissolution.

Article 13

Le silence conservé par l'autorité administrative à l'expiration d'un délai de deux mois à compter du dépôt du dossier complet de demande d'autorisation d'appel à la générosité publique vaut autorisation tacite.

Titre V. De la dissolution du fonds de dotation

nos 10.49 et s.

Article 14

La dissolution du fonds de dotation fait l'objet d'une publication au *Journal officiel* de la République française, aux frais du fonds. En cas de dissolution statutaire ou volontaire, cette publication incombe

Se référer aux textes

au président du fonds, après accord du conseil d'administration. En cas de dissolution judiciaire, elle incombe au liquidateur désigné par l'autorité judiciaire.

Article 15

À l'expiration du délai prévu pour la réalisation de son objet, un fonds de dotation à durée déterminée peut, par délibération de son conseil d'administration notifiée à l'autorité administrative par lettre recommandée avec demande d'avis de réception, utiliser l'actif net restant à l'issue de la liquidation du fonds pendant un délai qui ne peut excéder six mois.

Si l'utilisation projetée n'est pas conforme à l'objet du fonds, l'autorité administrative dispose d'un délai de sept jours à compter de la réception de la délibération pour s'y opposer.

En cas d'opposition de l'autorité administrative, ou à l'expiration du délai de six mois prévu à l'alinéa précédent, l'actif net restant à l'issue de la liquidation du fonds de dotation à durée déterminée est transféré dans les conditions prévues au troisième alinéa du VIII de l'article 140 de la loi du 4 août 2008 susvisée.

Titre VI. Dispositions finales

Article 16

Les dispositions des articles 3, 4, 5, 7, 11 et 12 du présent décret peuvent être modifiées par décret.

Article 17

La ministre de l'Intérieur, de l'Outre-mer et des Collectivités territoriales et la ministre de l'Économie, de l'Industrie et de l'Emploi sont chargées, chacune en ce qui la concerne, de l'exécution du présent décret, qui sera publié au *Journal officiel* de la République française.

Outil 3. Code général des impôts [Extraits]

Article 200

[Dons des particuliers : réduction d'impôt sur le revenu]

nos 8.101 et s.

1. Ouvrent droit à une réduction d'impôt sur le revenu égale à 66 % de leur montant les sommes prises dans la limite de 20 % du revenu imposable qui correspondent à des dons et versements, y compris l'abandon exprès de revenus ou produits, effectués par les contribuables domiciliés en France au sens de l'article 4 B, au profit :

a) De fondations ou associations reconnues d'utilité publique sous réserve du 2 *bis,* de fondations universitaires ou de fondations partenariales mentionnées respectivement aux articles L. 719-12 et L. 719-13 du code de l'éducation et, pour les seuls salariés des entreprises fondatrices ou des entreprises du groupe, au sens de l'article 223 A, auquel appartient l'entreprise fondatrice, de fondations d'entreprise, lorsque ces organismes répondent aux conditions fixées au b ;

b) D'œuvres ou d'organismes d'intérêt général ayant un caractère philanthropique, éducatif, scientifique, social, humanitaire, sportif, familial, culturel, ou concourant à la mise en valeur du patrimoine artistique, notamment à travers les souscriptions ouvertes pour financer l'achat d'objets ou d'œuvres d'art destinés à rejoindre les collections d'un musée de France accessibles au public, à la défense de l'environnement naturel ou à la diffusion de la culture, de la langue et des connaissances scientifiques françaises ;

c) Des établissements d'enseignement supérieur ou d'enseignement artistique publics ou privés, d'intérêt général, à but non lucratif ;

d) D'organismes visés au 4 de l'article 238 *bis* ;

e) D'associations cultuelles et de bienfaisance, ainsi que des établissements publics des cultes reconnus d'Alsace-Moselle ;

f) D'organismes publics ou privés dont la gestion est désintéressée et qui ont pour activité principale la présentation au public d'œuvres dramatiques, lyriques, musicales, chorégraphiques, cinématographiques et de cirque ou l'organisation d'expositions d'art contemporain, à la condition que les versements soient affectés à cette activité. Cette disposition ne s'applique pas aux organismes qui présentent des œuvres à caractère pornographique ou incitant à la violence ;

g) De fonds de dotation :

1° Répondant aux caractéristiques mentionnées au b ;

2° Ou dont la gestion est désintéressée et qui reversent les revenus tirés des dons et versements mentionnés au premier alinéa du présent 1 à des organismes mentionnés aux a à f ou à la Fondation du patrimoine dans les conditions mentionnées aux deux premiers alinéas du 2 *bis*, ou à une fondation ou association reconnue d'utilité publique agréée par le ministre chargé du budget dans les conditions mentionnées au dernier alinéa du même 2 *bis*. Ces organismes délivrent aux fonds de dotation une attestation justifiant le montant et l'affectation des versements effectués à leur profit.

Ouvrent également droit à la réduction d'impôt les frais engagés dans le cadre d'une activité bénévole et en vue strictement de la réalisation de l'objet social d'un organisme mentionné aux deuxième à huitième alinéas, lorsque ces frais, dûment justifiés, ont été constatés dans les comptes de l'organisme et que le contribuable a renoncé expressément à leur remboursement.

1 *bis*. Pour l'application des dispositions du 1, lorsque les dons et versements effectués au cours d'une année excèdent la limite de 20 %, l'excédent est reporté successivement sur les années suivantes jusqu'à la cinquième inclusivement et ouvre droit à la réduction d'impôt dans les mêmes conditions.

1 *ter* Le taux de la réduction d'impôt visée au 1 est porté à 75 % pour les versements effectués au profit d'organismes sans but lucratif qui procèdent à la fourniture gratuite de repas à des personnes en difficulté, qui contribuent à favoriser leur logement ou qui procèdent, à titre principal, à la fourniture gratuite des soins mentionnés au 1° du 4 de l'article 261 à des personnes en difficulté. Ces versements sont retenus dans la limite de 488 euros à compter de l'imposition des revenus de l'année 2007. Il n'en est pas tenu compte pour l'application de la limite mentionnée au 1.

La limite de versements mentionnée au premier alinéa est relevée chaque année dans la même proportion que la limite supérieure de la première tranche du barème de l'impôt sur le revenu de l'année précédant celle des versements. Le montant obtenu est arrondi, s'il y a lieu, à l'euro supérieur.

2. Les fondations et associations reconnues d'utilité publique peuvent, lorsque leurs statuts ont été approuvés à ce titre par décret en Conseil d'État, recevoir des versements pour le compte d'œuvres ou d'organismes mentionnés au 1.

La condition relative à la reconnaissance d'utilité publique est réputée remplie par les associations régies par la loi locale maintenue en vigueur dans les départements de la Moselle, du Bas-Rhin et du Haut-Rhin, lorsque la mission de ces associations est reconnue d'utilité publique. Un décret en Conseil d'État fixe les conditions de cette reconnaissance et les modalités de procédure déconcentrée permettant de l'accorder.

2 *bis*. Ouvrent également droit à la réduction d'impôt les dons versés à la « Fondation du patrimoine » ou à une fondation ou une association qui affecte irrévocablement ces dons à la « Fondation du patrimoine », en vue de subventionner la réalisation des travaux prévus par les conventions conclues en application de l'article L. 143-2-1 du code du patrimoine entre la « Fondation du patrimoine » et les propriétaires des immeubles, personnes physiques ou sociétés civiles composées uniquement de personnes physiques et qui ont pour objet exclusif la gestion et la location nue des immeubles dont elles sont propriétaires.

Les immeubles mentionnés au premier alinéa du présent 2 *bis* ne doivent pas faire l'objet d'une exploitation commerciale.

Le donateur ou l'un des membres de son foyer fiscal ne doit pas avoir conclu de convention avec la « Fondation du patrimoine » en application de l'article L. 143-2-1 précité, être propriétaire de l'immeuble sur lequel sont effectués les travaux ou être un ascendant, un descendant ou un collatéral du propriétaire de cet immeuble. En cas de détention de l'immeuble par une société mentionnée au premier alinéa, le donateur ou l'un des membres de son foyer fiscal ne doit pas être associé de cette société ou un ascendant, un descendant ou un collatéral des associés de la société propriétaire de l'immeuble.

Les dons versés à d'autres fondations ou associations reconnues d'utilité publique agréées par le ministre chargé du budget dont l'objet est culturel, en vue de subventionner la réalisation de travaux de conservation, de restauration ou d'accessibilité de monuments historiques clas-

sés ou inscrits, ouvrent droit à la réduction d'impôt dans les mêmes conditions.
3. Ouvrent également droit à la réduction d'impôt les dons, prévus à l'article L. 52-8 du code électoral versés à une association de financement électorale ou à un mandataire financier visé à l'article L. 52-4 du même code qui sont consentis à titre définitif et sans contrepartie, soit par chèque, soit par virement, prélèvement automatique ou carte bancaire, et dont il est justifié à l'appui du compte de campagne présenté par un candidat ou une liste. Il en va de même des dons mentionnés à l'article 11-4 de la loi n° 88-227 du 11 mars 1988 modifiée relative à la transparence financière de la vie politique ainsi que des cotisations versées aux partis et groupements politiques par l'intermédiaire de leur mandataire.
4. (abrogé)
5. Le bénéfice des dispositions du 1, du 1 *ter* et du 2 *bis* est subordonné à la condition que soient jointes à la déclaration des revenus des pièces justificatives, répondant à un modèle fixé par un arrêté attestant le total du montant et la date des versements ainsi que l'identité des bénéficiaires. À défaut, la réduction d'impôt est refusée sans proposition de rectification préalable.
Toutefois, pour l'application du 3, les reçus délivrés pour les dons et les cotisations d'un montant égal ou inférieur à 3 000 euros ne mentionnent pas la dénomination du bénéficiaire. Un décret en Conseil d'État détermine les modalités d'application de cette disposition.
6. Par dérogation aux dispositions du premier alinéa du 5, le bénéfice de la réduction d'impôt est accordé aux contribuables qui transmettent la déclaration de leurs revenus par voie électronique, en application de l'article 1649 *quater* B *ter*, à la condition que soient mentionnés sur cette déclaration l'identité de chaque organisme bénéficiaire et le montant total des versements effectués au profit de chacun d'entre eux au titre de l'année d'imposition des revenus.
L'identité du bénéficiaire n'est pas mentionnée pour les dons et cotisations versés à des organismes visés au e du 1 et au 3 lorsque, dans ce dernier cas, les versements sont d'un montant égal ou inférieur à 3 000 euros.
La réduction d'impôt accordée est remise en cause lorsque ces contribuables ne peuvent pas justifier des versements effectués par la présentation des pièces justificatives mentionnées au premier alinéa du 5.
7. (abrogé)

Article 206

nos 8.55 et s.

[IMPÔT SUR LES SOCIÉTÉS - SOCIÉTÉS ET COLLECTIVITÉS IMPOSABLES]

1. Sous réserve des dispositions des articles 8 *ter*, 239 *bis* AA, 239 *bis* AB et 1655 *ter*, sont passibles de l'impôt sur les sociétés, quel que soit leur objet, les sociétés anonymes, les sociétés en commandite par actions, les sociétés à responsabilité limitée n'ayant pas opté pour le régime fiscal des sociétés de personnes dans les conditions prévues au IV de l'article 3 du décret n° 55-594 du 20 mai 1955 modifié, les sociétés coopératives et leurs unions ainsi que, sous réserve des dispositions des 6° et 6° *bis* du 1 de l'article 207, les établissements publics, les organismes de l'État jouissant de l'autonomie financière, les organismes des départements et des communes et toutes autres personnes morales se livrant à une exploitation ou à des opérations de caractère lucratif.
1 *bis*. Toutefois, ne sont pas passibles de l'impôt sur les sociétés prévu au 1 les associations régies par la loi du 1er juillet 1901, les associations régies par la loi locale maintenue en vigueur dans les départements de la Moselle, du Bas-Rhin et du Haut-Rhin, les syndicats régis par les articles L. 2131-1 à L. 2136-2 du code du travail, les fondations reconnues d'utilité publique, les fondations d'entreprise, les fonds de dotation et les congrégations, dont la gestion est désintéressée, lorsque leurs activités non lucratives restent significativement prépondérantes et le montant de leurs recettes d'exploitation encaissées au cours de l'année civile au titre de leurs activités lucratives n'excède pas 60 000 euros. Sont réputées lucratives les activités de gestion et de capitalisation, par les fonds de dotation, de dons, droits et legs dont les fruits sont versés à des organismes autres que ceux mentionnés au présent alinéa ou à des organismes publics pour l'exercice d'activités lucratives.
Les organismes mentionnés au premier alinéa deviennent passibles de l'impôt

sur les sociétés prévu au 1 à compter du 1er janvier de l'année au cours de laquelle l'une des trois conditions prévues à l'alinéa précité n'est plus remplie.

Les organismes mentionnés au premier alinéa sont assujettis à l'impôt sur les sociétés prévu au 1 en raison des résultats de leurs activités financières lucratives et de leurs participations.

[...]

5. Sous réserve des exonérations prévues aux articles 1382 et 1394, les établissements publics, autres que les établissements scientifiques, d'enseignement et d'assistance, ainsi que les associations et collectivités non soumis à l'impôt sur les sociétés en vertu d'une autre disposition, à l'exception, d'une part, des fondations reconnues d'utilité publique et, d'autre part, des fonds de dotation dont les statuts ne prévoient pas la possibilité de consommer leur dotation en capital, sont assujettis audit impôt en raison :

a. De la location des immeubles bâtis et non bâtis dont ils sont propriétaires, et de ceux auxquels ils ont vocation en qualité de membres de sociétés immobilières de copropriété visées à l'article 1655 *ter ;*

b. De l'exploitation des propriétés agricoles ou forestières ;

c. Des revenus de capitaux mobiliers dont ils disposent, à l'exception des dividendes des sociétés françaises, lorsque ces revenus n'entrent pas dans le champ d'application de la retenue à la source visée à l'article 119 *bis ;* ces revenus sont comptés dans le revenu imposable pour leur montant brut ;

d. Des dividendes des sociétés immobilières et des sociétés agréées visées aux 3° *ter* à 3° *sexies* de l'article 208 et à l'article 208 B perçus à compter du 1er janvier 1987. Ces dividendes sont comptés dans le revenu imposable pour leur montant brut.

e. des dividendes des sociétés d'investissements immobiliers cotées visées à l'article 208 C et prélevés sur les bénéfices exonérés en application du premier alinéa du II de cet article.

5 *bis.* Les associations intermédiaires conventionnées, mentionnées à l'article L. 5132-7 du code du travail, dont la gestion est désintéressée et les associations de services aux personnes, agréées en application de l'article L. 7232-1 du même code sont soumises à l'impôt sur les sociétés dans les conditions prévues au 5.

5 ter. (transféré au VIII de l'article 209)

6. 1° L'organe central du crédit agricole, les caisses régionales de crédit agricole mutuel mentionnées à l'article L. 512-21 du code monétaire et financier et les caisses locales de crédit agricole mutuel affiliées à ces dernières sont assujetties à l'impôt sur les sociétés dans les conditions de droit commun.

2° Lorsqu'elles n'exercent aucune activité bancaire pour leur propre compte ou aucune activité rémunérée d'intermédiaire financier, les caisses locales mentionnées au 1° sont redevables de l'impôt sur les sociétés dans les conditions prévues au 5 et à l'article 219 *bis.*

3° Un décret en Conseil d'État fixe les modalités d'application du présent 6, notamment les dispositions transitoires qui seraient nécessaires en raison de la modification du régime fiscal applicable aux organismes mentionnés au 1°.

[...]

Article 219 *bis*

[Modifié par loi n° 2008-776 du 4 août 2008 - art. 140]

[Calcul de l'impôt sur les bénéfices pour les revenus de patrimoine d'un fonds qui consomme sa dotation]

I. Par dérogation aux dispositions de l'article 219, le taux de l'impôt sur les sociétés est fixé à 24 % en ce qui concerne les revenus visés au 5 de l'article 206, perçus par les établissements publics, associations et collectivités sans but lucratif.

Toutefois, ce taux est fixé à 10 % en ce qui concerne :

a. Les produits des titres de créances mentionnés au 1° *bis* du III *bis* de l'article 125 A ;

b. Les revenus des titres émis à compter du 1er janvier 1987 tels qu'ils sont définis aux articles 118, 119, 238 sept*ies* A, 238 sept*ies* B et 238 sept*ies* E.

c. Les dividendes mentionnés aux *d* et *e* du 5 de l'article 206.

Les dispositions des premier à cinquième alinéas ne s'appliquent pas aux revenus de l'espèce qui se rattachent à une exploitation commerciale, industrielle ou non commerciale.

II. L'impôt établi conformément au I n'est pas mis en recouvrement si son montant annuel n'excède pas 150 euros.

Si ce montant est compris entre 150 et 300 euros, la cotisation fait l'objet d'une décote égale à la différence entre 300 euros et ledit montant.

III. (abrogé)

Article 238 *bis*

[Dons des entreprises : réduction d'impôt sur les sociétés]

nos 8.100 et s.

1. Ouvrent droit à une réduction d'impôt égale à 60 % de leur montant les versements, pris dans la limite de 5 pour mille du chiffre d'affaires, effectués par les entreprises assujetties à l'impôt sur le revenu ou à l'impôt sur les sociétés au profit :

a) D'œuvres ou d'organismes d'intérêt général ayant un caractère philanthropique, éducatif, scientifique, social, humanitaire, sportif, familial, culturel ou concourant à la mise en valeur du patrimoine artistique, à la défense de l'environnement naturel où à la diffusion de la culture, de la langue et des connaissances scientifiques françaises, notamment quand ces versements sont faits au bénéfice d'une fondation universitaire, d'une fondation partenariale mentionnées respectivement aux articles L. 719-12 et L. 719-13 du code de l'éducation ou d'une fondation d'entreprise, même si cette dernière porte le nom de l'entreprise fondatrice. Ces dispositions s'appliquent même si le nom de l'entreprise versante est associé aux opérations réalisées par ces organismes ;

b) De fondations ou associations reconnues d'utilité publique ou des musées de France et répondant aux conditions fixées au a, ainsi que d'associations cultuelles ou de bienfaisance et des établissements publics des cultes reconnus d'Alsace-Moselle. La condition relative à la reconnaissance d'utilité publique est réputée remplie par les associations régies par la loi locale maintenue en vigueur dans les départements de la Moselle, du Bas-Rhin et du Haut-Rhin lorsque la mission de ces associations est reconnue d'utilité publique. Un décret en Conseil d'État fixe les conditions de cette reconnaissance et les modalités de procédure permettant de l'accorder ;

c) Des établissements d'enseignement supérieur ou d'enseignement artistique publics ou privés, d'intérêt général, à but non lucratif ;

d) Des sociétés ou organismes publics ou privés, agréés à cet effet par le ministre chargé du budget en vertu de l'article 4 de l'ordonnance n° 58-882 du 25 septembre 1958 relative à la fiscalité en matière de recherche scientifique et technique ;

e) D'organismes publics ou privés, y compris de sociétés de capitaux dont les actionnaires sont l'État ou un ou plusieurs établissements publics nationaux, seuls ou conjointement avec une ou plusieurs collectivités territoriales, dont la gestion est désintéressée et qui ont pour activité principale la présentation au public d'œuvres dramatiques, lyriques, musicales, chorégraphiques, cinématographiques et de cirque ou l'organisation d'expositions d'art contemporain, à la condition que les versements soient affectés à cette activité. Cette disposition ne s'applique pas aux organismes qui présentent des œuvres à caractère pornographique ou incitant à la violence ;

e *bis*) De projets de thèse proposés au mécénat de doctorat par les écoles doctorales dans des conditions fixées par décret ;

e *ter*) De sociétés, dont l'État est l'actionnaire unique, qui ont pour activité la représentation de la France aux expositions universelles ;

f) De la « Fondation du patrimoine » ou d'une fondation ou une association qui affecte irrévocablement ces versements à la « Fondation du patrimoine », en vue de subventionner la réalisation des travaux prévus par les conventions conclues en application de l'article L. 143-2-1 du code du patrimoine entre la « Fondation du patrimoine » et les propriétaires des immeubles, personnes physiques ou sociétés civiles composées uniquement de personnes physiques et qui ont pour objet exclusif la gestion et la location nue des immeubles dont elles sont propriétaires.

Les immeubles mentionnés au premier alinéa ne doivent pas faire l'objet d'une exploitation commerciale.

Les dirigeants ou les membres du conseil d'administration ou du directoire de la société ne doivent pas avoir conclu une convention avec la « Fondation du patrimoine » en application de l'article L. 143-2-1 précité, être propriétaires de l'immeuble sur lequel sont effectués les travaux ou être un conjoint, un ascendant, un descendant ou un collatéral du propriétaire de cet immeuble. Lorsque l'immeuble est détenu par une société mentionnée au premier alinéa, les associés ne peuvent pas être dirigeants ou membres du conseil d'administration ou du directoire de la société donatrice ou d'une société qui entretiendrait avec la société donatrice des liens de dépendance au sens du 12 de l'article 39. Les dirigeants ou les membres du conseil d'administration ou du directoire de la société donatrice ne peuvent être un conjoint, un ascendant, un descendant ou un collatéral des associés de la société civile propriétaire de l'immeuble.

Les dons versés à d'autres fondations ou associations reconnues d'utilité publique agréées par le ministre chargé du budget dont l'objet est culturel, en vue de subventionner la réalisation de travaux de conservation, de restauration ou d'accessibilité de monuments historiques classés ou inscrits ouvrent droit à la réduction d'impôt dans les mêmes conditions.

g) De fonds de dotation :

1° Répondant aux caractéristiques mentionnées au *a* ;

2° Ou dont la gestion est désintéressée et qui reversent les revenus tirés des dons et versements mentionnés au premier alinéa du présent 1 à des organismes mentionnés aux *a* à *e bis* ou à la Fondation du patrimoine dans les conditions mentionnées aux deux premiers alinéas du *f*, ou à une fondation ou association reconnue d'utilité publique agréée par le ministre chargé du budget dans les conditions mentionnées au quatrième alinéa du même *f*. Ces organismes délivrent aux fonds de dotation une attestation justifiant le montant et l'affectation des versements effectués à leur profit.

Les organismes mentionnés au *b* peuvent, lorsque leurs statuts ont été approuvés à ce titre par décret en Conseil d'État, recevoir des versements pour le compte d'œuvres ou d'organismes mentionnés au *a*.

Lorsque la limite fixée au premier alinéa est dépassée au cours d'un exercice, l'excédent de versement peut donner lieu à réduction d'impôt au titre des cinq exercices suivants, après prise en compte des versements effectués au titre de chacun de ces exercices, sans qu'il puisse en résulter un dépassement du plafond défini au premier alinéa.

La limite de 5 pour mille du chiffre d'affaires s'applique à l'ensemble des versements effectués au titre du présent article.

Les versements ne sont pas déductibles pour la détermination du bénéfice imposable.

2. (abrogé)

3. (abrogé)

4. Ouvrent également droit, et dans les mêmes conditions, à la réduction d'impôt prévue au 1 les dons versés aux organismes agréés dans les conditions prévues à l'article 1649 *nonies* et dont l'objet exclusif est de verser des aides financières permettant la réalisation d'investissements tels que définis au 1 de l'article 12 du règlement (CE) n° 800 / 2008 de la Commission du 6 août 2008 déclarant certaines catégories d'aides compatibles avec le marché commun en application des articles 87 et 88 du traité (Règlement général d'exemption par catégorie) ou de fournir des prestations d'accompagnement à des petites et moyennes entreprises telles qu'elles sont définies à l'annexe I à ce règlement.

L'agrément est délivré à l'organisme s'il s'engage à respecter continûment l'ensemble des conditions suivantes :

1° La gestion de l'organisme est désintéressée ;

2° Ses aides et prestations ne sont pas rémunérées et sont utilisées dans l'intérêt direct des entreprises bénéficiaires ;

3° Les aides accordées entrent dans le champ d'application de l'article 15 du règlement (CE) n° 800 / 2008 de la Commission du 6 août 2008 précité ;

4° Le montant versé chaque année à une entreprise ne devra pas excéder 20 % des ressources annuelles de l'organisme ;

5° Les aides ne peuvent bénéficier aux entreprises exerçant à titre principal une activité visée à l'article 35.

L'agrément accordé aux organismes qui le sollicitent pour la première fois porte sur une période comprise entre la date de sa notification et le 31 décembre de la deuxième année qui suit cette date. En cas de demande de renouvellement d'agrément, ce dernier, s'il est accordé, l'est pour une période de cinq ans.

Un décret fixe les modalités d'application du présent article, notamment les dispositions relatives aux statuts des organismes bénéficiaires des dons, les conditions de retrait de l'agrément et les informations relatives aux entreprises aidées que les organismes communiquent au ministre ayant délivré l'agrément.

Article 261, 7, 1°

nos 8.07 et s.

Sont exonérés de la taxe sur la valeur ajoutée :

[...]

7. (Organismes d'utilité générale) :

1° *a)* Les services de caractère social, éducatif, culturel ou sportif rendus à leurs membres par les organismes légalement constitués agissant sans but lucratif, et dont la gestion est désintéressée.

Il en est de même des ventes consenties à leurs membres par ces organismes, dans la limite de 10 % de leurs recettes totales.

Toutefois, demeurent soumises à la taxe sur la valeur ajoutée, sous réserve des dispositions du *b* :

– les opérations d'hébergement et de restauration ;

– l'exploitation des bars et buvettes.

Ces dispositions sont également applicables aux unions d'associations qui répondent aux conditions ci-dessus, dans leurs rapports avec les membres des associations faisant partie de ces unions ;

b) Les opérations faites au bénéfice de toutes personnes par des œuvres sans but lucratif qui présentent un caractère social ou philanthropique et dont la gestion est désintéressée, lorsque les prix pratiqués ont été homologués par l'autorité publique ou que des opérations analogues ne sont pas couramment réalisées à des prix comparables par des entreprises commerciales, en raison notamment du concours désintéressé des membres de ces organismes ou des contributions publiques ou privées dont ils bénéficient.

Les organismes mentionnés au premier alinéa du 1 *bis* de l'article 206 et qui en remplissent les conditions, sont également exonérés pour leurs autres opérations lorsque les recettes encaissées afférentes à ces opérations n'ont pas excédé au cours de l'année civile précédente le montant de 60 000 euros.

Les opérations mentionnées au 7° et au 7° *bis* de l'article 257 et les opérations donnant lieu à la perception de revenus patrimoniaux soumis aux dispositions de l'article 219 *bis* ne bénéficient pas de l'exonération et ne sont pas prises en compte pour le calcul de la limite de 60 000 euros.

Lorsque la limite de 60 000 euros est atteinte en cours d'année, l'organisme ne peut plus bénéficier de l'exonération prévue au deuxième alinéa à compter du premier jour du mois suivant celui au cours duquel cette limite a été dépassée ;

c) Les recettes de six manifestations de bienfaisance ou de soutien organisées dans l'année à leur profit exclusif par les organismes désignés au *a* et *b* ainsi que par les organismes permanents à caractère social des collectivités locales et des entreprises ;

d) Le caractère désintéressé de la gestion résulte de la réunion des conditions ci-après :

L'organisme doit, en principe, être géré et administré à titre bénévole par des personnes n'ayant elles-mêmes, ou par personne interposée, aucun intérêt direct ou indirect dans les résultats de l'exploitation.

Toutefois, lorsqu'une association régie par la loi du 1er juillet 1901 relative au contrat d'association, une association régie par la loi locale en vigueur dans les départements de la Moselle, du Bas-Rhin et du Haut-Rhin, une fondation reconnue d'utilité publique ou une fondation d'entreprise décide que l'exercice des fonctions dévolues à ses dirigeants justifie le versement d'une rémunération, le caractère désintéressé de sa gestion n'est pas remis en cause si ses statuts et ses modalités de fonctionnement assurent sa transparence financière, l'élection régulière et périodique de ses dirigeants, le contrôle effectif de sa gestion par ses membres et l'adéquation de la rémunération aux sujétions effectivement imposées aux dirigeants concernés ; cette disposition s'applique dans les conditions suivantes :

a) l'un des organismes visés au troisième alinéa peut rémunérer l'un de ses dirigeants uniquement si le montant annuel de ses ressources, majorées de celles des organismes qui lui sont affiliés et qui remplissent les conditions leur permettant de bénéficier de la présente disposition, hors ressources issues des versements effectués par des personnes morales de droit public, est supérieur à 200 000 euros en moyenne sur les trois exercices clos précédant celui pendant lequel la rémunération est versée ;

b) un tel organisme peut rémunérer deux de ses dirigeants si le montant annuel de ses ressources, majorées de celles des organismes qui lui sont affiliés et qui remplissent les conditions leur permettant de bénéficier de la présente disposition, hors ressources issues des versements effectués par des personnes morales de droit public, est supérieur à 500 000 euros, en moyenne sur les trois exercices clos précédant celui pendant lequel la rémunération est versée ;

c) un tel organisme peut rémunérer trois de ses dirigeants si le montant annuel de ses ressources, majorées de celles des organismes qui lui sont affiliés et qui remplissent les conditions leur permettant de bénéficier de la présente disposition, hors ressources issues des versements effectués par des personnes morales de droit public, est supérieur à 1 000 000 euros en moyenne sur les trois exercices clos précédant celui pendant lequel la rémunération est versée ;

d) un tel organisme peut verser des rémunérations dans le cadre de la présente disposition uniquement si ses statuts le prévoient explicitement et si une décision de son organe délibérant l'a expressément décidé à la majorité des deux tiers de ses membres ;

e) le montant des ressources hors ressources issues des versements effectués par des personnes morales de droit public est constaté par un commissaire aux comptes ;

f) le montant de toutes les rémunérations versées à chaque dirigeant au titre de la présente disposition ne peut en aucun cas excéder trois fois le montant du plafond visé à l'article L. 241-3 du code de la sécurité sociale.

Un décret en Conseil d'État fixe les modalités d'application des huit alinéas précédents ; l'organisme ne doit procéder à aucune distribution directe ou indirecte de bénéfice, sous quelque forme que ce soit. Les membres de l'organisme et leurs ayants droit ne doivent pas pouvoir être déclarés attributaires d'une part quelconque de l'actif, sous réserve du droit de reprise des apports.

Tous les organismes concernés par les *a*, *b* et *c* sont placés sous le régime du chiffre d'affaires réel ; un décret en Conseil d'État détermine leurs obligations ainsi que l'étendue et les modalités d'exercice de leurs droits à déduction ;

1° *bis* Les opérations effectuées par les associations intermédiaires conventionnées, mentionnées à l'article L. 5132-7 du code du travail, dont la gestion est désintéressée dans les conditions prévues au 1° ;

1° *ter* Les opérations effectuées par les associations agréées en application de l'article L. 7232-1 du code du travail, dans les conditions prévues au 1° ;

2° (abrogé)

3° Les ventes portant sur les articles fabriqués par des groupements d'aveugles ou de travailleurs handicapés, agréés dans les conditions prévues par la loi n° 72-616 du 5 juillet 1972, ainsi que les réparations effectuées par ces groupements. Ils peuvent toutefois, sur leur demande, renoncer à l'exonération dans les conditions et selon les modalités prévues par décret en Conseil d'État.

4° (abrogé)

Article 795

nos 8.80 et s.

[LIBÉRALITÉS : EXONÉRATION DE DROITS DE MUTATION]

Sont exonérés des droits de mutation à titre gratuit :

1° Les dons et legs d'œuvres d'art, de monuments ou d'objets ayant un caractère historique, de livres, d'imprimés ou de manuscrits, faits aux établissements pourvus de la personnalité civile, autres que ceux visés au I de l'article 794, si ces œuvres et objets sont destinés à figurer dans une collection publique ;

2° Les dons et legs consentis aux établissements publics ou d'utilité publique, dont les ressources sont exclusivement affectées à des œuvres scientifiques, culturelles ou artistiques à caractère désintéressé ;

3° (abrogé)

4° Les dons et legs faits aux établissements publics charitables autres que ceux visés au I de l'article 794, aux mutuelles et à toutes autres sociétés reconnues d'utilité publique dont les ressources sont affectées à des œuvres d'assistance, à la défense de l'environnement naturel ou à la protection des animaux.

Il est statué sur le caractère de bienfaisance de la disposition par le décret rendu en Conseil d'État ou l'arrêté préfectoral qui en autorise, le cas échéant, l'acceptation ;

5° Les dons et legs faits aux fondations

universitaires, aux fondations partenariales et établissements d'enseignement supérieur reconnus d'utilité publique, aux sociétés d'éducation populaire gratuite reconnues d'utilité publique et subventionnées par l'État, aux associations d'enseignement supérieur reconnues d'utilité publique et aux établissements reconnus d'utilité publique ayant pour objet de soutenir des œuvres d'enseignement scolaire et universitaire régulièrement déclarées ;

6° Les dons et legs de sommes d'argent ou d'immeubles faits aux établissements pourvus de la personnalité civile autres que ceux visés au I de l'article 794 avec obligation, pour les bénéficiaires, de consacrer ces libéralités à l'achat d'œuvres d'art, de monuments ou d'objets ayant un caractère historique, de livres, d'imprimés ou de manuscrits, destinés à figurer dans une collection publique, ou à l'entretien d'une collection publique ;

7° Les dons et legs faits aux organismes d'habitations à loyer modéré ou à leurs unions ;

8° (périmé)

9° Les dons et legs faits à l'office national des anciens combattants et victimes de guerre ;

10° Les dons et legs faits aux associations cultuelles, aux unions d'associations cultuelles et aux congrégations autorisées ;

11° Les dons et legs faits aux établissements publics ou d'utilité publique autres que ceux visés au I de l'article 794, aux sociétés particulières ou autres groupements régulièrement constitués, en tant qu'ils sont affectés, par la volonté expresse du donateur ou du testateur, à l'érection de monuments aux morts de la guerre ou à la gloire de nos armes et des armées alliées.

12° Conformément à l'article L. 322-8 du code de l'environnement, les dons et legs d'immeubles situés dans les zones définies à l'article L. 322-1 du code précité, faits au profit du Conservatoire de l'espace littoral et des rivages lacustres.

13° Les dons et legs d'immeubles situés dans les cœurs des parcs nationaux, faits au profit de l'établissement public du parc national concerné.

14° Les dons et legs consentis aux fonds de dotation répondant aux conditions fixées au *g* du 1 de l'article 200 du présent code.

Article 1740 A

[Modifié par loi n° 2008-776 du 4 août 2008 - art. 140 (V)]

n°s 8.106 et s.

[AVANTAGE FISCAL ET DÉLIVRANCE IRRÉGULIÈRE DE DOCUMENTS]

La délivrance irrégulière de documents, tels que certificats, reçus, états, factures ou attestations, permettant à un contribuable d'obtenir une déduction du revenu ou du bénéfice imposables, un crédit d'impôt ou une réduction d'impôt, entraîne l'application d'une amende égale à 25 % des sommes indûment mentionnées sur ces documents ou, à défaut d'une telle mention, d'une amende égale au montant de la déduction, du crédit ou de la réduction d'impôt indûment obtenu.

L'amende prévue au premier alinéa s'applique également en cas de délivrance irrégulière de l'attestation mentionnée à la seconde phrase du 2° du *g* du 1 de l'article 200 et à la seconde phrase du 2° du *g* du 1 de l'article 238 *bis*.

Outil 4. Code de la Sécurité sociale

Article R.931-10-21

n°s 5.33 et s.

[Liste des actifs pouvant être détenus par les institutions de prévoyance dans le cadre des règles de placement qui leur sont applicables pour leurs actifs ; cet article est visé par l'article 1er du décret n° 2009-158 du 11 février 2009 relatif aux fonds de dotation pour leur gestion financière].

En application des dispositions de l'article R. 931-10-19, et sous réserve des dérogations à cet article prévues par l'article R. 931-10-20 et par les articles R. 931-10-25 à R. 931-10-31, les institutions et unions exerçant une activité d'assurance représentent les engagements réglementés mentionnés à l'article R. 931-10-12 par les actifs suivants :

A. – Valeurs mobilières et titres assimilés

1° Obligations et autres valeurs émises ou garanties par l'un des États membres de l'Organisation de coopération et de développement économique (OCDE) ainsi que les titres émis par la Caisse d'amortissement de la dette sociale instituée par l'article 1er de l'ordonnance n° 96-50 du 24 janvier 1996 ; obligations émises ou garanties par un organisme international à caractère public dont un ou plusieurs États membres de la Communauté européenne font partie ; obligations émises ou garanties par les collectivités publiques territoriales d'un État membre de l'OCDE ;

2° Obligations, titres participatifs et parts ou actions émises par des véhicules de titrisation négociés sur un marché reconnu, autres que celles ou ceux mentionnés au 1° ;

3° Titres de créances négociables d'un an au plus (certificats de dépôt et billets de trésorerie) rémunérés à taux fixe ou indexé sur un taux usuel sur les marchés interbancaire, monétaire ou obligataire et émis par des personnes morales autres que les États membres de l'OCDE ayant leur siège social sur le territoire de ces États et dont des titres sont négociés sur un marché reconnu ;

3° *bis* Bons à moyen terme négociables répondant aux conditions mentionnées à l'article R. 931-10-35-1, et émis par des personnes morales autres que les États membres de l'OCDE ayant leur siège social sur le territoire de ces États et dont des titres sont négociés sur un marché reconnu ;

4° Actions des sociétés d'investissement à capital variable et parts de fonds communs de placement dont l'objet est limité à la gestion d'un portefeuille de valeurs mentionnées aux 1°, 2°, 3° et 3° *bis* du présent article, dans les conditions fixées par l'article R. 931-10-35 ;

5° Actions et autres valeurs mobilières, négociées sur un marché reconnu, autres que celles mentionnées aux 4°, 6°, 7°, 10° et 12° ;

6° Actions des entreprises d'assurance, de réassurance ou de capitalisation ayant leur siège social sur le territoire de l'un des États membres de l'OCDE ;

7° Actions des entreprises d'assurance, de réassurance ou de capitalisation autres que celles mentionnées au 6° ;

8° Actions, parts et droits émis par des sociétés commerciales et obligations, titres participatifs et titres subordonnés émis par des sociétés d'assurance mutuelles, des institutions de prévoyance ou des unions d'une institution de prévoyance et des mutuelles, unions et fédérations régies par le code de la mutualité, ayant leur siège social sur le territoire de l'un des États membres de l'OCDE, autres que les valeurs visées aux 2°, 3°, 3° *bis*, 4°, 5°, 6°, 7°, 9° *bis*, 10° et 12° ;

9° Parts des fonds communs de placement à risques de l'article L. 214-36 du code monétaire et financier, parts des fonds communs de placement dans l'innovation de l'article L. 214-41 du même code et parts des fonds d'investissement de proximité de l'article L. 214-41-1 du même code ;

9° *bis* Actions des sociétés d'investissement à capital variable et parts de fonds communs de placement des articles L. 214-37 et L. 214-38 du code monétaire et financier, actions ou parts d'organisme de placement collectif en valeurs mobilières relevant de l'article L. 214-35-2 du code monétaire et financier, actions ou parts d'organismes de placement collectif en valeurs mobilières relevant de l'article L. 214-35 du code monétaire et financier dans sa rédaction antérieure au 2 août 2003 ;

9° *ter* Parts ou actions d'organismes de placement collectif en levier mentionnés au R. 214-29 ou d'organismes de placement collectif en valeurs mobilières à règles d'investissement allégées à effet de levier mentionnés au R. 214-32 ;

9° *quater* Parts ou actions d'organismes de placement collectif en valeur mobilières de fonds alternatifs mentionnés au R. 214-36 ;

10° Actions des sociétés d'investissement à capital variable et parts des fonds communs de placement, autres que celles mentionnées aux 4° et 9° à 9° *quater*, dans les conditions fixées par l'article R. 931-10-35 ;

Les marchés reconnus mentionnés aux 2°, 3°, 3° *bis* et 5° sont les marchés réglementés des États membres de la Communauté européenne ou des États parties à l'accord sur l'Espace économique européen ou les marchés de pays tiers membres de l'OCDE en fonctionnement régulier. Les autorités compétentes de ces pays doivent avoir défini les conditions de fonctionnement du marché, d'accès à ce marché et d'admission aux négociations, et imposé le respect d'obligations de déclaration et de transparence.

B. – Actifs immobiliers

11° Droits réels immobiliers afférents à des immeubles situés sur le territoire de l'un des États membres de l'OCDE ;
12° Parts ou actions des sociétés à objet strictement immobilier, parts des sociétés civiles à objet strictement foncier, ayant leur siège social sur le territoire de l'un des États membres de l'OCDE, dans les conditions fixées par l'article R. 931-10-36 ;
12° *bis* Parts ou actions d'organismes de placement collectif immobilier relevant de la section 5 du chapitre IV du titre Ier du livre II du code monétaire et financier, autres que ceux mentionnés aux 12° *ter* à 12° *quinquies* ;
12° *ter* Parts ou actions d'organismes de placement collectif immobilier relevant du paragraphe 2 de la sous-section 4 de la section 5 du chapitre IV du titre Ier du livre II du code monétaire et financier ;
12° *quater* Parts ou actions d'organismes de placement collectif immobilier relevant du paragraphe 3 de la sous-section 4 de la section 5 du chapitre IV du titre Ier du livre II du code monétaire et financier ;
12° *quinquies* Parts ou actions d'organismes de placement collectif immobilier mentionnés au sous-paragraphe 7 du paragraphe 1 de la sous-section 1 de la section 5 du chapitre IV du titre Ier du livre II du code monétaire et financier, lorsqu'ils exercent la dérogation prévue à l'article R. 214-200 du même code.

C. – Prêts et dépôts

13° Prêts obtenus ou garantis par les États membres de l'OCDE, par les collectivités publiques territoriales et les établissements publics des États membres de l'OCDE ;
14° Prêts hypothécaires aux personnes physiques ou morales ayant leur domicile ou leur siège social sur le territoire de l'un des États membres de l'OCDE, dans les conditions fixées par l'article R. 931-10-33 ;
15° Autres prêts ou créances représentatives de prêts consentis aux personnes physiques ou morales ayant leur domicile ou leur siège social sur le territoire de l'un des États membres de l'OCDE, dans les conditions fixées par l'article R. 931-10-34 ;
16° Dépôts, dans les conditions fixées par l'article R. 931-10-37.

D. – Dispositions communes

Les intérêts courus des placements énumérés au présent article sont assimilés auxdits placements.
Lorsqu'un instrument financier à terme a été souscrit dans les conditions définies à l'article R. 931-10-48 et qu'il est lié à un titre ou à un groupe de titres de même nature, parmi ceux mentionnés au paragraphe A du présent article, les primes ou soultes versées ou reçues pour la mise en place de l'instrument sont assimilées audit titre ou groupe de titres de même nature, dans la limite de la part restant à amortir et, pour les primes ou soultes versées au titre d'opérations de gré à gré, du montant des garanties reçues dans les conditions de l'article R. 931-10-59.
Les actifs représentatifs des provisions techniques sont évalués en net des dettes contractées pour l'acquisition de ces mêmes actifs.
Les actifs donnés en garantie d'un engagement particulier ne sont pas admissibles en représentation des autres engagements. Par exception, les actifs remis en garantie d'opérations de taux sur instruments financiers à terme mentionnées aux articles R. 931-10-48 et R. 931-10-49 sont admis en représentation à hauteur des plus-values latentes enregistrées sur les actifs visés à l'article R. 931-10-40 auxquels ces instruments financiers à terme sont liés.

Outil 5. Instruction fiscale du 9 avril 2009 : régime du mécénat

[Direction générale des finances publiques BOI 4C-3-09 n° 40 du 9 avril 2009 NOR ECE I 09 10031 J]

[Depuis le 12 septembre 2012, la doctrine de l'administration fiscale a été entièrement refondue. Elle est désormais accessible sur le site http://bofip.impots.gouv.fr/bofip/1-PGP.html. L'instruction n'a, en l'espèce, pas été intégralement reprise.]

nos 8.95 et s.

Se référer aux textes

PRÉSENTATION

La loi n° 2008-776 du 4 août 2008 de modernisation de l'économie crée les fonds de dotation.

Les fonds de dotation sont des personnes morales de droit privé à but non lucratif qui reçoivent et gèrent, en les capitalisant, des biens et droits de toute nature qui leur sont apportés à titre gratuit et irrévocable. Les fonds utilisent les revenus de la capitalisation pour financer la réalisation de leurs œuvres ou missions d'intérêt général ou pour assister une personne morale à but non lucratif dans l'accomplissement de ses œuvres ou de ses missions d'intérêt général.

Les dons effectués par les particuliers ou les entreprises au profit des fonds de dotation ouvrent droit au régime fiscal du mécénat prévu aux articles 200 et 238 *bis* du code général des impôts.

La présente instruction commente ce dispositif.

INTRODUCTION

1. Les fonds de dotation ont été institués par l'article 140 de la loi n° 2008-776 du 4 août 2008 de modernisation de l'économie. Le décret n° 2009-158 du 11 février 2009 relatif aux fonds de dotation a précisé le régime juridique de ces fonds.

2. Conformément au *g* du 1 de l'article 238 *bis* du code général des impôts (CGI), les entreprises peuvent bénéficier d'une réduction d'impôt égale à 60 % du montant des versements (pris dans la limite de 5 ‰ de leur chiffre d'affaires) qu'elles effectuent au profit de fonds de dotation qui :

– exercent directement une activité d'intérêt général éligible au régime du mécénat ou ;

– ont une gestion désintéressée et reversent les revenus tirés des dons reçus pour financer des organismes éligibles au régime du mécénat.

3. S'agissant de la détermination et du sort de la réduction d'impôt prévue à l'article 238 *bis* du CGI ainsi que des caractéristiques relatives aux versements effectués par les entreprises, il convient de se reporter au BOI 4 C-5-04 du 13 juillet 2004 n° 47 à 100.

4. S'agissant du dispositif prévu à l'article 200 du CGI, il est rappelé que les particuliers peuvent bénéficier d'une réduction d'impôt sur le revenu égale à 66 % pour les dons et versements, pris dans la limite de 20 % du revenu imposable, faits notamment en faveur des organismes mentionnés au n° 3 ou de 75 % pour les dons et versements effectués au profit d'organismes sans but lucratif qui procèdent à la fourniture gratuite de repas à des personnes en difficulté, qui contribuent à favoriser leur logement ou qui procèdent, à titre principal, à la fourniture gratuite des soins mentionnés au 1° du 4 de l'article 261 à des personnes en difficulté, dans la limite de 510 euros à compter de l'imposition des revenus de l'année 2009.

5. Le bénéfice de la réduction d'impôt prévue à l'article 200 précité est soumis à la production par le donateur d'un reçu fiscal, établi par le bénéficiaire des versements, conforme au modèle fixé par l'arrêté du 26 juin 2008 (*Journal officiel* du 28 juin 2008, Cerfa n° 11580*03).

6. La présente instruction commente ces dispositions.

TITRE I. VERSEMENTS EFFECTUÉS AU PROFIT DES FONDS DE DOTATION EXERCANT DES ACTIVITÉS D'INTÉRÊT GÉNÉRAL

7. Conformément au 1° du *g* du 1 de l'article 200 du CGI, les particuliers bénéficient de la réduction d'impôt sur le revenu prévue à cet article au titre des versements effectués au profit des fonds de dotation qui satisfont aux caractéristiques mentionnées au *b* du 1 de cet article. Les versements effectués par les particuliers au titre de la dotation initiale d'un tel fonds ouvrent également droit à la réduction d'impôt sur le revenu prévue à l'article 200 dans les mêmes conditions que les versements effectués à un fonds de dotation existant.

8. Conformément au 1° du *g* du 1 de l'article 238 *bis* du CGI, les entreprises bénéficient de la réduction d'impôt de 60 % du montant des dons et versements effectués au profit des fonds de dotation qui satisfont aux caractéristiques mentionnées au *a* du 1 de cet article. Les versements effectués par les entreprises fondatrices au titre de la dotation initiale ouvrent droit également à la réduction d'impôt prévue à l'article 238 *bis* dans les mêmes conditions que les versements effectués à un fonds de dotation existant.

9. Aussi, sont donc concernés les versements effectués au profit de fonds de dotations qui satisfont aux deux conditions cumulatives suivantes :

– ils sont d'intérêt général ; il est rappelé que la condition d'intérêt général est présumée satisfaite lorsque le fonds de dotation ne fonctionne pas au profit d'un cercle restreint de personnes, ne fait pas l'objet d'une gestion intéressée et n'exerce pas d'activités lucratives au sens de l'article 206, 1 du CGI (cette limite de versements est relevée chaque année dans la même proportion que la limite supérieure de la première tranche du barème de l'impôt sur le revenu de l'année précédant celle des versements).

– ils exercent une activité éligible au régime du mécénat. L'activité du fonds de dotation doit présenter un caractère philanthropique, éducatif, scientifique, social, humanitaire, sportif, familial, culturel ou concourant à la mise en valeur du patrimoine artistique, à la défense de l'environnement naturel ou à la diffusion de la culture, de la langue et des connaissances scientifiques françaises [V. DB 5 B 3311 n° 15 à 25].

TITRE II. VERSEMENTS EFFECTUÉS AU PROFIT DES FONDS DE DOTATION POUR FINANCER DES ORGANISMES ÉLIGIBLES AU RÉGIME DU MÉCÉNAT

10. Sont également éligibles au régime du mécénat défini aux articles 200 et 238 *bis* du CGI, les dons effectués au profit de fonds de dotation dont la gestion est désintéressée et qui reversent les revenus retirés de ces dons à certains organismes éligibles au régime du mécénat.

11. Ainsi, pour que les versements effectués au profit de ce type de fonds de dotation soient éligibles au régime du mécénat, les deux conditions cumulatives suivantes doivent être satisfaites :

– les fonds de dotation doivent avoir une gestion désintéressée ;

– les fonds de dotation doivent reverser les revenus tirés des dons et versements reçus à certains organismes pour lesquels les dons et versements effectués directement à leur profit sont également éligibles au régime du mécénat.

I. Conditions relatives aux fonds de dotation

A. La gestion désintéressée

12. Le caractère désintéressé de la gestion d'un fonds de dotation est apprécié dans les mêmes conditions que pour les organismes sans but lucratif [V. BOI 4 H-5-06 n° 13 à 55]. Ainsi, le fonds de dotation doit notamment satisfaire aux conditions suivantes :

– être géré et administré à titre bénévole par des personnes n'ayant elles-mêmes, ou par personne interposée, aucun intérêt direct ou indirect dans les résultats de l'exploitation ;

– ne procéder à aucune distribution directe ou indirecte de bénéfice, sous quelque forme que ce soit ;

– ses membres et leurs ayants droit ne peuvent pas être déclarés attributaires d'une part quelconque de l'actif, sous réserve du droit de reprise des apports.

B. Le reversement des produits tirés des dons

13. Par principe, les fonds de dotation reçoivent et gèrent en les capitalisant les biens et droits de toute nature qui leur sont apportés à titre gratuit et irrévocable.

14. Toutefois, leurs statuts peuvent prévoir les conditions dans lesquelles leur dotation en capital peut être consommée. En outre, lorsque, après autorisation administrative, ils font appel à la générosité publique, les dons ainsi reçus peuvent, ou non, être ajoutés à leur dotation en capital.

15. Dans ces conditions, sont éligibles au régime du mécénat prévu aux articles 200 et 238 *bis* du CGI les dons effectués au profit des fonds de dotation :

– qui incorporent à leur capital les dons reçus et reversent les produits tirés de ces dons à certains organismes éligibles au régime du mécénat ;

– ou qui, conformément à leurs statuts, consomment leur capital dès lors qu'ils reversent également les produits tirés des dons reçus à certains organismes éligibles au régime du mécénat ;

– ou encore qui font appel à la générosité publique et reversent ces dons à certains organismes éligibles au régime du mécénat.

II. Conditions relatives aux organismes bénéficiaires des versements des fonds de dotation

A. Caractéristiques des organismes bénéficiaires des versements

16. Sont éligibles au régime du mécénat défini aux articles 200 et 238 *bis* du CGI les dons effectués au profit de fonds de dotation qui en reversent les produits à certains organismes pour lesquels les dons effectués directement sont également éligibles au régime du mécénat.

1. Dons éligibles au régime du mécénat d'entreprise

17. S'agissant des dons susceptibles de bénéficier de la réduction d'impôt prévue à l'article 238 *bis* du CGI, les organismes au profit desquels les fonds de dotation doivent reverser le produit des dons reçus sont ceux mentionnés aux *a* à *e bis* du 1 de l'article 238 *bis* du CGI ainsi que, dans certaines conditions, la Fondation du patrimoine ou certaines associations ou fondations reconnues d'utilité publique et agréées par le ministre chargé du budget. Les organismes bénéficiaires des versements des fonds de dotation sont donc :

– les organismes d'intérêt général ayant un caractère philanthropique, éducatif, scientifique, social, humanitaire, sportif, familial, culturel ou concourant à la mise en valeur du patrimoine artistique, à la défense de l'environnement naturel ou à la diffusion de la culture, de la langue et des connaissances scientifiques Françaises [V. BOI 4 C-5-04 n° 8 à 29 et DB 5 B 3311 n° 15 à 25]. Cela comprend notamment les versements effectués au profit de fondations universitaires, de fondations partenariales mentionnées aux articles L. 719-12 et L. 719-13 du code de l'éducation, de fondations d'entreprises (art. 238 *bis*, 1 *a)* du CGI) ;

– les fondations ou associations reconnues d'utilité publique et les musées de France lorsqu'ils satisfont aux conditions mentionnées à l'article 238 *bis*, 1, *a)* du CGI ;

– les associations cultuelles [un organisme à caractère cultuel n'est éligible que s'il exerce par ailleurs une activité d'intérêt général (V. examen au Sénat du projet de loi de modernisation de l'économie, séance du jeudi 3 juillet 2008 – *JORF* 4 juillet 2008 n° 57 S p. 3908)] ou de bienfaisance et les établissements publics des cultes reconnus d'Alsace-Moselle ;

– les établissements d'enseignement supérieur ou d'enseignement artistique publics ou privés, d'intérêt général à but non lucratif ;

– les sociétés ou organismes publics ou privés, agréés à cet effet par le ministre chargé du budget en vertu de l'article 4 de l'ordonnance n° 58-882 du 25 septembre 1958 relative à la fiscalité en matière de recherche scientifique et technique ;

– les organismes publics ou privés, y compris les sociétés de capitaux dont les actionnaires sont l'État ou un ou plusieurs établissements publics nationaux, seuls ou conjointement avec une ou plusieurs collectivités territoriales, dont la gestion est désintéressée et qui ont pour activité principale la présentation au public d'œuvres dramatiques, lyriques, musicales, chorégraphiques, cinématographiques et de cirque ou l'organisation d'expositions d'art contemporain, à la condition que les versements soient affectés à cette activité et que les œuvres n'aient pas un caractère pornographique ou incitant à la violence [V. BOI 4 C-5-04 n° 30 à 45] ;

– les écoles doctorales qui proposent des projets de thèse au mécénat de doctorat ;

– la « Fondation du patrimoine » ou une fondation ou association qui affecte irrévocablement les versements reçus à la « Fondation du patrimoine », à la condition que les versements viennent subventionner la réalisation des travaux prévus par les conventions conclues en application de l'article L. 143-2-1 du code du patrimoine. Par ailleurs, les versements doivent financer des travaux réalisés sur les monuments historiques qui ne font pas l'objet d'une exploitation commerciale, sauf lorsque la gestion de l'immeuble est désintéressée et qu'un certain nombre de conditions cumulatives sont satisfaites, et qui sont la propriété de personnes physiques ou sociétés civiles composées uniquement de personnes physiques et qui ont pour objet exclusif la gestion et la location nue des immeuble ;

– les fondations ou associations reconnues d'utilité publique agréées par le ministre chargé du budget dont l'objet est culturel en vue de subventionner la réalisation de travaux de conservation, de restauration ou d'accessibilité de monuments historiques classés ou inscrits dans les mêmes conditions que la Fondation

Se référer aux textes

du patrimoine [V. BOI 5 B-21-07 n° 20 et s.]

2. Dons éligibles au régime du mécénat des particuliers

18. S'agissant des dons susceptibles de bénéficier de la réduction d'impôt sur le revenu prévue à l'article 200 du CGI, les organismes au profit desquels les fonds de dotation doivent reverser le produit des dons et versements reçus sont ceux mentionnés aux *a* à *f* du 1 de l'article 200 précité ainsi que, dans certaines conditions, la Fondation du patrimoine ou certaines associations ou fondations reconnues d'utilité publique et agréées par le ministre chargé du budget.

Les organismes bénéficiaires des versements des fonds de dotation sont donc :

– les fondations ou associations reconnues d'utilité publique sous réserve du 2 *bis* de l'article 200 du CGI, les fondations universitaires ou les fondations partenariales mentionnées respectivement aux articles L. 719-12 et L. 719-13 du code de l'éducation et les fondations d'entreprise, lorsque ces organismes répondent aux conditions fixées au *b* du 1 de l'article 200 du CGI ;

– les œuvres ou organismes d'intérêt général ayant un caractère philanthropique, éducatif, scientifique, social, humanitaire, sportif, familial, culturel, ou concourant à la mise en valeur du patrimoine artistique, notamment à travers les souscriptions ouvertes pour financer l'achat d'objets ou d'œuvres d'art destinés à rejoindre les collections d'un musée de France accessibles au public, à la défense de l'environnement naturel ou à la diffusion de la culture, de la langue et des connaissances scientifiques françaises ;

– les établissements d'enseignement supérieur ou d'enseignement artistique publics ou privés, d'intérêt général, à but non lucratif ;

– les organismes visés au 4 de l'article 238 *bis* du CGI ;

– les associations cultuelles et de bienfaisance, ainsi que les établissements publics des cultes reconnus d'Alsace-Moselle ;

– les organismes publics ou privés dont la gestion est désintéressée et qui ont pour activité principale la présentation au public d'œuvres dramatiques, lyriques, musicales, chorégraphiques, cinématographiques et de cirque ou l'organisation d'expositions d'art contemporain, à la condition que les versements soient affectés à cette activité. Cette disposition ne s'applique pas aux organismes qui présentent des œuvres à caractère pornographique ou incitant à la violence ;

– la « Fondation du patrimoine » ou une fondation ou association qui affecte irrévocablement les versements reçus à la « Fondation du patrimoine », à la condition que les versements viennent subventionner la réalisation des travaux prévus par les conventions conclues en application de l'article L. 143-2-1 du code du patrimoine. Par ailleurs, les versements doivent financer des travaux réalisés sur les monuments historiques qui ne font pas l'objet d'une exploitation commerciale sauf lorsque la gestion de l'immeuble est désintéressée et qu'un certain nombre de conditions cumulatives sont satisfaites, et qui sont la propriété de personnes physiques ou sociétés civiles composées uniquement de personnes physiques et qui ont pour objet exclusif la gestion et la location nue des immeubles [V. BOI 5 B-21-07 n° 20 et s.] ;

– les fondations ou associations reconnues d'utilité publique agréées par le ministre chargé du budget dont l'objet est culturel en vue de subventionner la réalisation de travaux de conservation, de restauration ou d'accessibilité de monuments historiques classés ou inscrits dans les mêmes conditions que la Fondation du Patrimoine [V. BOI 5 B-21-07 n° 20 et s].

B. Obligation de délivrer une attestation

19. Conformément à la seconde phrase du 2° du *g* du 1 de l'article 200 et à la seconde phrase du 2° du *g* du 1 de l'article 238 *bis* du CGI, les organismes éligibles au régime du mécénat des entreprises ou des particuliers et qui bénéficient du financement des fonds de dotation doivent délivrer à ces derniers une attestation justifiant le montant et l'affectation des versements reçus.

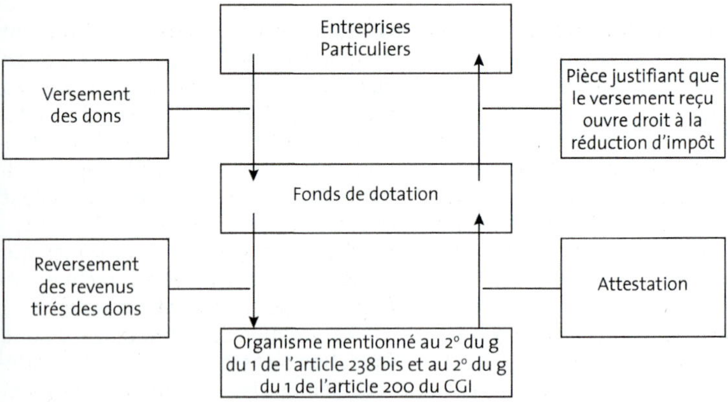

Lorsque les organismes ne délivrent pas d'attestation aux fonds de dotation, ils sont exclus du bénéfice du régime. Dans cette hypothèse, les fonds de dotation ne peuvent alors valablement délivrer aux donateurs une attestation justifiant que leur versement ouvre droit à la réduction d'impôt.

TITRE III. SANCTIONS

20. Aux termes de l'article 1740 A du CGI, la délivrance irrégulière de documents permettant à un contribuable d'obtenir une réduction d'impôt entraîne l'application d'une amende égale à 25 % des sommes indûment mentionnées sur ces documents ou, à défaut d'une telle mention, d'une amende égale au montant de la réduction d'impôt indûment obtenue. Cette amende s'applique également si un organisme bénéficiant de versements d'un fonds de dotation délivre irrégulièrement l'attestation justifiant le montant et l'affectation des versements reçus du fonds.

21. Aussi, les fonds de dotation ou les organismes qu'ils financent peuvent être soumis à cette amende lorsqu'ils ne respectent pas les conditions prévues aux articles 200 et 238 *bis* du CGI. Il résulte du BOI 5 B-1-04 du 5 janvier 2004 que les fonds de dotation comme tout organisme mentionné aux articles 200 et 238 *bis* du CGI peuvent délivrer aux particuliers ou entreprises donateurs un document établi selon le modèle fixé par arrêté leur permettant de justifier du versement ouvrant droit à la réduction d'impôt.

I. Sanction applicable aux fonds de dotation

22. Les fonds de dotation qui ne respectent pas les conditions fixées au 1° ou au 2° du *g* du 1 de l'article 200 du CGI ou au 1° ou au 2° du *g* du 1 de l'article 238 *bis* du même code et qui ont délivré un document permettant aux donateurs de bénéficier de la réduction d'impôt sont soumis à l'amende prévue à l'article 1740 A du CGI. Ainsi, un fonds de dotation n'est pas éligible au régime du mécénat et est redevable d'une amende égale à 25 % des sommes mentionnées sur le document précité :

– lorsqu'il relève du 1° du *g* du 1 de l'article 200 du CGI ou du 1° du *g* du 1° de l'article 238 *bis* du même code car il n'est pas d'intérêt général ou n'exerce pas d'activité éligible au régime du mécénat (V. n° 16 et s.) ;

– lorsqu'il finance un organisme autre que ceux mentionnés au 2° du *g* du 1 de l'article 200 du CGI ou au 2° du *g* du 1 de l'article 238 *bis* du même code ;

– lorsqu'il finance un organisme qui ne lui délivre pas d'attestation.

23. Conformément aux dispositions de l'article L. 80 C du Livre des procédures fiscales, les fonds de dotation peuvent demander à l'administration s'ils satisfont aux critères définis aux articles 200 et 238 *bis* du CGI [V. BOI 13 L-5-04 du 19 octobre 2004].

II. Sanction applicable aux organismes financés par les fonds de dotation

24. Toute personne qui obtiendrait un ou plusieurs versements d'un fonds de dotation et qui délivrerait indûment une attestation à celui-ci serait redevable de l'amende prévue à l'article 1740 A du CGI.

Outil 6. Circulaire du 19 mai 2009 : organisation, fonctionnement et contrôle des fonds de dotation

[Circulaire du 19 mai 2009 relative à l'organisation, au fonctionnement et au contrôle des fonds de dotation, JO du 19 juin 2009, NOR ECEM0908677C]

n° 8.125.

INTRODUCTION

I. Définition du fonds de dotation

L'article 140 de la loi n° 2008-776 du 4 août 2008 de modernisation de l'économie a créé les fonds de dotation qui viennent compléter les outils juridiques dédiés au mécénat. Ces nouvelles structures, dotées de la personnalité morale, ont pour vocation de réaliser une mission d'intérêt général ou d'assister une personne morale à but non lucratif, dans l'accomplissement de ses missions d'intérêt général au moyen de ressources issues de la capitalisation de fonds qui leur sont apportés.

En outre, la loi du 4 août 2008 a instauré un dispositif fiscal pour favoriser le développement des fonds de dotation en accordant des avantages fiscaux aux personnes qui apportent à titre irrévocable des biens et droits de toute nature en dotation.

Ainsi les dispositifs fiscaux du mécénat des particuliers et des entreprises prévus aux articles 200 et 238 *bis* du code général des impôts (CGI) sont applicables aux dons consentis au profit des fonds de dotation.

Les fonds de dotation sont par principe soumis au même régime fiscal que les organismes sans but lucratif. Aussi, dès lors qu'ils n'ont pas de caractère lucratif (cf. notamment instruction fiscale du 18 décembre 2006, BOI 4 H-5-06), ils ne sont pas soumis aux impôts commerciaux. Toutefois, ils peuvent, sous certaines conditions, être soumis à l'impôt sur les sociétés à raison de certains de leurs revenus patrimoniaux au sens de l'article 206, 5 du CGI.

L'objet de la présente circulaire est de définir le rôle du préfet, notamment les pouvoirs de contrôle qui lui sont confiés par la loi, dans la constitution et le fonctionnement du fonds de dotation.

II. Cas particulier des associations exerçant des activités cultuelles et des congrégations religieuses

Les associations cultuelles et les congrégations religieuses étant des personnes morales peuvent, en application de cette nouvelle disposition législative, créer un fonds de dotation en vue de la réalisation d'œuvre d'intérêt général ou recevoir les revenus de l'un des fonds existants pour l'accomplissement d'œuvres ou missions d'intérêt général.

Cependant, la législation relative aux fonds de dotation doit se conjuguer avec les dispositions législatives régissant les associations exerçant un culte (loi du 9 décembre 1905 concernant la séparation des Églises et de l'État, loi du 1er juillet 1901 relative au contrat d'association et loi du 2 janvier 1907 concernant l'exercice public des cultes) et les congrégations reconnues (articles 13 à 15 de la loi du 1er juillet 1901).

S'agissant des associations exerçant un culte, une distinction doit être opérée entre les associations cultuelles définies au titre IV de la loi du 9 décembre 1905 dont le but est exclusivement cultuel et les associations exerçant le culte placées sous le régime de la loi du 1er juillet 1901.

Les associations cultuelles régies par le titre IV de la loi du 9 décembre 1905 ne peuvent exercer que des activités à caractère exclusivement cultuel *[V. avis d'assemblée du Conseil d'État du 24 octobre 1997 : il définit l'exercice exclusif du culte comme étant « la célébration de cérémonies organisées en vue de l'accomplissement, par des personnes réunies par une même croyance religieuse, de certains rites ou de certaines pratiques » et a considéré que « les associations cultuelles régies par les dispositions du titre IV de la loi du 9 décembre 1905 ne peuvent mener que des activités en relation avec cet objet telles que l'acquisition, la location, la construction, l'aménagement et l'entretien des édifices servant au culte ainsi que l'entretien et la formation des ministres et autres personnes concourant à l'exercice du culte ».*

Il a ajouté que la poursuite par une association d'activités autres que celles rappelées ci-dessus est de nature, sauf si ces activités se rattachent directement à l'exercice du culte et présentent un caractère strictement accessoire, à l'exclure du bénéfice du statut d'association cultuelle.]. Elles ne peuvent mener aucune activité caritative ou d'intérêt général, sauf si l'activité en cause présente un caractère strictement accessoire lié à l'exercice du culte. En conséquence, elles ne peuvent ni créer un fonds de dotation, ni recevoir les revenus de fonds de dotation puisque les revenus de ce fonds doivent être utilisés pour la réalisation d'œuvres ou de missions d'intérêt général.

En revanche, les associations régies par la loi du 1er juillet 1901 qui exercent des activités cultuelles (comme l'autorise l'article 4 de la loi du 2 janvier 1907) peuvent mener des activités à caractère caritatif, culturel, etc. Leur objet n'étant pas limité, elles peuvent créer un fonds de dotation ou recevoir les revenus de fonds de dotation en vue de la réalisation d'une œuvre ou d'une mission d'intérêt général. *[Lors des débats parlementaires précédant le vote de la loi du 4 août 2008, Mme Lagarde, ministre de l'économie, des finances et de l'emploi, a confirmé cette distinction : « L'intérêt général est une notion jurisprudentielle elle-même très clairement définie par les tribunaux et qui exclut l'objet purement cultuel. Néanmoins, il faut en être bien conscient, un organisme à caractère cultuel, mais visant un objectif qui, lui, remplirait les conditions de l'intérêt général et répondrait à ses critères, ne serait pas exclu du dispositif des fonds de dotation. Un tel organisme pourrait donc être éligible au dispositif s'il entrait dans le cadre du champ d'application du fonds de dotation tel que nous le définissons ici. »]*

Les congrégations religieuses légalement reconnues conformément aux dispositions de l'article 13 de la loi du 1er juillet 1901 et au titre II du décret du 16 août 1901 portant règlement d'administration publique pour l'exécution de la loi du 1er juillet 1901 relative au contrat d'association peuvent, en leur qualité de personne morale, créer un fonds de dotation ou recevoir les revenus d'un fonds de dotation en vue de la réalisation d'œuvres d'intérêt général. Cependant l'objet du fonds de dotation devra être en concordance avec l'objet de la congrégation puisque sa reconnaissance légale a été fondée sur un objet déterminé.

TITRE Ier. LA CONSTITUTION DU FONDS DE DOTATION

La loi du 4 août 2008 a instauré un simple régime de déclaration très similaire à celui des associations déclarées relevant de la loi du 1er juillet 1901.

Le fonds de dotation acquiert la personnalité morale à compter de la date de publication au Journal officiel de la déclaration faite en préfecture.

I. Une déclaration en préfecture

La déclaration en préfecture peut être effectuée par toute personne qui, à un titre quelconque, est chargée de l'administration du fonds de dotation.

La déclaration doit être déposée à la préfecture dans le ressort de laquelle le fonds de dotation a son siège et, à Paris, à la préfecture de Paris. Cette règle d'ordre public oblige le préfet à refuser de recevoir une déclaration qui aurait dû être faite à la préfecture d'un autre département.

II. Le dossier de déclaration initiale

Le dossier de déclaration comprend :

– les statuts du fonds de dotation, qui doivent notamment mentionner la dénomination et l'adresse du siège social du fonds de dotation, son objet et la durée pour laquelle il est créé ;

– la liste des personnes qui sont chargées à un titre quelconque de son administration avec la mention de leurs noms, prénoms, dates de naissance, lieux de naissance, professions, domiciles et nationalités ;

– l'imprimé de demande de publication au *Journal officiel*.

L'article 140 de la loi du 4 août 2008 et le décret du 11 février 2009 prévoient un certain nombre de mentions statutaires obligatoires dont vous trouverez la liste jointe (annexe I).

Il vous appartient de vérifier que les statuts contiennent ces dispositions légales et réglementaires.

L'objet du fonds de dotation, qui doit être précis, ne saurait être d'un intérêt manifestement privé, ni consister en une simple reprise du texte de la loi (comme, par exemple, réaliser une œuvre ou une mission d'intérêt général). À défaut, le

dossier de déclaration sera considéré incomplet.
L'absence d'un élément du dossier ou de l'une des mentions statutaires obligatoires rend le dossier incomplet et dans ce cas le récépissé ne peut être délivré.

III. La déclaration de modification

Le fonds de dotation est tenu de faire connaître, dans les trois mois, au préfet du département du lieu du siège social tous les changements survenus dans son administration, notamment ceux relatifs à la liste des dirigeants, l'adresse du siège social ainsi que les modifications statutaires.
La procédure est similaire à celle de la déclaration préalable. Le dossier doit comprendre outre les documents relatifs aux modifications (nouveau siège social, nouvelle liste de dirigeants, nouveaux statuts) :
– la demande de déclaration de modification ou de dissolution ;
– la décision de l'organe délibérant.

IV. La délivrance des récépissés

Lorsque le dossier est complet, notamment après vérification de l'existence des mentions statutaires obligatoires, le préfet délivre le récépissé de la déclaration préalable et des déclarations modificatives dans un délai de cinq jours ouvrables. Des modèles de récépissés (déclarations de création et de modification) sont joints à cette circulaire (annexe II n° 1).

V. Publication au *Journal officiel* et communication aux tiers

Les déclarations de modification ou de dissolution ne sont opposables aux tiers qu'à compter de leur publication au *Journal officiel*.
La loi prévoit que toute personne a droit de prendre connaissance, sans déplacement, des statuts du fonds de dotation et peut s'en faire délivrer, à ses frais, une copie ou un extrait.

TITRE II. LE CONTRÔLE DE LA RÉGULARITÉ DU FONCTIONNEMENT DU FONDS DE DOTATION

La loi a confié au préfet le soin de s'assurer de la régularité du fonctionnement du fonds de dotation. À cette fin, le préfet peut se faire communiquer tous documents et procéder à toutes investigations utiles (premier alinéa du VII de l'article 140 de la loi du 4 août 2008).

I. Transmission obligatoire de certains documents de gestion

Dans le délai de six mois à compter de la clôture de l'exercice, le fonds de dotation adresse à la préfecture dont il relève un rapport d'activité. À ce rapport sont joints les comptes annuels et le rapport du commissaire aux comptes, lorsque le fonds est tenu d'en désigner un à partir d'un seuil de 10 000 euros de ressources en fin d'exercice (premier alinéa du VI de l'article 140 de la loi du 4 août 2008).
Le rapport d'activité, accompagné de l'extrait de la délibération du conseil d'administration l'ayant approuvé, contient les éléments suivants :
– un compte rendu de l'activité du fonds de dotation portant à la fois sur son fonctionnement interne et sur ses rapports avec les tiers ;
– la liste des actions d'intérêt général financées par le fonds de dotation et leurs montants ;
– la liste des personnes morales bénéficiaires des redistributions prévues au premier alinéa du I de l'article 140 et leur montant ;
– la liste des libéralités reçues.
En cas de dossier incomplet ou de délai non respecté, le préfet peut mettre en demeure le fonds de dotation de se conformer à ses obligations dans le délai d'un mois.
Les comptes comprennent un bilan, un compte de résultat et une annexe qui comporte, lorsque le fonds fait appel à la générosité publique, le compte d'emploi des ressources.
Le préfet vérifie que l'obligation de publication des comptes, au plus tard dans un délai de six mois suivant l'expiration de l'exercice, a été respectée.

II. Dotation et ressources du fonds de dotation

Ainsi que le prévoit le premier alinéa du I de l'article 140 de la loi du 4 août 2008, les biens et droits de toute nature qui sont apportés à un fonds de dotation sont capitalisés dans la dotation. L'alinéa 4 du II du même article précise que les ressources du fonds « sont constituées des revenus de ses dotations, des produits des activités autorisées par les statuts et des produits des rétributions pour services rendus ».

Ainsi le produit des « libéralités » (donations par acte entre vifs et legs) doit faire l'objet d'une décision d'affectation par l'organe délibérant à titre de dotation complémentaire, sauf si le choix statutaire d'une dotation consomptible a été fait.

Les « dons manuels » provenant d'un appel à la générosité publique peuvent, selon la décision de l'organe délibérant, soit être affectés à la dotation à titre de dotation complémentaire, soit constituer des ressources destinées aux activités de l'organisme.

III. Constatation de dysfonctionnements graves affectant la réalisation de l'objet du fonds de dotation

Il est préalablement rappelé que le commissaire aux comptes, en vertu du VI de l'article 140 de la loi du 4 août 2008, informe le préfet des faits de nature à compromettre la continuité de l'activité du fonds.

Le préfet peut constater des dysfonctionnements graves affectant la réalisation de l'objet du fonds de dotation dont la nature est précisée par l'article 9 du décret du 11 février 2009.

Dans cette hypothèse, le préfet doit mettre en demeure le fonds de dotation de corriger le (s) dysfonctionnement (s) constaté (s).

Si cette mise en demeure n'est pas suivie d'effet, le préfet peut, conformément à l'alinéa 3 du VII de l'article 140, par un acte motivé faisant l'objet d'une publication au *Journal officiel* :

– soit suspendre le fonds de dotation pendant une durée maximale de six mois, proportionnée aux éléments de fait constatés ;

– soit, lorsque la mission d'intérêt général n'est plus assurée, saisir l'autorité judiciaire aux fins de dissolution du fonds de dotation.

L'autorité judiciaire compétente est le tribunal de grande instance dans le ressort duquel le fonds de dotation a établi son siège.

Titre III. L'appel à générosité publique

I. Un régime d'autorisation, différent de celui institué par la loi du 7 août 1991

La loi du 7 août 1991 dispose, dans ses articles 3 et 4, que « les organismes qui, afin de soutenir une cause scientifique, sociale, familiale, humanitaire, philanthropique, éducative, sportive, culturelle, ou concourant à la défense de l'environnement, souhaitent faire appel à la générosité publique dans le cadre d'une campagne menée à l'échelon national, soit sur la voie publique, soit par l'utilisation de moyens de communication » sont tenus d'établir :

– une déclaration préalable auprès du préfet du département de leur siège social ;

– un compte d'emploi annuel des ressources collectées auprès du public (CER), défini par l'arrêté du 11 décembre 2008 portant homologation du règlement comptable n° 2008-12 du Comité de la réglementation comptable (*JO* du 21 décembre 2008, p. 19651). Le CER est un document de l'annexe comptable.

La loi du 4 août 2008 dans son article 140 permet aux fonds de dotation de faire appel à la générosité publique. À la différence du régime de déclaration prévue par la loi du 7 août 1991, la loi du 4 août 2008 soumet les fonds de dotation à un régime d'autorisation donnée par le préfet. La procédure d'autorisation est explicitée par le décret du 11 février 2009.

II. La demande d'autorisation

Les demandes d'autorisation d'appel à la générosité publique concernent les campagnes annuelles d'appel à la générosité publique programmées par chaque organisme. Les principes exposés dans la circulaire du 16 novembre 1999 relative à l'application des dispositions de la loi n° 91-772 du 7 août 1991 relative notamment au contrôle des comptes des organismes faisant appel à la générosité publique et au rôle des préfectures dans la mise en œuvre de ce dispositif sont applicables aux campagnes effectuées par les fonds de dotation. Les campagnes effectuées à un niveau national, notamment lorsqu'il y a quête sur la voix publique, doivent être inscrites au calendrier national des appels à la générosité

publique.
Le dossier de demande d'autorisation de faire appel à la générosité publique doit être envoyé par lettre recommandée avec demande d'avis de réception au préfet du département dans lequel le fonds de dotation a son siège social. Doivent être précisés dans la demande les objectifs poursuivis par l'appel à la générosité publique ainsi que les périodes et modalités d'organisation de la campagne.
Lorsque le dossier est incomplet, l'avis de réception adressé au demandeur doit indiquer les éléments d'information et les documents qu'il convient de transmettre à la préfecture pour permettre l'instruction de la demande.
L'autorisation de faire appel à la générosité publique est adressée au fonds de dotation par le préfet, dans les deux mois de la date de réception de la demande. L'absence de réponse dans ce délai vaut autorisation tacite (article 11 du décret du 11 février 2009).
Afin d'éviter les autorisations tacites, les demandes d'autorisation d'appel à la générosité publique doivent donc être impérativement instruites dans ce délai de deux mois.
Le refus d'autorisation de faire appel à la générosité publique doit faire l'objet d'une lettre recommandée avec avis de réception.

III. Le refus motivé

Le préfet peut refuser l'autorisation d'appel à la générosité publique dans les seuls cas prévus par l'article 12 du décret du 11 février 2009 :
a) Lorsque l'objet de l'appel n'entre pas dans les prévisions de l'article 3 de la loi du 7 août 1991 ;
b) Lorsqu'un membre du conseil d'administration a fait l'objet, depuis moins de cinq ans, d'une condamnation définitive pour l'une des infractions prévues par :
– les articles 222-38, 222-40 du code pénal (blanchiment de trafic de stupéfiants) ;
– les articles 313-1 à 313-3 du code pénal (escroquerie) ;
– les articles 314-1 à 314-3 du code pénal (abus de confiance) ;
– les articles 324-1 à 324-6 du code pénal (blanchiment) ;
– l'article 432-15 du code pénal (détournement de fonds) ;
– l'article 433-1 du code pénal (corruption active) ;
– l'article 434-9 du code pénal (corruption active et passive de personnel de justice) ;
– les articles 435-1 à 435-4 du code pénal (corruption et trafic d'influence passifs et actifs d'agents publics étrangers et internationaux) ;
– les articles 435-7 à 435-10 du code pénal (corruption et trafic d'influence passifs et actifs de personnel judiciaire étranger ou international) ;
– les articles 441-1 à 441-7 du code pénal (faux) ;
– l'article 441-8 du code pénal (corruption liée à l'établissement d'un faux) ;
– l'article 441-9 du code pénal (tentative des infractions de faux) ;
– les articles 445-1 à 445-4 du code pénal (corruption dans le secteur privé) ;
– l'article 450-1 du code pénal (association de malfaiteurs) du code pénal ;
– l'article 1741 du code général des impôts (fraude fiscale) ;
– l'article L. 242-6 du code de commerce (abus de biens sociaux pour les sociétés anonymes) ;
– l'article L. 242-30 du code de commerce (abus de biens sociaux pour les sociétés anonymes avec directoire et conseil de surveillance) ;
– l'article L. 243-1 du code de commerce (abus de biens sociaux pour les sociétés en commandite par actions) ;
– l'article L. 241-3 (4°) du code de commerce (abus de biens sociaux pour les SARL) ;
– l'article L. 244-1 du code de commerce (abus de biens sociaux pour les sociétés par actions simplifiées) ;
– les articles L. 654-1 à L. 654-6 du code de commerce (banqueroute).
Sur ce fondement, le préfet peut se faire communiquer :
– soit une attestation des administrateurs du fonds de dotation indiquant qu'ils n'ont pas fait l'objet d'une condamnation au titre de l'une des infractions précitées ;
– soit, en cas de doute, le bulletin n° 2 du casier judiciaire des personnes concernées afin de justifier, le cas échéant, un refus d'autorisation d'appel à la générosité publique.
En effet, conformément à l'article 776 (3°) du code de procédure pénale, le bulletin n° 2 du casier judiciaire est délivré « aux administrations et personnes morales dont la liste sera déterminée par

Se référer aux textes

le décret en Conseil d'État prévu à l'article 779 ainsi qu'aux administrations ou organismes chargés par la loi ou le règlement du contrôle de l'exercice d'une activité professionnelle ou sociale lorsque cet exercice fait l'objet de restrictions expressément fondées sur l'existence de condamnations pénales ou de sanctions disciplinaires » ;

c) Lorsque le fonds de dotation a fait l'objet d'une mesure de suspension ou lorsque l'autorité judiciaire saisie par le préfet n'a pas encore statué sur la dissolution (alinéa 3 du VII de l'article 140 de la loi du 4 août 2008).

Ce refus doit être motivé.

TITRE IV. LA DISSOLUTION DU FONDS DE DOTATION

La décision de dissolution du fonds de dotation, volontaire ou statutaire, est traitée comme une demande de modification.

4.1 Fonds à durée indéterminée

À l'issue de la liquidation du fonds, l'ensemble de son actif net ne peut être transféré qu'à un autre fonds de dotation ou à une fondation reconnue d'utilité publique.

4.2 Fonds à durée déterminée

Un fonds à durée déterminée peut utiliser l'actif net restant à l'issue de la liquidation du fonds pendant un délai qui ne peut excéder six mois. Cette décision ne peut résulter que d'une délibération du conseil d'administration qui doit être notifiée au préfet par lettre recommandée avec demande d'avis de réception.

Le préfet dispose d'un délai de sept jours à compter de la réception de la délibération pour s'opposer à l'utilisation projetée de l'actif pour absence de conformité à l'objet du fonds de dotation.

4.3 Publication

L'article 14 du décret du 11 février 2009 prévoit que la dissolution du fonds de dotation fait l'objet d'une publication au Journal officiel aux frais du fonds.

En cas de dissolution statutaire ou volontaire, cette publication incombe au président du fonds de dotation.

En cas de dissolution judiciaire, elle incombe au liquidateur désigné par l'autorité judiciaire.

TITRE V. LA PUBLICITÉ AU *JOURNAL OFFICIEL*

5.1. Publicité des déclarations de création, modification et dissolution de fonds de dotation

Un imprimé de demande d'insertion au *Journal officiel Associations, fondations d'entreprises et associations syndicales de propriétaires (JOAFE)* est à la disposition des personnes chargées de l'administration du fonds de dotation, à la préfecture du département.

Les formulaires de création, modification et dissolution d'un fonds de dotation sont téléchargeables sur le site www.journal-officiel.gouv.fr à la rubrique « Aide ».

Les déclarants remettent le formulaire dûment renseigné au service préfectoral qui le transmet à la Direction des Journaux officiels.

Les tarifs d'insertion sont fixés annuellement par arrêté du Premier ministre pris en application du décret du 31 août 2005 (pour 2009, le tarif est fixé, par le 2° de l'article 2-5 de l'arrêté du 21 novembre 2008, à 10 euros la ligne).

Le *Journal officiel Associations fondations d'entreprises et associations syndicales de propriétaires (JOAFE)* est édité par la Direction des Journaux officiels une fois par semaine, le samedi. Il est mis simultanément en ligne sur le site www.journal-officiel.gouv.fr.

5.2. Publicité des comptes annuels des fonds de dotation (annexe III)

Les fonds de dotation publient leurs comptes au plus tard dans un délai de six mois suivant la fin de l'exercice social. Cette obligation de publication entre en vigueur à compter de l'exercice comptable 2009.

Ces comptes seront transmis à la Direction des Journaux officiels par voie électronique et seront accessibles uniquement en ligne sur son site, selon des modalités qui seront définies par arrêté du Premier ministre.

L'article 140 de la loi du 4 août 2008 de modernisation de l'économie et le décret du 11 février 2009 ont ainsi instauré un dispositif extrêmement souple qui institue essentiellement un outil de collecte de fonds. Il apparaît en contrepartie nécessaire de mettre en place un contrôle a posteriori vigilant sur la réalité de l'exercice de missions d'intérêt général par les fonds de dotation appelés à se développer. L'appui de la direction départementale des finances publiques peut être sollicité.

Afin de dresser un premier bilan, il vous est demandé, pour le 30 décembre 2009, de transmettre au bureau des associations et fondations du ministère de l'Intérieur, de l'Outre-mer et des Collectivités territoriales et au bureau « Droit privé général » du ministère de l'Économie, de l'Industrie et de l'Emploi la liste des créations de fonds de dotation dans votre département, de faire part de vos observations sur la mise en œuvre de ce dispositif et de signaler les difficultés rencontrées.

ANNEXE 1 – MENTIONS OBLIGATOIRES DANS LES STATUTS

DÉNOMINATION

Siège social : ville et département.

Objet : à définir précisément.

Durée (si limitée, à indiquer).

La publication au *Journal officiel* comporte ces mentions ainsi que la date de la déclaration.

Conseil d'administration : il doit comprendre initialement au moins 3 personnes nommées pour la première fois par les fondateurs.

Les statuts doivent prévoir les conditions de leur nomination et de leur renouvellement (durée des mandats — remplacement en cas de décès, de démission, d'empêchement définitif ou de révocation).

Si la dotation atteint un million d'euros, le fonds de dotation est tenu de créer, auprès du conseil d'administration, un comité consultatif, composé de personnalités extérieures, chargé de lui faire des propositions de politique d'investissement du fonds, d'en assurer le suivi et de proposer des études et des expertises.

Président : les statuts doivent prévoir la désignation d'un président.

Dotation : 3 cas de figure :

1. Pas de dotation car il n'y a pas d'obligation de dotation initiale.
2. Dotation initiale inférieure à un million d'euros.
3. Dotation supérieure à un million d'euros : obligation de créer un comité consultatif.

Si la consomptibilité de la dotation est prévue, il faut que cette indication figure dans les statuts.

Ressources

- revenus de la dotation ;
- produit des activités autorisées par les statuts ;
- produit des rétributions pour service rendu ;

Le produit des dons et legs ne peut être mentionné car ni la loi ni le décret ne le prévoient.

Dissolution

Qu'elle soit volontaire ou statutaire — sur décision du conseil d'administration — ou judiciaire, la dévolution ne peut se faire qu'en faveur d'un autre fonds de dotation ou d'une fondation reconnue d'utilité publique ayant un but similaire au sien.

Les conditions de la liquidation doivent être précisées dans les statuts.

Outil 7. Rescrit dons et impôt sur la fortune (ISF) du 19 mai 2009

[Rescrit n° 2009/35 (FE) repris dans BOI-PAT-ISF-40-40-10-20120912 à propos des organismes collecteurs de fonds au profit d'organismes eux-mêmes éligibles à la réduction d'ISF]

n°s 8.84 et s.

Les organismes d'intérêt général qui collectent des fonds au profit d'organismes eux-mêmes éligibles à la réduction d'ISF prévue par l'article 885-0 V bis A du CGI peuvent-ils recevoir des dons qui ouvrent droit à cet avantage fiscal ?

Lorsque l'organisme collecteur des fonds remplit lui-même toutes les conditions prévues par l'article 885-0 V *bis* A du CGI, il peut recevoir des dons ouvrant droit à la réduction d'ISF et délivrer les reçus fiscaux au titre des dons qui lui sont consentis.

Lorsqu'il n'entre pas lui-même dans le champ d'application de l'article 885-0 V *bis* A du CGI précité, il ne peut pas, en principe, recevoir des dons ouvrant droit pour les donateurs à la réduction d'ISF.

Toutefois, dès lors qu'un tel organisme n'agit qu'en qualité d'organisme collecteur de fonds auprès des donateurs et reverse l'intégralité des fonds recueillis à des organismes entrant

dans le champ d'application de la réduction d'ISF, il est admis qu'il puisse recevoir de tels dons, sous réserve que les conditions suivantes soient cumulativement remplies :
- le bénéficiaire final du don doit respecter l'ensemble des conditions prévues par l'article 885-0 V *bis* A du CGI ;
- chaque don doit être individualisé dans les comptes de l'organisme collecteur, et cela jusqu'à sa remise effective au bénéficiaire final ;
- le reçu fiscal doit être délivré par le bénéficiaire final du don et non par l'organisme collecteur.

Il est précisé que la réduction d'impôt est acquise au donateur au titre de la période au cours de laquelle l'organisme collecteur a effectivement remis le don correspondant à l'organisme éligible, bénéficiaire final.

Outil 8. Instruction du 25 juin 2009 : Mutations à titre gratuit, exonérations et régimes spéciaux

[Direction générale des finances publiques BOI 7 G-6-09 n° 66 du 2 juillet 2009 NOR ECE I 09 20694 J]

[Depuis le 12 septembre 2012, la doctrine de l'administration fiscale a été entièrement refondue. Elle est désormais accessible sur le site http://bofip.impots.gouv.fr/bofip/1-PGP.html, sous la référence BOI-ENR-DMTG-10-20-20-20120912, n°s 230 et s.]

n°s 8.95 et s.

1. Le II de l'article 141 de la loi n° 2008-776 du 4 août 2008 de modernisation de l'économie, qui complète à cet effet d'un 14° l'article 795 du CGI, exonère de droits de mutation à titre gratuit les dons et legs consentis aux fonds de dotation [l'article 141 est reproduit en annexe à la présente instruction].

TITRE I. DONS ET LEGS EXONÉRÉS

2. Sont exonérés de droits de mutation à titre gratuit, les dons et legs consentis aux fonds de dotation qui répondent aux conditions fixées au g du 1 de l'article 200 du CGI [l'extension de la réduction d'impôt sur le revenu au titre des dons aux œuvres, codifiée au *g* du 1 de l'article 200 du CGI, résulte elle-même de l'article 140 de la loi de modernisation de l'économie du 4 août 2008 (a du 1° du X de cet article)].

I. DESCRIPTION GÉNÉRALE DES FONDS DE DOTATION

3. Les fonds de dotation ont été institués par l'article 140 de la loi de modernisation de l'économie du 4 août 2008 précitée [une circulaire du 19 mai 2009, publiée au *Journal officiel* du même jour, apporte des précisions sur l'organisation, le fonctionnement et le contrôle par l'autorité préfectorale des fonds de dotation].

Le fonds de dotation est une personne morale de droit privé à but non lucratif qui reçoit et gère, en les capitalisant, des biens et droits de toute nature qui lui sont apportés à titre gratuit et irrévocable et qui utilise les revenus de la capitalisation en vue de la réalisation d'une œuvre ou d'une mission d'intérêt général ou les redistribue pour assister une personne morale à but non lucratif dans l'accomplissement de ses œuvres et de ses missions d'intérêt général.

4. Il est créé par une ou plusieurs personnes physiques ou morales (publiques ou privées) pour une durée déterminée ou indéterminée. Il jouit de la personnalité morale (voir également sur ce point le paragraphe n° 6) à compter de la date de publication au Journal officiel de la déclaration dont il doit faire l'objet à la préfecture du département dans le ressort duquel il a son siège social (II de l'article 140 précité).

5. Le fonds de dotation est constitué par les dotations en capital qui lui sont apportées auxquelles s'ajoutent les dons et legs qui lui sont consentis.

Le ou les fondateurs peuvent apporter une dotation initiale au fonds. Aucun fonds public, de quelque nature qu'il soit, ne peut être versé à un fonds de dotation. Toutefois, il peut être dérogé à cette interdiction, à titre exceptionnel, pour une œuvre ou un programme d'actions déterminé, au regard de son importance ou de sa particularité. Les dérogations sont accordées par arrêté conjoint des ministres chargés de l'économie et du budget.

Les ressources du fonds de dotation sont constituées des revenus de ses dotations, des produits des activités autorisées par les statuts et des produits des rétributions pour service rendu.

Le fonds de dotation peut faire appel à la générosité publique après autorisation administrative dont les modalités sont fixées par décret (décret n° 2009-158 du 11 février 2009). Les dons issus de la générosité publique peuvent être joints à la dotation en capital du fonds de dotation.

6. Un legs peut être fait au profit d'un fonds de dotation qui n'existe pas au jour de l'ouverture de la succession à condition qu'il acquière la personnalité morale dans l'année suivant l'ouverture de celle-ci. Dans ce cas, la personnalité morale du fonds de dotation rétroagit au jour de l'ouverture de la succession (IV de l'article 140 précité).

II. Conditions de l'exonération de droits de mutation à titre gratuit

A. Conditions tenant aux caractéristiques des fonds de dotation

7. Bénéficient de l'exonération de droits de mutation à titre gratuit prévue au 14° de l'article 795 du CGI, les dons et legs consentis à des fonds de dotation qui répondent aux conditions fixées au *g* du 1 de l'article 200 du même code. Sont donc concernés :

8. a) les fonds de dotation qui répondent aux caractéristiques mentionnées au b du 1 de l'article 200 précité, c'est-à-dire :

– dont l'objet entre dans la liste de ceux limitativement énumérés à l'article 200 du CGI, soit la réalisation d'activités ayant un caractère philanthropique, éducatif, scientifique, social, humanitaire, sportif, familial, culturel, ou concourant à la mise en valeur du patrimoine artistique, notamment à travers les souscriptions ouvertes pour financer l'achat d'objets ou d'œuvres d'art destinés à rejoindre les collections d'un musée de France accessibles au public, à la défense de l'environnement naturel ou à la diffusion de la culture, de la langue et des connaissances scientifiques françaises. Sur ce point, il convient de se reporter à la DB 5 B 3311, n° 15 à 25 ;

– et qui sont d'intérêt général au sens du même article 200 du CGI, ce qui suppose que le fonds de dotation n'exerce pas d'activité lucrative, que sa gestion est désintéressée et qu'il ne fonctionne pas au profit d'un cercle restreint de personnes (cf. DB 5 B 3311, n° 12 à 14). Il est précisé que, dans l'hypothèse où un fond de dotation exerce des activités lucratives et des activités non lucratives et remplit les conditions autorisant leur sectorisation (cf. BOI 4 H-5-06), les dons et legs qui lui sont consentis sont exonérés de droits de mutation à titre gratuit à la condition expresse que ceux-ci soient affectés directement et exclusivement au secteur non lucratif ;

9. b) les fonds de dotation dont la gestion est désintéressée et qui reversent les revenus tirés des dons et versements mentionnés au premier alinéa du 1 de l'article 200 du CGI à des organismes mentionnés aux *a* à *f* du 1 du même article [c'est-à-dire à une fondation ou association reconnue d'utilité publique, à une fondation universitaire ou partenariale mentionnées respectivement aux articles L. 719-12 et L. 719-13 du code de l'éducation, à une fondation d'entreprise, à une œuvre ou à un organisme d'intérêt général ayant un caractère philanthropique, éducatif, scientifique, social, humanitaire, sportif, familial, culturel, ou concourant à la mise en valeur du patrimoine artistique, à un établissement d'enseignement supérieur ou d'enseignement artistique public ou privé, d'intérêt général, à but non lucratif, à un organisme dont l'objet exclusif est de verser des aides financières permettant la réalisation d'investissements en faveur des petites et moyennes entreprises (PME) ou de fournir des prestations d'accompagnement à des PME, à une association cultuelle et de bienfaisance, à un établissement public du culte reconnu en Alsace-Moselle, à un organisme public ou privé dont la gestion est désintéressée et qui a pour activité principale la présentation au public d'œuvres dramatiques, lyriques, musicales, chorégraphiques, cinématographiques et de cirque ou l'organisation d'expositions d'art contemporain] ou à la Fondation du patrimoine dans les conditions mentionnées aux deux premiers alinéas du 2 *bis* du même article, ou à une fondation ou association reconnue d'utilité publique agréée par le ministre chargé du budget dans les conditions mentionnées au dernier alinéa du même 2 *bis*.

10. D'une manière générale, l'exonéra-

tion de droits de mutation à titre gratuit des dons et legs consentis à des fonds de dotation étant directement liée à l'éligibilité de ces fonds, à raison des dons et versements effectués à leur profit par les particuliers, au régime fiscal du mécénat prévu à l'article 200 du CGI, il convient pour plus de précisions de se reporter à l'instruction publiée le 9 avril 2009 dans la division C de la série 4 FE du Bulletin officiel des impôts sous la référence 4 C-3-09 [cette instruction commente l'extension aux dons et versements effectués aux fonds de dotation, qui résulte de l'article 140 de la loi de modernisation de l'économie du 4 août 2008 (a du 1° et 5° du X de cet article), tant du régime du mécénat des particuliers (CGI, art. 200) que du régime du mécénat des entreprises (CGI, art. 238 *bis*)].

B. Conditions tenant aux libéralités

1. Nature et forme du don

11. Aucune exigence n'est posée quant à la nature du don. Sont notamment éligibles à l'exonération de droits de mutation à titre gratuit, les dons de biens en nature comme de sommes d'argent, quelles qu'en soient les modalités de versement.

De même, aucune exigence n'est posée quant à la forme du don. L'exonération de droits de mutation à titre gratuit s'applique donc que le don soit ou non constaté par un acte et, s'il est constaté par un acte, quelle qu'en soit la forme (acte authentique ou sous seing privé).

2. Cas particulier des legs effectués au profit d'un fonds de dotation qui n'existe pas au jour de l'ouverture de la succession

12. Le IV de l'article 140 de la loi de modernisation de l'économie (cf. n° 6 ci-dessus) prévoit qu'un legs (mais pas un don) peut être fait au profit d'un fonds de dotation qui n'existe pas au jour de l'ouverture de la succession, à condition qu'il acquière la personnalité morale dans l'année suivant l'ouverture de celle-ci.

13. Dans cette situation, le legs est effectué sous condition suspensive. En principe, les héritiers saisis des biens légués sous cette condition sont tenus de les déclarer et d'acquitter les droits de mutation à titre gratuit y afférents. En effet, lorsque la condition est suspensive, le légataire n'a aucun droit certain et actuel sur le legs, dont le montant n'est pas déduit de l'actif recueilli par les héritiers ou légataires universels (cf. DB 7 G 2121, n° 9).

Dans ce cas, les droits acquittés sont restituables ou imputables après la réalisation de la condition, c'est-à-dire lorsque le fonds de dotation a acquis la personnalité morale dans le délai d'un an suivant l'ouverture de la succession.

14. Par exception à ce principe, il est admis que l'exonération de droits de mutation à titre gratuit s'applique aux legs consentis à un fonds de dotation qui n'existe pas au jour de l'ouverture de la succession. Toutefois, cette exonération est remise en cause si le fonds de dotation n'acquiert pas la personnalité morale dans le délai d'un an suivant l'ouverture de la succession concernée.

II. Entrée en vigueur

15. En l'absence de dispositions spécifiques, les dispositions du II de l'article 141 de la loi de modernisation de l'économie s'appliquent à compter du lendemain de la publication de ladite loi au *Journal officiel*, soit à compter du 6 août 2008.

Par conséquent, l'exonération de droits de mutation à titre gratuit prévue par le 14° de l'article 795 du CGI est susceptible de s'appliquer aux dons et legs effectués au profit des fonds de dotation à compter de cette date [étant toutefois précisé que le décret qui précise sur plusieurs points le régime juridique des fonds de dotation a été publié au *Journal officiel* le 13 février 2009 (décret n° 2009-158 du 11 février 2009 relatif aux fonds de dotation)].

Annexe – Article 141 de la loi de modernisation de l'économie (n° 2008-776 du 4 août 2008, *JO* du 5 août)

Article 141

I. - Le I de l'article 885-0 V *bis* A du code général des impôts est complété par un 8° ainsi rédigé :

« 8° Des fondations universitaires et des fondations partenariales mentionnées respectivement aux articles L. 719-12 et L. 719-13 du code de l'éducation lorsqu'elles répondent aux conditions fixées au b du 1 de l'article 200 du présent code. »

II. - L'article 795 du même code est complété par un 14° ainsi rédigé :

« 14° Les dons et legs consentis aux fonds de dotation répondant aux conditions fixées au g du 1 de l'article 200 du présent code. »

Se référer aux textes

Outil 9. Arrêté du 16 juillet 2009

[Arrêté du 16 juillet 2009 autorisant le versement de fonds publics au fonds de dotation du musée du Louvre, art. 1 JORF n° 0169 du 24 juillet 2009, p. 12383, NOR : ECEM0908291A]

[À noter : sa création n'a été publiée au JO que le 14 novembre 2009, soit après la date de l'arrêté.]

n° 6.22.

Article 1

Est autorisé le versement au fonds de dotation du musée du Louvre, à titre de dotation, de la somme de 120 millions d'euros. Cette somme sera prélevée sur les fonds perçus par l'établissement public du musée du Louvre au titre des 5 et 8 de l'article 15 de l'accord entre le gouvernement de la République française et le gouvernement des Émirats arabes unis relatif au musée universel d'Abou Dabi susvisé, identifiés dans le fonds de roulement de l'établissement public du musée du Louvre.

Outil 10. Réponse ministérielle du 8 octobre 2009

n° 6.20.

[Question écrite n° 08959 de G. Dériot (Allier - UMP-R) publiée dans le JO Sénat du 4 juin 2009, p. 1370, à propos des fonds de dotation et de la gestion d'ESMS]

M. Gérard Dériot attire l'attention de Mme la ministre de la Santé et des Sports sur la possibilité offerte aux gestionnaires d'établissements sanitaires et sociaux de constituer des nouvelles formes de personnes morales de droit privé, suite à l'adoption de la loi n° 2008-776 du 4 août 2008 de modernisation de l'économie, dite « LME ».

L'article 140 de cette loi a créé une nouvelle catégorie de personnes morales de droit privé appelée « fonds de dotation », dont l'objet consiste, d'une part, à recevoir et gérer, en les capitalisant, des biens et droits de toute nature qui lui sont apportés à titre gratuit et irrévocable et, d'autre part, à utiliser les revenus de la capitalisation en vue de la réalisation d'une œuvre ou d'une mission d'intérêt général ou les redistribuer à une personne morale à but non lucratif dans la même perspective.

Leur création et leur fonctionnement se traduisent par une grande souplesse ainsi qu'une pleine capacité juridique. En ce sens, ils réunissent les avantages propres aux associations et aux fondations, tout en en éliminant largement les pesanteurs.

Ils constituent un outil intéressant dans la perspective d'un développement des ressources propres de nombreux établissements publics. Ces derniers, en fonction de leur taille et de leur spécificité, pourront mettre à profit les possibilités ainsi offertes par le législateur d'un renforcement des liens entre secteur public et secteur privé.

C'est la raison pour laquelle certains établissements sanitaires et sociaux, constitués notamment sous forme associative, seraient désireux de constituer cette forme de personne morale de droit privé, afin de gérer de façon plus souple et plus active leur activité.

Or, le paragraphe III de l'article 140 mentionné précise que « aucun fonds public, de quelque nature qu'il soit, ne peut être versé à un fonds de dotation », sachant qu'il peut être dérogé à cette interdiction, à titre exceptionnel, pour une œuvre ou un programme d'actions déterminé, au regard de son importance ou de sa particularité.

À l'heure actuelle, une ambiguïté existe quant à la compatibilité entre cet article et le versement d'une dotation globale ou de prix de journée à un fonds de dotation assurant la gestion d'un établissement sanitaire et social (ESS).

Sans constituer des subventions et bien que non immobilisées dans la dotation du fonds de dotation, ces ressources pourraient constituer des fonds publics au sens de l'article 140 précité.

Cette qualification litigieuse ayant une incidence directe sur la possibilité offerte aux ESS de bénéficier des dispositions de l'article 140 de la LME pour moderniser leur mode de fonctionnement, il lui

Se référer aux textes

demande de bien vouloir lui préciser dans quel sens le gouvernement fera appliquer ce nouveau dispositif au secteur de la santé.

Transmise au ministère du Budget, des Comptes publics, de la Fonction publique et de la Réforme de l'État

[Réponse du ministère du Budget, des Comptes publics, de la Fonction publique et de la Réforme de l'État publiée au JO Sénat le 8 octobre 2009, p. 2361]

Le ministre du Budget, des Comptes publics, de la Fonction publique et de la Réforme de l'État a pris connaissance avec intérêt de la question relative aux fonds de dotation créés par la loi de modernisation de l'économie (LME) du 4 août 2008. La LME a créé le fonds de dotation, nouvelle structure juridique privée, dotée de la personnalité morale. C'est un outil pour le mécénat permettant de simplifier le financement des activités et des missions d'intérêt général. Il peut être créé par une ou plusieurs personnes physiques ou morales pour recevoir les dons des mécènes, dont les fruits seront capitalisés et redistribués, soit directement en vue de la réalisation d'une mission d'intérêt général, soit à une personne morale à but non lucratif afin de l'assister dans l'accomplissement de ses œuvres d'intérêt général. Il existe une très grande diversité d'établissements sanitaires et sociaux, sous la forme d'établissements publics, d'associations ou de sociétés commerciales (cf. art. L. 312-1 du code de l'action sociale et des familles) ; on peut néanmoins les regrouper sous deux grandes catégories : ceux qui perçoivent des fonds publics et ceux qui n'en perçoivent pas. Dans le premier cas, ces fonds proviennent de l'assurance maladie ou du conseil général pour les prestations de l'aide personnalisée à l'autonomie ou le remboursement des frais d'hébergement des personnes relevant de l'aide sociale. L'intégralité des ressources de l'assurance maladie provient de prélèvements obligatoires : cotisations travailleurs indépendants, employeurs ou salariés et de recettes fiscales, et c'est à ce titre que les fonds de l'assurance maladie sont qualifiés de fonds publics. Il en est de même des fonds de l'aide personnalisée à l'autonomie ainsi que des fonds dévolus à l'aide sociale. Les établissements percevant des fonds publics ne peuvent donc pas adopter le statut de fonds de dotation, lequel n'est pas habilité à percevoir la rémunération d'une activité de soins ou médico-sociale qui est d'origine publique. Le second cas est caractérisé par les établissements sanitaires et sociaux, en minorité, ne percevant que des fonds privés. C'est le cas des maisons de retraite dans le secteur commercial, où les hébergés sont en capacité de régler eux-mêmes les frais d'hébergement. Dans ce cas, l'aide sociale du département n'étant pas sollicitée, les prix de journée sont librement fixés par les gestionnaires de l'établissement. Ces types d'établissements ne peuvent pas, non plus, se constituer en fonds de dotation car ils ont une activité lucrative. S'il leur est interdit, pour les raisons précédemment exposées, d'exercer leur activité sous la forme d'un fonds de dotation, les établissements sanitaires et sociaux qui disposent de la personnalité morale pourraient néanmoins en créer : soit pour financer directement une mission ou une œuvre d'intérêt général, à la condition de ne leur allouer aucun fond public ; soit pour reverser les revenus de fonds capitalisés à un établissement sanitaire et social existant, à la condition que celui-ci soit une personne morale à but non lucratif.

Outil 11. Règlement du 3 décembre 2009

[Règlement n° 2009-01 du 3 décembre 2009 relatif aux règles comptables applicables aux fondations et fonds de dotation, et modifiant le règlement n° 99-01 du Comité de la réglementation comptable]

nos 7.24 et s.

Le Comité de la réglementation comptable *[...]* décide de modifier le règlement n° 99-01 du Comité de la réglementation comptable comme suit :

Article 1

Le présent règlement et son annexe s'appliquent aux fondations relevant de la loi n° 87-571 du 23 juillet 1987 modifiée par la loi n° 90-559 du 4 juillet 1990, aux fondations créées par l'Institut de France et les académies qui le composent, aux fondations de coopération scientifique relevant de la loi de programme n° 2006-450 du 18 avril 2006 pour la recherche, aux fondations universitaires et partenariales relevant de la loi n° 2007-1199 du 10 août 2007 relative aux libertés et responsabilités des universités, et aux fonds de dotation relevant de la loi n° 2008-776 du 4 août 2008 de modernisation de l'économie.

Article 2

Les comptes annuels des fondations et fonds de dotation mentionnés à l'article premier doivent être établis selon le présent règlement et son annexe.

Article 3

Le présent règlement s'applique aux comptes des exercices ouverts à partir du 1er janvier 2010.

Annexe – Dispositions particulières applicables aux fondations et fonds de dotation

Selon la volonté des fondateurs exprimée dans les statuts, les fondations peuvent être classées en deux catégories : les fondations de patrimoine avec dotation et les fondations de flux.

Les fondations de patrimoine avec dotation sont créées par l'affectation irrévocable d'un patrimoine dont les revenus permettront de réaliser une mission sociale.

Les fondations de flux bénéficient seulement d'un engagement irrévocable de donner à la fondation les moyens de remplir sa mission pendant une certaine durée.

1 - Traitement comptable

La distinction effectuée entre la fondation de patrimoine avec dotation et la fondation de flux entraîne des conséquences du point de vue comptable dans la comptabilisation des dons, legs et donations.

1.1 - Fondations de patrimoine avec dotation

1.1.1 Dotations initiales

La dotation initiale conditionne la création de la fondation : l'affectation irrévocable des biens, droits ou ressources, en application des dispositions de l'article 18 de la loi du 23 juillet 1987, est exprimée par le ou les donateurs, personnes physiques ou morales, de leur vivant lors de la création de la fondation ou par testament.

Le ou les fondateurs précisent les caractéristiques des dotations en stipulant que les biens et droits donnés ou légués de manière pérenne doivent être inaliénables ou sont aliénables pour tout ou partie sous réserve de réemploi et autres charges, voire consomptibles pour partie le cas échéant.

Les legs et donations consistant lors de la création de la fondation à mettre des biens à sa disposition de façon durable et définitive sont comptabilisés comme des fonds propres sans droit de reprise conformément aux dispositions du chapitre IV du règlement n° 99-01 du CRC.

(i) Dotations pérennes représentatives d'actifs inaliénables

Dans la mesure où les dotations concernent des apports d'actifs affectés irrévocablement à la fondation, la comptabilisation en fonds propres est différenciée selon la nature des actifs apportés ; actifs immobilisés, actifs mobiliers (œuvres d'art, bijoux...), et autres actifs (disponibilités, valeurs mobilières...), conduisant à la création des sous-comptes suivants :

1022.1 – Dotations pérennes représentatives d'actifs inaliénables

1022.11 – Dotations pérennes représentatives de biens immobiliers inaliénables

1022.12 – Dotations pérennes représentatives de biens mobiliers inaliénables

1022.13 – Dotations pérennes représentatives d'autres actifs inaliénables

(ii) Dotations pérennes représentatives d'actifs fongibles (ou d'actifs aliénables)

Ces dotations concernent des apports d'actifs affectés irrévocablement à la fondation, mais le ou les fondateurs autorisent cette dernière à les céder sous réserve de « réemployer » les fonds procurés par la vente pour acquérir d'autres actifs. Ces dotations sont comptabilisées globalement dans un compte unique : « 1022.2 – Dotations pérennes représentatives d'actifs aliénables ». Dans cette hypothèse, la fondation doit présenter globalement en annexe les cessions effectuées et leur réemploi.

(iii) Dotations consomptibles

Les dotations ou les fractions de dotations consomptibles représentent des actifs destinés à être « consommés » sur la durée de vie prévue par les statuts conformément aux engagements pris par les fondateurs. Il n'y a pas lieu d'individualiser les actifs apportés et ces dotations sont comptabilisées globalement au compte 1027 « Autres fonds propres – dotations consomptibles ».

Pour traduire comptablement le caractère consomptible de ces dotations, il convient de comptabiliser un produit représentatif de la quote-part de la dotation reprise pour être consommée sur l'exercice en compte de la classe 7 en contrepartie du compte 1027.9 « Autres fonds propres - dotations consomptibles inscrites au compte de résultat ». Cette quote-part correspond aux prévisions résultant du plan pluriannuel de consommation ou à défaut des budgets prévisionnels arrêtés par les organes d'administration. À la clôture, la différence entre la quote-part virée en produits et la dotation effectivement consommée est constatée en insuffisance ou excédent au compte de résultat (et reprise en report à nouveau).

1.1.2 Dotations complémentaires

En cours d'existence, la fondation peut continuer de bénéficier de libéralités abondant les dotations initiales ou décider d'abonder ces dotations à son initiative.

(i) Les legs et donations complémentaires affectés de manière irrévocable et définitive par les fondateurs de leur vivant ou par testament sont comptabilisés directement en dotations, selon les dispositions précisées ci-avant. Ces dotations complémentaires peuvent être comptabilisées avec les dotations initiales ou individualisées.

De même, les legs et donations qui correspondent à des biens durables mis à disposition de l'association ou de la fondation pour la réalisation de son objet social sont considérés comme des apports en fonds propres (compte 1025 « legs et donations avec contrepartie d'actifs immobilisés » ou 1035 « legs et donations avec contrepartie d'actifs immobilisés assortis d'une obligation ou d'une condition »).

(ii) En outre, selon les dispositions des statuts, le conseil d'administration (ou le conseil de surveillance) peut décider d'abonder les dotations initiales en affectant une fraction de l'excédent constaté en fin d'exercice, constitué le cas échéant des dons, donations et legs reçus et non affectés par les donateurs.

Ces dotations complémentaires constituées le cas échéant de dons, donations et legs non affectés par les donateurs sont comptabilisées préalablement en compte de résultat.

1.1.3 Maintien de la valeur des dotations pérennes

Le maintien de la valeur des dotations pérennes, qui peut être prévu par les statuts est opéré par le conseil d'administration (ou le conseil de surveillance), en affectant aux dotations initiales une fraction, généralement définie par les statuts, de l'excédent constaté en fin d'exercice, constitué le cas échéant des dons, donations et legs reçus et non affectés de façon irrévocable par le (ou les) donateur (s) ainsi que par l'affectation de résultats issus de toutes autres ressources.

1.1.4 Comptabilisation des actifs correspondant aux dotations

- **Actifs inaliénables**

Les actifs inaliénables doivent être clairement identifiés des autres actifs, dans la mesure où ils doivent être maintenus en l'état à l'actif du bilan, conformément à la volonté du donateur ou du testateur. Ils sont caractérisés au sein de la catégorie d'actifs adéquate avec la mention « Actifs inaliénables constitutifs de la dotation X » (dotation initiale ou complémentaire).

- **Actifs aliénables**

Les actifs aliénables constitutifs de la dotation sont enregistrés selon la nature d'actifs, (immobilisations incorporelles, corporelles, financières, valeurs mobilières de placement) ; ils ne font l'objet d'aucune individualisation particulière.

1.2 - Fondations de flux

Les fondations d'entreprises, partenariales ou abritées [il est précisé que ce schéma de comptabilisation s'applique aussi aux fondations abritées de flux lorsque le contrat les instituant définit un programme d'action pluriannuel ; en l'absence de tel programme, il convient de se reporter aux dispositions du paragraphe 2.1 qui prévoit le schéma de comptabilisation par la fondation abritante des ressources affectées des donateurs ou testateurs à la fondation abritée] comptabilisent les ressources qui leur sont allouées en produits au compte « 752 – Versements des fondateurs » selon les modalités suivantes :

• si les fondations d'entreprises bénéficient d'un versement unique lors de la création, elles enregistrent le montant global du versement attendu au crédit du compte de résultat du premier exercice et comptabilisent en fin d'exercice au crédit du compte « 487- Produits constatés d'avance » la quote-part des ressources affectées aux exercices suivants, selon le plan pluriannuel de consommation ;

• si les fondations d'entreprises bénéficient d'un engagement de versement étalé des ressources, un cinquième par an selon le plan pluriannuel de consommation pour une fondation d'entreprise par exemple, elles comptabilisent au compte de résultat le montant effectivement attendu pour l'exercice. En fin d'exercice, selon que les ressources sont supérieures ou inférieures aux emplois, l'excédent ou l'insuffisance constaté au compte de résultat sera comptabilisé en report à nouveau positif ou négatif. Par ailleurs, les versements attendus sur les exercices suivants sont enregistrés en engagement hors bilan.

Une information doit être portée en annexe sur les modalités de comptabilisation.

2 - Dispositions relatives aux relations entre les fondations abritées ou sous égide et la fondation abritante

2.1 - Fondations sous égide de fondations reconnues d'utilité publique créées en application de l'article 20 de la loi du 23 juillet 1987

Les « biens, droits et ressources » affectés à la fondation abritée ne sont pas transférés juridiquement dans un patrimoine distinct de celui de la fondation abritante, ni mis en fiducie au sens des dispositions de l'article 2011 du code civil [*« La fiducie est l'opération par laquelle un ou plusieurs constituants transfèrent des biens, des droits ou des sûretés, ou un ensemble de biens, de droits ou de sûretés, présents ou futurs, à un ou plusieurs fiduciaires qui, les tenant séparés de leur patrimoine propre, agissent dans un but déterminé au profit d'un ou plusieurs bénéficiaires. »*], ils constituent des biens propres de la fondation abritante mais sont assortis d'une charge. Les opérations relatives à ces « biens, droits ou ressources » doivent donc être constatées dans la comptabilité générale de la fondation abritante retraçant l'ensemble de ses activités, y compris celles des fondations abritées, au travers du bilan, du compte de résultat et de l'annexe. La loi du 23 juillet 1987 ne prévoyant pas d'autres dispositions, il convient d'envisager le dispositif comptable permettant de suivre séparément la gestion de ces biens, droits et ressources.

• **Fondation abritante**

Les actifs affectés à une fondation abritée sont comptabilisés dans les comptes de la fondation abritante, amortis et dépréciés selon les conditions de droit commun, comme pour les autres actifs. Il en est de même pour les passifs.

Les comptes de produits et de charges ainsi que les comptes de bilan peuvent être subdivisés pour suivre et distinguer les opérations des fondations abritées, ou être restitués sous la forme de comptabilité analytique.

À la clôture de l'exercice, la partie des ressources, affectées par les donateurs ou les testateurs à une fondation abritée qui n'a pu encore être utilisée conformément à l'engagement pris à leur égard, est inscrite en charges dans des sous-comptes distincts sous la rubrique « engagements à réaliser sur ressources affectées des fondations abritées » avec comme contrepartie au passif du bilan le poste 193 « fonds dédiés aux fondations abritées ».

Les « fonds dédiés aux fondations abritées » enregistrent les reports à nouveaux créditeurs en fin d'exercice des fondations abritées, dédiés spécifiquement à la réalisation de leur objet. La contrepartie de ce passif est inscrite en charges au compte de résultat sous la rubrique « engagements à réaliser sur ressources affectées des fondations abritées » afin de constater l'engagement pris par la fondation reconnue d'utilité publique de gérer de manière individualisée les ressources affectées à ces fondations abritées.

L'utilisation de ces ressources, au cours des exercices suivants, est inscrite en produits sous la rubrique « report des ressources non utilisées des exercices antérieurs des fondations abritées» avec comme contrepartie une diminution du poste « fonds dédiés aux fondations abritées ».

Une information globale sur la gestion et les actions des fondations abritées doit être donnée par la fondation abritante dans son annexe.

- **Fondation abritée**

La fondation abritée a pour obligation de gérer les « biens, droits et ressources » qui lui sont affectés sans avoir la personnalité morale ni en conséquence de patrimoine propre. À défaut de dispositions réglementaires, elle n'a pas d'obligation d'établir des comptes « autonomes » au sens des dispositions de l'article 130-1 du règlement n° 99-03, qui seraient distincts de ceux de la fondation abritante et agrégés ensuite par cette dernière.

Toutefois, la mission de gestion des fondations abritées implique que la fondation abritante puisse rendre compte au conseil d'administration ou tout autre organe de gestion prévu contractuellement des ressources affectées à la fondation abritée et de leur utilisation au regard de la volonté du ou des fondateurs. Dans ces conditions, selon les dispositions contractuelles de création de la fondation abritée, des comptes annuels (bilan, compte de résultat et annexe) propres à la fondation abritée sont établis et communiqués à l'organe de gouvernance prévu par les fondateurs.

Dans le cas où les dispositions contractuelles n'imposent pas l'établissement de comptes annuels (bilan, compte de résultat et annexe) pour la fondation abritée, une information doit être donnée par la fondation abritante sous forme d'un compte de résultat de la fondation abritée afin de restituer une information complète sur la gestion de la fondation abritée par la fondation abritante.

2.2 - Dispositions spécifiques aux relations entre les fondations universitaires abritées et l'établissement public à caractère scientifique, culturel et professionnel abritant

Les fondations universitaires abritées doivent établir un jeu de comptes selon les normes du règlement n° 99-01 et présentent également des comptes établis selon les règles de la comptabilité publique.

2.3 - Dispositions spécifiques aux relations entre les fondations de l'Institut de France et les académies qui le composent

Les données comptables de ces fondations sont également comprises dans celles de l'établissement abritant.

Les fondations de l'Institut ou des académies établissent chacune un budget, qui est intégré, pour l'année civile, au budget de l'Institut ou de l'académie intéressée. Ces budgets sont consolidés dans un document budgétaire unique pour l'Institut ou par académie sous réserve du respect des règles applicables aux comptes de fondations de l'Institut ou des académies. Chaque subvention de l'État doit être retracée dans un document annexé au document budgétaire unique de l'entité concernée.

3 - Donations temporaires d'usufruit

Les produits de l'usufruit dont la fondation bénéficie doivent être comptabilisés au compte de résultat sur l'exercice au cours duquel ils sont perçus.

Une information adéquate est fournie en annexe aux comptes annuels sur l'existence de tels actes au bénéfice de la fondation (nature, conditions, montant des produits perçus...).

4 - Informations complémentaires à donner en annexe

- **Informations relatives aux dotations**

Tableau de suivi des dotations

Détail par type de dotation	Solde au début de l'exercice	Augmentations	Diminutions	Solde à la fin de l'exercice
	A	B	C	D = A + B + C
Total				

- **Indication des variations des plus-values latentes sur les titres immobilisés (cf. tableaux de l'article 532.6 du règlement n° 99-03)**
- **Informations relatives aux actifs aliénables et inaliénables constitutifs des dotations**
- **Informations sur la politique suivie en matière de gestion des dotations (maintien de la valeur, identification des biens, politiques d'abondement éventuelles...)**
- **Informations relatives aux fondations**

abritées
Liste, modalité de suivi de la gestion, postes comptables concernés.

- **Informations concernant les engagements reçus des donateurs vis-à-vis des fondations d'entreprise, fondations universitaires et fondations partenariales**

Versements attendus, suivi du programme d'action pluriannuel, mode de comptabilisation des engagements.

- **Informations sur les donations temporaires d'usufruit**

Donations reçues sur l'exercice
Donations de droit d'usage ou contributions matérielles
Conditions et montants perçus au cours de l'exercice

5 - Liste des comptes de fonds propres

10. Fonds propres et réserves

102. Fonds propres sans droit de reprise

1021. Valeur du patrimoine intégré
1022.1 Dotations pérennes représentatives d'actifs inaliénables
1022.11 Dotations pérennes représentatives de biens immobiliers inaliénables
1022.12 Dotations pérennes représentatives de biens mobiliers inaliénables
1022.13 Dotations pérennes représentatives d'autres actifs inaliénables
1022.2 Dotations pérennes représentatives d'actifs aliénables
1024. Apports sans droit de reprise
1025. Legs et donations avec contrepartie d'actifs immobilisés
1026. Subventions d'investissement affectées à des biens renouvelables
1027. Autres fonds propres - dotations consomptibles
1027.9 Autres fonds propres - dotations consomptibles inscrites au compte de résultat

103. Fonds propres avec droit de reprise

1034. Apports avec droit de reprise
1035. Legs et donations avec contrepartie d'actifs immobilisés assortis d'une obligation ou d'une condition
1036. Subventions d'investissement affectées à des biens renouvelables avec droit de reprise

105. Écarts de réévaluation

1051. Écarts de réévaluation sur des biens sans droit de reprise
1052. Écarts de réévaluation sur des biens avec droit de reprise

106. Réserves

1062. Réserves indisponibles
1063. Réserves statutaires ou contractuelles
1064. Réserves réglementées
1068. Autres réserves (dont réserves pour projet associatif)

11. Éléments en instance d'affectation

110. Report à nouveau
115. Résultats sous contrôle de tiers financeurs

19. Fonds dédiés

193. Fonds dédiés aux fondations abritées
194. Fonds dédiés sur subventions de fonctionnement
195. Fonds dédiés sur dons manuels affectés
197. Fonds dédiés sur legs et donations affectés

6 - Liste des autres comptes spécifiques aux fondations

657. Subventions versées par la fondation
752. Versements des fondateurs (ou de l'entreprise pour les fondations d'entreprise)
757. Quote-part de dotations consomptibles virées au compte de résultat
6893. Engagements à réaliser sur ressources affectées des fondations abritées
7893. Report des ressources non utilisées des exercices antérieurs des fondations abritées

Outil 12. Circulaire du 22 janvier 2010 : objet des fonds de dotation

[Circulaire du 22 janvier 2010 relative à l'objet des fonds de dotation, NOR IOC/D/10/02052/C]

n° 4.05.

Le Comité stratégique des fonds de dotation attire notre attention sur le fait que les statuts produits, bien que diversifiés, indiquent trop souvent de manière imprécise l'objet du fonds de dotation, en se bornant à reproduire la définition légale.

Il a émis l'avis suivant :

« La vigilance des créateurs des fonds de dotation est attirée sur la responsabilité qui leur est confiée par le législateur, corollaire de la liberté qui leur a été donnée.

La transparence, dont doit être entouré le fonds, gage de sa crédibilité aux yeux des tiers, implique que la mission d'intérêt général qui lui est confiée soit décrite avec précision dans les statuts, afin que son caractère d'intérêt général ne prête pas à contestation.
Cette description, qui doit s'adapter à l'ampleur de la mission projetée, doit correspondre en tout état de cause à une activité effective, ce dont s'assurera le préfet.
Il importe enfin de rappeler que le bénéfice des avantages fiscaux, attaché au régime des fonds de dotation, dépend du strict respect des conditions mises par le législateur. »
Cet avis nous est apparu particulièrement pertinent au vu des statuts des fonds déjà créés.
Vous voudrez bien faire connaître cette recommandation à tous les candidats à la création d'un tel fonds. Ainsi que l'indique la circulaire du 19 mai 2009 relative à l'organisation, au fonctionnement et au contrôle des fonds de dotation, vous veillerez à ce que la description de l'objet du fonds soit suffisamment précise pour que le caractère d'intérêt général apparaisse sans ambiguïté. En l'absence de tels éléments, il vous appartiendra de considérer le dossier comme étant incomplet. Vous veillerez également à ce que le rapport d'activité comporte effectivement tous les éléments exigés.

Vous pourrez faire connaître toute difficulté au bureau des associations et des fondations de la Direction des libertés publiques et des affaires juridiques (DLPAJ) du ministère de l'Intérieur, de l'Outre-mer et des Collectivités territoriales et au bureau du droit privé général de la Direction des affaires juridiques du ministère de l'Économie, de l'Industrie et de l'Emploi.

Outil 13. Réponse rescrit individuel donation avant cession, 2011

n° 8.63.

Maître,
Par courrier reçu le [...] 2011, dans le cadre d'une demande de rescrit fondée sur les dispositions de l'article L. 64 B du livre des procédures fiscales (LPF) formulée pour le compte de votre cliente, la société, vous souhaitez avoir confirmation que l'administration ne remettrait pas en cause les conséquences fiscales d'une donation de titres à une association ou fondation reconnue d'utilité publique concomitante à la cession majoritaire de titres de même nature. Ce type d'opération se réaliserait à l'occasion de la « cessation d'activité » d'une entreprise.
Vous précisez, en outre, que cette cessation s'opère selon les modalités suivantes :
- le chef d'entreprise vend la majorité des titres composant le capital de sa société à un acquéreur industriel ;
- dans un même temps, le chef d'entreprise donne , à une entité à but non lucratif (association ou fondation reconnue d'utilité publique ou fonds de dotation) exerçant une activité répondant aux conditions prévues par les dispositions des articles 200- 1 et 238 bis du code général des impôts (CGI), une quote-part minoritaire des titres composant le capital de sa société ;
- dans un second temps, l'entité sans but lucratif vend la quote-part minoritaire des titres reçus à titre gratuit, à l'acquéreur industriel, cette dernière opération permettant à l'entité sans but lucratif de récupérer sous forme de liquidités la valeur de la quote-part des titres reçus en donation.
Vous précisez enfin que ces opérations pourraient intervenir sur une période de temps relativement courte.
Vous souhaitez avoir confirmation que la donation effectuée par le chef d'entreprise ne saurait être remise en cause ni dans son principe ni dans son quantum et que les opérations décrites ne sont pas constitutives d'un abus de droit.
Cette demande appelle les observations suivantes.
J'observe que l'enchaînement des opérations décrites aboutit au résultat de la cession au profit d'un acquéreur industriel juridiquement indépendant (une société de capitaux) de la quasi-totalité des titres de la société par son chef d'entreprise.
Cette cession de titres au profit de l'acquéreur industriel relève du régime des plus-values prévue par l'article 150-0 A du CGI.

Cela étant j'appelle votre attention sur le fait que dans l'hypothèse où cette cession de titres serait précédée de la cession ou cessation d'activité de la société dont les titres sont cédés, le régime de taxation des plus-values pourrait être remis en cause sur le fondement de l'abus de droit dès lors qu'il pourrait être démontré que le chef d'entreprise n'était pas animé d'une réelle intention de cession de son activité.

S'agissant des conditions qu'une association doit remplir pour être éligible au dispositif du mécénat, il résulte des dispositions des articles 200-1 et 238 bis du CGI, qu'ouvrent droit à une réduction d'impôt, les versements effectués par les particuliers ou les entreprises au profit d'œuvres ou d'organismes d'intérêt général ayant un caractère philanthropique, éducatif, scientifique, social, humanitaire, sportif, familial, culturel, ou concourant à la mise en valeur du patrimoine artistique, à la défense de l'environnement naturel ou à la diffusion de la culture, de la langue et des connaissances scientifiques françaises.

La condition d'intérêt général implique que l'activité de l'œuvre ou de l'organisme ne soit pas lucrative, que sa gestion soit désintéressée et que son fonctionnement ne profite pas à un cercle restreint de personnes.

Enfin, le bénéfice de la réduction d'impôt n'est accordé qu'à la condition que le versement procède d'une intention libérale, c'est-à-dire qu'il soit consenti à titre gratuit, sans contrepartie directe ou indirecte au profit de la personne qui l'effectue.

En matière d'impôt sur le revenu, le bénéfice de la réduction d'impôt est subordonné à la production de pièces justificatives délivrées par l'organisme bénéficiaire des versements.

Dans ces conditions et dès lors que l'intention libérale ne pourra pas être remise en cause, il vous est apporté la confirmation que les opérations décrites ne seront pas susceptibles d'être remises en cause sur le fondement des dispositions de l'article L.64 du LPF. A cet égard, il est précisé que la valorisation des titres donnés â l'organisme sera nécessairement identique au prix des titres cédés à l'acquéreur industriel eu égard à la concomitance des deux opérations.

J'appelle cependant votre attention sur le fait que la présente réponse ne pourrait être opposée à l'administration dès lors que les éléments portés à ma connaissance seraient incomplets ou inexacts ou en cas de modification ultérieure de la situation présentée dans votre demande. Elle ne saurait par ailleurs engager l'administration sur les conséquences fiscales ou non fiscales autres que celles expressément prévues par la présente lettre.

En outre, le présent courrier ne limite pas le droit de contrôle de l'administration qui pourra s'exercer selon les procédures habituelles et n'emporte pas approbation de la validité juridique des opérations envisagées.

Outil 14. Réponse ministérielle du 19 avril 2011

n° 5.23.

[Question écrite n° 95586 de M. Marland-Militello (UMP - Alpes-Maritimes) publiée au JOAN le 14 décembre 2010, p. 13462, à propos des fonds de dotation et de la tenue d'un registre]

Mme Muriel Marland-Militello interroge M. le ministre de l'Intérieur, de l'Outre-mer, des Collectivités territoriales et de l'Immigration sur les obligations incombant aux dirigeants de fonds de dotation. Pour ce qui concerne les associations, l'article 6 du décret du 16 août 1901 pris pour l'exécution de la loi du 1er juillet 1901 relative au contrat d'association instaure l'obligation de tenir un registre spécial, qui constitue la mémoire juridique de l'association où chacun des changements concernant les dirigeants ainsi que les modifications apportées aux statuts de l'association doivent être consignés. Ce registre doit pouvoir être présenté aux autorités administratives ou judiciaires chaque fois qu'elles en font la demande sous peine d'amende. Aussi aimerait-elle savoir s'il existe également une obligation de tenir un registre spécial pour les fonds de dotation.

[Réponse du ministère de l'Intérieur, de l'Outre-mer, des Collectivités territoriales et de l'Immigration publiée au JOAN le 19 avril 2011, p. 4008]

L'article 140 de la loi n° 2008-776 du 4 août 2008 de modernisation de l'économie et le décret 2009-158 du 11 février 2009 ne prévoient pas de registre spécial qui constituerait la mémoire juridique du fonds de dotation à l'instar de ce qui est prévu pour les associations. Les textes précités ont soumis les fonds de dotation à des obligations spécifiques et ont confié à l'autorité administrative, c'est-à-dire au préfet du département où le fonds de dotation a son siège, de s'assurer de la régularité de son fonctionnement. La loi précise qu'à cette fin, l'autorité administrative « peut se faire communiquer tous documents et procéder à toutes investigations utiles ». Par ailleurs, le fonds de dotation adresse chaque année à l'autorité administrative un rapport d'activité auquel sont joints le rapport du commissaire aux comptes et les comptes annuels. Le décret n° 2009-158 du 11 février 2009 précise le contenu du rapport qui doit comporter : un compte rendu de l'activité du fonds de dotation, qui porte tant sur son fonctionnement interne que sur ses rapports avec les tiers ; la liste des actions d'intérêt général financées par le fonds et leur montant ; la liste des personnes morales bénéficiaires des redistributions prévues au I de la l'article 140 de la loi du 4 août 2008 susvisée et leurs montants. L'ensemble des obligations pesant sur les fonds de dotation et les pouvoirs de contrôle *a posteriori* assurent, en l'état, un encadrement suffisant des fonds de dotation.

Outil 15. Réponse ministérielle du 17 mai 2011

n° 2.05 et n° 8.26.

[Question écrite n° 62981 de M. Marland-Militello (UMP - Alpes-Maritimes) publiée au JOAN le 10 novembre 2009, p. 10523, à propos des fonds de dotation reversant à une seule association]

Mme Muriel Marland-Militello interroge M. le ministre du Budget, des Comptes publics, de la Fonction publique et de la Réforme de l'État sur l'impact fiscal de l'utilisation des ressources des fonds de dotation. Le fonds de dotation est un statut juridique qui a été mis en place par la loi du 4 août 2008 de modernisation de l'économie dans le but de mobiliser davantage de moyens (libéralités et dons notamment) pour des missions ou des œuvres d'intérêt général. Elle aimerait savoir si, dans le cas où un fonds de dotation est contrôlé par une ou plusieurs associations, les ressources du fonds peuvent être allouées à ces associations pour remplir leurs missions d'intérêt général sans que cela ne remette en cause la gestion désintéressée du fonds de dotation.

[Réponse du ministère du Budget, des Comptes publics, de la Fonction publique et de la Réforme de l'État publiée au JOAN le 17 mai 2011, p. 5104]

La condition de gestion désintéressée – afin que l'organisme soit considéré comme d'intérêt général – est examinée, pour un fonds de dotation, dans les mêmes conditions que pour les autres organismes sans but lucratif, c'est-à-dire au regard des principes définis au d du 1° du 7 de l'article 261 du code général des impôts et précisés par l'instruction publiée au *BOI* 4 H-5-06 du 18 décembre 2006. Ainsi, le caractère désintéressé de la gestion implique notamment que l'organisme sans but lucratif (en l'occurrence le fonds de dotation) soit en principe géré et administré à titre bénévole par des personnes n'ayant elles-mêmes, ou par personne interposée, aucun intérêt direct ou indirect dans les résultats de l'exploitation. En pratique, cela signifie que le dirigeant ne doit tirer aucun avantage personnel de son rôle au sein de cet organisme. Toutefois, sous certaines conditions, l'organisme peut rémunérer ses dirigeants sans pour autant perdre le caractère désintéressé de sa gestion. Ainsi, l'administration fiscale admet que le caractère désintéressé de la gestion de l'organisme ne soit pas remis en cause si la rémunération brute mensuelle totale versée à chaque dirigeant, de droit ou de fait, n'excède pas les trois quarts du Smic. En outre, si la rémunération des dirigeants est supérieure à la tolérance des trois quarts du Smic, le nombre de dirigeants pouvant être rémunérés sera limité en fonction du montant et de la nature des ressources de l'organisme. Dans cette hypothèse, le montant de l'ensemble des rémunérations versées mensuellement à chaque dirigeant ne peut excéder trois fois le montant du plafond de la sécurité sociale prévu à l'article L. 241-3 du code de la sécurité sociale. Certaines conditions tenant à la transparence financière, au fonctionnement démocratique de l'organisme et à l'adéquation de la rémunération aux sujétions des dirigeants concernés, doivent par ailleurs être satisfaites. De plus, dans le cas de versements effectués au profit de fonds de dotation pour financer des organismes éligibles au mécénat, l'organisme bénéficiaire des fonds versés doit satisfaire également à la condition de gestion désintéressée puisqu'il doit être qualifié d'intérêt général au sens des dispositions des articles 200 et 238 *bis* du code général des impôts. La présence d'un administrateur de l'association au sein du conseil d'administration du fonds de dotation qu'elle a créé ou qu'elle contrôle n'est donc pas de nature à remettre en cause le caractère désintéressé de la gestion que doit revêtir le fonds de dotation. En effet, rien n'interdit qu'il y ait identité de dirigeant avec l'organisme adossé dans le statut juridique et fiscal du fonds de dotation, cette situation étant même au contraire assez logique dès lors que celui-ci est simplement collecteur et a pour objet de redistribuer les revenus tirés de la capitalisation des dons qui lui sont consentis pour assister un organisme d'intérêt général. Dans ce cas, le fonds de dotation a naturellement pour objet de stimuler l'activité de l'organisme adossé (en l'espèce l'association) sans que l'on puisse en conclure, en cas d'identité de dirigeants entre les deux structures partenaires, que le fonds a une gestion intéressée de ce seul fait. S'il en allait ainsi, tout le dispositif mis en place par l'article 140 de la loi n° 2008-776 du 4 août 2008 de modernisation de l'économie, qui a institué des nouvelles structures, serait privé de portée. En conclusion, les ressources d'un fonds de dotation créé par une association peuvent être reversées à cette association, sans que cela risque de remettre en cause la gestion désintéressée du fonds de dotation.

Outil 16. Recommandations du comité stratégique sur les fonds de dotation, septembre 2011

COMMUNIQUÉ DE PRESSE DU 7 SEPTEMBRE 2011

Trente mois après la création des fonds de dotation par la loi de modernisation de l'économie du 4 août 2008, plus de 430 fonds de dotation se sont constitués dans tous les secteurs du mécénat.

L'ensemble du dispositif règlementaire a été mis en place dans les six mois de la promulgation du texte, ce qui a contribué au développement rapide de ce nouvel outil juridique, dont se sont rapidement emparés l'ensemble des acteurs du mécénat et de la philanthropie.

Pour compléter les prescriptions légales et règlementaires, tout en respectant l'espace de liberté voulu par le législateur dans la création des fonds de dotation, le ministre de l'Économie, de l'Industrie et de l'Emploi a mis en place le comité stratégique des fonds de dotation, avec pour mission de proposer des recommandations de bonnes pratiques.

Après un débat public qui s'est achevé par le colloque du 14 septembre dernier à Bercy, la ministre vient d'approuver les onze recommandations proposées par le comité stratégique.

Bien que non obligatoires, ces recommandations sont importantes : elles constituent pour les créateurs des points de repère pour les guider dans la rédaction des statuts des fonds de dotation ; pour l'autorité administrative, chargée du contrôle *a posteriori* de l'activité des fonds, elles représentent une série d'indicateurs de vigilance.

Une circulaire commune au ministère de l'Economie, de l'Industrie et de l'Emploi, et au ministère de l'Intérieur, de l'Outre-mer et des Collectivités territoriales diffusera prochainement ces recommandations aux préfectures.

Ces règles de bonnes pratiques interviennent au moment où le dispositif législatif acquiert une certaine maturité et répondent à la demande de l'ensemble des acteurs du mécénat, soucieux de développer des œuvres d'intérêt général dans la transparence financière et la sécurité juridique.

TEXTE DE LA CIRCULAIRE NOR/IOC/DLTOT31294LC DU 3 DÉCEMBRE 2010

[Ndr L. Devic : il convient de noter que cette circulaire est commune au ministère de l'Économie et à celui de l'Intérieur]

Objet : recommandations du comité stratégique des fonds de dotation.

Le comité stratégique des fonds de dotation est un lieu de réflexion, mis en place par Christine Lagarde en décembre 2008, pour suivre et accompagner le développement des fonds de dotation.

Ce comité rassemble, sous la présidence du sénateur Hyest, président de la commission des lois, des magistrats judiciaires et administratifs, des mécènes, des représentants associatifs et des grandes institutions faisant appel au mécénat.

Le comité a travaillé durant dix-huit mois avec l'aide de l'ensemble des acteurs du secteur ; il a examiné les statuts des premiers fonds de dotation créés et pris connaissance des bilans réguliers présentés par la direction des affaires juridiques du ministère de l'Économie.

À l'issue de ces travaux, afin de conserver la souplesse du système, il n'a pas souhaité proposer des modèles de statuts. Toutefois, au regard des premières expériences, il a dégagé un certain nombre de bonnes pratiques qui font l'objet des recommandations ci-jointes.

Trois séries de recommandations ont été rédigées, la première concerne le domaine des relations entre le donateur et le fonds (recommandations n°s 1 et 2), la deuxième celui de la gouvernance (recommandations n°s 3, 4, 5 et 6) et enfin la troisième celui de la gestion des placements des fonds de dotation (recommandations n°s 7, 8, 9, 10 et 11).

Ces recommandations ont été soumises à un débat public, qui a commencé par une vaste consultation sur Internet et s'est conclu par un colloque à Bercy sous la présidence du ministre de l'Économie, de l'Industrie et de l'Emploi le 14 septembre 2010.

Bien que non obligatoires, ces recommandations sont importantes. Elles constituent pour les créateurs des points de repère pour les guider dans la rédaction des statuts des fonds de dotation. Pour l'autorité administrative, chargée du contrôle *a posteriori* de l'activité des fonds, elles représentent une série d'indicateurs de vigilance, qui pourrait constituer le socle d'une méthodologie de contrôle des premiers rapports d'activité fournis par les fonds de dotation. Elles pourront également vous aider au moment de la délivrance de récépissé.

Vous voudrez bien informer de ces recommandations tous les candidats à la création d'un fonds de dotation.

Vous pourrez faire connaître toute difficulté au bureau des associations et des fondations de la Direction des libertés publiques et des affaires juridiques (DLPAJ) du ministère de l'Intérieur, de l'Outre-mer, des Collectivités territoriales et de l'Immigration et au bureau du droit privé général de la Direction des affaires juridiques du ministère de l'Économie, des Finances et de l'Industrie dont les adresses courriel suivent : baf-dlpaj @interieur.gouv.fr et fonds-dotation.daj @finances.gouv.fr.

RECOMMANDATIONS DU COMITÉ STRATÉGIQUE DES FONDS DE DOTATION

Le comité constate que les statuts des fonds de dotation sont d'une grande diversité. Certains recopient dans le détail le statut type des fondations ou des associations reconnues d'utilité publique. D'autres sont extrêmement succincts et renvoient à un règlement intérieur le soin de fixer des modalités importantes de leur fonctionnement. Les modes d'administration peuvent être très ouverts (majorité de personnalités qualifiées au conseil d'administration) ou totalement fermés (le fondateur se réserve l'exercice entier du pouvoir). Certains statuts présentent des lacunes de nature à empêcher leur bon fonctionnement.

La loi offre la plus grande liberté aux créateurs des fonds de dotation, sous réserve du respect de règles peu nombreuses telles que l'existence d'un conseil d'administration et, si les recettes dépassent un million d'euros, celle d'un comité d'investissement.

Par ailleurs, l'objet très varié des fonds et leur importance financière très inégale justifient la grande diversité des statuts. Aussi le comité stratégique des fonds de dotation n'entend-il pas proposer des statuts types.

Il lui a paru cependant nécessaire, au vu

des pratiques constatées dans les 300 fonds déjà créés à ce jour, de soumettre à la discussion publique les recommandations suivantes.

Les recommandations sont, bien évidemment, à adapter à l'objet du fonds et à l'importance des actifs ou fonds qu'il détient.

Recommandations relatives aux relations entre les donateurs et le fonds de dotation

Recommandation n° 1

Rédiger une convention

L'article 931 du code civil dispose que « *tous actes portant donation entre vifs seront passés devant notaires dans la forme ordinaire des contrats ; et il en restera minute sous peine de nullité* ».

Toute dotation apportée à un fonds de dotation doit donc en principe faire l'objet d'un acte notarié.

Échappent cependant à cette obligation les dons manuels, c'est-à-dire les dons de biens meubles [les libéralités portant sur des biens et droits immobiliers (usufruit, nue-propriété, servitude) ne peuvent faire l'objet d'un don manuel et doivent être consenties par acte authentique] faits par espèces, chèque, virement, prélèvement ou carte bancaire.

Le donateur peut toutefois souhaiter, même dans ce cas, recourir à un acte écrit, notamment lorsque son don est assorti d'une charge, comporte des engagements réciproques ou encore lorsque la donation est particulièrement importante. Il peut alors faire établir un acte notarié ou convenir d'une convention sous seing privé avec le fonds.

La convention sous seing privé peut être une convention type proposée par le fonds et à adapter aux cas particuliers.

Cette convention doit être assez précise pour prendre en compte la volonté du donateur, mais suffisamment souple pour s'ajuster aux changements de situation et à l'évolution des besoins sur le long terme. Elle pourrait contenir les points suivants :

- Décrire la destination de la donation ;
- Décrire les règles d'une distribution des fonds conforme à l'objet social du fonds (y compris, si nécessaire, des règles d'étalement) ; la convention pourrait préciser les conditions et les dates auxquelles les sommes données seront finalement dépensées ; s'il existe des restrictions à l'utilisation des fonds, elles doivent être réalistes ;
- Prévoir des dispositions sur l'usage des fonds qui se révéleraient excédentaires, et des stipulations en cas de déficit dû aux résultats des placements ;
- Prévoir que le fonds de dotation peut utiliser les dons tel qu'il en a été initialement convenu avec le donateur, sans avoir à demander de nouvelle approbation ;
- Prévoir une procédure permettant au fonds de dotation de modifier la destination du don, si celle-ci ne peut plus être satisfaite en raison d'un changement de circonstances ;
- Prévoir que le fonds de dotation peut mettre fin au projet pour lequel le don a été fait, si le donateur n'honore pas ses engagements, par exemple sur les versements futurs ;
- Indiquer si le fonds de dotation peut choisir de gérer les fonds en commun ou s'il doit individualiser les dons et les suivre séparément ;
- Indiquer les modalités d'établissement ou de diffusion du rapport annuel du fonds de dotation et, le cas échéant, du rapport spécifique à chaque donateur ;
- À titre exceptionnel, si le don est sans restriction, prévoir éventuellement la désignation d'un représentant (le donateur ou une autre personne) qui pourra faire des recommandations périodiques sur l'utilisation et la distribution des fonds, le conseil d'administration du fonds de dotation conservant toutefois la décision finale ;
- Prévoir, éventuellement, que le fonds de dotation peut prélever des frais pour sa gestion sur les sommes versées ou sur les fonds gérés.

En revanche, la convention ne peut pas prévoir que le donateur pourra influer sur le choix des politiques d'investissement qui relève de la compétence du conseil d'administration et du comité consultatif.

Quand il s'agit de donateurs multiples ou de dons de faible montant, le fonds devrait rendre publique une convention type minimale reprenant une ou plusieurs des clauses détaillées ci-dessus.

Cette convention, qui peut être très succincte, constituerait une charte d'adhésion pour les donateurs.

Dans le cas où le fonds fait appel à la générosité du public, il doit respecter la réglementation en vigueur et les bonnes pratiques en la matière, comme par exemple celles que préconise le Comité de la Charte du don en confiance.

Recommandation n° 2

Répondre aux attentes des donateurs

Le fonds de dotation doit répondre aux attentes suivantes des donateurs :

- Une gestion prudente des actifs financiers du fonds : une gestion prudente ne signifie pas une gestion sans risque, mais une gestion avec un niveau de risque adapté à des objectifs et à des engagements raisonnables du fonds de dotation ;
- Une utilisation des fonds conforme à l'objet du fonds et, le cas échéant, à ce qui a été convenu avec le donateur ;
- Une information périodique sur la situation financière du fonds de dotation (bilan, recettes et dépenses), et sur l'utilisation de ses fonds ;
- Sur la demande du donateur, l'expression de la gratitude du fonds qui pourra prendre la forme d'un nommage (en donnant son nom à un bâtiment ou à un programme) ;
- La possibilité d'un anonymat ou d'une confidentialité éventuelle de tout ou partie du don.

Recommandations relatives à la gouvernance du fonds de dotation

nos 5.22 et s.

Recommandation n° 3

Définir clairement l'objet du fonds de dotation

La vigilance des créateurs des fonds de dotation est attirée sur la responsabilité qui leur est confiée par le législateur, corollaire de la liberté qui leur a été donnée.

La transparence dont doit être entouré le fonds, gage de sa crédibilité aux yeux des tiers, implique que la mission d'intérêt général qui lui est confiée soit décrite avec précision dans les statuts, afin que son caractère d'intérêt général ne prête pas à contestation.

Cette description, qui doit s'adapter à l'ampleur de la mission projetée, doit correspondre en tout état de cause à une activité effective, ce dont s'assurera le préfet.

Il importe enfin de rappeler que le bénéfice des avantages fiscaux, attaché au régime des fonds de dotation, dépend du strict respect des conditions mises par le législateur.

Recommandation n° 4

Pour une gouvernance opérationnelle

Outre les organes d'administration prévus par la loi (un conseil d'administration d'au moins trois personnes désignées à la création par le fondateur et, si la dotation dépasse un million d'euros, un comité consultatif composé de personnes qualifiées extérieures), les statuts peuvent prévoir un bureau. Sa création est recommandée si le nombre de membres du conseil d'administration est élevé ou si le fonds n'a pas de directeur exécutif.

Il est possible aussi de prévoir des comités spécialisés (par exemple comités d'audit, comités de nomination et de gouvernance) au sein du conseil d'administration, chargés de préparer les décisions du conseil.

Des conseils consultatifs divers, composés d'experts, dont le nombre et la composition dépendent de l'objet du fonds, peuvent être prévus pour aider à la prise de décision, donner des conseils, effectuer des études. Il est préférable que ces conseils soient majoritairement composés de personnes qui n'ont pas la responsabilité de la gestion du fonds : les donateurs, par exemple, peuvent y être représentés, lorsque le choix n'est pas fait de les faire siéger au conseil d'administration. Les statuts peuvent créer les conseils principaux et renvoyer à une délibération du conseil d'administration le soin de créer, en son sein ou non, les commissions qui lui seraient nécessaires.

Les statuts doivent toujours préciser la composition de ces organes, leur nombre, la qualité des membres (membres de droit, personnalités qualifiées) et leur mode précis de désignation et de renouvellement. La durée du mandat des membres du conseil d'administration autres que de droit, doit être précisée (entre 3 et 5 ans paraît une durée raisonnable), ainsi que la possibilité ou non d'un renouvellement du mandat.

Les attributions de chaque organe créé par les statuts, ou par décision du conseil d'administration, doivent être clairement définies, en prenant garde de ne pas créer de doublons source de conflits potentiels. On prendra une particulière attention à bien définir les fonctions du conseil où

seront représentés les donateurs et préciser qu'il s'agit d'une compétence consultative.
La présente recommandation doit être adaptée à l'objet du fonds de dotation et à l'importance des fonds qu'il détient.

Recommandation n° 5

Pour une gouvernance transparente

Le conseil d'administration est l'organe légal de gouvernance qui doit notamment approuver les comptes annuels et le rapport adressé au préfet et déterminer la politique d'investissement.
Les statuts doivent prévoir un nombre minimum de réunions annuelles ainsi que les modalités de sa convocation. Cette convocation peut être faite à la diligence du président du conseil d'administration, éventuellement sur proposition du directeur ; possibilité doit être offerte à un nombre minimum de membres du conseil de demander une réunion du conseil d'administration, ainsi que d'inscrire un sujet à l'ordre du jour.
Le rôle du président du conseil d'administration doit être précisé, notamment par rapport aux fondateurs. Ce président sera souvent désigné par le fondateur et peut être le fondateur lui-même.
Le fonds de dotation est cependant une personne juridique autonome qui ne se confond pas avec son ou ses fondateurs, ni avec les organismes auquel il peut apporter son soutien dans le cadre de sa mission d'intérêt général.
Il est recommandé de fixer la durée du mandat du président, en indiquant si le renouvellement est ou non possible, et combien de fois, et de préciser les modalités de sa désignation lorsqu'elle n'est plus concomitante à la création du fonds de dotation.
Les membres du conseil d'administration sont en principe bénévoles. Dans le cas contraire, l'ensemble des dispositions fiscales applicables aux organismes à but non lucratif sur la gestion désintéressée s'applique. En particulier, les statuts du fonds doivent le prévoir, de même que l'élection régulière et périodique des dirigeants élus rémunérés par le conseil d'administration. La rémunération des élus doit faire l'objet d'un vote du conseil d'administration, à la majorité des deux tiers de l'ensemble de ses membres, hors la présence des intéressés.
Le fonds de dotation devrait établir une procédure d'acceptation des dons qui identifie les personnes autorisées à recevoir des dons en son nom, en conformité avec son objet et ses priorités.
Le fonds doit prévoir des règles propres à prévenir, identifier et traiter les situations de conflit d'intérêt.

Recommandation n° 6

Pour une gouvernance responsable

Les décisions sont prises après débat et collégialement.
Les règles de vote et de quorum du conseil d'administration et de décision en son sein doivent être précisées. Il en va de même pour les règles de fonctionnement des différents conseils.
On veillera à déterminer les conditions dans lesquelles les membres du conseil d'administration peuvent se faire représenter, ou non, et celles dans lesquelles ils peuvent éventuellement perdre leur mandat avant son terme.
La fonction de directeur est nécessaire pour les fonds d'une certaine importance. Les principes de répartition de ses fonctions avec celles du président du conseil d'administration doivent être précisés dans les statuts. Lorsque le directeur assiste au conseil d'administration, il ne peut avoir qu'une voix consultative.
Le fonds de dotation doit avoir une procédure écrite de délégation de pouvoirs.

RECOMMANDATIONS RELATIVES À LA GESTION DES PLACEMENTS DES FONDS DE DOTATION

n° 8.63.

Recommandation n° 7

Définir la durée de placement en fonction des besoins de financement

La politique d'investissement doit permettre de répondre aux engagements et objectifs financiers du fonds. Il convient donc d'analyser très précisément les exigences de financement des actions retenues ou du type d'actions que le fonds souhaite soutenir, en particulier le rythme des versements, les échéances prévisibles, selon notamment qu'il s'agit d'opérations ponctuelles (financement d'un événement par exemple) ou d'opérations inscrites dans la durée (telles le financement d'une chaire).
Cette analyse permettra de déterminer les durées de placement et les modalités de « distribution » des revenus en

fonction du montant et des échéances des engagements de financement pris ou envisagés : revenus immédiats, à moyen terme, réguliers ou à une échéance précise.

Recommandation n° 8

Définir une politique d'investissement claire

Il convient de fixer les conditions de la politique d'investissement du fonds, en particulier les règles de dispersion des risques : il est recommandé de plafonner le risque « émetteur » (direct ou indirect) par une dispersion forte et de définir un principe de diversification du risque produit (catégories de produits), voire de poser des exigences de liquidité minimale par exemple. Le niveau de risque (produits et émetteurs) doit pouvoir être apprécié à tout moment, afin de faire ressortir le couple rendement-risque de la politique d'investissement.

Le fonds de dotation peut s'imposer des règles plus restrictives que le décret n° 2009-158 du 11 février 2009 et limiter la liste des actifs éligibles en écartant les plus risqués.

Il peut utilement préciser le profil de gestion dans le souci de pérennisation du capital. En principe, la dotation en capital n'est pas consomptible. Il s'agit donc de gérer le capital dans la durée afin de dégager des revenus susceptibles de financer, à bonne date et dans le temps, les actions retenues, tout en préservant la valeur du capital afin de ne pas obérer les revenus futurs. Un équilibre doit être trouvé entre la nécessité de fixer un cadre général et la nécessaire souplesse de la réallocation d'actifs en fonction des évolutions économiques et financières.

Le fonds de dotation met en place une politique relative à la distribution de fonds au cas où la valeur des investissements est inférieure à la valeur originelle. Il est recommandé qu'en général, le fonds veille à être classé dans la catégorie des investisseurs non professionnels : la plus protectrice, elle ferme l'accès aux produits les plus risqués qui ne sont pas pertinents pour les fonds de dotation.

Recommandation n° 9

Définir précisément les missions du comité consultatif dans les statuts du fonds de dotation

Cette recommandation concerne plus particulièrement les fonds dont la dotation est supérieure à un million d'euros.

Il convient de définir précisément les missions du comité consultatif et aussi de fixer son effectif et sa composition.

Il est ainsi important de veiller à la compétence technique des membres du comité consultatif.

Celui-ci doit être composé de personnes qualifiées dans le domaine de la gestion d'actifs.

L'opportunité de faire appel à des professionnels rémunérés peut être utilement examinée.

Il est nécessaire aussi de définir les modalités du suivi des investissements, de compte rendu et d'analyse de la performance et de la formalisation des recommandations du comité d'investissement.

Dans tous les cas, on veillera à séparer les fonctions de décision, de supervision, de gestion et de conseil, et à éviter de créer des situations de conflit d'intérêt.

Recommandation n° 10

Nécessité d'un contrôle des investissements par le conseil d'administration

La responsabilité des placements revient au conseil d'administration. Un suivi régulier, selon une périodicité à définir en fonction de la nature des investissements, doit être mis en place afin de s'assurer que les versements pourront intervenir à bonne date et que le capital reste investi de manière sécurisée.

Les instruments de ce suivi doivent être définis par le conseil d'administration.

Le suivi porte à la fois sur les résultats des placements, les perspectives de ceux-ci et le niveau de risque. Il doit permettre une gestion réactive afin de procéder aux réallocations nécessaires en tant que de besoin.

Recommandation n°11

Garantir la traçabilité de l'utilisation de chaque don

Le fonds de dotation doit pouvoir mutualiser la gestion des fonds tout en garantissant la traçabilité de l'utilisation de chaque don.

Outil 17. Arrêté du 11 décembre 2012

[Arrêté du 11 décembre 2012 autorisant le versement de fonds publics au fonds de dotation InPACT, initiative pour le partage culturel, art. 1 JORF n° 0294 du 18 décembre 2012 p. 19882, NOR : EFIT1237310A]

n° 6.22.

Article 1

Est autorisé le versement par l'établissement public à caractère spécial Caisse des dépôts et consignations au fonds de dotation InPACT, à titre de dotation, de la somme de 200 000 euros.

Outil 18. Arrêté du 22 février 2013

[Arrêté du 22 février 2013 autorisant le versement de fonds publics au fonds de dotation Les technologies pour l'homme, art. 1 JORF n° 0057 du 8 mars 2013 p. 4211, NOR : BUDB1242484A]

n° 6.22.

Article 1

Est autorisé le versement au fonds de dotation intitulé « les technologies pour l'homme », à titre de dotation, de la somme de 280 000 euros.
Cette somme sera prélevée dans le fonds de roulement de l'Académie des technologies.

Outil 19. Réponse du bureau de droit privé de la direction des affaires juridiques (Bercy)

n°s 3.11.

Par courrier électronique en date du 23 novembre 2012, vous nous avez interrogé sur la possibilité, pour un fonds dont la dotation n'est pas consomptible de céder des valeurs mobilières de placement comprises dans cette dotation. Vous envisagez le réemploi du prix de cette vente pour l'acquisition d'actifs plus sûrs venant abonder la dotation.

Le fait que la dotation ne soit pas consomptible ne peut cependant avoir pour effet l'interdiction de toute opération permettant au fonds de préserver son capital de départ et, en conséquence, l'intégrité de sa dotation.

La solution inverse serait d'ailleurs contraire à l'objet même des fonds de dotation. En effet, selon le premier alinéa de l'article 140 I de la LME, le fonds gère et capitalise des biens et des droits de toute nature en vue de la réalisation d'une mission d'intérêt général. L'objectif de faire fructifier la dotation, d'en tirer des revenus, ou à tout le moins de ne pas en diminuer le capital, doit pouvoir être mis en œuvre par des actes de gestion. L'impossibilité de céder des actifs se dépréciant ou de réaliser des actifs ayant pris de la valeur serait incompatible avec cet objectif commun à tous les fonds de dotation.

Tel est d'ailleurs le cas pour les fondations dont l'irrévocabilité des biens constituant la dotation n'interdit pas de remplacer un bien affecté à la réalisation d'un objet par un autre de même valeur.

Ainsi, les cessions d'actifs que vous envisagez me paraissent possibles dès lors que les sommes obtenues par la cession ne sont pas utilisées pour financer la mission d'intérêt général du fonds et qu'elles sont réintroduites dans la dotation ou servent à acquérir d'autres titres, de valeurs identiques, destinés à la dotation.

Dans la comptabilité de l'année N+1, ces cessions d'actifs seront d'ailleurs compensées par les sommes ou titres équivalents réintroduits dans la dotation.

Boîte II. Analyser

Outil 20. Réponses du ministère de l'Économie et des Finances, août 2014

Définition

Qu'est ce qu'un fonds de dotation ?

nos 1.01 et s. et nos 2.01 et s.

Un fonds de dotation est une affectation irrévocable de biens, qui dispose de la personnalité morale et qui a pour objet exclusif d'assurer ou de faciliter la réalisation d'une œuvre ou d'une mission d'intérêt général. Ses actions sont financées, en principe, par le produit de la capitalisation de dons dont il redistribue les bénéfices, soit directement en vue de la réalisation d'une mission d'intérêt général, soit à une personne morale à but non lucratif afin de l'assister dans l'accomplissement de ses missions ou de ses œuvres d'intérêt général.

Qu'est ce que l'intérêt général ?

nos 6.03 et s.

L'article 140 de la loi du 4 août 2008 de modernisation de l'économie dite « LME » dispose que les fonds de dotation doivent être créés pour financer des missions ou des œuvres d'intérêt général.

L'intérêt général doit être entendu exclusivement au sens de la loi fiscale, à laquelle renvoie l'article 140 (cf. articles 200 et 238 *bis* du code général des impôts) : l'activité de l'organisme doit être non lucrative, sa gestion désintéressée, et l'organisme ne doit pas fonctionner au profit d'un cercle restreint de personnes.

Un fonds de dotation peut-il reverser les fonds qu'il a reçus à des entreprises du secteur lucratif ?

no 8.109.

Non, il n'est, en principe, pas possible pour un fonds de dotation de financer des entreprises, car ce sont des organismes à but lucratif.

La seule exception est celle du mécénat d'entreprise. Les fonds de dotation, agréés par la Direction départementale des finances publiques, peuvent verser des aides financières permettant la réalisation d'investissements au sens du règlement communautaire du 6 août 2008, ou la fourniture de prestations d'accompagnement, à des PME définies à l'annexe I de ce même règlement. Ces dons ouvrent droit à réduction d'impôt (art 238 *bis* du CGI).

Le fonds de dotation peut-il développer ses propres activités d'intérêt général ?

no 6.02 et no 8.04.

Oui. Le fonds de dotation a deux options :

- il peut mener ses propres activités, en vue de la réalisation d'une œuvre ou d'une mission d'intérêt général (on parle de fonds opérateur) ;
- il peut contribuer à une activité de même nature menée par un autre organisme (on parle de fonds redistributeur).

Un fonds de dotation peut être, à la fois, opérateur et redistributeur : beaucoup de fonds créés à ce jour ont choisi cette option.

Qu'est ce qui distingue le fonds de dotation d'une association ou d'une fondation ?

no 1.19 et no 2.16.

Le fonds de dotation se crée comme une association loi de 1901 et se finance comme une fondation, cumulant ainsi les avantages de ces deux institutions.

1. Comme la fondation, le fonds de dotation :

- constitue une affectation irrévocable de biens, mais diffère de l'association qui est un groupement de personnes ;
- peut recevoir, sans restriction, toute libéralité, à la différence de l'association, qui ne bénéficie de cette faculté que si elle est reconnue d'utilité publique, par décret en Conseil d'État.

2. À la différence de la fondation, le fonds de dotation :

- peut être créé par la seule volonté de ses fondateurs en déclarant sa création à la préfecture, alors que la fondation ne peut être créée que par décret en Conseil d'État ;

- peut rester sous le contrôle de ses fondateurs majoritaires, alors que la fondation doit être indépendante de ses fondateurs ;
- peut se constituer sans dotation initiale et consommer celle qu'il constitue ;
- ne permet pas à ses donateurs de bénéficier de l'exonération d'ISF (impôt de solidarité sur la fortune), prévu par la loi TEPA du 21 août 2007, contrairement à la fondation reconnue d'utilité publique ou à la fondation sous égide.

Le fonds de dotation peut-il n'être qu'un outil de collecte de fonds ou de biens ?

n° 6.02 et n° 8.04.

Oui, le fonds de dotation peut n'être utilisé que comme un outil de redistribution des revenus de la capitalisation de la dotation à une personne morale à but non lucratif (par exemple, pour soutenir les victimes d'une catastrophe naturelle).

Mais le fonds de dotation, parce qu'il a une personnalité juridique propre (à la différence des *endowment funds* américains), doit avoir un minimum d'autonomie de fonctionnement et de décision.

Cette autonomie se caractérise, par exemple, par la faculté pour un fonds créé par un organisme d'intérêt général pour aider à son financement, de choisir les programmes dudit organisme qu'il va soutenir.

S'il est privé de toute autonomie, le fonds pourrait être qualifié d'organisme transparent.

Un fonds de dotation peut-il être reconnu d'utilité publique ?

n°s 2.12 et s.

Non. Un fonds de dotation bénéficie, par construction, des attributs d'un organisme reconnu d'utilité publique et dispose des mêmes avantages fiscaux qu'eux.

Création

Qui peut créer un fonds de dotation ?

n°s 3.01 et s.

Le fonds de dotation peut être créé par une ou plusieurs personnes physiques ou morales, en principe de droit privé (entreprise, particulier). Des personnes publiques peuvent également créer des fonds de dotation, comme outil de collecte de fonds privés (un établissement public comme un musée, ou des collectivités territoriales).

Néanmoins, ces personnes publiques ne pourront, en aucun cas, le financer elles-mêmes puisque, par principe, aucun fonds publics ne peut y être versé.

La possibilité pour l'État de créer lui-même un fonds de dotation est, en revanche, douteuse.

Peut-on créer un fonds de dotation dans une collectivité d'outre-mer ?

Non, l'article 140 de la LME ne peut s'appliquer dans les collectivités d'outre-mer, dès lors que la loi n'a pas déclaré s'y appliquer.

Comment crée-t-on un fonds de dotation ?

n°s 3.01 et s.

Par une simple déclaration à la préfecture du département dans le ressort duquel il a son siège social. Cette déclaration est assortie du dépôt de ses statuts.

Toute modification des statuts d'un fonds de dotation doit donner lieu à publication, dans les mêmes conditions que celle de la déclaration de création.

À compter de quelle date le fonds de dotation existe-t-il juridiquement comme une personne morale distincte de ses fondateurs ?

n° 3.55.

Le fonds de dotation jouit de la personnalité morale à compter de la date de publication au *Journal officiel* de la déclaration faite en préfecture.

L'emploi des termes « fonds de dotation » est-il obligatoire dans le nom du fonds ?

n°s 3.45 et s.

Non, la loi n'impose pas l'utilisation des termes « fonds de dotation » dans la dénomination du fonds. Elle n'interdit pas, non plus, que soit utilisée, même à tort, l'appellation fonds de dotation.

Seul le terme de « fondation » est protégé par la loi.

Pour ce qui est du terme étranger « foundation », il faut distinguer le droit américain du droit anglais.

En droit américain, il ne correspond à aucune forme juridique d'exercice d'une activité à but non lucratif et n'a qu'une signification générique dont l'opportunité de l'emploi est réservée au choix des créateurs d'entreprises.

En droit anglais, depuis l'entrée en vigueur du statutory instrument de 2009 relatif aux noms des sociétés, le mot « foundation » est considéré comme étant un mot « sensible », soumis à autorisation auprès du ministère compétent qui doit en approuver l'usage.

Un fonds de dotation doit-il avoir un siège social ?

Comme toute personne morale, le fonds de dotation doit avoir un siège social. Le siège social doit abriter la direction effective de la personne morale. Ce siège doit avoir une réalité physique en ce sens qu'il doit être le centre de la vie juridique, financière et administrative de la personne morale. Il ne saurait être constitué d'une seule boîte postale.

Dotation

La loi exige-t-elle un montant minimum pour la dotation ?

n° 3.25.

L'article 85 de la loi n° 2014-856 du 31 juillet 2014 relative à l'économie sociale et solidaire impose aux fonds « une dotation initiale au moins égale à un montant fixé par voie réglementaire, qui ne peut excéder 30.000 € ». Cette obligation n'est cependant pas d'application immédiate et ne vaudra que pour les futurs fonds, après publication du décret qui déterminera le montant de la dotation.

Le fonds de dotation peut-il recevoir des fonds publics ?

n°s 4.32 et s. et n°s 6.16 et s.

Non, aucun fonds public de quelque nature que ce soit ne peut être versé à un fonds de dotation.

De même, tout apport indirect par prêt gratuit de personnel, de locaux ou de moyens quelconques, constitue un financement public interdit.

À titre exceptionnel, le ministre en charge de l'Économie et le ministre en charge du Budget, peuvent autoriser, par arrêté, un fonds de dotation à recevoir des fonds de nature publique, pour une œuvre ou un programme d'actions déterminé, au regard de son importance ou de sa particularité.

Des fonds d'origine étrangère versés directement au fonds de dotation, même lorsqu'ils proviennent d'une structure publique, sont considérés comme n'étant pas, au sens de la LME, des fonds publics : leur versement est donc autorisé.

Les seules dérogations accordées, à ce jour, au titre des fonds publics, l'ont été à trois fonds de dotation. Il s'agit de cas très particuliers. Les fonds attribués au fonds du Louvre provenaient de fonds d'un État étranger, qui n'étaient devenus publics que par leur transfert sur les comptes de l'établissement public du Louvre.

Ceux attribués au fonds de dotation « les technologies pour l'homme » ont été prélevés sur le fonds de roulement de l'établissement public, l'Académie des technologies.

Ceux dont le versement a été autorisé au fonds « InPACT, initiative pour le partage culturel » provenaient de la Caisse des dépôts et consignations, membre fondateur du fonds.

On prendra garde que l'attribution de fonds publics ne soit pas susceptible de créer une situation de gestion de fait.

Le fonds de dotation peut-il recevoir en dotation autre chose que des libéralités ?

n°s 3.17 et s.

Non, la loi impose que la dotation du fonds soit uniquement composée de libéralités, irrévocablement accordées.

Un fonds de dotation ne peut donc pas recevoir des contributions obligatoires prévues par la loi.

De même, un fonds de dotation ne peut pas être alimenté par des cotisations, qui supposent une contrepartie à l'adhésion, contraire à la philosophie du fonds de dotation.

Le fonds de dotation peut-il refuser une libéralité ?

Oui, un fonds de dotation est libre d'accepter ou de refuser toute libéralité. Dans tous les cas, l'acceptation ou le refus doit être exprès et il est conseillé de formaliser ce refus par un écrit circonstancié (cf. recommandation n° 1 du comité stratégique « Rédiger une convention », outil 16). Cette acceptation n'est soumise ni à autorisation, ni à déclaration préfectorale.

II

Dans quelle mesure un fonds de dotation peut-il accepter une libéralité avec charge ?

Le fonds de dotation peut accepter une libéralité avec charge si cette dernière n'est pas incompatible avec l'objet du fonds. Dans le cas contraire, le fonds de dotation devra la refuser.

Les dons et legs peuvent-ils être considérés comme des ressources ?

n°s 3.28 et s.

Les dons et legs ne peuvent pas être considérés comme des ressources. Ils intègrent la dotation et ne peuvent être consommés que si les statuts du fonds prévoient cette consomptibilité.

Les ressources du fonds de dotation sont limitativement énumérées par l'article 140 de la loi du 4 août 2008 et sont constituées des revenus de la dotation, des produits des activités autorisées par les statuts et des produits des rétributions pour service rendu. Elles peuvent être librement consommées par le fonds de dotation.

Par exception, et au regard de la particularité des dons issus d'un appel à la générosité publique, ceux-ci sont considérés comme des ressources et peuvent être consommés sans intégrer la dotation. Mais ils peuvent également joindre la dotation en capital du fonds de dotation, sur décision du conseil d'administration.

Le fonds de dotation peut-il être destinataire de contributions obligatoires, telles une taxe d'apprentissage ou des crédits de revitalisation ?

Les contributions obligatoires, telles que les dépenses de la taxe d'apprentissage (article L.224 du code général des impôts) ou les crédits de revitalisation des entreprises (article L.1233-84 du code du travail) ne peuvent alimenter un fonds de dotation. Elles découlent d'une obligation légale qui suppose une contrepartie. Or, la loi impose au donateur d'agir par pure libéralité.

Les baisses potentielles des placements financiers dues aux fluctuations du marché financier peuvent-elles être considérées comme une consommation de la dotation ?

Non, les fluctuations négatives des placements financiers de la dotation ne sont pas considérées comme une consommation de la dotation, puisque ces diminutions de la valeur de la dotation ne sont que potentielles, tant que le fonds n'a pas décidé de réaliser ses actifs.

Le fonds de dotation peut-il consommer entièrement sa dotation ?

n°s 3.26 et s.

Oui, le fonds de dotation peut consommer entièrement sa dotation, à condition que ses statuts en prévoient explicitement la possibilité. Dans ce cas, le fonds de dotation perd le bénéfice de l'exonération à l'impôt sur les sociétés.

Gestion financière

Le fonds de dotation est-il totalement libre de sa gestion financière ?

n°s 5.31 et s.

Non, le conseil d'administration définit la politique d'investissement du fonds de dotation, dans les conditions prévues par les statuts et par l'article R. 931-10-21 du code de la sécurité sociale qui prévoit la liste des actifs et des placements que le fonds de dotation peut utiliser. Cette politique d'investissement consiste en une gestion prudente des actifs en incluant des règles de dispersion par catégorie de placements et de limitation par émetteur, en vue de protéger le fonds de dotation contre les mouvements négatifs du cours du marché.

Lorsque le montant de la dotation dépasse un million d'euros, le fonds de dotation a l'obligation de mettre en place un comité consultatif auprès du conseil d'administration.

Ce comité est composé de personnes qualifiées extérieures au conseil d'administration. Il est chargé de proposer la politique d'investissement et d'en assurer le suivi. Il peut également proposer des études et des expertises.

Le fonds de dotation peut-il utiliser le contrat de capitalisation ?

Oui, la souscription d'un contrat de capitalisation par un fonds de dotation n'est pas interdite, mais ce contrat devra respecter les prescriptions de l'article 1er du décret du 11 février 2009 relatif aux modalités de gestion financière des fonds de dotation.

Il s'agit d'un contrat (très proche du contrat d'assurance vie) par lequel, en échange d'un versement unique ou de versements périodiques, une société de capitalisation s'engage à remettre au souscripteur ou à ses ayants droit un capital déterminé, soit à une échéance fixe, soit antérieurement par voie de tirage au sort. Le but de ce contrat est la constitution d'un capital garanti. Les actifs éligibles aux placements de fonds de dotation sont ceux mentionnées par l'article R 931-10-21 du code de la sécurité sociale.

Toutefois, il est recommandé de recourir au contrat de capitalisation avec prudence, en raison de l'absence d'information sur l'application de ce mode de gestion financière aux fonds de dotation, et en veillant à ce que le conseil d'administration prenne des dispositions pour conserver la maîtrise de la politique de placements des fonds.

Un fonds de dotation doit-il détenir un compte bancaire ?

En droit bancaire, toute personne est libre d'ouvrir un compte bancaire en France. Il n'existe donc aucune obligation de détenir un compte en banque. Ainsi, un fonds de dotation n'est pas tenu d'en posséder un. Toutefois, dans la pratique, l'ouverture d'un compte s'avère utile. En effet, de nombreux actes juridiques nécessitent d'avoir un compte en banque. Il en est ainsi, des opérations nécessitant un virement bancaire ou un chèque barré que seul un établissement bancaire peut realiser.

Fiscalité

Quels sont les avantages fiscaux du fonds de dotation ?

nos 8.80 et s. et nos 8.85 et s.

Les avantages fiscaux sont ceux réservés au mécénat pour les entreprises et les particuliers prévus aux articles 200 et 238 *bis* du code général des impôts.

Les entreprises qui consentent des dons au profit d'un fonds de dotation peuvent ainsi bénéficier d'une réduction d'impôt à hauteur de 60 % du montant des versements, dans la limite de 5 ‰ du chiffre d'affaires. Les particuliers qui consentent des dons au profit d'un fonds de dotation bénéficient d'une réduction d'impôt sur le revenu (IRPP) égale à 66 % du montant des sommes versées, dans la limite de 20 % du revenu imposable.

Les fonds de dotation bénéficient, en outre, du régime fiscal applicable aux organismes sans but lucratif (OSBL). Ils ne sont donc pas, en principe, soumis aux impôts commerciaux (impôt sur les sociétés de droit commun, taxe professionnelle et taxe sur la valeur ajoutée) dès lors qu'ils n'exercent pas d'activité lucrative au sens du code général des impôts. Ils sont à nouveau soumis à l'impôt sur les sociétés dès lors que, conformément à leurs statuts, ils consomment leur dotation.

Enfin, les dons et legs consentis au profit des fonds de dotation sont en principe exonérés de droits de mutation (article 795, 14° du code général des impôts).

Il est possible de consentir une donation temporaire d'usufruit à un fonds de dotation. L'attention des donateurs doit néanmoins être appelée sur le risque de voir cette donation contrôlée par les services fiscaux dans le cadre d'une procédure de répression des abus de droits (art. L. 64 du livre des procédures fiscales).

Comment définir la notion de cercle restreint de personnes ?

n° 8.55.

La notion de cercle restreint, définie par la jurisprudence fiscale, répond à l'idée que le financement, par l'impôt, d'initiatives privées doit être profitable à toutes les personnes. Ces personnes sont retenues sur des critères génériques ayant un intérêt objectif à user des services offerts par l'organisme qui les propose. Un fonds de dotation, qui ne financerait des actions destinées qu'à un cercle restreint de personnes, ne poursuit pas un but d'intérêt général et ne répond donc pas aux finalités imposées par la loi.

Comment définir la gestion désintéressée ?

nos 8.14 et s.

La gestion désintéressée est examinée dans les mêmes conditions que pour les autres organismes sans but lucratif.

Le caractère désintéressé de la gestion implique que l'organisme sans but lucratif soit géré et administré à titre bénévole par des personnes n'ayant elles-mêmes, ou par personne interposée, aucun intérêt direct ou indirect dans les résultats de l'exploitation. En pratique, cela signifie que le dirigeant ne doit tirer aucun avantage personnel de son rôle au sein de cet organisme.

II La présence d'un administrateur de l'organisme créateur du fonds de dotation au sein du conseil d'administration de ce fonds de dotation n'est cependant pas de nature à remettre en cause le caractère désintéressé de la gestion du fonds de dotation.

En effet, rien n'interdit qu'il y ait identité de dirigeant avec l'organisme adossé dans le statut juridique et fiscal du fonds de dotation, cette situation étant, au contraire, assez logique dès que celui-ci est simplement collecteur et a pour objet de redistribuer les revenus tirés de la capitalisation des dons qui lui sont consentis pour assister un organisme d'intérêt général.

On se rapportera à la doctrine fiscale sur ce point.

Peut-on créer un fonds de dotation sans le dispositif fiscal qui l'accompagne ?

Non. Un fonds de dotation ne peut être crée sans le dispositif fiscal qui s'y attache, dans le seul objectif d'utiliser un outil juridique plus simple que celui offert par le droit commercial ou le droit public.

Il résulte des dispositions de l'article 140 de la LME que le fonds de dotation doit poursuivre une mission d'intérêt général, au sens des dispositions fiscales relatives au mécénat. Si l'organisme, dont la création est envisagée, ne peut, pour un motif ou un autre, bénéficier du régime fiscal du mécénat, il ne peut se constituer sous forme de fonds de dotation.

Les dons reçus de la part d'étrangers peuvent-ils donner lieu à avantage fiscal pour ceux-ci ?

n°s 8.128 et s.

Un donateur étranger, qui souhaite faire un don à un fonds de dotation, devra s'assurer auprès de son administration fiscale qu'il remplit les conditions lui permettant de bénéficier des exonérations fiscales prévues par sa propre législation. La règle est la même que celle applicable à des dons faits à une fondation ou une association reconnue d'utilité publique.

Fonctionnement - Administration

Le fonds de dotation peut-il embaucher du personnel ?

n°s 6.20 et s.

Oui, en tant que personne morale de droit privé, disposant de la capacité juridique, le fonds de dotation peut embaucher du personnel pour son propre fonctionnement. Ce personnel est de droit privé et relèvera des dispositions du code du travail.

Quelle est la composition et le rôle du conseil d'administration d'un fonds de dotation ?

n°s 5.09 et s.

La loi prévoit que le fonds de dotation est administré par un conseil d'administration qui comprend, au minimum, trois membres nommés, la première fois, par le ou les fondateurs.

Les statuts doivent prévoir la composition du conseil d'administration, ainsi que les conditions de nomination (cf. recommandation n° 4 du comité stratégique, « Pour une gouvernance opérationnelle », outil 16).

Le conseil d'administration est notamment responsable de la production des comptes annuels du fonds de dotation et, à ce titre, répond aux éventuelles demandes d'explications du commissaire aux comptes.

Le fonds de dotation doit-il publier des documents ?

n° 3.50, n°s 7.16 et s. et n° 10.57.

Oui, pour jouir de la personnalité morale, le fonds de dotation doit publier, au *Journal officiel*, la déclaration de création faite en préfecture.

Le fonds de dotation publie, également, chaque année, et dans les 6 mois suivant la clôture de l'exercice, ses comptes qui comprennent un bilan, un compte de résultat et, le cas échéant, une annexe, sur le site internet de la direction de l'information légale

Analyser

et administrative. L'absence de communication durant deux exercices consécutifs de ces comptes peut constituer un dysfonctionnement grave.

Cette obligation pèse également sur le fonds de dotation qui ne dispose pas de dotation.

Enfin, l'acte de dissolution du fonds doit faire l'objet d'une publication au *Journal officiel*.

Le fonds de dotation doit-il établir une annexe à son rapport d'activité annuel ?

nos 7.16 et s.

Non. Cette annexe est facultative, sauf pour les fonds faisant appel à la générosité publique. L'article L. 612-1 du code de commerce, qui impose une annexe à certaines personnes morales de droit privé non commerçantes ayant une activité économique, n'est pas applicable aux fonds de dotation.

Transformation

Comment un fonds de dotation se transforme-t-il en fondation reconnue d'utilité publique ?

nos 10.01 et s.

Les créateurs d'un fonds de dotation peuvent envisager sa création afin de constituer la dotation nécessaire à la réalisation ultérieure d'une fondation reconnue d'utilité publique (FRUP).

L'article 87 de la loi n° 2014-856 du 31 juillet 2014 relative à l'économie sociale et solidaire rend possible la transformation d'un fonds de dotation en FRUP par décret en Conseil d'État, sans donner lieu à dissolution ni à création d'une personne morale nouvelle.

Intervention du commissaire aux comptes

Quel est le rôle du commissaire aux comptes du fonds de dotation ?

nos 7.27 et s.

Un commissaire aux comptes est nommé lorsque le montant des ressources du fonds de dotation dépasse, en cours de gestion, le seuil de 10 000 euros. Le commissaire aux comptes certifie les comptes de l'exercice au cours duquel ce seuil a été dépassé.

Les missions du commissaire aux comptes sont sensiblement les mêmes que celles qui lui sont dévolues dans les sociétés commerciales. Il vérifie et certifie les comptes annuels et leurs annexes. Il joue également un rôle important dans la prévention des difficultés et leur signalement au préfet. Enfin, le commissaire aux comptes est tenu de dénoncer tout mouvement comptable susceptible de constituer une opération frauduleuse (article L.562-1, 11° du code monétaire et financier).

Les commissaires aux comptes sont nommés pour une période légalement définie de 6 ans (art L.823-1 et 823-3 du code de commerce) et il n'est pas possible de les révoquer.

Procédure d'alerte : à quel moment le commissaire aux comptes informe-t-il l'autorité administrative ?

nos 7.29 et s.

Il ressort de l'article 140 VI, alinéa 4, de la loi du 4 août 2008 et de l'article 5, alinéa 2, du décret du 11 février 2009, que le commissaire aux comptes doit informer, sans délai, l'autorité administrative à trois occasions :

- lorsqu'il relève des faits de nature à compromettre la continuité de l'activité et demande des explications au président du conseil d'administration ;
- lorsque le président du conseil d'administration ne lui répond pas ou si malgré les décisions prises, la continuité de l'activité demeure compromise ;
- lorsque, à l'issue de la réunion du conseil d'administration, le commissaire aux comptes constate que les décisions prises ne permettent pas d'assurer la continuité de l'activité

Contrôle

Comment le fonds de dotation est-il contrôlé ?

nos 7.01 et s.

La loi de modernisation de l'économie confie au préfet du département, siège du fonds de dotation, la mission de veiller à la régularité du fonctionnement du fonds de dotation.

La loi lui permet également de suspendre l'activité du fonds de dotation dès lors qu'il constate des dysfonctionnements graves de nature à compromettre la réalisation de son objet social.

Enfin, le préfet peut se faire communiquer tous documents et procéder à toutes investigations utiles.

Le conseil d'administration, le commissaire aux comptes et le comité d'investissement participent activement à la régularité du fonctionnement du fonds de dotation.

Quels documents un fonds de dotation doit-il produire annuellement au préfet ?

n° 7.18 et n° 7.25.

Le fonds de dotation doit adresser au préfet, chaque année :
- son rapport d'activité ;
- le rapport des commissaires aux comptes dès lors que le montant total de ses ressources dépasse 10 000 euros en fin d'exercice ;
- les comptes annuels (bilan, compte de résultat, et l'annexe retraçant le compte d'emploi annuel des ressources collectées auprès du public si le fonds de dotation est alimenté par des dons issus de la générosité du public).

Dysfonctionnements graves

Quels sont les cas de dysfonctionnements graves ?

n° 7.35.

Constituent des dysfonctionnements graves, permettant la suspension de l'activité du fonds, dans les conditions prévues par les dispositions du VII de l'article 140 de la loi du 4 août 2008 :

a) la violation des règles de gestion financière prévues par le décret relatif aux fonds de dotation ;

b) la violation des dispositions du VI de l'article 140 de la loi du 4 août 2008 relatives à l'établissement et à la publicité des comptes et à la mission du commissaire aux comptes ;

c) le fait, pour le fonds de dotation, de disposer ou de consommer tout ou partie de la dotation en capital dont il bénéficie dans le cas où les statuts n'autorisent pas à consommer cette dotation ; dans le cas où les statuts prévoient cette possibilité, le fait de disposer ou de consommer tout ou partie de la dotation en violation des conditions fixées par les clauses statutaires ou pour une cause étrangère à la réalisation de l'œuvre ou de la mission d'intérêt général prévue au premier alinéa du I de l'article 140 de la loi du 4 août 2008 ;

d) la consommation par un fonds de dotation à durée déterminée de sa dotation au-delà du terme statutaire d'activité du fonds, en violation des dispositions du décret relatif aux fonds de dotation ;

e) le fait, pour le fonds de dotation, de ne pas avoir adressé les rapports d'activité au préfet ou d'avoir adressé des rapports d'activité incomplets, durant deux exercices consécutifs, malgré la mise en demeure qui lui a été faite.

Quelles sont les mesures que peut prendre le préfet en cas de dysfonctionnements ?

n°s 7.33 et s.

Deux types de mesures sont prévus par la loi du 4 août 2008 :
- la suspension de l'activité du fonds : lorsque le préfet constate des dysfonctionnements graves affectant la réalisation de l'objet du fonds de dotation, il peut, après mise en demeure non suivie d'effet, décider, par un acte motivé qui fait l'objet d'une publication au *Journal officiel*, de suspendre l'activité du fonds pendant une durée maximale de six mois ;
- la dissolution : lorsque la mission d'intérêt général n'est plus assurée, le préfet peut décider de saisir l'autorité judiciaire, aux fins de sa dissolution.

Appel à la générosité publique

Quelle est la procédure pour qu'un fonds de dotation puisse faire appel à la générosité publique ?

nos 7.09 et s.
Le fonds de dotation peut faire appel à la générosité publique après autorisation administrative. Il s'agit d'un régime dérogatoire à la loi n° 91-772 du 7 août 1991 relative au congé de représentation en faveur des associations et des mutuelles et au contrôle des comptes des organismes faisant appel à la générosité publique.
Le dossier de demande d'autorisation d'appel à la générosité publique est envoyé, par lettre recommandée avec avis de réception, au préfet du département dans lequel le fonds de dotation a son siège social, et à Paris, au préfet de Paris. Ce dossier doit contenir :
a) la mention des objectifs poursuivis par l'appel à la générosité publique ;
b) les périodes et modalités d'organisation de la campagne d'appel à la générosité publique.
Par ailleurs, le décret relatif aux fonds de dotation prévoit que l'absence de réponse du préfet, à l'issue d'un délai de deux mois après dépôt du dossier de demande d'autorisation d'appel à la générosité publique, vaut autorisation tacite.

Quels sont les critères permettant au préfet de refuser qu'un fonds de dotation puisse procéder à un appel à la générosité publique ?

n° 7.12.
Le préfet peut refuser l'autorisation d'appel à la générosité publique dans les cas suivants :
a) lorsqu'un membre du conseil d'administration a fait l'objet, depuis moins de cinq ans, d'une condamnation définitive pour l'une des infractions prévues aux articles 222-38, 222-40, 313-1 à 313-3, 314-1 à 314-3, 324-1 à 324-6, 432-15, 433-1, 434-9, 435-1 à 435-4, 435-7 à 435-10, 441-1 à 441-7, 441-8, 441-9, 445-1 à 445-4 et 450-1 du code pénal, par l'article 1741 du code général des impôts, et par les articles L.242-6, L.242-6-3, L.242-30, L.243-1, L.241-3 4°, L.244-1 et L 654-1 à L 654-6 du code de commerce ;
b) lorsque le fonds de dotation a fait l'objet d'une mesure de suspension ou lorsque l'autorité judiciaire saisie par le préfet n'a pas encore statué ;
c) lorsque l'appel à la générosité publique n'entre pas dans les prévisions de l'article 3 de la loi du 7 août 1991.

Dans quelles conditions la Cour des comptes peut-elle exercer un contrôle des comptes des fonds de dotation faisant appel à la générosité du public ?

nos 7.25 et s.
La loi n° 91-772 du 7 août 1991 relative au congé de représentation en faveur des associations et des mutuelles et au contrôle des comptes des organismes faisant appel à la générosité publique, donne à la Cour des Comptes un pouvoir de contrôle des organismes faisant appel à la générosité du public définis à l'article 3 de cette même loi : « (...) organismes qui, afin de soutenir une cause scientifique, sociale, familiale, humanitaire, philanthropique, éducative, sportive, culturelle ou concourant à la défense de l'environnement, souhaitent faire appel à la générosité publique dans le cadre d'une campagne menée à l'échelon national soit sur la voie publique, soit par l'utilisation de moyens de communication, sont tenus d'en faire la déclaration préalable auprès de la préfecture du département de leur siège social (...) ».
Seuls les fonds de dotation faisant appel à la générosité du public sont donc visés par ce contrôle.
La Cour des comptes exerce alors un contrôle du compte d'emploi des ressources collectées auprès du public, dans le cadre de campagnes menées à l'échelon national afin de vérifier la conformité des dépenses engagées par ces organismes aux objectifs poursuivis par l'appel à la générosité publique.
La Cour des comptes contrôle, également, la conformité entre les objectifs des organismes bénéficiant de dons ouvrant droit à un avantage fiscal et les dépenses financées par ces dons, lorsque le montant annuel de ceux-ci excède un seuil fixé par un décret en Conseil d'État.
Lorsque la Cour des comptes atteste de la non-conformité des dépenses engagées aux objectifs poursuivis par l'appel à la générosité publique ou de la non-conformité des dépenses financées par les dons ouvrant droit à un avantage fiscal aux objectifs de l'organisme, elle assortit son rapport d'une déclaration explicite en ce sens. Cette déclaration est transmise au ministre chargé du budget et aux présidents

des commissions des finances de l'Assemblée nationale et du Sénat. Elle est rendue publique.

Dissolution

Quelle est la procédure de dissolution d'un fonds de dotation à durée déterminée ?

nos 10.49 et s.

À l'issue du terme fixé par ses statuts, le fond de dotation à durée déterminée peut décider, par délibératipn du conseil d'administration, de consommer le boni, conformément à l'objet du fonds de dotation, dans un délai maximal de 6 mois.

La délibération précitée du conseil d'administration doit être notifiée par lettre recommandée avec accusé de réception au préfet, lequel dispose d'un délai de 7 jours pour s'y opposer, dans l'hypothèse où l'utilisation du boni projeté n'est pas conforme à l'objet du fonds.

En cas d'opposition de l'autorité administrative, ou à l'expiration de délai de 6 mois, l'actif net restant à l'issue de la liquidation est transféré, dans les conditions prévues au troisième alinéa du VIII de l'article 140 de la loi du 4 août 2008, à un autre fonds de dotation ou à une fondation reconnue d'utilité publique.

L'acte de dissolution doit faire l'objet d'une publication au *Journal officiel*.

Le fonds de dotation peut également choisir de modifier ses statuts pour en modifier la durée de vie. Dans ce cas, il modifie ses statuts par délibération en conseil d'administration et use du formulaire modification du *Journal officiel* afin de publier cette modification.

Quelle est la procédure de dissolution d'un fonds de dotation à durée indéterminée ?

nos 10.50 et s.

L'article 140 VIII de la a loi de modernisation de l'économie prévoit qu'il est procédé à la liquidation dans les conditions prévues par les statuts ou, à défaut, à l'initiative du liquidateur désigné par l'autorité judiciaire.

À l'issue de la liquidation du fonds, l'ensemble de l'actif net est transféré à un autre fonds de dotation ou à une fondation reconnue d'utilité publique.

L'acte de dissolution doit faire l'objet d'une publication au *Journal officiel*.

Quelle est la procédure de liquidation d'un fonds de dotation en cas de dettes ?

nos 10.63 et s.

L'autorité administrative a pour mission de contrôler la bonne gestion du fonds de dotation. À ce titre, elle dispose de certaines prérogatives notamment lorsqu'il existe des dysfonctionnements graves affectant la réalisation de l'objet du fonds de dotation. Le préfet peut, en effet, s'il constate l'existence de dysfonctionnements, limitativement énumérés à l'article 9 du décret n° 2009-158 du 11 février 2009, saisir l'autorité judiciaire aux fins de la dissolution du fonds lorsque la mission d'intérêt général n'est plus assurée.

Néanmoins, l'existence de dettes n'est pas considérée comme un dysfonctionnement grave au sens de cet article. Le préfet ne pourra donc pas saisir le juge aux fins de liquidation judiciaire du fonds. Il ne pourra le faire que s'il constate, outre les dettes du fonds de dotation, un dysfonctionnement grave. Le juge désignera alors un liquidateur après avoir prononcé la dissolution du fonds de dotation.

En l'absence de dysfonctionnements graves, l'article 140 VIII de loi n° 2008-776 du 4 août 2008 de modernisation de l'économie, prévoit qu'il est procédé à la liquidation du fonds de dotation dans les conditions prévues par les statuts ou, à défaut, à l'initiative du liquidateur désigné par l'autorité judiciaire.

Il ressort de ces dispositions que lorsque rien n'est prévu dans les statuts, les règles de droit commun de la liquidation judiciaire s'appliquent (article L.640-1 et suivants du code de commerce).

La procédure de liquidation judiciaire est, en effet, ouverte à toute personne morale de droit privé qui est en situation de cessation de paiements. Plusieurs personnes peuvent être à l'initiative de l'ouverture de cette procédure :

- le fonds de dotation lui-même ;
- un créancier du fonds de dotation ;
- le ministère public ;

- le juge qui se saisit d'office (dans l'hypothèse où le raisonnement utilisé par le Conseil constitutionnel dans sa décision du 7 décembre 2012 pour censurer la saisine d'office par le juge prévue à l'article relatif au redressement judiciaire – L. 631-5 du code de commerce – ne serait pas transposable à l'article L. 640-5 du même code applicable à la liquidation judiciaire ; ce qui est peu probable).

Le préfet ne peut donc pas saisir lui-même le tribunal aux fins de liquidation judiciaire du fonds. Il peut, en revanche, alerter le procureur de la République de la situation financière du fonds de dotation, qui décidera de l'opportunité de saisir le juge.

La préfecture peut, avant toute alerte du ministère public, adresser un courrier au fonds de dotation qui a des dettes, lui rappelant l'application des règles de droit commun en matière de liquidation judiciaire et son obligation, s'il souhaite être dissous, de demander l'ouverture de cette procédure dans les quarante-cinq jours qui suivent la cessation des paiements.

La préfecture précisera qu'à défaut, elle se réserve le droit d'alerter le procureur de la République ou le tribunal compétent.

Outil 21. Réponses de l'auteur, septembre 2014

Définition

Qu'est ce qu'un fonds de dotation ?

nos 1.01 et s. et nos 2.01 et s.

Définition légale

La loi de modernisation de l'économie, qui institue les fonds de dotation, en donne la définition suivante :

« *Le fonds de dotation est une personne morale de droit privé à but non lucratif qui reçoit et gère, en les capitalisant, des biens et droits de toute nature qui lui sont apportés à titre gratuit et irrévocable et utilise les revenus de la capitalisation en vue de la réalisation d'une œuvre ou d'une mission d'intérêt général ou les redistribue pour assister une personne morale à but non lucratif dans l'accomplissement de ses œuvres et de ses missions d'intérêt général* ».

(v. Loi n° 2008-776 du 4 août 2008 de modernisation de l'économie, art. 140, *JO* du 5 août 2008).

Caractéristiques principales

- Le fonds de dotation appartient à la catégorie des personnes morales de droit privé, comme le sont les associations, les fondations, les syndicats professionnels, les sociétés civiles et commerciales, les GIE, etc.
- Le fonds de dotation est une personne morale à but non lucratif ; sa gestion doit donc être désintéressée (le fonds est constitué dans un but autre que de partager les bénéfices ; les membres du conseil d'administration doivent en principe être bénévoles et les membres ou fondateurs ne peuvent être attributaires d'une part de l'actif).
- Le fonds de dotation jouit de la grande capacité juridique puisqu'il peut recevoir (notamment par dons manuels, donations ou legs) et gérer des biens et droits de toute nature qui lui sont apportés à titre gratuit et irrévocable.
- Le fonds de dotation soutien financièrement et/ou réalise une œuvre et des missions d'intérêt général.

Qu'est-ce qui distingue le fonds de dotation d'une association ou d'une fondation ?

n° 1.19 et n° 2.16.

Contrairement aux associations, qui ne disposent pas toutes de la capacité à recevoir des donations et des legs (exceptions : les reconnues d'utilité publique, les associations ayant pour objet exclusif l'assistance et la bienfaisance et les associations dont l'ensemble des activités sont d'intérêt général au sens fiscal ; v. CGI, art. 200), les fonds de dotation jouissent de la grande capacité juridique : ils peuvent recevoir librement toute forme de libéralités (dont les donations et les legs) et peuvent détenir et gérer des immeubles de rapport.

À la différence des fondations reconnues d'utilité publique (créées par décret après avis du Conseil d'État), les fonds de dotation sont créés par simple déclaration en préfecture, sans autorisation préalable d'une quelconque autorité. Ils ne peuvent toutefois collecter des dons déductibles de l'ISF.

Un fonds de dotation peut-il être reconnu d'utilité publique ?

n° 2.12 et s.

Non, cette possibilité n'est pas prévue. Les textes instituant les fonds de dotation n'ont prévu pour ces derniers que les deux évolutions possibles suivantes :

- en cas de dissolution, le fonds ne peut attribuer son boni de liquidation qu'à une fondation reconnue d'utilité publique (ou à un autre fonds de dotation) ;
- le fonds ne peut être transformé, sans création d'une personne morale nouvelle, qu'en fondation reconnue d'utilité publique. La transformation intervient au jour de la prise d'effet du décret portant reconnaissance de la fondation.

Un fonds de dotation peut ainsi être créé comme outil efficace de préfiguration d'une fondation dans l'attente de la reconnaissance d'utilité publique de cette dernière (comme peuvent aussi le faire des associations de préfiguration, dans des conditions juridiques moins avantageuses toutefois).

Le fonds de dotation peut-il développer ses propres activités d'intérêt général ?

n° 6.02 et n° 8.04.

Oui ; le fonds peut recevoir et gérer, notamment en les capitalisant, des biens et droits de toute nature et utiliser les revenus de la capitalisation en vue de la réalisation d'une œuvre ou d'une mission d'intérêt général.

On pourra alors parler alors de « fonds opérationnel » ou de « fonds opérateur ».

Attention toutefois : un fonds de dotation ne peut en principe recevoir des fonds publics ni, selon le bureau de droit privé de la Direction des affaires juridiques des ministères financiers, des aides en nature d'une personne publique.

Un fonds opérationnel peut également générer ses propres ressources du fait des activités qu'il développe (participation aux frais, inscriptions, billetterie, etc.).

Création

Comment créé-t-on un fonds de dotation ?

n° 3.01 et s.

Par simple déclaration adressée en préfecture (du lieu du siège) à laquelle le ou les fondateurs doivent adresser l'identité complète des administrateurs et des statuts contenant notamment :

- l'objet social ;
- le nom du ou des fondateurs ;
- les règles de composition du conseil d'administration (lequel soit comprendre au moins trois personnes) ;
- la composition (biens meubles et immeubles) de la dotation, c'est-à-dire « les dotations en capital » constituant le fonds et les éventuels legs et donations ;
- les conditions dans lesquelles la dotation pourra être consommée, si les fondateurs souhaitent que cela soit possible ;
- les conditions de dissolution et de liquidation du fonds de dotation (outil 5).

Dans l'hypothèse où le fonds est constitué par voie de donation (et non de simples dons manuels), portant sur un immeuble de rapport par exemple, l'intervention du notaire sera obligatoire (authentification pouvant intervenir à l'occasion de l'acte constitutif).

Compte tenu de l'existence d'une dotation en capital initiale minimum, il est probable que les préfectures réclameront désormais un justificatif pour vérifier que cette dotation existe bien au moment de la constitution.

Le fonds de dotation jouit de la personnalité morale à compter de la date de publication au *Journal Officiel* de la déclaration faite en préfecture.

Qui peut créer un fonds de dotation ? Faut-il être français ?

n° 3.01 et s.

Un fonds de dotation peut être créé par :

- une ou plusieurs personnes physiques ;
- une ou plusieurs personnes morales (publiques ou privées) ;
- des personnes physiques et morales.

Aucune condition de nationalité n'est posée. Les fondateurs et administrateurs de fonds de dotation peuvent donc être de nationalité étrangère.

S'agissant des personnes publiques, elles ne peuvent en principe pas apporter des fonds publics et des moyens à un fonds de dotation ; elles ne pourront être fondatrices d'un fonds qu'à la condition que la dotation minimum soit apportée par d'autres co-fondateurs.

L'emploi des termes « fonds de dotation » est-il obligatoire dans le nom du fonds ?

nos 3.45 et s.

Non, comme pour une association, il n'est pas obligatoire de mentionner, avant ou après le nom retenu pour le fonds, les termes « fonds de dotation ». Ainsi, un fonds peut tout à fait avoir pour seul nom « Institut du cerveau » ou « Chaire d'enseignement sur les risques sismiques ».

En revanche, un fonds ne peut s'appeler « Fondation ». Certaines préfectures acceptent toutefois une dénomination en anglais (« XXX foundation »).

Puis-je léguer mon fonds de dotation à mes enfants ?

no 3.04.

Non, une personne morale sans capital social divisé en parts ne se lègue pas ; il ne se donne pas davantage.

En revanche, il est possible d'organiser la vie institutionnelle du fonds de façon à ce que ses administrateurs soient des membres de la famille du fondateur.

Dotation

Y a-t-il un montant minimum pour la dotation ?

no 3.25.

Oui, la loi exige désormais (depuis le 31 juillet 2014) un montant minimum qui est fixé par décret. À ce jour, ce dernier n'est toujours pas publié. Mais ce décret ne pourra fixer un montant minimum supérieur à 30 000 euros, que devront apporter le ou les fondateurs.

Le fonds peut-il recevoir des subventions publiques ?

nos 4.32 et s. et nos 6.16 et s.

En principe non. Plus exactement, des fonds publics ne peuvent être versés à un fonds de dotation. Toutefois, à titre exceptionnel, et compte tenu de l'importance et de la particularité du projet, il peut être dérogé à cette interdiction par arrêté conjoint des ministres chargés de l'Économie et du Budget (ce qui, au 8 septembre 2014, n'est arrivé qu'à trois reprises). On remarquera que le bureau de droit privé de la Direction des affaires juridiques des ministères financiers considère que les fonds publics reçus par un fonds doivent être affectés à la dotation, ce qui impose à notre sens, pour deux des trois fonds concernés, de consommer leur dotation...

Un fonds de dotation peut-il percevoir des cotisations ?

no 6.13.

En principe non, car il n'y a pas de membres dans un fonds de dotation. Ce dernier a principalement vocation à recevoir des libéralités, ce que ne sont pas les cotisations. Toutefois, dans le cadre de l'organisation et du développement des activités d'un fonds, nous pensons qu'il est possible de stipuler dans des statuts ou un règlement intérieur des cotisations d'adhésion à des comités ou commissions. Ces cotisations correspondent alors aux « produits des activités autorisées par ses statuts ».

Peut-on donner des titres d'une société à un fonds de dotation ?

Oui, sous réserve bien entendu des stipulations des statuts de la société, d'un éventuel pacte d'actionnaires ou d'associés et des marges de manœuvres qu'elles laissent au donateur (en particulier, on évitera de mettre à la charge du fonds de dotation, dans le cadre d'une cession à titre gratuit de titres dont il pourrait être bénéficiaire, une clause de garantie de passif).

Fiscalité

Quels sont les avantages fiscaux du fonds de dotation ?

nos 8.80 et s. et nos 8.85 et s.

Les dons consentis aux fonds de dotation peuvent ouvrir droit à réduction d'impôt tant en matière d'impôt sur le revenu des personnes physiques (IRPP) que d'impôt sur les sociétés (IS).

En outre, les donations et legs consentis aux fonds de dotation sont exonérés de tout droit de mutation à titre gratuit.

D'autre part, les revenus de patrimoine des fonds de dotation dont les statuts ne prévoient pas la possibilité de consommer la dotation sont exonérés d'impôt sur les sociétés.

Enfin, les plus-values générées à l'occasion des cessions d'actifs qu'il détient, dans sa dotation ou non, sont en principe exonérées de toute imposition.

Un fonds de dotation peut-il recevoir des abandons de revenus (coupons) dans le cadre d'un fonds de partage (OPCVM) ?

Oui, depuis la modification du règlement intérieur de l'AMF en 2012 (v. art.314-80), les fonds de dotation, et non plus seulement les fondations et associations reconnues d'utilité publique, peuvent être les bénéficiaires d'un fonds de partage (et être mentionnés tels quels dans le prospectus visé par l'AMF). Ils devront toutefois avoir fait l'objet d'une réponse positive à une demande d'avis (rescrit) au sujet de leur régime fiscal.

Fonctionnement

Le fonds de dotation peut-il n'être qu'un outil de collecte de fonds et de biens et ne redistribuer que les revenus de ces derniers ?

n° 6.02 et n° 8.04.

Oui ; le fonds peut n'être constitué qu'en vue de redistribuer ses revenus pour assister une personne morale à but non lucratif dans l'accomplissement de ses œuvres et de ses missions d'intérêt général.

On parle alors de « fonds de distribution » (l'expression « fonds relais » est à éviter car elle fait référence au rôle d'organismes relais que peuvent jouer certaines fondations ou associations reconnues d'utilité publique à condition que leurs statuts aient été agréés à cet effet par l'État, en application de l'article 200, 2 du CGI).

Le fonds de dotation peut-il être à la fois « opérationnel » et « de distribution »

n° 6.02.

Oui. La distinction faite par l'article 140 de la loi du 4 août 2008 entre les fonds opérationnels et les fonds de distribution ne signifie pas qu'il soit en pratique interdit à un fonds de dotation d'exercer à la fois des activités d'intérêt général et une activité de distribution d'aides financières à des organismes visés aux articles précités. L'article 140 de la loi précitée n'impose pas de choisir entre les deux types d'activités. Et les débats parlementaires ne permettent pas de considérer que le législateur a voulu créer deux catégories étanches de fonds de dotation. En pratique, de nombreux fonds de dotation conservent la liberté statutaire d'aider ou de développer eux-mêmes des activités d'intérêt général.

Le fonds de dotation peut-il embaucher du personnel ?

n°s 6.20 et s.

Oui. Le fonds de dotation est une personne morale de droit privé comme une autre. Pour les besoins de l'œuvre ou de la mission d'intérêt général qu'il entend conduire ou soutenir, il peut décider d'avoir recours à du personnel salarié.

Il devra donc s'identifier comme employeur auprès du centre de formalités des Urssaf, comme une association ou une fondation. À noter : si la possibilité d'utiliser le chèque emploi associatif a été étendue aux fondations en 2014, elle n'a malheureusement pas encore été étendue aux fonds de dotation.

Transformation

Puis-je transformer le fonds de dotation en une autre forme juridique ?

n°s 10.01 et s.

Oui, depuis le 31 juillet 2014, le fonds de dotation peut se transformer (sans changement de sa personnalité morale) en une fondation reconnue d'utilité publique. La décision doit être prise par le fonds de dotation dans les conditions prévues pour sa dissolution et ne sera efficace qu'à compter du jour où le décret de reconnaissance de la fondation sera publié au *Journal officiel*. La procédure de transformation est donc soumise au reste d'une procédure administrative longue et dépendant d'un accord de l'État après avis du Conseil d'État.

Commissaire aux comptes

Le commissaire aux comptes doit-il établir un rapport spécial sur les conventions réglementées ?

nos 7.29 et s.

Selon le guide CNN, au motif que les fonds de dotation ne développeraient pas d'activité économique et, surtout, que l'article 141 de la loi du 4 août 2008 établirait un statut spécifique pour le commissaire aux comptes d'un fonds de dotation, les fonds n'auraient donc pas à établir un tel rapport. La position de la Compagnie nationale des commissaires aux comptes se justifie partiellement par une interprétation littérale des dispositions des articles L. 612-1 et L. 612-5 du code de commerce (*Bull. CNCC*, n° 171, p. 489). Nous notons toutefois l'existence de la norme d'exercice de la profession n° 550 « Relations et transactions avec les parties liées » qui prévoit au paragraphe 7 : « *Afin de collecter les informations appropriées quant à l'identification des risques d'anomalies significatives dans les comptes résultant de relations et de transactions avec les parties liées, le commissaire aux comptes met en œuvre les procédures d'audit décrites ci-après aux paragraphes 8 à 13* ». On pourrait donc en conclure que le commissaire aux comptes, dans sa mission d'analyse des risques d'anomalies significatives dans les comptes (dans le cadre de la certification des comptes), doit prendre connaissance des relations et transactions de l'organisme contrôlé avec les parties liées et évaluer les risques résultant de telles transactions (qui sont des conventions règlementées).

Contrôle

Le fonds de dotation est-il contrôlé ?

nos 7.01 et s.

Oui, le fonctionnement du fonds peut être contrôlé par ses administrateurs, la préfecture, le commissaire aux comptes et les mécènes.

En effet, le fonds doit établir et publier chaque année un rapport d'activité et des comptes comprenant un bilan et un compte de résultat (et, éventuellement, une annexe comportant le compte d'emploi des ressources collectées auprès du public). Ces comptes doivent être publiés au *Journal officiel*.

Les comptes et le rapport d'activité doivent être adressés à la préfecture et publiés sur le site internet de la direction des Journaux officiels.

En outre, le fonds de dotation doit désigner un commissaire aux comptes (et un suppléant) dès lors que le montant total de ses ressources dépasse 10 000 euros en fin d'exercice. La loi donne au commissaire aux comptes un certain nombre de prérogatives (demandes d'explication au président du fonds, information de la préfecture).

Enfin, les campagnes d'appel à la générosité du public sont soumises à l'autorisation préalable de la préfecture qui dispose par ailleurs du pouvoir de se faire communiquer tout document interne du fonds de dotation.

Dissolution

Puis-je récupérer mes apports initiaux en cas de dissolution ?

n° 4.30.

En principe non, car « *le fonds de dotation est une personne morale de droit privé à but non lucratif qui reçoit et gère, en les capitalisant, des biens et droits de toute nature qui lui sont apportés à titre gratuit et irrévocable* ». Ce qui est donné est donné.

Toutefois, la jurisprudence dira s'il peut être fait application aux fonds de dotation des pratiques développées dans les associations et les fondations et consistant, notamment, à procéder par voie d'apports (et non de libéralités) à des transferts de propriété de biens au profit d'un fonds de dotation. De tels apports pourraient être assortis d'un droit de reprise, en cas de dissolution du fonds notamment.

Boîte III. Approfondir

Outil 22. Projet de loi et débats parlementaires

Discours Ch. Lagarde, ministre de l'Économie, 19 nov. 2008

« Les fonds de dotation à la française vont constituer une nouvelle structure juridique, dotée de la personnalité morale. Ils auront pour vocation la capitalisation de droits et de fonds afin de redistribuer les bénéfices issus de cette capitalisation, soit directement en vue de la réalisation d'une mission d'intérêt général, soit à une personne morale à but non lucratif afin de l'assister dans l'accomplissement de ses missions et de ses œuvres d'intérêt général. Si la structure est différente, le régime fiscal est le même que pour les fondations. Les entreprises et les personnes physiques donatrices bénéficieront donc des incitations fiscales relatives au mécénat.

Les principes retenus pour ces fonds sont simples : un dispositif extrêmement souple mais, en contrepartie, une obligation de transparence et des contrôles sévères.

Titre 1. Liberté

Liberté de création : un fonds pourra être créé, pour une durée déterminée ou indéterminée, par une ou plusieurs personnes physiques ou morales, par simple déclaration en préfecture, sans obligation de dotation initiale. La procédure complexe relative à la reconnaissance d'utilité publique n'est pas nécessaire. Pour le dire en deux mots, un fonds de dotation se crée comme une association, et se finance comme une fondation.

[Liberté de recevoir de l'argent]

Le fonds de dotation dispose d'une pleine capacité juridique et peut accepter sans restriction toutes les libéralités. En effet, la règle posée par l'article 910 du code civil permettant au préfet de s'opposer à une libéralité consentie à un organisme sans but lucratif, ne lui est pas applicable.

[Liberté de gérer l'argent du fonds]

Seuls les revenus de la capitalisation peuvent être reversés (sauf exception expressément prévue dans les statuts, ce qui sera le cas des fonds à dotation consomptible).

[Liberté de gouvernance]

Le fonds de dotation est administré par un conseil d'administration dont la composition est libre. Il est doté d'une structure de gouvernance souple, autorisant son ou ses fondateurs à en conserver le contrôle.

Titre 2. Responsabilités

Plusieurs garde-fous ont été expressément prévus par la loi, pour contrôler le fonctionnement, la comptabilité et le financement des fonds.

La régularité du fonctionnement est contrôlée a postériori par l'autorité administrative, c'est-à-dire le préfet du département dans lequel le fonds a son siège social. Le préfet pourra suspendre le fonds en cas de dysfonctionnement grave affectant la réalisation de l'objet du fonds pendant 6 mois ou saisir la justice.

Un commissaire aux comptes doit être nommé dès que le montant des ressources atteint le seuil de 10 000 euros. Il doit certifier les comptes annuels et alerter le président du conseil d'administration s'il détecte des faits de nature à compromettre la continuité de l'activité.

La gestion financière des fonds de dotation doit répondre à certains impératifs précis. Le conseil d'administration doit définir une politique d'investissement, incluant notamment des règles de dispersion par catégorie et de limitation par émetteur. Le gouvernement a également veillé à ce que le fonds de dotation dispose d'actifs sûrs. Pour cette raison, la liste des actifs et placements éligibles est identique à celle des institutions de prévoyance. Enfin, un comité d'investissement doit être constitué dès que le montant de la dotation dépasse un million d'euros [...].

[Le comité stratégique]

Constitué de personnalités reconnues pour leur compétence et leur connaissance du mécénat, ce comité sera chargé d'élaborer des recommandations de bonne pratique, en matière de gouvernance ou de gestion. Il pourrait également réfléchir à une méthodologie d'évaluation des fonds de dotation (à l'instar de ce que fait le comité de la Charte pour le secteur associatif). Cela permettra aux donateurs de se sentir en confiance, et aux fonds de ne pas oublier qu'ils doivent justifier de l'emploi des sommes qui leur sont confiées ! [...].

Discours C. Bergeal, directrice affaires juridiques min. Économie, 19 nov. 2008

Comment les fonds de dotation fonctionnent-ils ?

Le constat est le retard français. Malgré les vingt ans écoulés depuis la grande loi de 1987 sur les fondations, malgré les nombreuses mesures prises par le gouvernement depuis 2002, force est de constater que ce relatif retard tarde à se résorber. Malgré un dynamisme certes perceptible depuis cinq ans, notamment au sein des entreprises, nous n'avons en France qu'environ 3 000 fondations. Il s'en crée péniblement 20 par an. Nous n'avons en France que moins de 300 fondations d'entreprises.

Notre objectif n'est pas d'apporter de nouvelles améliorations à l'existant, mais un changement conceptuel. Il s'agit de transformer l'existant. Comme l'a écrit l'un d'entre vous dans un article récent, sur l'échelle des grandes ruptures juridiques, la magnitude est de 7. Il s'agit de modifier, suscité par un choc, les mentalités et les habitudes françaises à l'origine de ce retard.

Quel est notre moyen ? C'est celui que vient d'exposer Mme la Ministre, à savoir la création d'un nouvel outil juridique de droit privé, qui n'est pas recopié de l'*endowment fund*. Certes, c'est pour nous un exemple utile, mais, vous le constaterez et vous l'avez déjà constaté, nous nous sommes inspirés largement des outils juridiques français existants et nous avons fait notre marché dans le paysage juridique. À chaque instrument, nous avons pris celui qui nous paraissait, dans sa panoplie, le plus opérationnel pour créer cette nouvelle personne juridique.

Les quatre caractéristiques du fonds de dotation sont :

- Un instrument original
- Un instrument simple
- Un instrument sûr
- Un instrument attractif

Un instrument original

Création comme une association : déclaration à la préfecture, publication au *Journal officiel*. Le fonds de dotation est créé. Il se finance comme une fondation, gère un patrimoine qui lui est affecté gratuitement, irrévocablement. En principe, il vit des revenus de la capitalisation. Comme les fondations, il peut avoir d'autres revenus, par exemple le produit des activités qu'il conduit ou les produits de rétribution pour service rendu.

Sa capacité juridique est plus large que celle des fondations et des associations. En effet, il n'est même pas soumis au régime, qui a été allégé en 2005 pour les associations reconnues d'utilité publique et les fondations, de la déclaration en préfecture des donations et des legs. Il n'a même pas à les déclarer.

C'est une originalité profonde du fonds de dotation, il reste la chose de ses fondateurs. Il n'est pas soumis à une règle de démocratie interne, comme les associations loi de 1901, parfois difficile à faire vivre. Il n'a pas d'obligation d'indépendance à l'égard de ses fondateurs, comme l'imposent les statuts types des fondations d'utilité publique, sur lesquels veille le Conseil d'État. Il peut être dirigé par ses fondateurs.

Le nouvel instrument allie ainsi les avantages de la fondation universitaire, qui reste sous le contrôle de l'université qui l'a créée, et la liberté du fait qu'il est une personne juridique morale de droit plein.

Il permettra au fondateur de s'impliquer personnellement dans son œuvre, s'il le souhaite.

Un instrument simple

Sa création : dépôt des statuts en préfecture. Le décret prévoira que le préfet a cinq jours pour délivrer le récépissé. Publication au *Journal officiel*. Le fonds de dotation est né.

Le fonds de dotation sera un outil à la carte. Le créateur pourra choisir entre les différentes options qui lui sont proposées.

La mission. Elle doit être d'intérêt général mais peut être ciblée pour un projet précis ou général. Il pourra faire lui-même ou faire faire, contribuer à la mission conduite par un autre organisme conduisant à une mission d'intérêt général.

Le choix des créateurs. N'importe qui peut créer un fonds de dotation. Cela peut être une personne, plusieurs personnes. Une personne physique, une personne morale. Une personne publique, une personne privée. Ou une assemblée de ces différentes personnes.

Le choix dans la durée. Le fonds de dotation peut être créé pour une durée indéterminée ou pour une durée déterminée. Même lorsqu'il est créé à durée indéterminée, le conseil d'administration pourra toujours décider de dissoudre son fonds de dotation.

Liberté dans le choix des modalités de financement. Il peut y avoir apport initial au fonds de dotation ou non. On peut créer un fonds de dotation sans rien. La dotation peut n'être apportée que progressivement au fonds. Les dons peuvent être incorporés à la dotation ou non, selon le choix des fondateurs. En principe, pas de subvention publique mais dérogation possible.

Choix dans l'utilisation du capital. En principe, la dotation n'est pas consommable. Elle peut l'être si les fondateurs le décident.

Choix dans l'appel à la générosité publique. Le fonds de dotation peut sur autorisation préfectorale faire appel à la générosité publique. Le décret en cours prévoit un système d'autorisation tacite pour le recours à l'appel à la générosité publique.

Choix des modes de dissolution. Le fonds de dotation peut choisir de se constituer pour un durée limitée ou illimitée. Il peut décider dans ses statuts ou par une décision du conseil d'administration de se dissoudre, outre bien sûr la dissolution judiciaire.

Enfin, simplicité dans les modalités de gouvernance du fonds, avec seulement trois obligations :

- Un conseil d'administration de trois membres au moins. Les membres peuvent être les fondateurs.
- Un commissaire aux comptes si les ressources sont supérieures à 10 000 euros.
- Un comité d'investissement si la dotation est supérieure à 1 million d'euros.

Ce sont les seules règles imposées par la réglementation. Les fondateurs sont libres de structurer leur gouvernance comme ils le souhaitent.

Un instrument sûr

D'abord, par des règles internes de fonctionnement. Le conseil d'administration approuvera chaque année un rapport d'activité et des comptes annuels, avec un bilan, un compte de résultat, une annexe et un compte d'emploi des ressources collectées auprès du public s'il y a lieu. Le commissaire aux comptes certifiera les comptes et la conformité au rapport d'activité dès 10 000 euros. Les actifs et les placements éligibles que le fonds pourra utiliser sont ceux prévus par le Code de la sécurité sociale pour les institutions de prévoyance. Un fonds de dotation pourra placer mais ne pourra pas spéculer. Enfin, le conseil d'administration sera aidé par un comité d'investissement obligatoire au-delà de la dotation de plus de 1 million d'euros.

Deuxième moyen d'assurer la sécurité : les obligations de transparence. Obligation de la publication au *Journal officiel* de la déclaration de création, possibilité à quiconque de prendre connaissance des statuts déposés en préfecture. Les comptes annuels seront publiés dans un journal d'annonces légales du département dans les six mois de l'expiration de l'exercice.

Troisième moyen d'assurer la sécurité : le rôle particulier que donne la loi et que détailleront les décrets au commissaire aux comptes. Le commissaire aux comptes doit certifier les comptes. Le décret obligera les fonds de dotation à envoyer les comptes au moins quarante-cinq jours avant la tenue du conseil d'administration qui devra les approuver. Le commissaire aux comptes constate des faits de nature à compromettre la continuité du fonds et doit demander des explications. Si elles ne le satisfont pas, il doit faire se réunir le conseil d'administration. Nous prévoyons que le commissaire aux comptes pourra lui-même le convoquer si le président du conseil ne le fait pas. À chaque étape de cette procédure, le commissaire aux comptes rendra compte au préfet.

Le contrôle *a posteriori* du préfet : le préfet aura en charge de s'assurer de la régularité du fonctionnement du fonds et, à cet effet, disposera d'un certain nombre de moyens. Il pourra se procurer tous les documents, procéder à toutes investigations utiles. Il disposera du rapport d'activité, de la certification des comptes, des rapports et des observations du commissaire aux comptes. Il donnera l'autorisation en cas d'appel à la générosité publique.

De quels moyens de sanction le préfet dispose-t-il ? Il peut ordonner la suspension du fonds. Le décret va faire la liste des cas dans lesquels le préfet pourra ordonner la suspension du fonds : lorsque le fonds consommera sa dotation alors que les statuts ne le lui permettent pas, lorsqu'il utilisera ses ressources pour un objet autre que son objet social, lorsqu'il ne respectera pas ses obligations en matière de tenue et de publicité des comptes, lorsqu'il n'adressera pas le rapport d'activité au préfet, lorsqu'il violera les règles de gestion financière fixées par le décret.

Un instrument attractif

Il est attractif par tout ce que je viens de vous exposer sur sa simplicité de création, sa souplesse de fonctionnement, les sécurités mises en place, le régime d'exonération fiscale. Ce dernier n'a rien d'original, mais est un régime attractif puisqu'il s'agit de celui des organismes sans but lucratif : pas d'impôts commerciaux lorsque le fonds n'exercera pas d'activité lucrative ou exercera une activité lucrative limitée ; pas d'impôt sur les sociétés au titre des revenus provenant de la gestion du patrimoine, sauf si le fonds a choisi d'être à dotation consomptible.

Pour les particuliers et les entreprises donateurs, le régime fiscal est celui du mécénat, à savoir : pour les particuliers, 66 % du don dans la limite de 20 % des revenus reportables sur cinq ans ; pour les entreprises, 60 % du don dans la limite de 5 ‰ du chiffre d'affaires reportables sur cinq ans, avec bien sûr l'exonération des droits de mutation à titre gratuit pour les dons et legs au profit des fonds de dotation.

Les domaines d'action du fonds sont exactement ceux des associations et des fondations exerçant à but non lucratif. Il n'y aura aucune originalité. Une instruction fiscale l'expliquera. Le fonds de dotation aura accès au rescrit fiscal instauré par le livre des procédures fiscales.

Celui qui créera un fonds de dotation pourra demander à l'administration fiscale s'il entre bien dans les clous. La position que prendra l'administration fiscale l'engagera par la suite.

En conclusion, le fonds de dotation est un outil de financement, ce n'est pas une institution. Il n'a pas pour vocation de créer du lien social entre des gens se rassemblant autour d'un projet. Il ne fait pas du lien social.

Un fonds de dotation a pour objet de financer le lien social. En ce sens, il peut être utilisé par un regroupement d'associations pour créer entre elles un projet commun. C'est pourquoi le fonds de dotation n'est en rien un outil de substitution, contrairement aux craintes qui se sont exprimées, notamment durant les débats au parlement. C'est un outil complémentaire, générique, à la disposition de tous, des fondations, des associations, des partenaires privés, des particuliers, des institutions, pour le service de tous.

Assemblée nationale – Séance publique du 10 juin 2008 (2e séance)

[Volonté d'attirer les financements privés]

M. André Chassaigne : « Avec l'article 37, le gouvernement souhaite "attirer les financements privés". Il crée donc en droit français les fonds de dotation, afin que les financements privés participent, selon l'exposé des motifs de la loi, à "une part

importante" des budgets d'établissements publics comme les universités, les musées ou les hôpitaux.
Pourquoi créer une telle structure dans une loi de modernisation de l'économie ? Quelle est donc la logique de cet article ? Je ne vois que deux possibilités. Dans le meilleur des cas, la création des fonds de dotation annonce un maintien au niveau actuel de la participation étatique au financement des établissements publics. Dans l'autre, qui est malheureusement le plus probable, cette disposition préfigure un désengagement massif de l'État dont nous percevons déjà les premiers effets à travers la suppression de 11 000 postes dans l'éducation nationale. [...] Pour résumer, en créant les fonds de dotation, le gouvernement entérine la privatisation partielle des universités, des hôpitaux et des musées.
Enfin, les sommes versées sur les fonds de dotation seront automatiquement orientées vers l'investissement et la spéculation, car seul les revenus financiers du capital seront versés au budget des institutions [...]. »

[Les risques du financement privé : le désengagement de l'État, un déséquilibre entre les institutions, des pressions extérieures réelles]

Mme Pascale Got : « Cet amendement propose de mieux flécher les fonds de dotation vers le soutien d'organismes d'intérêt général ayant particulièrement un caractère social, humanitaire ou culturel. Il obéit à plusieurs raisons.
Tout d'abord, comme le montre l'exemple américain, les financements privés bénéficient en priorité aux établissements les plus attractifs et les plus richement dotés. Cette situation entraîne des déséquilibres entre établissements, mais aussi entre territoires.
Deuxièmement, ces financements peuvent inciter à un désengagement de l'État ou à une substitution partielle des subventions publiques au détriment des missions d'intérêt général.
Enfin, les établissements bénéficiaires peuvent être soumis à des pressions extérieures lourdes en matière de gouvernance et de choix d'investissement. Je pense notamment à des établissements comme les hôpitaux ou les laboratoires.
Pour limiter ces risques bien réels, l'amendement propose de limiter ces fonds de dotation au soutien d'organismes ayant plus particulièrement un caractère social, humanitaire et culturel. S'agissant des universités, le décret du 7 avril 2008 a mis en place les fondations universitaires, qui permettent aux établissements de diversifier leur financement, tout en conservant un contrôle étroit sur la gestion et le financement des fondations. Il paraît souhaitable de laisser cet outil faire ses preuves avant d'en imaginer un nouveau, qui viendra se superposer à celui-ci.
Sur un plan plus général, l'introduction de ce mécanisme interroge tout simplement notre modèle de financement et de prise en charge des missions d'intérêt général, car il dépasse, il faut le dire, le simple cadre du mécénat. Notre modèle repose sur un financement des institutions d'intérêt général par le biais des ressources fiscales, l'État et les collectivités arrêtant seules ce qui relève du service public. La logique de capitalisation et la nécessaire association des généreux donateurs à l'utilisation des fonds dégagés conduiront sans doute à de nouveaux modes de détermination du bien public, avec toutes les dérives que l'on peut craindre [...]. »

[Le caractère public non remis en cause par le financement privé]

M. Jean-Paul Charié, rapporteur : « [...] Les fonds de dotation sont soumis au [...] "bon vouloir des donateurs". Mais n'est-il pas normal que quelqu'un qui donne de l'argent en vue de telle ou telle fin maîtrise un tant soit peu le dispositif ?
Le gouvernement ouvre une nouvelle voie qui ne se superpose pas à d'autres. Ce n'est pas parce que de l'argent provenant, certes, de donateurs privés ira à des établissements publics que seront remis en cause la dimension et le caractère publics d'une université. Il y a sur ce point un vrai clivage entre nous [...]. J'émets donc un avis défavorable à l'amendement.
Par ailleurs, madame la ministre, j'aimerais savoir si les fonds de dotation pourront financer des opérations de restauration du patrimoine. C'est le président du groupe

d'étude sur les métiers d'art qui vous pose la question. En dehors des universités et de certains établissements publics, certains monuments pourront-ils bénéficier de ce dispositif ?

[LE FONDS DE DOTATION : UNE STRUCTURE APPROPRIÉE À TOUTES MISSIONS D'INTÉRÊT GÉNÉRAL]

Mme la ministre de l'Économie, de l'Industrie et de l'Emploi : « [...] Dans sa rédaction actuelle, l'article 37 prévoit que toutes les missions d'intérêt général peuvent être ouvertes à l'activité des fonds de dotation. Je vous réponds donc de manière positive, monsieur le rapporteur : dès lors que la restauration d'un patrimoine particulier entre dans une mission d'intérêt général, elle peut parfaitement être financée par un des fonds mentionnés à l'article 37. Par ailleurs, le gouvernement émet une réponse défavorable à l'amendement n° 836, qui propose de limiter l'utilisation des fonds aux missions ayant un caractère social, humanitaire et culturel. À ses yeux, toute autre mission peut être concernée. Dans une période où les finances sont particulièrement contraintes, mais où, dans de nombreux secteurs d'activité, des bonnes volontés se manifestent pour contribuer à la réalisation de missions d'intérêt général, il serait dommage que la France ne puisse pas les accueillir, au seul motif qu'elle ne disposerait pas d'un véhicule juridique adéquat. J'ajoute que ce dispositif ne remet nullement en cause les engagements que l'État continuera d'assumer pour remplir toutes les missions régaliennes – dont l'éducation, déjà citée – qui lui incombent. »

[LES FONDS PUBLICS : UN FINANCEMENT À ÉCARTER]

Mme Pascale Got : « Monsieur le rapporteur, je ne pense pas que ce soit être conservateur que d'essayer de réfléchir à un équilibre entre les établissements et les territoires. Observons l'exemple des universités aux États-Unis. Dans ce pays, trois ou quatre des plus grosses universités concentrent, à elles seules, plus du quart du montant total des fonds de dotation, et le quart restant est réparti entre les 765 autres universités. Le même phénomène ne se produira-t-il pas ici, certaines grandes universités françaises captant les financements, les autres établissements continuant de se débattre dans les difficultés ?
Madame la ministre, vous n'avez pas répondu à ma question concernant les hôpitaux et les laboratoires. J'estime en effet qu'aujourd'hui, nous n'avons pas l'assurance que la création des fonds de dotation ne constitue pas, d'une certaine manière, une immixtion dans la gouvernance de ces établissements.
On imagine les dérives potentielles s'agissant d'établissements de santé.
Par ailleurs, madame la ministre, j'aimerais que vous puissiez préciser comment vous définissez la "mission d'intérêt général". Cette dernière semble être très large.
Enfin L'alinéa 9 de l'article 37 du projet de loi pose comme un préalable l'interdiction de versement de fonds publics à un fonds de dotation. Cette disposition, déjà nécessaire pour éviter les risques et les dérives de placements financiers spéculatifs, l'est d'autant plus quand on connaît les récentes et graves difficultés subies par les marchés financiers. Les fonds publics doivent, par nature, être protégés de tout placement hasardeux.
Or la dérogation prévue par le même alinéa ouvre dans son principe même, mais aussi par sa rédaction très large, la porte à tous les abus. La dérogation "à titre exceptionnel" n'est pas satisfaisante. Un accompagnement sur fonds publics d'un projet particulier restera d'ailleurs toujours possible dans le cadre d'un cofinancement : il n'est donc pas nécessaire que l'argent public vienne alimenter un fonds de dotation.
L'amendement n° 835 propose, en conséquence, que l'interdiction de tout versement de fonds publics à un fonds de dotation soit maintenue à l'alinéa 9 de l'article 37, mais que la possibilité de dérogation à cette interdiction soit supprimée. »

[LES FONDS PUBLICS : UNE INTERDICTION RELATIVE]

Mme la ministre de l'Économie, de l'Industrie et de l'Emploi : « Madame Got, votre amendement vise à supprimer la possibilité de versement de fonds publics à un fonds de dotation et ne peut pas recevoir l'approbation du gouvernement.

L'exception au principe selon lequel les fonds publics ne peuvent en aucun cas être versés à un fonds de dotation est très encadrée dans la rédaction actuelle de l'alinéa 9 de l'article 37. Le gouvernement est défavorable à l'élargissement du mécanisme d'interdiction déjà prévu par le projet de loi.
Madame la députée, pour répondre à votre question concernant les "missions d'intérêt général", je vous donnerai quelques exemples. Une université, une bibliothèque, un musée, un organisme de santé ou de recherche accomplissent des missions d'intérêt général. J'espère que ces précisions vous permettent d'avoir une idée de ce qui, selon nous, relève de l'intérêt général. »

Sénat - Séance publique du 3 juillet 2008

[Débat sur l'amendement n° 370. Que faut-il prendre en compte dans la définition des organismes d'intérêt général ?]

M. le président : « Compléter le premier alinéa du I de cet article par un membre de phrase ainsi rédigé : "notamment pour soutenir des organismes d'intérêt général ayant un caractère social, humanitaire, culturel ou concourant à la mise en valeur du patrimoine artistique, notamment pour financer l'achat d'objets ou d'œuvres d'art destinés à rejoindre les collections d'un musée de France accessibles au public, ou à la diffusion de la culture, de la langue et des connaissances scientifiques françaises." »
Mme Bariza Khiari : « L'amendement que nous proposons vise à orienter les fonds de dotation vers le soutien à des organismes d'intérêt général ayant un caractère social, humanitaire ou culturel. J'ai pris bonne note, en commission, monsieur le rapporteur, de votre remarque : tous les organismes à caractère cultuel seront exclus du dispositif. D'une façon générale, les financements privés bénéficient en priorité aux établissements les plus attractifs et, le plus souvent, déjà les plus richement dotés : cette situation ne peut qu'entraîner des déséquilibres entre les établissements, mais aussi entre les territoires. Par ailleurs, ces financements peuvent inciter à un désengagement de l'État ou à une substitution partielle des subventions publiques, le tout au détriment des missions d'intérêt général. Afin de limiter ces risques, l'amendement tend à orienter les fonds de dotation au soutien d'organismes ayant plus particulièrement un caractère social, humanitaire ou culturel. En effet, d'une façon générale, l'introduction d'un mécanisme de financement privé déroge à notre modèle de financement et de prise en charge des missions d'intérêt général qui repose habituellement sur les ressources fiscales, l'État et les collectivités territoriales décidant seuls de ce qui relève du service public. La logique de la capitalisation et l'association inévitable des donateurs à l'utilisation des fonds dégagés devraient sans doute conduire à de nouveaux modes de détermination du bien public, avec toutes les dérives que l'on peut craindre. »
M. Philippe Marini, rapporteur : « Les fonds de dotation ne doivent pas être un réceptacle pour une action militante, idéologique, théologique, cultuelle. C'est un souci qui est exprimé. Je crois qu'il est bon de veiller à ce que de telles dérives ne puissent pas avoir lieu sur notre territoire.
En ce qui concerne l'amendement lui-même, sa rédaction ne me paraît pas vraiment de nature à atteindre les objectifs visés, notamment parce qu'il utilise beaucoup le terme "notamment". Par conséquent, je n'ai pas le sentiment qu'elle soit pleinement efficace. »
Mme Christine Lagarde, ministre : « Sur l'amendement n° 370, qui vise à orienter les fonds de dotation vers le soutien à des organismes d'intérêt général ayant un caractère social, humanitaire ou culturel, je souligne que ces trois aspects sont inclus dans l'objet même des fonds de dotation. Toutefois, il ne me paraît pas souhaitable de restreindre les fonds de dotation à ces seuls éléments, puisqu'il faut également inclure l'enseignement, la recherche ou encore la santé.
L'attractivité des fonds de dotation subsiste pour tous les domaines d'activité et aucun de ceux qui sont mentionnés dans votre amendement n'est exclu, madame Khiari. »
Mme Nathalie Goulet : « Inévitablement, dans un certain nombre de départements ruraux, des fonds de dotation se voueront à l'entretien du patrimoine cultuel ; on

pense aux églises de campagne, qui soulèvent de très importants problèmes de financement. L'intérêt général dans ces cas-là sera cultuel parce que la mission de ce fonds sera liée non pas à l'activité religieuse en tant que telle mais aux bâtiments dédiés au culte, qu'il s'agira par exemple d'entretenir. Il est donc important que le décret soit précis sur ce point. »

[Débat sur l'amendement n° 19. Dotation en capital et consommation]

III

M. le président : « L'amendement n° 19, est ainsi libellé : "Après l'avant-dernier alinéa du III de cet article, insérer un alinéa ainsi rédigé : "Toutefois, par dérogation aux dispositions du premier alinéa du I et de l'alinéa précédent, les statuts peuvent fixer les conditions dans lesquelles la dotation en capital peut être consommée."" »
M. Philippe Marini, rapporteur : « L'amendement n° 19 tend à permettre aux fonds de dotation de fonctionner selon le système dit de la fondation à capitaux consomptibles. Une donation est faite d'un montant de capitaux consacrés à la réalisation d'un investissement et ce montant de capitaux est consommé le temps nécessaire pour la réalisation de l'investissement. C'est une modalité qui existe naturellement dans le statut des fondations.
Il paraîtrait logique que les fonds de dotation, formule plus souple et plus contractuelle, puissent non seulement gérer sur la durée des capitaux dont les intérêts seraient affectés à des finalités d'intérêt général, mais aussi utiliser des capitaux délégués pour l'acquisition d'un équipement ou la réalisation d'un investissement, et le temps nécessaire pour ce faire. »

[Débat sur l'amendement n° 1071. Mesures fiscales accompagnant le mécanisme de la dotation consomptible]

M. le président. « I.- Compléter cet amendement par un alinéa ainsi rédigé : "II.- Dans le premier alinéa du 5 du texte proposé par le 3° du X de cet article pour l'article 206 du code général des impôts, remplacer les mots : ", à l'exception des fondations reconnues d'utilité publique et des fonds de dotation," par les mots : ", à l'exception, d'une part, des fondations reconnues d'utilité publique et, d'autre part, des fonds de dotation dont les statuts ne prévoient pas la possibilité de consommer leur dotation en capital,"". II.- En conséquence, faire précéder le début de cet amendement par un I. »
Mme Christine Lagarde, ministre : « Le gouvernement est favorable à l'adoption de cet amendement visant à rendre la dotation en capital consomptible, sous réserve de l'adoption du sous-amendement n° 1071, relatif aux mesures fiscales qui doivent accompagner le mécanisme de la dotation consomptible.
Le sous-amendement du gouvernement prévoit que seuls les fonds de dotation qui n'auraient pas opté pour la dérogation les autorisant à consommer leur dotation en capital puissent bénéficier de l'exonération d'impôt sur les sociétés au titre des revenus tirés des placements.
On peut choisir soit une voie, soit l'autre ; soit on consomme et on ne bénéficie pas de l'exonération, soit on ne consomme pas et, dans ce cas, on bénéficie de l'exonération. »

[Débat sur l'amendement n° 21. Rôle du commissaire aux comptes]

M. le président : « Rédiger comme suit le dernier alinéa du VI de cet article : "Lorsque le commissaire aux comptes relève, à l'occasion de l'exercice de sa mission, des faits de nature à compromettre la continuité de l'activité, il demande des explications au président du conseil d'administration, dans des conditions fixées par décret. Le président du conseil d'administration est tenu de lui répondre sous quinze jours. Le commissaire aux comptes en informe l'autorité administrative. En cas d'inobservation de ces dispositions ou s'il constate qu'en dépit des décisions prises la continuité de l'activité demeure compromise, le commissaire aux comptes établit un rapport spécial et invite, par un écrit dont la copie est envoyée à l'autorité administrative, le dirigeant à faire délibérer sur les faits relevés un conseil d'administration convoqué dans des conditions et délais fixés par décret. Si, à l'issue de la réunion du conseil d'administration, le commissaire aux comptes constate que les décisions prises ne permettent pas d'assurer la continuité de l'activité, il informe de ses démarches l'autorité administrative et lui en communique les résultats." »

Cet amendement a été défendu.

M. le président : « L'amendement n° 18 rectifié, présenté par M. Marini, au nom de la commission, est ainsi libellé :

"I.- Rédiger comme suit le 1° du X de cet article :

1° Le 1 de l'article 200 est ainsi modifié :

a) Après le *f*, il est inséré un g ainsi rédigé : *g)* De fonds de dotation :

1° Répondant aux caractéristiques mentionnées au *b* ;

2° Ou dont la gestion est désintéressée et qui reversent les revenus tirés des dons et versements mentionnés au premier alinéa du présent 1 à des organismes mentionnés aux *a* à *f* ou à la Fondation du patrimoine dans les conditions mentionnées aux deux premiers alinéas du 2 *bis*, ou à une fondation ou association reconnue d'utilité publique agréée par le ministre chargé du budget dans les conditions mentionnées au dernier alinéa du 2 *bis*. Ces organismes délivrent aux fonds de dotation une attestation justifiant le montant et l'affectation des versements effectués à leur profit. ;

b) Dans le dernier alinéa, le mot : "septième" est remplacé par le mot : "huitième" ;

II.- Rédiger comme suit le 5° du X de cet article :

5° Après le *f* du 1 de l'article 238 *bis*, il est inséré un *g* ainsi rédigé :

g) De fonds de dotation :

1° Répondant aux caractéristiques mentionnées au *a* ;

2° Ou dont la gestion est désintéressée et qui reversent les revenus tirés des dons et versements mentionnés au premier alinéa du présent 1 à des organismes mentionnés aux a à e *bis* ou à la Fondation du patrimoine dans les conditions mentionnées aux deux premiers alinéas du *f*, ou à une fondation ou association reconnue d'utilité publique agréée par le ministre chargé du budget dans les conditions mentionnées au quatrième alinéa du *f*. Ces organismes délivrent aux fonds de dotation une attestation justifiant le montant et l'affectation des versements effectués à leur profit ;

III. - Pour compenser les pertes de recettes résultant des I et II ci-dessus, compléter cet article par un paragraphe ainsi rédigé :

– La perte de recettes résultant pour l'État de l'inclusion des fonds de dotation parmi les supports permettant aux donateurs de bénéficier d'avantages fiscaux lorsque ces fonds de dotation subventionnent la Fondation du patrimoine ou réalisent des travaux d'entretien ou d'accessibilité sur des monuments historiques classés ou inscrits est compensée à due concurrence par la création d'une taxe additionnelle aux droits prévus aux articles 575 et 575 A du code général des impôts." »

M. Philippe Marini, rapporteur : « Il s'agit d'inclure les fonds de dotation parmi les supports permettant à des donateurs de bénéficier d'avantages fiscaux lorsqu'il s'agit de subventionner la Fondation du patrimoine ou de réaliser des travaux d'entretien ou d'accessibilité sur des monuments historiques classés ou inscrits.

Vous le savez, madame la ministre, ces personnes tout à fait dignes d'éloge et d'estime qui investissent pour sauvegarder, mettre en valeur, ouvrir au public des monuments historiques privés, classés ou inscrits, sont à l'heure actuelle inquiètes. Cette disposition serait de bon aloi pour leur montrer que leurs efforts sont appréciés à leur juste prix. »

Mme Christine Lagarde, ministre : « Le gouvernement est favorable à cet amendement. »

Outil 23. Le fonds de dotation en débat

« Fonds de dotation : paroles d'acteurs », Dossier, *JA* n° 395/2009, p. 14.

« N'ayez pas peur des fonds de dotation ! »

par Catherine Bergeal

Les associations, en particulier les associations reconnues d'utilité publique, et surtout les fondations, se sont inquiétées de la rivalité dans le domaine du mécénat et de la philanthropie que paraissait leur faire le nouvel instrument des fonds de dotation. Cette inquiétude, compréhensible, n'est cependant pas fondée.

[Une inquiétude compréhensible]

Le fonds de dotation se crée comme une association ; il se finance comme une fondation. Il bénéficie du statut fiscal des organismes sans but lucratif, dont il doit remplir les conditions. Ses donateurs, particuliers et entreprises, jouissent des avantages fiscaux du mécénat, sauf celui relatif à l'impôt de solidarité sur la fortune, réservé aux fondations. Il n'a pas les contraintes, cependant, des associations et des fondations : il peut recevoir dons et legs, sans les déclarer à l'administration ; il jouit, dans l'utilisation de sa dotation, d'une grande liberté : il peut choisir de la consommer ou non, la choisir grande ou petite, voire se créer sans dotation initiale ; le fonds peut être à durée déterminée ou indéterminée ; il peut faire appel à la générosité publique. Il a la personnalité juridique, mais son créateur peut en garder la maîtrise ou lui donner une relative, voire totale indépendance. Trois obligations seulement lui sont imposées : un conseil d'administration d'au moins trois personnes, un comité d'investissement si la dotation dépasse un million d'euros, un commissaire aux comptes si les ressources dépassent lo ooo euros. Le fonds peut décider de mener lui-même l'action ou de financer celle menée par d'autres, voire celle menée par son propre fondateur.

Bref, le fonds de dotation — peut-être inspiré des *endowment funds* — est surtout issu du droit français : de chaque institution, association ou fondation, il a pris le meilleur. Il n'en a pas pris les contraintes, et notamment pas celle de la lourde procédure qui commence par la longue instruction du ministère de l'Intérieur et se termine par le décret en Conseil d'État, dans les cadres, peu souples, des statuts types. Même si des souplesses incontestables avaient été introduites par le dispositif des fondations abritées, il faut reconnaître que la réforme, maintes fois demandée, du régime des fondations tardait à venir.

Renonçant à la politique des améliorations marginales, mais sectorielles initiées successivement depuis quelques années, notamment avec les fondations d'entreprises et les fondations d'universités, le législateur a créé un instrument générique, radicalement nouveau. Les fondations et les associations en ont-elles pour autant perdu leur raison d'être ? Certainement pas.

[Une inquiétude sans fondement]

Certes, des fonds de dotation se créeront, qui auraient, jusqu'en 2009, peut-être, été créés sous forme d'associations ou de fondations, faute d'instruments adaptés. Mais il s'en créera, surtout, qui n'auraient jamais donné lieu à création d'association ou de fondations.

Soulignons d'abord que les fonds de dotation ne sont pas des électrons libres. Ils seront sous le contrôle de leurs fondateurs, qui pourront exercer un contrôle direct sur l'utilisation des fonds donnés. Les comptes, la plupart du temps certifiés et commentés par le commissaire aux comptes, seront publiés et envoyés chaque année au préfet qui pourra demander tout document nécessaire, suspendre l'activité du fonds en cas de dysfonctionnement, voire saisir l'autorité judiciaire.

Soulignons ensuite que le fonds de dotation n'est pas une institution sociale, la traduction d'une volonté de vivre en commun, un lieu de sociabilité et de partage, comme peut l'être une association ou une fondation. Il est un instrument financier doté de la personnalité juridique qui permet à son ou ses fondateurs de collecter des fonds.

Soulignons enfin que le fonds de dotation ne pourra pas être un démembrement de la personne publique ou agir à sa place. Sauf cas exceptionnel, le fonds de dotation ne peut percevoir des fonds publics. Il naît et vit de l'initiative privée.

Ceci signifie que le fonds de dotation n'est pas le rival des associations ou des fondations : il peut, en revanche, leur être un outil précieux, pour collecter des fonds ou bâtir des projets communs. N'ayez pas peur des fonds de dotation !

Boîte IV. Rédiger

Avertissement en guise de méthode de rédaction pour passer du fait au droit. *Chaque situation est, dans son interprétation et ses conséquences juridiques, unique : par conséquent, chacun des exemples rédactionnels et commentaires proposés ici, doit être nécessairement adapté à la volonté des parties, aux buts du projet, à l'objet de l'organisme, aux évolutions de la législation, etc., et plus généralement aux situations exactes rencontrées par les lecteurs.*

Ces exemples de rédaction et leurs commentaires, y compris ceux directement issus des « modèles-types » ou « formulaires » de certaines institutions ou administrations (Conseil d'État, Cnil...), doivent être considérés comme des trames, des guides de réflexion pour aider à passer du fait au droit. Ils doivent être utilisés à la lumière des présentations et analyses développées dans la partie « Comprendre et analyser ». L'expérience incite à insister sur le fait que ces exemples doivent être adaptés et non purement et simplement recopiés... Par conséquent, malgré l'attention portée à la rédaction et l'édition de cet ouvrage, l'auteur ou son éditeur ne peut assumer une quelconque responsabilité du fait des informations qui y sont ou n'y sont pas contenues. Il y a donc lieu de s'adresser à un juriste ou à un conseil qualifié pour traiter de problèmes particuliers ou complexes.

→ Les remarques, avertissements, invitations à procéder à un choix sont introduits par une flèche et écrit en bleu entre crochets : [→ xxx]. Les éléments devant être complétés ou plus particulièrement adaptés à votre situation sont indiqués par : [...].

IV

Outil 24. Clausier pour la rédaction des statuts d'un fonds de dotation

[→ Clausier adopté par le comité stratégique en juin 2013. Ce clausier dresse une liste d'exemples de clauses statutaires nécessaires au fonctionnement d'un fonds. Chaque article est assorti d'un commentaire.]

PROPOS LIMINAIRES

Ce clausier a pour objet d'éclairer les créateurs de fonds de dotation sur les bonnes pratiques en matière de rédaction de statuts.

Les exemples de clauses présentés ici n'ont pas de valeur normative ; ils sont tirés de statuts existants dont la rédaction est apparue satisfaisante, ou adaptée au regard des préoccupations du législateur.

Les recommandations du comité stratégique auquel ce clausier renvoie sont consultables sur : www.economie.gouv.fr/daj/fonds-dotation.

PRÉAMBULE

Commentaires :

L'insertion d'un préambule dans les statuts n'est pas obligatoire. Il peut toutefois s'avérer utile d'en rédiger un, par exemple lorsque le fonds de dotation est adossé à une institution préexistante (association, établissement public, collectivité territoriale) afin d'expliquer l'articulation des compétences entre l'institution existante et le fonds ; ou encore lorsque le fonds s'inscrit dans le contexte particulier d'une politique que les fondateurs entendent suivre ; ou lorsqu'il est la préfiguration d'une fondation. Le préambule devra alors se différencier de la clause relative à l'objet du fonds.

Le préambule peut aussi contenir l'exposé des valeurs qui animent les fondateurs et des motifs de la création du fonds. Il éclaire alors l'objet du fonds et peut guider l'appréciation des services fiscaux sur le caractère d'intérêt général de l'activité.

Exemples de préambule dans le cas d'un fonds adossé à une structure préexistante :

« *L'association xxx, association régie par la loi du 1er juillet 1901, déclarée en préfecture de xxx le xxx, dont le siège est situé à xxx, représentée par son président en exercice, M. xxx, a décidé de constituer un fonds de dotation, régi par la loi no 2008-776 du 4 août 2008 de modernisation de l'économie (JO du 5 août 2008), par le décret no 2009-158*

Rédiger

du 11 février 2009, et par les présents statuts, afin de financer les actions caritatives en relation avec l'objet de l'association. »

« Le fonds de dotation xxx a comme objectif de faciliter le développement de toutes les activités de soins, d'enseignement et de recherche du groupe hospitalier xxx en permettant par exemple l'achat de matériel lourd (robots chirurgicaux, travaux d'aménagement...) ou le financement d'emplois, notamment de praticiens d'excellence dans le cadre d'échanges internationaux ».

« Dans le cadre de la loi du 4 août 2008 de modernisation de l'économie, la ville de [...] a souhaité, par délibération de son conseil municipal en date du 2 juin 2009, créer un fonds de dotation pour le développement du sport et de la culture sur le territoire de [...] en vue de renforcer l'action publique par une différentes actions d'intérêt général financées grâce à des fonds privés collectés dans le cadre défiscalisé prévu par la loi ».

Exemple de préambule lorsque le fonds est la préfiguration d'une fondation :

« Ce fonds a pour objet de contribuer à la constitution de la dotation nécessaire à la création de la future fondation. »

Exemples de préambule contenant l'exposé des valeurs qui guident les fondateurs et des motifs de la création :

« Le principe de valeur constitutionnelle d'égal accès des citoyens à la culture, les dispositions consacrées à leurs actions culturelles par le code général des collectivités territoriales et l'affirmation de plus en plus pressante du rôle de la culture en tant qu'outil de développement général et personnel légitiment les actions culturelles des collectivités territoriales.

Ces dernières comprennent plusieurs volets visant d'une part à démocratiser l'accès à la vie culturelle en gommant les inégalités sociales et économiques, d'autre part à sauvegarder, entretenir, conserver, mettre en valeur, promouvoir et enrichir le patrimoine artistique et culturel qui est un bien de tous et enfin, à protéger, encourager et soutenir les créations artistiques et culturelles en veillant notamment à prévenir et corriger les risques inhérents au fonctionnement du marché économique.

Pour mettre en œuvre de cette politique culturelle et forte de ses diverses implications dans le domaine artistique, la ville de [...] entend créer un outil dédié au mécénat culturel, c'est-à-dire un fonds de dotation dont l'objet présente le caractère juridique d'« intérêt général » prise dans ses dimensions philanthropique, éducative, sociale, et bien sûr culturelle. Pour ce faire, le conseil municipal de la ville de [...] adopte les statuts suivants. »

« Héberger, protéger, accompagner constituent les axes majeurs de la mission que s'est donnée l'association [...], qui développe ses activités en direction des personnes en difficultés afin qu'elles puissent se reconstruire et se réinsérer dans la société.

L'objectif de la création d'un fonds de dotation est de pouvoir étendre et développer les actions de solidarité en appui de l'action propre de l'association. La création du fonds [...], régi par la loi du 4 août 2008 et son décret d'application du 11 février 2009, s'inscrit dans cette volonté d'aider chacun à retrouver un statut social et à recouvrer sa dignité. »

TITRE 1. CONSTITUTION

Article 1

Création et dénomination

Commentaires :

Cet article crée le fonds de dotation et lui confère le nom par lequel il sera désigné. L'emploi des termes « fonds de dotation » n'est pas obligatoire dans la dénomination du fonds. Cette appellation n'est pas, non plus, protégée par la loi, et peut être employée hors du champ d'application de la loi du 4 août 2008.

En revanche, seules les fondations reconnues d'utilité publique peuvent faire usage, dans leur intitulé, leurs statuts, contrats, documents ou publicité, de l'appellation de fondation. Le respect de cette obligation est assuré sous peine d'amende (art. 20 de la loi n° 87-571 du 23 juillet 1987 sur le développement du mécénat).

Une collectivité territoriale ou un établissement public peut créer un fonds de dotation.

Exemple de clause :

« Il est constitué, par les signataires des présents statuts, un fonds de dotation régi par la loi n° 2008-776 du 4 août 2008 de modernisation de l'économie, le décret n° 2009-158 du 11 février 2009 relatif aux fonds de dotation et les présents statuts.
Le fonds de dotation est dénommé : [...]. Il est dénommé ci-après "le fonds". »

Article 2

Objet du fonds et moyens d'action

Commentaires :
L'objet du fonds doit être rédigé avec précision, afin que sa mission d'intérêt général, au sens des dispositions fiscales relatives au mécénat, s'en déduise clairement.
Recopier uniquement les termes de l'article 140 de la loi de modernisation de l'économie ne renseigne pas sur l'objet du fond, qui doit préciser notamment si le fonds est :
opérateur : il conduit des activités en vue de la réalisation d'une œuvre ou d'une mission d'intérêt général (l'activité doit être non lucrative, sa gestion désintéressée, et le fonds ne doit pas fonctionner au profit d'un cercle restreint de personnes ; le fonds doit exercer directement des actions de nature philanthropique, éducative, scientifique, sociale, humanitaire, sportive, familiale, culturelle ou qui concourent à la mise en valeur du patrimoine artistique, à la défense de l'environnement naturel ou à la diffusion de la culture, de la langue et des connaissances scientifiques françaises) ;
redistributeur : sa gestion doit être désintéressée et il contribue financièrement à une activité d'intérêt général menée par un autre organisme, qui doit être lui-même éligible au régime fiscal du mécénat.
Ainsi, un fonds de dotation ne peut reverser des revenus à des entreprises du secteur lucratif. Une exception : le mécénat d'entreprise. Le 4 de l'article 238 *bis* du code général des Impôts (CGI) prévoit que les fonds de dotation, agréés par la direction départementale des finances publiques, peuvent verser des aides financières permettant la réalisation d'investissements au sens du règlement communautaire du 6 août 2008, ou la fourniture de prestations d'accompagnement, à des petites et moyennes entreprises (PME) définies à l'annexe I dudit règlement.
mixte : à la fois opérateur et redistributeur.
L'objet doit donc préciser dans tous les cas la nature de la mission d'intérêt général, les bénéficiaires des actions du fonds et ses moyens d'action.
Exemples de clause pour un fonds opérateur :
« Le fonds a pour objet toute action d'intérêt général contribuant à l'hébergement, la protection et l'accompagnement de toute personne se trouvant dans une difficulté matérielle ou morale. Les moyens d'action du fonds sont notamment :
l'acquisition, la gestion et la mise à disposition du patrimoine mobilier et immobilier nécessaires directement ou indirectement à la réalisation de son objet, l'attribution de bourses ou de prix à des personnes en difficultés afin de leur permettre de réaliser un projet professionnel,
l'accompagnement de personnes en difficultés pour établir un bilan de compétence et définir une stratégie de réinsertion professionnelle,
le financement de formations destinées à des personnes en difficultés. »
« Le fonds de dotation a pour objet de réaliser toute initiative dans le domaine de la création artistique et culturelle contemporaine et vivante, par les moyens suivants :
la production et l'organisation de spectacles, concerts, événements et manifestations ;
le versement de bourses à des artistes ;
la constitution et l'animation de réseaux de spectateurs et l'information du public sur les activités du fonds et l'actualité culturelle et artistique ;
l'organisation d'ateliers, de cours, de stages de formation et toute activité favorisant la diffusion des arts et de la culture. »
« Le fonds a pour objet de promouvoir et de développer l'enseignement et la recherche scientifique en matière fiscale. En vue de la réalisation de son objet, le fonds peut, notamment :
- organiser des actions de recherche, formation, rencontres, colloques, séminaires,
- publier toute analyse, ouvrage, thèse, nomenclature, etc. entrant dans le cadre de son objet,

- distribuer des bourses de recherche pour des actions entrant dans l'objet du fonds,
- acheter tout bien mobilier ou immobilier en vue de poursuivre ses activités propres. »

Exemples de clause pour un fonds redistributeur :

« L'objet du fonds de dotation est de recevoir et gérer, en les capitalisant, les biens et droits de toute nature qui lui sont apportés à titre gratuit et irrévocable, en vue d'en redistribuer les revenus à toute organisation d'intérêt général œuvrant pour l'insertion sociale. »

« Le fonds a pour but exclusif de financer tout projet d'urgence humanitaire et de développement durable programmé par l'association xxx, association à but non lucratif, déclarée en préfecture de xxx le 12 juin 2008 (JO le 13 juin 2008). »

« Le fonds de dotation a pour objet de concourir à la protection de l'environnement naturel, de participer à la préservation de la biodiversité animale, végétale et minérale et de favoriser l'éducation des populations sur toutes thématiques liées à la sauvegarde du patrimoine planétaire. Dans le cadre strict de la réalisation de son objet, le fonds de dotation pourra notamment sélectionner et financer tout projet de protection de l'environnement naturel ou de sensibilisation aux enjeux de la biodiversité et de la conservation du patrimoine naturel, présenté par un organisme d'intérêt général. »

« Le fonds a pour objet d'apporter au fondateur les moyens financiers supplémentaires susceptibles d'amplifier son action dans les domaines de l'enseignement et de la recherche. Les moyens d'action du fonds sont les suivants :
- versement de capitaux au fondateur pour financer un de ses programmes de recherche,
- versement de capitaux au fondateur pour financer un de ses programmes d'enseignement. »

Exemple de clause pour un fonds mixte :

« Le fonds de dotation a pour but de faciliter l'épanouissement de l'enfant et de protéger tous les enfants, quelque soit leur nationalité, en France ou dans le monde, pour leur assurer un avenir. Le fonds apportera prioritairement son soutien aux projets présentés par des organisations humanitaires.

Afin de permettre la réalisation de son objet, le fonds mettra en œuvre tous les moyens qu'il jugera appropriés, et en particulier :
- des actions d'information et d'éducation dans le domaine sanitaire, qu'il s'agisse d'actions auprès des populations concernées, de la formation des acteurs intervenants au niveau local ou de l'organisation de conférences ou colloques afin notamment de faire connaître des pratiques innovantes pouvant servir de référence,
- le soutien direct dans le domaine de la santé auprès des enfants fragilisés, avec le financement d'études scientifiques dans le domaine pharmaceutique,
- enfin, des actions de coopération avec des organisations humanitaires et le soutien à tout projet en faveur de la protection de l'enfance. »

Article 3

Siège social

Commentaires :

Les établissements publics ou les collectivités territoriales ne peuvent pas mettre à disposition des fonds de dotation, qu'ils en soient ou non membres, à titre gratuit, même temporairement, un local, du matériel ou des personnels. Une telle attribution serait, en effet, une affectation de fonds publics interdite par la loi.

Exemple de clause :

« Le siège social est fixé à.... Ce siège peut être déplacé en tout autre lieu [du département], [de la région] par décision du conseil d'administration. »

Article 4

Durée

Commentaires :

La loi laisse la liberté aux créateurs de déterminer la durée de vie du fonds de dotation. Celle-ci doit être mentionnée dans les statuts et peut être modifiée selon les règles prévues pour les modifications statutaires.

Exemple de clause :

« Le fonds de dotation est créé pour une durée indéterminée. »

ou

« Le fonds de dotation est créé pour une durée déterminée de 5 ans, à compter de la publication de sa création au JO. »

TITRE 2. ADMINISTRATION ET FONCTIONNEMENT

Commentaires communs à l'ensemble des articles du Titre 2 :

1 - La répartition des attributions entre les différents organes du fonds de dotation (conseil d'administration, président, directeur général, bureau, comités) doit être claire pour permettre le bon fonctionnement de l'organisme.

2 - Une collectivité publique peut créer un fonds de dotation et des membres de cette collectivité peuvent siéger au conseil d'administration. Il est toutefois conseillé de ne pas prévoir une représentation majoritaire de la collectivité au sein du conseil d'administration, afin d'assurer une réelle autonomie au fonds de dotation.

3 - Le caractère désintéressé de la gestion implique que le fonds de dotation soit administré à titre bénévole par des personnes n'ayant elles-mêmes aucun intérêt, direct ou indirect, dans les résultats de l'exploitation : le dirigeant ne doit tirer aucun avantage personnel de son rôle au sein de cet organisme. Toutefois, la présence d'un administrateur de l'organisme créateur du fonds de dotation au sein du conseil d'administration du fonds n'est pas de nature à remettre en cause le caractère désintéressé de la gestion du fonds. En effet, rien n'interdit qu'il y ait identité de dirigeant avec l'organisme adossé dans le statut juridique et fiscal d'un fonds de dotation, dès lors que celui-ci a pour objet de redistribuer ses revenus pour assister un organisme d'intérêt général.

Article 5

Conseil d'administration

ART. 5-1 : COMPOSITION / MODE DE DÉSIGNATION / DURÉE DU MANDAT

Commentaires :

1 - La loi laisse aux créateurs de fonds une grande liberté d'organisation du conseil d'administration aux créateurs de fonds et impose seulement qu'il soit composé d'au minimum trois membres. S'il s'agit d'une personne morale, elle doit désigner une personne physique pour la représenter. Il est indispensable au bon fonctionnement du fonds de fixer dans les statuts un nombre précis de membres et de définir les modalités de leur désignation et de leur renouvellement. Ce nombre doit être ajusté à l'importance de l'activité du fonds et à ses modalités de fonctionnement.

2 - Il est possible de prévoir des règles de désignation, de durée du mandat et de renouvellement différentes selon la qualité des membres du conseil. Il est préférable pour un bon fonctionnement du fonds que la durée du mandat ne soit ni trop courte ni illimitée, sauf pour les membres fondateurs.

3 - La création d'un bureau est recommandée si le nombre de membres du CA est élevé ou si le fonds n'a pas de directeur exécutif, pour assurer la permanence de la gestion du fonds et seconder l'éventuel directeur général. L'existence du bureau ou d'autres organes de gouvernance doit être précisée dans les statuts.

« Le conseil d'administration est composé de 7 membres. (Les noms, prénoms, dates de naissance, lieux de naissance, professions, domiciles et nationalités de ceux qui sont chargés, à un titre quelconque, d'administrer le fonds ne doivent pas nécessairement être précisés dans les statuts mais ils doivent l'être obligatoirement dans la déclaration de création du fonds de dotation ainsi que dans la déclaration de modification des statuts.) Le conseil est renouvelé tous les quatre ans par un vote à la majorité qualifiée. Hors les membres de droit, le mandat des membres du conseil est renouvelable une fois. Au renouvellement, les membres élisent en leur sein le président pour une durée de quatre ans.

Le fonds de dotation est tenu de faire connaître, dans les trois mois, à l'autorité administrative tous les changements survenus dans son administration, notamment les changements de membres et les changements d'adresse du siège social. »

[Pour des organes de gouvernance supplémentaires] :

« Le conseil d'administration peut constituer des commissions de travail spécialisées, dont il fixe les missions et la composition suivant des modalités définies au règlement intérieur ;
Le conseil choisit parmi ses membres un bureau composé du président, d'un secrétaire et d'un trésorier.
Le conseil d'administration est composé de trois collèges :
- le collège des fondateurs comprenant xxx membres ;
- le collège des mécènes comprenant xxx membres ;
- le collège des personnalités qualifiées, comprenant xxx membres ;
Les membres du collège des fondateurs sont membres de droit. Les membres du collège des mécènes et les membres du collège des personnalités qualifiées sont désignés par les membres du collège des fondateurs pour quatre ans. »

IV

ART. 5-2 : ABSENCE / RÉVOCATION DES MEMBRES

Commentaires :
Les cas de révocation des membres du conseil d'administration doivent être précis.
Exemple de clause :
« L'absence non justifiée d'un administrateur à plus de trois réunions dans l'année du conseil d'administration vaut démission, constatée à la majorité des membres du conseil.
En cas de vacance par décès, démission ou empêchement définitif d'un administrateur, le conseil d'administration pourvoit à son remplacement dans le mois suivant la constatation de la vacance. Les fonctions du nouveau membre prennent fin à la date à laquelle aurait expiré le mandat de l'administrateur qu'il remplace. »

ART. 5-3 : LA RÉMUNÉRATION DES MEMBRES

Commentaires :
Les membres du conseil d'administration exercent leurs fonctions à titre gratuit, sous réserve du remboursement des frais exposés à l'occasion de l'exercice de leurs fonctions.
Cependant, l'administration fiscale autorise les organismes sans but lucratif à rémunérer certains de leurs dirigeants (entendus comme des membres du conseil d'administration) jusqu'à trois fois le montant du plafond de la sécurité sociale, visé à l'article L. 241-3 du code de la sécurité sociale (instruction fiscale 4 H-5-06 n° 208 du 18 décembre 2006 relative aux organismes sans but lucratif, n° 27).
Dans cette hypothèse, les statuts du fonds doivent alors explicitement prévoir la possibilité de rémunérer ces dirigeants. Le niveau et les conditions de leur rémunération, ainsi que toute révision, doivent faire l'objet d'un vote du conseil d'administration, à la majorité des deux tiers de l'ensemble de ses membres, hors la présence des intéressés.
Exemple de clause :
« Les membres du conseil d'administration exercent leurs fonctions à titre gratuit. Toutefois, les frais qu'ils exposent au titre de ces fonctions peuvent être remboursés dans les conditions prévues par le règlement intérieur. »
ou
« Les membres du conseil d'administration seront rémunérés, dans les limites légales. Le niveau et les conditions de leur rémunération, ainsi que toute révision, devra faire l'objet d'un vote du conseil d'administration, à la majorité des deux tiers de l'ensemble de ses membres, hors la présence des intéressés. »

ART. 5-4 : ATTRIBUTIONS

Commentaires :
Les compétences du conseil d'administration doivent être clairement précisées.
Exemple de clause :
« Le conseil d'administration règle, par ses délibérations, les affaires du fonds de dotation et notamment :
1) Il est responsable de la production des comptes annuels du fonds et, à ce titre, répond aux éventuelles demandes d'explications du commissaire aux comptes ;
2) Il arrête le quantum des ressources disponibles du fonds de dotation devant être allouées au financement de l'ensemble des projets éligibles ;

Rédiger

3) Il arrête, sur proposition du comité d'investissement, la politique d'investissement du fonds de dotation afin d'assurer, dans la durée, des rendements permettant de contribuer significativement au financement des projets éligibles dans le cadre d'un niveau de risque qu'il jugera acceptable ;
4) Il approuve le rapport d'activité défini à l'article 8 du décret n° 2009-158 du 11 février 2009 relatif aux fonds de dotation ;
5) Il vote le budget ;
6) Il approuve les comptes de l'exercice clos qui lui sont présentés avec les pièces justificatives ;
7) Il accepte les libéralités faites au fonds de dotation (il peut déléguer ce pouvoir au directeur du fonds dans les limites qu'il détermine, à condition d'en rendre compte au plus prochain conseil) ;
8) Il approuve la décision de faire appel à la générosité publique tel que prévu au III de l'article 140 de la loi n°2008-776 de modernisation de l'économie ;
9) Il fixe les conditions de recrutement et de rémunération du personnel ;
10) Il détermine les modalités de calcul et approuve le montant de la rémunération du directeur général ;
11) Il désigne, le cas échéant, un commissaire aux comptes choisi sur la liste mentionnée à l'article L. 822-1 du code de commerce ;
12) Il adopte le règlement intérieur ;
13) Il autorise l'exercice des actions en justice et les transactions ;
14) Il délibère sur l'affectation du boni de dissolution du fonds de dotation.

ART. 5-5 : RÉUNION ET DÉLIBÉRATION

Commentaires :

Entre deux et quatre réunions du conseil d'administration chaque année paraissent nécessaires pour une bonne administration du fonds, selon l'importance de celui-ci.

Exemple de clause :

« Le conseil d'administration se réunit au moins deux fois par an et chaque fois que le commissaire aux comptes le demande, sur convocation de son président ou sur la demande d'au moins un tiers de ses membres.

La convocation est adressée à chacun des membres du conseil quinze jours au moins avant la date de la réunion par lettre recommandée avec demande d'avis de réception, ou par lettre remise en main propre contre reçu, ou, sous réserve qu'il soit donné une confirmation écrite de la réception de la convocation par le destinataire, par tout procédé et notamment par lettre simple, télécopie ou courrier électronique.

La convocation précise l'ordre du jour de la réunion arrêté par le président du conseil d'administration ou par le tiers au moins de ses membres, ainsi que ses lieu, date et heure. Elle est accompagnée des documents nécessaires aux délibérations.

Le conseil d'administration ne peut valablement délibérer que si la majorité de ses membres ayant voix délibérative est présente. Si ce quorum n'est pas atteint, il est procédé à une nouvelle convocation, huit jours avant la tenue de la réunion, dans les mêmes conditions.

Les membres du conseil sont tenus d'assister personnellement aux séances du conseil. En cas d'empêchement, un membre peut donner pouvoir à un autre membre du conseil d'administration pour le représenter. Chaque membre ne peut toutefois détenir plus d'un pouvoir. Si le directeur général assiste au conseil d'administration, il ne peut avoir qu'une voix consultative.

Les délibérations du conseil d'administration sont prises à la majorité simple des membres présents ou représentés. En cas de partage des voix, celle du président est prépondérante. Le président signe le procès-verbal des séances du conseil d'administration, qui sera communiqué aux membres du conseil d'administration. »

Article 6

Le président du conseil d'administration

Commentaires :

Les statuts doivent indiquer le mode précis de désignation du président du conseil d'administration, la durée de son mandat en précisant si ce mandat peut être

renouvelé et, le cas échéant, combien de fois. Les statuts doivent également préciser les attributions du président, notamment par rapport aux fondateurs.
Le président peut être désigné par le fondateur, voire être le fondateur lui-même. Le fonds de dotation est cependant une personne juridique autonome qui ne se confond pas avec son ou ses fondateurs, ni avec les organismes auquel il peut apporter son soutien dans le cadre de sa mission d'intérêt général. Il convient donc de lui conférer une autonomie suffisante pour garantir son bon fonctionnement.
Exemple de clause :
« Le conseil d'administration désigne son président parmi ses membres [préciser le quorum] pour une durée de [préciser la durée, si ce mandat est renouvelable et combien de fois] qui ne peut pas excéder celle de son mandat d'administrateur.
Le président préside le conseil d'administration.
Le président représente le fonds en justice et dans tous les actes de la vie civile du fonds.
Les fonctions de président du conseil d'administration du fonds sont exercées à titre bénévole. Les frais engagés dans ce cadre sont remboursables sur présentation des justificatifs. »

Article 7

Le directeur (général)

Commentaires :
La fonction de directeur [général] peut être nécessaire pour la gestion des fonds d'une certaine importance.
Les principes de répartition de ses fonctions avec celles du président du conseil d'administration doivent être soigneusement précisés dans les statuts.
Lorsque le directeur assiste au conseil d'administration, il ne peut avoir qu'une voix consultative. Le fonds de dotation doit disposer d'une procédure écrite de délégation de pouvoirs.
Exemple de clause :
« Le président du conseil d'administration nomme le directeur [général] du fonds de dotation, après avis du conseil d'administration.
Le directeur [général] :
- prépare et exécute le budget du fonds ;
- peut recevoir pouvoir du conseil d'administration pour accepter les libéralités dans les limites fixées par ce dernier ;
- veille au respect de la politique de placement arrêtée par le conseil d'administration ;
- prépare, en lien avec le président [et le trésorier], les délibérations du conseil d'administration ;
- exécute et suit les actions décidées par le conseil d'administration ;
- coordonne en tout domaine la communication avec les donateurs ;
- établit le rapport d'activité et le présente à l'approbation du conseil d'administration ;
- recrute et dirige le personnel du fonds de dotation.
Le directeur général assiste aux séances du conseil d'administration avec voix consultative.
La rémunération du directeur général est approuvée par le conseil d'administration. Les frais engagés dans le cadre de sa mission lui sont remboursables sur présentation des justificatifs. »

Article 8

Le comité d'investissement

Art. 8-1 : Composition

Commentaires :
Sur le premier alinéa :
L'établissement auprès du conseil d'administration d'un comité consultatif, appelé par commodité « comité d'investissement », est obligatoire lorsque le montant de la dotation dépasse 1 M€. Un tel comité doit être créé aussi lorsque des dotations complémentaires ou des affectations ultérieures à la dotation portent son montant au-delà de 1 M€.

Le Comité stratégique recommande de ne pas attendre d'avoir atteint 1 M€ pour instituer un comité consultatif dans les fonds de dotation qui disposent de ressources pour lesquelles ils sont conduits à définir une politique de placement. Il est, en fait, de bonne gestion de séparer les fonctions de décision, de supervision, de gestion et de conseil (voir le dernier alinéa de la recommandation n° 9 du comité stratégique).

Le décret du 11 février 2009 fait obligation de choisir des personnalités à la fois qualifiées et extérieures au conseil d'administration. Suivant la taille du fonds de dotation, un effectif de trois à cinq membres paraît raisonnable. Il paraît également raisonnable de prévoir une durée de trois ou quatre ans pour un mandat renouvelable une seule fois.

Le comité recommande de prévoir un renouvellement par moitié afin de faciliter un fonctionnement sans discontinuité, avec tirage au sort initial pour le premier mandat abrégé.

Sur le deuxième alinéa :

Cette disposition a pour objet de garantir l'indépendance du comité consultatif.

Sur le troisième alinéa :

Le caractère désintéressé qui doit caractériser la gestion d'un fonds de dotation rend souhaitable de demander aux membres du comité d'investissement de souscrire une déclaration d'intérêts, afin de prévenir et de gérer les situations de conflits d'intérêts. Il appartient au conseil d'administration d'indiquer sur quels éléments la déclaration doit porter. Il est souhaitable que soient déclarés les liens directs ou indirects – actuels ou récents (moins de trois ans) avec les établissements financiers et gestionnaires de placements auxquels le fonds de dotation est susceptible de faire appel, et aussi avec leurs organismes professionnels.

La gestion des conflits d'intérêts revient au conseil d'administration.

Le conseil d'administration décide quelle publicité il entend donner à cette procédure de prévention et de gestion des conflits d'intérêts.

Sur le quatrième alinéa :

Le président du comité doit veiller à ce que le membre concerné se déporte en tant que de besoin.

Sur le cinquième alinéa :

Cette disposition se rattache au caractère désintéressé qui doit caractériser la gestion d'un fonds de dotation.

Exemple de clause :

« *Le comité consultatif d'investissement est composé de xxx personnalités choisies pour leur compétence en matière de gestion des placements par le conseil d'administration, en dehors de son sein et pour une durée de xxx ans renouvelable une fois. Le conseil d'administration pourvoit aux vacances qui se produisent par suite du décès ou de la démission d'un membre du comité. Les fonctions du membre ainsi désigné prennent fin à la date à laquelle celles de la personne qu'il remplace auraient normalement pris fin. Le conseil d'administration peut mettre fin aux fonctions d'un membre du comité par décision motivée prise à une majorité qualifiée de ses membres.*

Les personnalités choisies pour siéger au comité d'investissement doivent établir à leur entrée en fonction et lors du renouvellement de leur mandat une déclaration d'intérêts, qui est remise au conseil d'administration et qui doit être actualisée une fois par an.

Aucun membre du comité d'investissement ne peut participer à une délibération dès lors qu'il se trouve en situation de conflit d'intérêts.

Les membres du comité d'investissement exercent leur fonction à titre gratuit. Les frais occasionnés par celle-ci peuvent donner lieu à remboursement, sur production de pièces justificatives. »

ART. 8-2 : ATTRIBUTIONS

Commentaires :

Sur le premier alinéa :

Le comité d'investissement aide le conseil d'administration à définir le « profil d'investisseur » du fonds de dotation : Quelle est la situation financière du fonds ? Quels objectifs d'investissement découlent de son objet statutaire ? Quelle durée de placement correspond le mieux à ses besoins de financement ?

(voir la recommandation n° 7 du comité stratégique).

Sur le deuxième alinéa :

Pour gérer le fonds de dotation, le conseil d'administration a besoin d'être assuré que le capital reste investi d'une manière adaptée à l'objet du fonds et à l'échéancier des dépenses à financer et que les versements aux actions qu'il a décidé de soutenir pourront intervenir à bonne date. L'une des premières tâches du comité d'investissement est donc de proposer au conseil d'administration des cadres de suivi et de compte rendu des investissements, des méthodes d'analyse des performances des placements et un format des recommandations (voir la recommandation n° 9 du comité stratégique).

Le comité stratégique recommande qu'à chacune de ses réunions, un compte rendu des performances des placements du fonds de dotation soit présenté au comité d'investissement. Le suivi doit permettre une gestion réactive du fonds (voir la recommandation n° 10 du comité stratégique).

IV

Sur le troisième alinéa :

Le décret du 11 février 2009 mentionne spécifiquement le rôle du comité d'investissement en matière d'études et d'expertises. Les choix du conseil d'administration peuvent être éclairés par des études auxquelles le comité peut lui proposer de faire procéder.

Les expertises peuvent notamment porter sur les cessions d'actifs fongibles et le « réemploi » des produits de telles cessions, ainsi que sur le plan pluriannuel de consommation des dotations ou fractions de dotations consomptibles.

Comme le comité stratégique l'a déjà exposé, « l'opportunité de faire appel à des professionnels rémunérés peut être utilement examinée » (recommandation n° 9 du comité stratégique). Le comité d'investissement peut le proposer.

Exemple de clause :

« Le comité d'investissement assiste le conseil d'administration dans la définition de la politique d'investissement du fonds de dotation. L'assistance au conseil d'administration comporte notamment l'examen des questions sur lesquelles le conseil sollicite son avis.

Le comité d'investissement suit la mise en œuvre de la politique d'investissement du fonds. Il est associé, en tant que de besoin, aux réunions du conseil d'administration, sans voix délibérative. Il alerte le conseil d'administration sur les évolutions ou les situations qui lui paraissent préoccupantes.

Le comité d'investissement peut proposer au conseil d'administration des études et des expertises. »

Article 9

La politique d'investissement

Commentaires :

Sur le premier alinéa :

Aux termes du décret du 11 février 2009, les statuts doivent préciser les conditions qui encadrent la politique d'investissement du fonds. En conséquence, les statuts doivent définir comment est choisie la catégorie d'investisseurs dans laquelle se range le fonds et comment est définie la politique d'investissement.

Sur le premier point, l'asymétrie d'information entre les fonds de dotation et les producteurs ou distributeurs d'instruments financiers rend souhaitable, de l'avis du comité stratégique, que les fonds veillent – en règle générale – à être traités comme des « investisseurs non professionnels » par les établissements financiers, les prestataires de services d'investissement et les conseillers en investissements financiers auxquels ils font appel.

Même si les actifs éligibles aux placements des fonds de dotation sont ceux qui sont ouverts aux institutions de prévoyance (article R. 931-10-21 du code de la sécurité sociale, consultable sur www.legifrance.gouv.fr), il existe des risques de mauvaise appréciation, voire de non- compréhension par les fonds de dotation des risques attachés aux instruments financiers qui peuvent leur être proposés. Les positions de l'Autorité des marchés financiers seront consultées avec profit (www.amf-france.org).

Sans doute certains grands fonds de dotation souhaiteront-ils être traités comme des « investisseurs professionnels ». Il est rappelé à cet égard que la directive européenne

concernant les marchés d'instruments financiers préconise que deux au moins de trois critères soient réunis en pareil cas :
« le client a effectué en moyenne dix transactions d'une taille significative par trimestre au cours des quatre trimestres précédents sur le marché concerné ; la valeur du portefeuille d'instruments financiers du client, défini comme comprenant les dépôts bancaires et les instruments financiers, dépasse 500 000 euros ; le client occupe depuis au moins un an ou a occupé pendant au moins un an, dans le secteur financier une position professionnelle requérant une connaissance des transactions ou des services envisagés » (directive MiFID 2004/39/CE du Parlement européen et du Conseil, consultable sur http://eur-lex.europa.eu, proposition de révision 2001/0298 COD, consultable sur www.europarl.europa.eu).
Le comité stratégique recommande de peser attentivement les risques encourus avant de renoncer – au moins en partie – à la protection qu'offrent les règles applicables aux investisseurs « non professionnels ».

Sur le deuxième alinéa :
Le comité stratégique recommande de définir la politique d'investissement dans un document écrit, soigneusement débattu et périodiquement réexaminé.
Au sein des actifs dont l'article R. 931-10-21 du code de la sécurité sociale dresse la liste, il est recommandé que le fonds de dotation privilégie les investissements dont le couple rendement-risque est raisonnable et les produits de gestion collective qui dispersent les risques, plutôt que les titres vifs.
Il est recommandé de plafonner le risque « émetteur » (direct ou indirect) par une dispersion forte et de diversifier le risque « produits » (catégories de produits), voire de poser des exigences de liquidité minimum (voir la recommandation n° 8 du comité stratégique).
Des règles simples doivent encadrer la sélection des sociétés de gestion des organismes de placement, qu'ils soient « dédiés » au fonds de dotation ou « ouverts » : mettre les prestataires en concurrence ; vérifier qu'ils se conforment aux objectifs de gestion et de performance du fonds de dotation ; s'assurer qu'ils présentent de garanties de déontologie au niveau de l'objet d'intérêt général du fonds de dotation.
Sauf à renoncer à dégager des revenus suffisants pour poursuivre son objet, un fonds à la dotation non consomptible ne peut être investi exclusivement en produits monétaires ou garantissant le capital. Le calcul du prélèvement annuel doit lui permettre, par un « lissage » contracyclique de ce prélèvement, de fonctionner sans des à-coups qui compromettraient la réalisation de l'œuvre ou de la mission d'intérêt général justifiant son existence.
Sur le troisième alinéa :
Les fonds de dotation sont mis en garde contre le recours inapproprié à l'effet de levier. Ils doivent s'interdire d'emprunter pour financer l'achat d'actifs financiers ou procéder à la vente d'options de vente de titres sans détenir en portefeuille le gage de l'opération.
Sur le quatrième alinéa :
Les placements financiers sont en eux-mêmes un moyen pour les fonds de dotation de contribuer à la réalisation des œuvres et missions d'intérêt général visées par leur objet.
Exemple de clause :
« Le conseil d'administration décide, après consultation du comité d'investissement, dans quelle catégorie d'investisseurs le fonds de dotation demande à être classé.
Après consultation du comité consultatif, le conseil d'administration définit la politique d'investissement du fonds de dotation. Cette politique a pour objet de faire fructifier les sommes apportées au fonds de dotation afin de permettre un financement régulier de l'œuvre ou de la mission d'intérêt général que le fonds a pour objet de soutenir. Elle précise notamment le niveau des risques d'investissement tolérés, le mode de gestion des placements et la procédure de sélection des sociétés et organismes de gestion. Elle définit les principes de diversification du portefeuille du fonds entre les différentes catégories d'actifs en fonction du rendement escompté et des risques attachés. Elle fixe les plafonds de concentration pour les investissements en titres vifs et détermine les modalités de calcul du prélèvement annuel sur le fonds. Elle établit les modalités de compte rendu.

La politique d'investissement est réexaminée chaque année par le conseil d'administration au vu des résultats constatés.
Le fonds de dotation s'interdit les pratiques dangereuses ou peu éthiques, telles la vente de titres à découvert ou l'achat de titres sans disposer des liquidités correspondantes.
L'accord préalable du conseil d'administration doit être recueilli avant tout emprunt.
Les choix de placements financiers doivent être cohérents avec les œuvres et les missions d'intérêt général dont le fonds a pour objectif de soutenir la réalisation. »

Article 10

Fonctionnement du comité d'investissement

Commentaires :

IV Le comité consultatif doit jouir d'une réelle indépendance à l'égard du conseil d'administration (deux premiers alinéas) mais être en mesure de répondre rapidement à une demande de celui-ci (troisième alinéa).

Exemple de clause :

« Lors de sa première réunion et après son renouvellement, le comité élit en son sein un président, qui organise ses travaux, convoque les réunions, en fait établir le compte rendu et transmet les propositions du comité au conseil d'administration. Le règlement intérieur fixe la périodicité des réunions du comité et les modalités de son fonctionnement.
L'ordre du jour des réunions du comité est établi par le président. Il comporte en priorité les questions sur lesquelles le conseil d'administration sollicite un avis du comité. Tout membre du comité peut demander l'inscription d'un point à l'ordre du jour. S'il est nécessaire de procéder à un vote pour arrêter les propositions du comité, la voix du président est prépondérante en cas de partage des voix.
Si l'urgence le justifie, les réunions du comité peuvent se tenir sans préavis par tous les moyens de télécommunications. »

Article 11

Règlement intérieur

Commentaires :

Le règlement intérieur ne saurait se substituer aux statuts. Il a pour but de préciser les modalités d'application des statuts. Son établissement n'est pas obligatoire mais peut être utile.
Il peut être renvoyé par les statuts au règlement intérieur sur différents points, par exemple : les modalités de remplacement des membres du conseil, les modalités de remboursement des frais de déplacement, etc.

Exemple de clause :

« Le conseil d'administration approuve le règlement intérieur. »

TITRE 3. DOTATION INITIALE ET RESSOURCES

Article 12

La dotation initiale

Commentaires :

Sur le premier alinéa :

Suivant la visée du fonds de dotation et les objectifs que ses fondateurs lui assignent, la dotation initiale peut être d'un montant élevé ou au contraire d'un montant modique.
Toute dotation apportée à un fonds de dotation doit, en principe, faire l'objet d'un acte notarié, en application de l'article 931 du code civil. Pour les dons multiples et d'un montant relativement faible, le fonds de dotation aurait avantage à proposer une convention-type qui constituerait une charte d'adhésion (voir la recommandation n° 1 du comité stratégique).
Les dons et legs reçus par le fonds au cours de son existence sont incorporés à la dotation.
Si le fonds fait appel à la générosité du public, les dons issus de cet appel ne sont pas incorporés à la dotation, sauf si le conseil d'administration en décide autrement.

Il est rappelé qu'aux termes de la loi, « aucun fonds public, de quelque nature qu'il soit, ne peut être versé à un fonds de dotation » et qu'il ne peut être dérogé à cette interdiction qu'à « titre exceptionnel » (article 140 III de la loi du 4 août 2008).

Sur le deuxième alinéa :

La dotation est composée de libéralités. Le fonds ne perçoit pas de contributions obligatoires.

Sur le troisième alinéa :

La dotation peut comprendre des actifs aliénables ou fongibles. Le fonds est autorisé à les céder mais il doit employer le produit de leur vente pour acquérir d'autres actifs.

Exemple de clause :

« Le fonds de dotation est constitué avec une dotation initiale qui lui est apportée par les fondateurs. Cette dotation consiste notamment en capital, en propriétés et droits immobiliers, en autres biens et droits ou en donations temporaires d'usufruit. Elle peut être complétée par des dotations complémentaires avec l'accord du conseil d'administration.

La dotation est apportée au fonds à titre gratuit et irrévocable.

Le fonds ne peut consommer la dotation en capital et ne peut utiliser que les revenus qu'elle procure. »

IV

Variante 1 (3e alinéa)

Commentaires sur le troisième alinéa :

La logique de l'instrument « fonds de dotation » est de prévoir une dotation pérenne, dont les revenus permettent au fonds de réaliser ou de contribuer à réaliser une œuvre ou une mission d'intérêt général. Néanmoins, comme pour les fondations reconnues d'utilité publique, les fondations de coopération scientifique et les fondations universitaires, la loi ouvre la possibilité de s'écarter de cette logique et permet au fonds d'adopter des statuts fixant « les conditions dans lesquelles la dotation en capital peut être consommée » (article 140 III, avant-dernier alinéa).

Il est recommandé que les statuts précisent qu'une part de la dotation initiale n'est pas consomptible. Mais il est loisible au fonds de décider que la dotation peut être intégralement consommée, ce qui emporte dissolution du fonds qui a alors épuisé son objet.

La « consommation » de la dotation ou de la fraction consomptible de la dotation doit faire l'objet d'un budget prévisionnel pluriannuel ou d'un plan pluriannuel.

Exemple de clause :

Deux premiers alinéas : voir *supra*

« Le fonds peut consommer les revenus ou la dotation dans les conditions fixées dans le règlement intérieur. La consommation en totalité de la dotation emporte dissolution du fonds. »

Variante 2 (totalité de l'article)

Commentaires :

La logique de l'instrument « fonds de dotation » est de prévoir une dotation initiale non consomptible, ou – par dérogation – consomptible. Mais la loi n'interdit pas de créer un fonds qui ne compte que sur les dons et legs qui lui seront consentis pour réaliser ou contribuer à réaliser une œuvre ou une mission d'intérêt général (article 140 III, premier alinéa).

Il convient toutefois de s'interroger dans cette éventualité sur la pertinence de la formule du fonds de dotation pour poursuivre les objectifs définis par les statuts par rapport à d'autres formules juridiques, notamment à celle de l'association.

Exemple de clause :

« Le fonds de dotation est constitué sans dotation initiale. Des dotations peuvent lui être ultérieurement apportées avec l'accord du conseil d'administration. »

Article 13

Les ressources

Commentaires :

Les catégories de ressources du fonds de dotation énumérées par la loi ne comprennent pas les fonds publics, de quelque nature qu'ils soient (article 140 III de la loi du 4 août 2008, qui ne prévoit que des dérogations « à titre exceptionnel »). Il convient

Rédiger

de ce fait de veiller, pour les fonds créés par une personne morale de droit public, à ce que celle-ci ne couvre pas gratuitement les frais de fonctionnement du fonds (domiciliation, frais de siège, mise à disposition de personnels), ce qui serait une subvention déguisée, et prohibée.

Exemple de clause :

« Les ressources du fonds de dotation comprennent : les revenus de sa dotation ;
les dons issus de la générosité publique ;
les produits des activités prévues aux statuts ;
les produits d'éventuelles rétributions pour services rendus. »

Variante (3e alinéa)

Commentaires sur le troisième alinéa :

La loi ouvre aux fonds de dotation la possibilité de faire appel à la générosité publique dans les conditions définies par la loi n° 91-772 du 7 août 1991. Le décret du 11 février 2009 fixe les modalités de l'autorisation administrative à solliciter (titre IV). La procédure comporte un mécanisme d'autorisation tacite.

Est une campagne nationale d'appel à la générosité publique « toute opération d'une certaine importance conduite suivant les modalités mentionnées à l'article 3 de la loi de 1991 lorsqu'il y a absence de lien préétabli entre l'organisme et le destinataire de l'appel » (Cour des comptes, rapport public de 1998, p. 52, consultable sur www.ccomptes.fr). Les appels à dons qui figurent sur les sites Internet des organismes s'analysent comme de telles campagnes *(ibid.)*.

La décision de demander cette autorisation revient au conseil d'administration. L'appel à la générosité publique entraîne un certain nombre d'obligations, notamment l'établissement d'un compte d'emploi des ressources ainsi collectées (voir *infra*). Les fonds de dotation qui envisagent de compléter leurs ressources en faisant appel à la générosité publique consulteront avec profit les préconisations du Comité de la charte du don en confiance (www.comitecharte.org), ainsi qu'une récente observation de synthèse de la Cour des comptes sur les organismes faisant appel à la générosité publique (rapport public 2011, 2e partie, p. 51 et suivantes, consultable sur www.ccomptes.fr).

Exemple de clause :

Deux premiers alinéas : voir *supra*.

« Les ressources du fonds comprennent en outre le produit des appels à la générosité publique qu'il a été autorisé à faire. »

Article 14

Exercice social

Exemple de clause :

« L'exercice social du fonds de dotation a une durée d'un an correspondant à l'année civile.
Par exception, le premier exercice débute à la date de la signature des statuts et s'achève le 31 décembre suivant. »

Article 15

Établissement des comptes

Commentaires :

Sur le premier alinéa :

La loi fait obligation aux fonds de dotation d'établir des comptes annuels (article 140 VI de la loi du 4 août 2008). Tout fonds de dotation établit donc un plan de comptes conforme au plan comptable général. Les fonds de dotation sont assimilés à cet égard aux fondations de patrimoine avec dotation (loi du 23 juillet 1987, article 18), « créées par l'affectation irrévocable d'un patrimoine dont les revenus permettront de réaliser une mission sociale » (avis n° 2009-01 du 5 février 2009 du Conseil national de la comptabilité, consultable sur www.cnc.bercy.gouv.fr).

Les fonds doivent tenir un livre journal, des livres journaux auxiliaires, un grand livre et un livre d'inventaire, et établir chaque année au moins un bilan et un compte de résultat. Il est de saine gestion de les accompagner d'une annexe détaillant les méthodes comptables et complétant les informations sur les éléments du bilan et du compte de résultat. Des informations pratiques seront trouvées sur le site du Haut Conseil à la vie associative (www.associations.gouv.fr).

Le comité stratégique a déjà souligné que la mutualisation de la gestion des fonds doit garantir la traçabilité des dons (voir la recommandation n° 11) L'utilisation de la technique comptable des « fonds dédiés », qui fait intervenir un compte de passif (19x) en contrepartie des enregistrements en produits et en charges, est de nature à permettre cette traçabilité (règlement n° 99-01 du Comité de la réglementation comptable du 16 février 1999).

Sur le deuxième alinéa :

La désignation d'un commissaire aux comptes n'est obligatoire que dans les fonds de dotation dont le montant des ressources dépasse 10 000 € en fin d'exercice. Mais le comité stratégique estime qu'il est de saine gestion de soumettre dans tous les cas les comptes d'un fonds à la certification d'un commissaire aux comptes.

Pour éviter que des rentes de situation ne se constituent, le Comité recommande de limiter la durée du mandat du commissaire aux comptes à trois exercices.

Sur le troisième alinéa :

Les associations et les fondations sont tenues de publier leurs comptes lorsqu'elles ont reçu au cours d'un exercice 153 000 € de dons ou de subventions. Cette publication au Journal officiel (bilan, compte de résultat, annexe, rapport du commissaire aux comptes) est obligatoire dans tous les cas pour les fonds de dotation (voir www.journal-officiel.gouv.fr).

Exemple de clause :

« Les comptes du fonds de dotation comprennent un bilan, un compte de résultat et une annexe. Ils sont établis suivant les règles énoncées par le règlement n° 99-01 du 16 février 1999 du Comité de la réglementation comptable, modifié pour les fondations et fonds de dotation suivant l'avis n° 2009-01 du 5 février 2009 du Conseil national de la comptabilité. Ils font ressortir la traçabilité des dons affectés.

Le conseil d'administration du fonds de dotation nomme un commissaire aux comptes et un suppléant pour trois exercices. Les comptes annuels sont mis à sa disposition quarante-cinq jours avant la réunion du conseil d'administration à l'approbation duquel ils sont soumis.

Dans un délai de six mois suivant la fin de l'exercice, le fonds de dotation publie ses comptes annuels. Il assure leur publication sur le site internet de la Direction de l'information légale et administrative. »

Variante 1 (4e alinéa)

Commentaires sur le quatrième alinéa :

Lorsque le fonds de dotation fait appel à la générosité publique, il doit établir un compte d'emploi annuel des ressources ainsi recueillies, qui fait partie de la liasse comptable soumise à la certification du commissaire aux comptes (article 8 de l'ordonnance n° 2005-856 du 28 juillet 2005 complétant l'article 4 de la loi du 7 août 1991).

Ce compte d'emploi doit être établi conformément aux règles fixées par le règlement 2008-12 du 7 mai 2008 du Comité de la réglementation comptable relatif à l'élaboration du compte d'emploi annuel des ressources des associations et fondations faisant appel à la générosité publique, homologué par un arrêté interministériel du 11 décembre 2008 (en ligne sur www.cnc.bercy.gouv.fr). Ce règlement comptable a notamment pour objet d'assurer la traçabilité de l'emploi des ressources d'un exercice à l'autre : le compte annuel d'emploi fait ressortir « l'affectation par emplois des seules ressources collectées auprès du public ainsi que le suivi des ressources collectées antérieurement à l'exercice en cours ».

Il est rappelé que les organismes qui procèdent à des appels aux dons sur leurs sites Internet se placent *ipso facto* dans le champ de la loi du 7 août 1991 et « qu'ils contractent une obligation de rendre compte de l'emploi des fonds ainsi collectés » (Cour des comptes, rapport public de 2008, 2e partie, p. 271, consultable sur www.ccomptes.fr).

Exemple de clause :

Trois premiers alinéas : voir *supra*.

« L'annexe des comptes annuels comprend le compte d'emploi des ressources collectées auprès du public, accompagné des informations relatives à son élaboration. »

Variante 2 (5e alinéa)

Commentaires sur le cinquième alinéa :

Les contributions volontaires en nature (tel le mécénat de compétence) ou en industrie peuvent représenter une part significative des ressources et des moyens d'action du fonds de dotation. Dans ce cas, l'impératif « d'image fidèle » rend nécessaire de les faire apparaître dans les documents comptables du fonds.

Le règlement comptable 99-01 du 16 février 1999 applicable aux associations et fondations impose d'insérer « une information appropriée » dans l'annexe aux comptes « dès lors que ces contributions présentent un caractère significatif ». Mais si l'association ou la fondation dispose d'une information valorisable et de méthodes d'enregistrement fiables, « elle peut opter pour leur inscription en comptabilité », en engagements hors bilan et au pied du compte de résultat. L'inscription en comptabilité comporte l'enregistrement en comptes spéciaux de classe 8, sans incidence sur le résultat.

Des informations pratiques seront trouvées sur le site du Haut Conseil à la vie associative (www.associations.gouv.fr). On consultera avec profit le guide pratique « Bénévolat : valorisation comptable » (2011) du ministère de l'éducation nationale, de la jeunesse et de la vie associative (www.associations.gouv.fr) et le guide pratique « Mécénat d'entreprise pour l'environnement et le développement durable » (2010) du ministère de l'écologie, de l'énergie, du développement durable et de la mer (www.developpement-durable.gouv.fr).

Exemple de clause :

Quatre premiers alinéas : voir *supra*.

« Les contributions volontaires en nature ou en industrie font l'objet d'une évaluation tant en produits qu'en charges portée au pied du compte de résultat. »

Titre 4. Relations entre le fonds et les donateurs

Commentaires :

Le fonds et ses dirigeants doivent être convaincus de l'obligation morale de prêter une attention toute particulière aux donateurs et de les traiter avec un soin extrême en contrepartie de leur acte de philanthropie. Entre le donateur et le fonds, le respect mutuel, l'expression de la gratitude et les valeurs partagées sont les clés d'une relation de longue durée.

Les orientations ci-dessous ne font que soutenir cette attitude nécessaire.

1) La qualité de donateur ne donne pas automatiquement le droit de participer à la gouvernance du fonds, sauf si des donateurs ont été choisis comme administrateurs, ce qui est une option ouverte au fonds. Pour les autres, les relations entre le fonds et ses donateurs doivent être réglées par d'autres moyens, comme une convention entre le donateur et le fonds.

Le comité stratégique a ainsi identifié que ces relations pouvaient comporter :

- la définition des règles de distribution des fonds, y compris des règles d'étalement, (qui doivent rester conforme à l'objet social du fonds).
- les conditions et les dates auxquelles les sommes données seront finalement dépensées.
- des restrictions à l'utilisation des fonds (qui doivent être réalistes).
- des conditions d'utilisation des fonds qui se révéleraient excédentaires.
- des stipulations en cas de déficit dû aux résultats des placements.
- la définition d'une procédure permettant au fonds de dotation de modifier la destination du don si celle-ci ne peut plus être satisfaite en raison d'un changement de circonstances.
- des modalités permettant au fonds de mettre fin au projet pour lequel le don a été fait, si le donateur n'honore pas ses engagements, par exemple, sur les versements futurs.
- l'obligation que les dons restent individualisés et gérés séparément ou de la faculté de les gérer dans un pool commun.

- des exigences de rapports d'activité ou financier spécifiques à un donateur.
- la désignation d'un représentant (le donateur ou une autre personne) pouvant faire des recommandations périodiques sur l'utilisation et la distribution des fonds, sachant que le conseil d'administration du fonds de dotation doit conserver la décision finale (cf.2) ci- dessous).
- un encadrement des frais que le fonds peut prélever pour sa gestion sur les sommes versées ou les fonds gérés.
- des modalités d'expression de la gratitude du fonds (par exemple le « nommage » d'un bâtiment ou d'un programme), ou inversement l'engagement - de respecter les demandes d'anonymat ou de confidentialité.
- le respect des règles déontologiques comme par exemple celle édictées par le Comité de la Charte du Don en confiance.

Certains aspects sont spécifiquement exclus du champ des relations possibles :
a - Légalement, le donateur ne peut influencer le choix des politiques d'investissement qui relève de la compétence du conseil d'administration et du comité consultatif.
b - Contractuellement, un donateur ne saurait continuer à s'impliquer fortement, à « gérer » son don, comme si le fonds était transparent.

2) Les donateurs à un fonds peuvent être d'origines et de profils très diverses, allant de l'apporteur d'une dotation initiale considérable au donateur d'une petite somme dans le cadre d'un appel à la générosité du public. Leurs relations avec le fonds pourront donc être très variées.

- Pour tous les dons d'un montant important il est souhaitable que les relations entre le fonds et les donateurs soient réglées par une convention entre le donateur et le fonds. Ceux qui résultent d'une donation par acte notarié peuvent être régis par cet acte ou par un acte sous seing privé séparé.
- Quand il s'agit de donateurs multiples ou de dons de faible montant, le fonds devrait établir et publier une convention-type minimale décrivant les relations qu'il entend avoir avec ses donateurs. Cette convention constituerait une sorte de charte d'adhésion pour les donateurs.
- Le fonds peut aussi envisager la constitution d'un comité consultatif de donateurs/mécènes. Pour être utile, ce comité doit avoir un rôle significatif, une mission précisément définie. Mais il ne serait pas sain qu'il ajoute un autre organe de décision dans la gouvernance. La durée des mandats de ses membres doit être limitée pour assurer un renouvellement suffisant.

Exemple de clauses :

1. Convention avec les donateurs

« Pour toutes les donations ou les dons supérieurs à un montant défini et rendu public par le conseil d'administration, le fonds signe une convention avec le donateur qui décrit les engagements réciproques des deux parties.»

2. Comité des donateurs/mécènes

« Le conseil d'administration peut créer un comité des donateurs/mécènes. Ce comité est consultatif. Il donne son avis au conseil d'administration, de sa propre initiative ou sur demande de celui-ci, sur les questions générales concernant l'appel à dons, les relations entre le fonds et les donateurs, l'impact des projets financés, les modes d'utilisation des fonds, les comptes-rendus aux donateurs, l'expression de la gratitude du fonds, les conventions entre les donateurs et le fonds, notamment.

Le comité des donateurs est composé de 5 à 11 membres désignés par le conseil d'administration après appel à candidature auprès des donateurs/mécènes. Les membres sont désignés pour x ans renouvelables y fois au maximum. Le règlement intérieur du comité de donateurs est adopté par le conseil d'administration et porté à la connaissance des donateurs ».

Titre 5. Modification des statuts et dissolution

Article 16

Modification des statuts

Commentaires :

Les statuts modifiés ne seront opposables aux tiers qu'à compter de leur publication.

Exemples de clause :
« Les présents statuts ne pourront être modifiés qu'après deux délibérations du conseil d'administration prises à deux mois d'intervalle et à la majorité des trois quarts de ses membres. »
ou :
« Toute modification des statuts devra être votée par le conseil d'administration à l'unanimité des membres fondateurs et des deux tiers des autres membres du conseil d'administration. »
Dans tous les cas :
« Les statuts modifiés seront transmis sans délai au représentant de l'Etat dans le département. »

IV

Article 17

Dissolution

Commentaires :
1- La délibération du conseil d'administration doit être notifiée par LRAR au préfet, qui dispose d'un délai de 7 jours pour s'y opposer en cas d'utilisation de l'actif net restant non conforme à l'objet du fonds. Dans ce cas, ou à l'expiration de délai de 6 mois, l'actif net du fonds sera, à sa liquidation, transféré à un autre fonds de dotation ou à une fondation reconnue d'utilité publique.
2 - Une dissolution judiciaire peut être prononcée en cas de dysfonctionnements graves.
Exemple de clause pour un fonds à durée déterminée :
« Le présent fonds de dotation est dissous à l'arrivée du terme statutaire par décision du conseil d'administration prise dans les conditions prévues pour une modification statutaire.
À sa liquidation, le présent fonds pourra décider, par délibération du conseil d'administration, de consommer l'actif net, conformément à son objet, dans un délai maximum de 6 mois. »
Exemple de clause pour un fonds à durée indéterminée :
« Le présent fonds de dotation pourra être dissout volontairement par [préciser la procédure à suivre] » [par exemple : « dans les conditions prévues pour une modification statutaire.]
L'actif net du fonds sera, à sa liquidation, transféré à un autre fonds de dotation ou à une fondation reconnue d'utilité publique. »

Outil 25. Exemple de statuts d'un fonds de dotation proposé par l'auteur

[→ Il a été rappelé à plusieurs reprises par le ministère des Finances la volonté de ne pas proposer de statuts types pour les fonds de dotation (notamment pour éviter le phénomène connu dans les fondations reconnues d'utilité publique). Ces derniers doivent pouvoir s'organiser librement, dans le respect des règles minimum prévues par l'article 141 de la loi du 4 août 2008 et son décret d'application. Dans la pratique, il est nécessaire que les préfectures respectent cette liberté et s'abstiennent de tout blocage, notamment lorsque les statuts s'écartent des recommandations ou du clausier proposés par le comité stratégique sur les fonds de dotation, qui n'ont aucun caractère contraignant.]

STATUTS DU FONDS DE DOTATION « *[...]* »

Le *[...]*, 20*[...]*
À *[...]*
[→ Identification du ou des fondateurs :
• L'association *[→ Ou :* La société*]* :
[...],
dont le siège est sis :
[...],
représentée par M. *[→ Ou :* Mme *→ Ou :* Mlle*]* :

Rédiger

[...],
dument habilité à l'effet des présentes par une délibération :
[...],
• M. *[→ Ou :* Mme *→ Ou :* Mlle*]* :
[...],
né(e) le *[...]* à *[...]*, demeurant :
[...],
a *[→ Ou :* ont] décidé de la constitution d'un fonds de dotation régi par la loi n° 2008-776 du 4 août 2008 de modernisation de l'économie (*JO* du 5), le décret n° 2009-158 du 11 février 2009 et par les présents statuts.

TITRE 1. CARACTÉRISTIQUES

Article 1er

Dénomination

[→ Le fonds de dotation ne peut prendre pour dénomination « Fondation [...] », ce terme étant réservé.]
Le fonds de dotation a pour dénomination :
[...],
dit :
[...],

Article 2

Objet

[→ Possibilité de préciser si le fonds de dotation sera un « fonds de distribution » et/ou un « fonds opérateur » ; possibilité de préciser également que son action s'étend principalement sur le territoire de « [...] » ; toutefois, il est important d'indiquer que ces précisions n'ont pas un caractère obligatoire ; l'expérience montre que certaines préfectures exigent, de façon indue ces précisions.
→ Pour être pertinent sur le plan fiscal, le fonds de dotation doit exercer une mission d'intérêt général, laquelle doit présenter divers caractères : social, éducatif, scientifique, etc. (v. article 140 de la loi LME et articles 200 et 238 bis du CGI). Il peut également distribuer des aides à d'autres organismes ; ces derniers doivent alors être éligibles au régime du mécénat, le fonds devant simplement justifier du caractère désintéressé de sa gestion.]
Le fonds de dotation a pour objet de développer [et/ou] de soutenir des activités d'intérêt général à caractère [détailler] :
[...]

Article 3

Moyens

Afin de développer son objet social, le fonds pourra, notamment :
– développer des partenariats avec tout organisme d'intérêt général développant des activités similaires ou connexes ;
– soutenir tout organisme d'intérêt général poursuivant des buts similaires aux siens ou se situant dans le prolongement de son objet ;
– organiser des colloques, congrès, séminaires, conférence ;
– éditer un site internet, un journal, une revue, des ouvrages et, plus généralement, tout écrit en rapport avec ses activités ;
– [...]
[→ Compléter, le cas échéant, cette liste non limitative.]

Article 4

Siège

[→ Le siège est fixé librement. Il convient, lorsque le fonds de dotation n'est pas propriétaire de son siège, de s'assurer que le bailleur des locaux ne s'oppose pas à l'accueil, dans ces derniers, du siège du fonds.]
Le siège social du fonds de dotation est fixé : *[...]*

[→ il est possible de n'indiquer qu'un nom de ville ou de département et de laisser la liberté au conseil d'administration de déterminer l'adresse précise. Dans ce cas, il faudra être en mesure de justifier, auprès de la préfecture, de l'adresse choisie par le conseil.]
Il pourra être modifié par le conseil d'administration.
[→ Certaines préfectures considèrent qu'une modification de l'adresse du siège doit engendrer la modification des statuts ; d'où l'opportunité de préciser dans les statuts, lorsque ces derniers contiennent une première adresse de siège social précise, qu'« une telle modification n'entraîne pas pour autant une modification obligatoire des statuts ».]

Article 5

Durée

IV Le fonds de dotation est constitué pour une durée indéterminée.
[→ Ou : Le fonds de dotation est constitué pour une durée de *[...]* années.*]*
[→ Ou : Le fonds de dotation est constitué pour la durée correspondant à l'achèvement de l'opération de *[...]]*

Article 6

Exercice social

[→ La détermination de l'exercice social est libre. La détermination d'une durée supérieure à 12 mois ne peut être qu'exceptionnelle.]
L'exercice social du fonds de dotation commence le 1er janvier et se termine le 31 décembre de chaque année. Par exception, le premier exercice du fonds débutera au jour de la publication de sa création au Journal officiel et prendra fin le 31 décembre 20*[...]*.

Article 7

Fondateur

[→ Toute personne physique ou morale (de droit privé ou de droit public) peut fonder et administrer un fonds de dotation.
→ La création d'un collège des fondateurs peut permettre de rassembler ces derniers dans le cadre d'une instance qui est la seule à s'exprimer sur certains sujets (composition de tout ou partie du conseil d'administration, modification des statuts, dissolution, fusion, etc.
→ Le replaçant du fondateur initial par un autre fondateur reste une stipulation discutable ; il conviendra de voir comment la jurisprudence appréciera cette possibilité.]
Le(s) fondateur(s) du fonds de dotation est *[→ Ou :* sont*] :*
• L'association *[→ Ou :* la société*]* :
[...]
dont le siège est *sis :*
[...],
représentée par M. *[→ Ou :* Mme *→ Ou :* Mlle*]* :
[...],
dument habilité à l'effet des présentes par une délibération *[...]*.
• M. *[Ou :* Mme *Ou :* Mlle*]* :
[...]
né(e) *[...]* le *[...]* à *[...]*, demeurant :
[...]
• *[...]*
Les *[...]* fondateurs forment le collège des fondateurs. Ce dernier peut, dans les conditions visées à l'article *[...]*, décider d'accorder à une personne physique ou morale la qualité de membre fondateur.
Le fondateur démissionnaire, décédé ou dissout est remplacé par une personne désignée par le conseil d'administration *[→ Ou :* collège] des fondateurs, dans les conditions prévues à l'article 10, à défaut de désignation expresse préalable par le fondateur concerné.

Article 8

Dotation en capital

[→ À compter de la date de publication du décret d'application de l'article 85 de la loi n° 2014-856 du 31 juillet 2014, il ne sera plus possible de créer un fonds de dotation sans dotation en capital initiale. Il conviendra de vérifier si le décret énoncera des règles particulières au sujet des modalités de constitution de la dotation, notamment à l'égard des préfectures.
→ Le fonds de dotation a été conçu, à l'origine, pour recevoir des actifs (l'article 140 de la loi de modernisation de l'économie évoque « des biens de toute nature ») producteurs de revenus (revenus, fonciers, dividendes, etc.) ; lesdits revenus devant permettre au fonds de dotation de soutenir des œuvres d'intérêt général et/ou de conduire lui-même des activités d'intérêt général (visées aux articles 200 et 238 bis du code général des impôts).
En cas d'aliénation d'un immeuble de la dotation, les fonds récoltés devront être remployés dans la dotation et non servir à financer des besoins de fonctionnement (ou des travaux), sauf à prévoir statutairement la possibilité de consommer la dotation en capital. Il convient de suivre la même règle en matière de plus-values générées dans le cadre de cessions de titres et de valeurs mobilières de placements.
En effet, la dotation en capital ne peut en principe être consommée. Pour qu'elle le soit, les statuts doivent le prévoir (V. article 140, III). Mais le simple fait de prévoir cette possibilité de consommation fait perdre au fonds de dotation le bénéfice de l'exonération d'impôt sur les sociétés sur les revenus de son patrimoine.]
→ Il résulte de l'article 140 de la loi précitée que les biens reçus par donations (hors dons manuels) et par legs doivent être obligatoirement affectés à la dotation en capital du fonds de dotation.]

Le fonds de dotation est constitué avec une dotation en capital initiale d'un montant de *[... euros]* versé par le(s) fondateur(s).

[Ou]

La dotation en capital initiale du fonds de dotation est composée des biens suivants, donnés par le(s) fondateur(s) aux termes d'un acte reçu par Maître *[...]* notaire à *[...]* :
– un immeuble *sis [...]*
– des titres de société *[...]*
– les meubles figurant sur une liste annexée aux présents statuts ;
– *[...]*

La dotation en capital du fonds de dotation sera obligatoirement complétée par les donations (autres que les dons manuels) et legs qui pourront lui être ultérieurement consentis par toute personne.

[Si la dotation est consomptible]

La dotation en capital pourra être consommée sur décision du conseil d'administration et dans les conditions prévues par les présents statuts *[→ Ou :* le règlement intérieur*]*.

Article 9

Ressources

[→ Un fonds de dotation dont les statuts ne prévoient pas la possibilité de consommer la dotation en capital est exonéré d'impôt sur les sociétés (au taux réduit de 10 et 24 %) pour ses revenus de patrimoine.]

Les ressources de l'association se composent :
– des dons issus de la générosité publique ;
– à titre exceptionnel, des subventions de l'État, des régions, des départements, des communes, et de leurs établissements publics sur autorisation accordée par arrêté conjoint des ministres chargés de l'économie et du budget ;
– des recettes provenant de biens vendus ou de prestations rendues par le fonds de dotation dans le cadre de ses activités ;
– des revenus des biens et valeurs de toute nature lui appartenant ;
– de toutes ressources qui ne sont pas interdites par la loi et le règlement.

[Si la dotation est consomptible, ajouter à la liste précitée la précision suivante :]

- de la quote-part de la dotation affectée aux produits.

[→ Les préfectures ont une interprétation restrictive de la liste des ressources telle qu'elle figure dans l'article 141 de la loi du 4 août 2008 ; c'est la raison pour laquelle il est recommandé de se contenter de rappeler, a minima, la liste des ressources énumérées

par la loi, alors même que, du fait de la grande capacité juridique du fonds, on ne voit pas pour quelle raison, par exemple, un fonds de dotation ne pourrait pas percevoir des cotisations auprès des personnes adhérant à un comité ou une commission institués par les statuts. On ne voit pas non plus pour quelle raison les éventuels fonds publics reçus devraient nécessairement être affectés à la dotation, et non en ressources, comme le prétendent les préfectures.]

La gestion financière du fonds de dotation est assurée dans le respect de la liste des placements énoncée à l'article R. 931-10-21 du code de la Sécurité sociale.

[→ Un fonds de dotation dont les statuts ne prévoient pas la possibilité de consommer la dotation en capital est exonéré d'impôt sur les sociétés (au taux réduit de 10 et 24 %) pour ses revenus de patrimoine.]

IV

[→ Il s'agit de placements identiques à ceux autorisés pour les institutions de prévoyance. Cette exigence de placement s'applique a priori à la seule gestion financière du fonds.]

TITRE 2. ADMINISTRATION ET FONCTIONNEMENT

Article 10

Conseil d'administration

[→ L'article 140 de la loi 2008-776 du 4 août 2008 précise seulement que « le fonds de dotation est administré par un conseil d'administration qui comprend au minimum trois membres nommés, la première fois par le ou les fondateurs ». Il convient de s'interroger sur la portée des termes « la première fois ». Toutefois, selon les explications orales de Mme Bergeal, Directrice des services juridiques de Bercy (auteur du texte), ils ne s'opposent pas à ce que les fondateurs puissent garder la main sur la désignation des administrateurs. En effet, le même article 140 précise que ce sont les statuts qui déterminent la composition ainsi que les conditions de nomination et de renouvellement du conseil d'administration].

[→ Pour conserver au fonds de dotation son caractère d'intérêt général (caractère nécessaire à la bonne application des dispositifs fiscaux d'exonération des impôts commerciaux, des droits de mutation à titre gratuit et de réduction d'impôts pour les dons des particuliers et des entreprises), il sera nécessaire de veiller au respect du caractère désintéressé de la gestion de l'organisme (V. instruction fiscale du 18 décembre 2006 (BOI 4 H-5-06 ; désormais BOI-IS-CHAMP-10-50-10-10-20120912) rappelant, aux § 13 à 55, les règles applicables en matière de gestion désintéressée ; attention également aux éventuelles relations privilégiées entre le fonds et ses administrateurs, notamment lorsque ceux-ci sont des entreprises].

[→ L'article 140 de la loi de modernisation de l'économie laisse une grande liberté au(x) fondateur(s) pour déterminer les modalités de composition et de fonctionnement du conseil d'administration.]

[→ Première formulation :
Le fonds de dotation est administré par un conseil composé de 3 à *[...]* membres désignés par le(s) fondateur(s) pour une durée de *[...]* ans.*]*

[→ Deuxième formulation :
Le conseil d'administration comprend :
– outre le(s) fondateur(s),
– des membres nommés pour *[...]* ans, la première fois par le(s) fondateur(s) et, ensuite, par le conseil d'administration, sur proposition du fondateur*]*.

[→ Troisième formulation :
Le fonds de dotation est administré par un conseil d'administration composé de 3 à *[...]* membres comprenant :
– de droit, le(s) fondateur(s) ;
– de *[...]* à *[...]* personnes désignées par le(s) fondateur(s) pour une durée de *[...]* ans.*]*

Le mandat des administrateurs élus est renouvelable.

En cas de décès, de démission, d'empêchement définitif ou de révocation d'un membre du conseil d'administration, il sera pourvu à son remplacement par le(s) fondateur(s) dans les deux mois. Les fonctions de ce nouveau membre prennent fin à la date à laquelle aurait normalement expiré le mandat de celui qu'il remplace.

En cas de démission ou de décès d'un fondateur, et en l'absence de désignation de son remplaçant par le fondateur concerné, les membres restant du conseil d'administration désignent sans délai son remplaçant, coopté parmi eux. Dans cette hypothèse, le remplaçant du fondateur *[→ devient président du fonds pour une durée de [...] ans, et]* jouit des prérogatives attribuées par les présents statuts au fondateur.

Les membres du conseil sont tenus d'assister personnellement aux séances du conseil. En cas d'empêchement, un membre peut donner son pouvoir à un autre administrateur. Chaque membre ne peut toutefois détenir plus d'un seul pouvoir.

Les représentants du fonds de dotation doivent jouir du plein exercice de leurs droits civils.

[→ Le président est, de droit, le fondateur] [→ Le conseil élit en son sein un président]. Il peut aussi désigner un *[→ vice-président]* trésorier et un secrétaire. Ces dernières fonctions peuvent être cumulées avec les fonctions de président *[→ et de vice-président].*

[→ Il est possible de réserver statutairement le poste de président au fondateur. Toutefois, ce n'est pas nécessairement utile lorsque les administrateurs sont choisis par le (ou les) fondateur(s).]

Le conseil élit en son sein un président, un trésorier et un secrétaire.

Le président est chargé d'exécuter les décisions du conseil et d'assurer le bon fonctionnement du fonds de dotation, dont la présentation au conseil d'administration, avec le secrétaire, du rapport d'activité. Il représente le fonds dans tous les actes de la vie civile. Il ordonnance les dépenses. Il peut donner délégation dans des conditions définies par le conseil d'administration.

Il représente le fonds de dotation en justice, tant en demande qu'en défense, sans avoir à justifier d'un mandat express.

Le cas échéant, le trésorier est chargé de la gestion du fonds de dotation, perçoit les recettes, effectue les paiements sous le contrôle du président. Il tient une comptabilité régulière de toutes les opérations et rend compte au conseil d'administration qui statue sur la gestion. Avec le président, il arrête les comptes du fonds de dotation.

Le cas échéant, le secrétaire est chargé de la rédaction des procès-verbaux des réunions du conseil, des formalités déclaratives en préfecture, et de toutes les écritures concernant le fonctionnement du fonds de dotation, à l'exception de celles qui concernent la comptabilité. Il présente au conseil d'administration, avec le président, le rapport d'activité.

Article 11

Réunions du conseil d'administration

[→ La loi et le décret n'imposent aucun nombre minimum de réunions, sauf en cas de dysfonctionnement du fonds.]

Le conseil se réunit au moins deux fois par an sur convocation du président, adressée par tous moyens (courrier ou courriel) huit jours au moins avant la date prévue pour la réunion et chaque fois que son président l'estime nécessaire.

Il peut se réunir à distance, par tout moyen utile (visioconférence et téléconférence).

Il délibère sur les questions mises à l'ordre du jour par le président et sur celles dont l'inscription est demandée par les membres.

La présence de la moitié des membres en exercice du conseil d'administration est nécessaire pour la validité des délibérations. Si le quorum n'est pas atteint, il est procédé à une nouvelle convocation dans les conditions qui sont précisées par le règlement intérieur. Le conseil peut alors valablement délibérer si le tiers au moins des membres en exercice sont présents.

Les délibérations du conseil sont prises à la majorité des suffrages exprimés. En cas de partage égal des voix, celle du président est prépondérante.

Il est tenu procès-verbal des séances, lequel est signé par le président et par le secrétaire ou, en cas d'empêchement, par le trésorier.

Toute personne dont l'avis est utile peut être appelée par le président à assister, avec voix consultative, aux séances du conseil.

IV

Article 12

Gestion désintéressée

[→ D'après l'instruction fiscale du 9 avril 2009 relative aux fonds de dotation (BOI 4 C-3-09, n° 12), les conditions de gestions désintéressées sont toutefois identiques à celles prévues dans le cas des associations (BOI 4H-5-06 du 18 décembre 2006, cf. § 13 à 55 du document ci-joint), avec la possibilité de rémunérer de un à trois administrateurs, selon les ressources du fonds, et si les statuts le prévoient.]

[→ Attention, lorsque la rémunération est versée dans le cadre de la tolérance légale de l'article 261, 7, 1° d du CGI, et non dans la limite des trois quarts du Smic, il est nécessaire de justifier d'au moins trois années d'existence.]

Les fonctions de membre du conseil d'administration sont exercées à titre gratuit. Des remboursements de frais sont seuls possibles sur justificatifs, dans les conditions fixées par le conseil d'administration et selon les modalités définies, le cas échéant, par le règlement intérieur.

Article 13

Attributions

Le conseil d'administration règle, par ses délibérations, les affaires du fonds de dotation.

Notamment :

1. Il arrête le programme d'action du fonds de dotation ;
2. Il adopte le rapport d'activité qui lui est présenté annuellement ;

[→ L'obligation d'établir un « rapport d'activité » est énoncée à l'article 140 de la loi précitée. Le contenu de ce rapport est déterminé par l'article 8 du décret n° 2009-158 du 11 février 2008.]

3. Il vote, sur proposition du président, le budget et ses modifications ;
4. Il reçoit, discute et approuve les comptes de l'exercice clos qui lui sont présentés par le trésorier avec pièces justificatives à l'appui ;
5. Il autorise les actes et engagements dépassant le cadre des pouvoirs propres du président, notamment toute modification des statuts ou dissolution du fonds de dotation ;
6. Il accepte les dons et les legs et autorise, en dehors de la gestion courante, les acquisitions et cessions de biens mobiliers et immobiliers, les marchés, les baux et les contrats de location, la constitution d'hypothèques et les emprunts ainsi que les cautions et garanties accordées au nom du fonds ; cette autorisation, pour être valable, devra recueillir le consentement unanime des fondateurs ;
7. Il procède au renouvellement du commissaire aux comptes et de son suppléant choisis sur la liste mentionnée à l'article L. 822-1 du code de commerce ;
8. Il fixe, le cas échéant, les conditions de recrutement et de rémunération du personnel ; en particulier, il désigne, après avis du fondateur, le directeur du fonds de dotation ;
9. Il désigne ses représentants admis à participer à l'administration des organismes à but non lucratif qu'il soutien ou à effectuer des missions d'audit au sein de ces derniers ;
10. Il est tenu informé par le président de tout projet de convention engageant le fonds de dotation et délibère sur les conventions entrant dans le champ de l'article L. 612-5 du code de commerce ; dans ce cas, il se prononce hors la présence de la personne intéressée ;

11° *[Si la dotation est consomptible]* Il décide des conditions dans lesquelles la dotation peut être consommée.

Le conseil d'administration peut créer un ou plusieurs comités, dont le comité consultatif, chargés de l'assister dans toutes les actions menées par le fonds de dotation. Leurs attributions, leur organisation et leurs règles de fonctionnement sont fixées par le règlement intérieur, le cas échéant, ou par la délibération les instituant.

[→ L'institution d'un « comité consultatif » est obligatoire dès lors que le montant de la dotation en capital du fonds dépasse 1 million d'euros (v. article 2 du décret du 11 février 2009 précité). Ce comité est composé de personnalités qualifiées extérieures au conseil

Rédiger

d'administration et chargées de lui faire des propositions de politique d'investissement et d'en assurer le suivi.]

Il peut accorder au président, en-deçà d'un montant qu'il détermine, une délégation permanente pour les cessions et acquisitions de biens mobiliers et immobiliers ainsi que pour l'acceptation des donations et des legs, à charge pour ce dernier de lui en rendre compte à chaque réunion du conseil.

Article 14

Collège des fondateurs

[→ La constitution d'un tel collège peut se révéler opportune s'il y a plusieurs fondateurs et s'il est reconnu à ces derniers des prérogatives institutionnelles spécifiques comme la désignation de certains administrateurs, les modifications des statuts, la dissolution du fonds, etc.]

La présence des *[...]* membres du collège est nécessaire pour la validité de ses délibérations.

Les délibérations du collège sont prises à la majorité *[...]* des membres présents ou représentés, chaque fondateur ne pouvant détenir plus d'un pouvoir.

TITRE 3. MODIFICATION DES STATUTS ET DISSOLUTION

Article 15

Modification

Les présents statuts ne pourront être modifiés qu'avec le consentement conjoint du fondateur *[→ Ou :* du collège des fondateurs*]* et du *[→ Ou :* que par le*]* conseil d'administration, ce dernier statuant dans les conditions de l'article *[...]*.

Ces modifications sont déclarées sans délai en préfecture de *[...]*

[→ La préfecture compétente est celle du lieu du siège.]

Article 16

Dissolution et transformation

[→ L'article 140 de la loi précitée prévoit que seuls les fonds de dotation ou des fondations reconnues d'utilité publique peuvent se voir attribuer le boni de liquidation en cas de dissolution. Le même article énonce que le fonds de dotation ne peut se transformer, sans création d'une personne morale nouvelle, qu'en fondation reconnue d'utilité publique. Une telle transformation n'est effective qu'à compter de la publication au JO du décret reconnaissant d'utilité publique la fondation.]

La dissolution volontaire du fonds de dotation, ou sa transformation en fondation reconnue d'utilité publique, ne pourra intervenir qu'avec le consentement conjoint du fondateur *[→ Ou :* collège des fondateurs*]* et du *[→ Ou :* que par le*]* conseil d'administration, ce dernier statuant dans les conditions de l'article *[...]*.

Le conseil d'administration *[→ Ou :* fondateur*]* *[→ Ou :* collège des fondateurs*]* désigne alors un ou plusieurs commissaires qu'il charge de procéder à la liquidation des biens du fonds de dotation et auquel il confère tous les pouvoirs nécessaires pour mener à bien cette mission. Le conseil attribue l'actif net à un ou plusieurs fonds de dotation ou fondations reconnues d'utilité publique exerçant des activités similaires.

Ces délibérations sont adressées sans délai en préfecture de *[...]*

[→ La préfecture compétente est celle du lieu du siège.]

TITRE 4. CONTRÔLE ET RÈGLEMENT INTÉRIEUR

Article 17

Contrôle

Chaque année, dans les six mois de la clôture de l'exercice :

- le rapport d'activité, les comptes et les rapports du commissaire aux comptes sont adressés en préfecture du département du lieu du siège social par lettre recommandée avec accusé de réception ;
- les comptes et les rapports du commissaire aux comptes doivent être publiés sur le site de la direction des Journaux officiels.

Article 18

Règlement intérieur

[→ Il n'y a pas d'obligation légale ou réglementaire d'établir et de transmettre ce règlement intérieur en préfecture.]

Un règlement intérieur, qui précise les modalités d'application des présents statuts, peut être établi par le conseil d'administration.

TITRE 5. FORMALITÉS

Article 19

IV

Enregistrement

[→ Formalité nécessaire si une donation est consentie au moment de la constitution du fonds (dans une telle hypothèse, les statuts doivent être complétés par un certain nombre de stipulations classiques rédigées par un notaire, ou faire l'objet d'un acte séparé). Sinon, enregistrement volontaire toujours possible (mais inutile dès lors que la préfecture détient nécessairement les statuts à jour.]

Les présentes seront soumises à la formalité de l'enregistrement dans les délais légaux.

Article 20

Formalités de publicité et opposabilité aux tiers

Voir avec notaire chargé des opérations relatives aux libéralités éventuellement consenties au moment de la constitution.

TITRE 6. AUTRES DISPOSITIONS

Article 21

Premiers administrateurs

[→ Les services de la préfecture exigent de connaître la profession des administrateurs d'un fonds de dotation.]

Les premiers administrateurs du fonds sont :

1. de droit :

– Monsieur *[...]*, né à *[...]* le *[...]*, de nationalité *[...]*, domicilié à *[...]*, exerçant la profession *[...]*

– L'association *[→ Ou :* la société*]* *[...]*, dont le siège est *[...]*, représentée par M. *[...]*

2. Désignés par le fondateur *[→ Ou* le collège des fondateurs *(au début puis, éventuellement)* par cooptation du conseil d'administration*]* :

– M. *[→ Ou :* Mme *→ Ou :* Mlle*]* *[...]*, né(e) à *[...]* le *[...]*, de nationalité *[...]*, domicilié(e) à *[...]*, exerçant la profession *[...]*

L'association *[→ Ou :* la société*]* *[...]*, dont le siège est *[...]*, représentée par *[...]*.

Article 22

Commissaires aux comptes

[→ Aux termes de l'article 180 de la loi LME du 4 août 2008 instituant les fonds de dotation, la désignation d'un commissaire aux comptes est obligatoire à partir de 10 000 euros de recettes annuelles. Il est alors nécessairement désigné, comme son suppléant, pour une durée de 6 ans.]

Le commissaire aux comptes titulaire du fonds de dotation sera : *[...]*

Le commissaire aux comptes suppléant du fonds de dotation sera : *[...]*

[Ou]

Le commissaire aux comptes titulaire et le commissaire aux comptes suppléant seront choisis lors de la première réunion du conseil d'administration.

Article 23

Pouvoirs

Pour remplir les formalités légales (déclaration en préfecture, enregistrement, etc.), tous pouvoirs sont donnés au porteur d'un exemplaire des présents statuts.

Il est expressément stipulé que toute modification du titre VI est libre, et qu'un changement des dispositions dudit titre ne constitue pas une modification statutaire.

Fait et passé au lieu, jour, mois et an ci-dessus indiqués.

Signature(s) du *[→ Ou* des*]* fondateur(s)

Outil 26. Modèle de lettre de déclaration en préfecture

FONDS DE DOTATION « *[...]* »

[→ Adresse : ...]
[→ Téléphone : ...]
LRAR *[→ Ou :* Remis en mains propres*]*
Objet : Déclaration de constitution du fonds de dotation « [...] »

Monsieur le préfet,
Nous avons l'honneur, conformément aux dispositions de la loi n° 2008-776 du 4 août 2008 de modernisation de l'économie et de son décret d'application du 11 février 2009, de procéder à la déclaration de la constitution du fonds de dotation « Fonds *[...]* », dit « *[...]* ».
Ce fonds de dotation a pour objet :
[...]
Son siège social est fixé à l'adresse suivante :
[...]
Les personnes chargées de son administration sont :
- Monsieur *[...]*, né le *[...]*, à *[...]*, de nationalité *[...]*, demeurant *[...]*, exerçant la profession de *[...]* président,
- Monsieur *[...]*, né le *[...]*, à *[...]*, de nationalité *[...]*, demeurant *[...]*, exerçant la profession de *[...]*, secrétaire, *[→ L'emploi du terme « secrétaire » (contrairement à celui de « président ») n'est pas une obligation légale.]*
- Monsieur *[...]*, né le *[...]*, à *[...]*, de nationalité *[...]*, demeurant *[...]*, exerçant la profession de *[...]*, trésorier, *[→ L'emploi du terme « Trésorier » (contrairement à celui de « président ») n'est pas une obligation légale.]*
- Monsieur *[...]*, né le *[...]*, à *[...]*, de nationalité *[...]*, demeurant *[...]*, exerçant la profession de *[...]*, administrateur,
- *[...]*

Vous trouverez également ci-joint deux exemplaires originaux, dûment approuvés par nos soins des statuts du fonds de dotation.
Nous vous joignons aussi un formulaire de demande de publication au *Journal officiel* de la création du fonds de dotation.
Enfin, vous trouverez également ci-joint une attestation de domiciliation.
Nous vous remercions de bien vouloir nous délivrer récépissé de la présente déclaration dans les cinq jours, et de bien vouloir procéder à la publication de cette constitution au *Journal officiel*.

Veuillez agréer, Monsieur le préfet, l'assurance de ma considération distinguée.

Fait à *[...]*, le *[...]*

[...], président
[...], secrétaire

PJ : mentionnées

Outil 27. Formulaire des *JO* relatif à la création du fonds de dotation (à joindre au dossier déposé en préfecture)

DÉCLARATION À LA PRÉFECTURE *[...]*

[→ Nom du département]

Titre du fonds de dotation
[→ Titre complet tel qu'il figure dans les statuts, suivi du sigle s'il existe] :
[...]
Objet *[→ 1000 caractères maximum] :*
[...]
Siège social *[→ Précisez l'adresse complète] : [...]*
Complément géographique *[→ Ex. : bâtiment, résidence...] : [...]*
Numéro, type et libellé de voie : *[...]*
Boîte postale, lieudit : *[...]*
Code postal : *[...]*
Ville : *[...]*
IV Adresse internet : http:// *[...]*
Durée pour laquelle le fonds de dotation est créé : *[...]*
Date de déclaration : *[...]*/*[...]*/ 20*[...]*
POUR FACTURATION
[→ 38 caractères maximum par ligne] :
Titre court ou sigle du fonds de dotation : *[...]*
Nom de la personne habilitée à représenter le fonds de dotation
• Monsieur *[→ Ou :* Mme *→ Ou :* Mlle*]* : *[...]*
Adresse personnelle : *[...]*
Bâtiment, escalier, étage, résidence : *[...]*
Numéro, type et libellé de voie : *[...]*
Boîte postale, lieudit : *[...]*
Code postal : *[...]*
Ville : *[...]*

Signature du déclarant, précédée de « lu et approuvé, bon pour insertion ».

Le déclarant s'engage à acquitter le montant des frais d'insertion de l'annonce à réception de la facture.

Outil 28. Formulaire de modification du fonds de dotation

DÉCLARATION À LA PRÉFECTURE *[...]*

[→ Nom du département]

Titre du fonds de dotation
[→ Titre complet tel qu'il figure dans les statuts, suivi du sigle s'il existe. À ne pas compléter en cas de modification survenue sur le titre] :
[...]
Ancien titre : *[...]*
Nouveau titre : *[...]*
Nouvel objet *[→ 1000 caractères maximum] :*
[...]
Nouvelle durée pour laquelle le fonds de dotation est créé : *[...]*
Siège social (précisez l'adresse complète) : *[...]*
Complément géographique [ex. : bâtiment, résidence, etc.] : *[...]*
Numéro, type et libellé de voie : *[...]*
Boîte postale, lieudit : *[...]*
Code postal : *[...]*
Ville : *[...]*
Transféré, nouvelle *adresse [→ À ne remplir qu'en cas de changement de siège social] : [...]*
Complément géographique [→ Ex. : bâtiment, résidence, etc.] : *[...]*
Numéro, type et libellé de voie : *[...]*
Boîte postale, lieudit : *[...]*
Code postal : *[...]*
Adresse internet : http:// *[...]*

Date de la modification des statuts : *[...]*
Date de déclaration : *[...]*/*[...]*/20*[...]*
POUR FACTURATION
[→ 38 caractères maximum par ligne] :
Titre court *[→ Ou :* sigle du fonds de dotation*]* : *[...]*
Nom de la personne habilitée à représenter le fonds de dotation
• Monsieur *[→ Ou :* Mme *→ Ou :* Mlle] : *[...]*
Adresse personnelle : *[...]*
Bâtiment, escalier, étage, résidence : *[...]*
Numéro, type et libellé de voie : *[...]*
Boîte postale, lieudit : *[...]*
Code postal : *[...]*
Ville : *[...]*

Signature du déclarant, précédée de « lu et approuvé, bon pour insertion ».

Le déclarant s'engage à acquitter le montant des frais d'insertion de l'annonce à réception de la facture.

Outil 29. Avis de suspension d'activité du fonds de dotation

TITRE DU FONDS DE DOTATION *[...]*

[→ Titre complet tel qu'il figure dans les statuts, suivi du sigle s'il existe]
Motif de la suspension d'activité : *[...]*
Durée de la suspension : *[...]*
Modalité d'exécution de la suspension : *[...]*
POUR FACTURATION
[→ 38 caractères maximum par ligne] :
Titre court *[→ Ou :* sigle du fonds de dotation*]* : *[...]*
Nom de la personne habilitée à représenter le fonds de dotation
• Monsieur *[→ Ou :* Mme *→ Ou :* Mlle*] : [...]*
Adresse personnelle : *[...]*
Bâtiment, escalier, étage, résidence : *[...]*
Numéro, type et libellé de voie : *[...]*
Boîte postale, lieudit : *[...]*
Code postal : *[...]*
Ville : *[...]*

Signature du déclarant, précédée de « lu et approuvé, bon pour insertion ».

Le déclarant s'engage à acquitter le montant des frais d'insertion de l'annonce à réception de la facture.

Outil 30. Formulaire de dissolution du fonds de dotation

DÉCLARATION À LA PRÉFECTURE (NOM DU DÉPARTEMENT) : *[...]*

Titre du fonds de dotation *[→ titre complet tel qu'il figure dans les statuts, suivi du sigle s'il existe]* : *[...]*
Siège social *[→ précisez l'adresse complète]* : *[...]*
Complément géographique [ex. : bâtiment, résidence, etc.] : *[...]*
Numéro, type et libellé de voie : *[...]*
Boîte postale, lieudit : *[...]*
Code postal : *[...]*
Ville : *[...]*
Date de l'acte ayant entraîné la dissolution : *[...]*/*[...]*/20*[...]*
Nom et adresse du liquidateur : *[...]*
Montant et composition de l'actif net : *[...]*

Dénomination et siège de l'établissement attributaire de cet actif : *[...]*
Date de déclaration : *[...]*/*[...]*/20*[...]*
POUR FACTURATION
[→ 38 caractères maximum par ligne] :
Titre court *[→ Ou sigle du fonds de dotation] : [...]*
Nom de la personne habilitée à représenter le fonds de dotation
• Monsieur *[→ Ou :* Mme *→ Ou :* Mlle*]* : *[...]*
Adresse personnelle : *[...]*
Bâtiment, escalier, étage, résidence : *[...]*
Numéro, type et libellé de voie : *[...]*
Boîte postale, lieudit : *[...]*
IV Code postal : *[...]*
Ville : *[...]*

Signature du déclarant, précédée de « lu et approuvé, bon pour insertion ».

Le déclarant s'engage à acquitter le montant des frais d'insertion de l'annonce à réception de la facture.

Outil 31. Modèle de reçu fiscal « adapté »

FONDS DE DOTATION « *[...]* »

Adresse : *[...]*
Courriel : *[...]*
Site internet : *[...]*

Madame, Monsieur,
Vous avez fait confiance au fonds *[...]* Nous vous remercions de votre générosité et de votre intérêt pour l'action de notre fonds de dotation. Vos dons lui permettront de poursuivre son action.
Nous vous prions de croire à l'expression de nos sentiments très reconnaissants.
Vous trouverez ci-dessous le reçu fiscal à produire dans le cadre de votre déclaration d'impôt.

REÇU FISCAL

(Dons faits aux œuvres – CGI, art. 200 et 238 bis*)*
N° d'ordre du reçu : *[...]*-20*[...]*
BÉNÉFICIAIRE DU VERSEMENT
« Fonds *[...]* »
Siège : *[...]*
Adresse *[...]*
OBJET SOCIAL
[...]
Fonds de dotation déclaré en préfecture de *[...]* le *[...]* et publié
Œuvre ou organisme d'intérêt général
DONATEUR
M. *[→ Ou :* Mme *→ Ou :* Mlle*] : [...]*
Adresse *[...]*
Le fonds *[...]* reconnaît avoir reçu au titre des versements ouvrant droit à réduction d'impôt la somme de : *[...]* euros.
Versement le : *[...]* 20*[...]*
Le bénéficiaire certifie surf l'honneur que les dons et versements qu'il reçoit ouvre droit à la réduction d'impôt prévue aux articles 200 et 238 *bis* du CGI
FORME DU DON
Acte authentique *[→ Ou :* Acte sous seing-privé*]*
Déclaration de don manuel *[→ Ou :* Autre*]*
NATURE DU DON

Numéraire *[→ Ou :* Titres *→ Ou :* Autre*]*
MODE DE VERSEMENT
Espèces *[→ Ou :* Chèque *→ Ou :* Virement *→ Ou :* Prélèvement *→ Ou :* CB*]*

Le *[...]*

[...], président
[...], trésorier

Outil 32. Modèle d'attestation fiscale pour les bénéficiaires d'un versement d'un fonds

FONDS DE DOTATION « *[...]* »

Adresse *[...]*

Madame, Monsieur,
Votre fonds de dotation a procédé sur l'année 20*[...]* au versement d'une somme totale de *[...]* euros au profit de notre association *[→ Ou :* fondation*]*. Comme convenu, vous trouverez ci-dessous une attestation officielle justifiant à la fois du montant reçu que de l'affectation du (des) versement(s) reçu(s).
Vous en souhaitant bonne réception, nous vous prions de croire à l'expression de nos sentiments très reconnaissants.

ATTESTATION FISCALE

[Conformément aux articles 200, g, 2° et 238 bis, g, 2° CGI]
BÉNÉFICIAIRE DU VERSEMENT
« Association *[→ Ou :* Fondation*] [...]* »
[→ Nom complet]
Siège : *[...]*
Objet social : *[...]*
Association déclaré en préfecture de *[...]* le *[...]* et publié au *JO* du *[...]*
Œuvre *[→ Ou :* organisme d'intérêt général*]*
DONATEUR
« Fonds *[...]* »
Adresse *[...]*
L'association reconnaît avoir reçu du fonds de dotation *[...]* la somme de : *[...]* euros
Versement le : *[...]* 20*[...]*
Le bénéficiaire certifie sur l'honneur qu'il est un organisme éligible au régime du mécénat visé aux articles 200 et 238 *bis* du code général des impôts.
FORME DU DON
Acte authentique *[→ Ou :* Acte sous seing-privé *→ Ou :* Déclaration de don manuel *→ Ou :* Autre*]*
NATURE DU DON
Numéraire *[→ Ou :* Titres *→ Ou :* Autre*]*
MODE DE VERSEMENT DU DON
Espèces *[→ Ou :* Chèque *→ Ou :* Virement *→ Ou :* prélèvement *→ Ou :* CB*]*
AFFECTATION
[...]

Le *[...]*

[...], trésorier
[...], président de l'association
[...], fondation

Outil 33. Rapport d'activité

[→ L'article 8 du décret n° 2009-159 du 11 février 2009 précise quel doit être le contenu du rapport d'activité ; en outre, la circulaire du 19 mai 2009 (publiée au JO du 19

juin) exige que le rapport soit transmis avec un extrait de la délibération du conseil d'administration l'ayant approuvé. Le rapport d'activité pourra suivre le plan suivant :]

RAPPORT D'ACTIVITÉ

1. Compte rendu de l'activité du fonds de dotation
Fonctionnement interne du fonds
Rapport avec les tiers
2. Les actions d'intérêt général financées par le fonds de dotation et leur montant
[→ cette partie concerne surtout les activités opérationnelles du fonds, c'est-à-dire les activités d'intérêt général qu'il développe lui-même]
3. Personnes morales bénéficiaires des redistributions du fonds et leur montant
[→ cette partie concerne surtout les fonds ayant une activité de redistribution ; pour mémoire, les fonds doivent alors exiger des organismes aidés la remise d'une « attestation fiscale » ; le rapport peut opportunément y faire allusion, en dressant la liste des versements et des attestations effectivement reçues]
4. Compte d'emploi annuel des ressources
[→ si le fonds de dotation fait appel à la générosité publique]
[→ l'objet de cette liste n'est pas de donner l'identité de tous les auteurs de dons manuels reçus, notamment, dans le cadre de campagnes d'appel à la générosité du publique, ni de dresser la liste de tous ces dons manuels (le montant total suffira). En revanche, il convient de donner la liste des donations notariées et des legs reçus ; a notre sens, il n'est pas nécessaire de donner l'identité des auteurs de ces libéralités : leurs date, montant et nature devrait suffire]
5. Liste des libéralités reçues par le fonds
6. Annexes
[→ au choix des rédacteurs du rapport ; il pourra ainsi y être joint un extrait de la délibération du conseil ayant approuvé le rapport puisque la circulaire ministérielle l'exige]

Outil 34. Déclaration de non-condamnation

Je soussigné *[→ Ou :* Je soussignée*]*
Monsieur *[→ Ou :* Mme*]* : *[...]*
Né *[→ Ou :* Née*]* le *[...]* à *[...]*
De nationalité française
Demeurant *[→ Précisez l'adresse complète]* : *[...]*
Fils de *[→ prénom du père]* : *[...]*
Et de *[→ prénom et nom de jeune fille de la mère]* : *[...]*
déclare n'avoir pas fait l'objet depuis moins de cinq ans d'une condamnation définitive au titre de l'une des infractions prévues par les articles 222-38, 222-40, 313-1 à 313-3, 314-1 à 314-3, 324-1 à 324-6, 432-15, 433-1, 434-9, 435-1 à 435-4, 435-7 à 435-10, 441-1 à 441-7, 441-8, 441-9, 445-1 à 445-4 et 450-1 du code pénal, par l'article 1741 du code général des impôts, et par les articles L. 241-3 (4°), L.242-6, L.242-30, L.243-1, L.244-1 et L.654-1 à L.654-6 du code de commerce.

Fait à *[...]*, le *[...]*

Signature

Boîte V. Décoder

Outil 35. Principales abréviations du Juri'Guide

act : actualité
adm. : administration (ou administratif)
AEMO : assistance éducative en milieu ouvert
AG : assemblée générale
AGIRC : association générale des institutions de retraite complémentaire des cadres
AJDA : Actualité juridique Droit administratif, éd. Dalloz
al. : alinéa
anc. : ancien (ancienne)
ann. : annexe
arr. : arrêté
ARRCO : association pour le régime de retraite complémentaire de l'ensemble des salariés
art. : article
ASE : aide sociale à l'enfance
ass. : assemblée
Ass. plén. : Assemblée plénière (Cour de cassation, Conseil d'État)
Assoc. : association
BAF : Bulletin des associations et fondations Francis Lefebvre
BDCF : Bulletin des conclusions fiscales Francis Lefebvre
BF : Bulletin fiscal Francis Lefebvre
BFR : besoin en fonds de roulement
BO : Bulletin officiel
BOI : Bulletin officiel des impôts
BOMSS : Bulletin officiel du ministère de la Solidarité, de la Santé et de la Protection sociale
BOSNS : Bulletin officiel du ministère de la Solidarité nationale et de la Santé
BOSS : Bulletin officiel du ministère de la Santé publique et de la Sécurité sociale
BS Lefebvre : Bulletin social Francis Lefebvre
Bull. : Bulletin
Bull. CNC : Bulletin du Conseil national de la comptabilité
Bull. CNCC : Bulletin du Conseil national des commissaires aux comptes
C. assur. : code des assurances
C. civ. : code civil
C. com. : code de commerce
C. consom. : code de la consommation
C. douanes : code des douanes
C. éduc. : code de l'éducation
C. envir. : code de l'environnement
C. jur. fin. : code des juridictions financières
C. marchés : code des marchés publics
C. mon. fin. : code monétaire et financier
C. mut. : code de la mutualité
C. pén. : code pénal
C. pr. fisc. : code de procédure fiscale
C. rech. : code de la recherche
C. trav. : code du travail
C. urb. : code de l'urbanisme
c/ : contre
CA : cour d'appel (suivi du nom de la ville de la cour)
CAA : cour administrative d'appel (suivi du nom de la ville de la cour)
CAC : commissaire aux comptes
CAMSP : centre d'action médico-sociale précoce
CASF : code de l'action sociale et des familles
Cass. : Cour de cassation (Civ. : Chambre civile de la Cour de cassation ; Com. : Chambre commerciale de la Cour de cassation ; Crim. : Chambre criminelle de la Cour de cassation ; Soc. : Chambre sociale de la Cour de cassation)
CAVA : centres d'adaptation à la vie active
CCAS : centre communal d'action sociale
CCH : code de la construction et de l'habitation
CE : Conseil d'État
CEDH : Cour européenne des droits de l'homme
CEF : centres éducatifs fermés
CER : compte d'emploi annuel des ressources
CET : compte épargne-temps
CGCT : code général des collectivités territoriales
CGI : code général des impôts
CGPP : code général de la propriété des personnes publiques
ch. : chambre (d'un tribunal ou d'une cour, parfois précédé de son numéro)
chap. : chapitre
CHRS : centre d'hébergement et de réinsertion sociale
Circ. : circulaire
Civ. : Chambre civile de la Cour de cassation
CJCE : anc. Cour de justice des Communautés européennes (devenue CJUE)

V

CJUE : Cour de justice de l'Union européennes
CMPP : centres médico-psycho-pédagogiques
CNC : Conseil national de la comptabilité
CNCC : Compagnie nationale des commissaires aux comptes
CNCTSS : Cour nationale du contentieux de la tarification sanitaire et sociale
Cnil : Commission nationale de l'informatique et des libertés
CNVA : Conseil national de la vie associative
coll. : collection
Com. : Chambre commerciale de la Cour de cassation
comm. : commentaire
concl. : conclusion
Cons. conc. : Conseil de la concurrence
Cons. const. : Conseil constitutionnel
Const. : Constitution
conv. : convention
Conv. EDH : Convention européenne de sauvegarde des droits de l'homme et des libertés fondamentales
CPCE : code des postes et communications électroniques
CPI : code de la propriété intellectuelle
CPOM : contrat pluriannuel d'objectifs et de moyens
CRC : Comité de la réglementation comptable
Crim. : Chambre criminelle de la Cour de cassation
D. : Recueil Dalloz
DADS : déclaration annuelle des données sociales
DDASS : direction départementale des affaires sanitaires et sociales
décis. : décision
décr. : décret
décr.-L. : décret-loi
DGCCRF : Direction générale de la concurrence, de la consommation et de la répression des fraudes
DGI : Direction générale des impôts
DIF : droit individuel à la formation
Dir. : directive
Doc. adm. : Documentation administrative de la Direction générale des impôts (V. www.impôts.gouv.fr)
Dpt : département
Droit fiscal : Revue Droit fiscal, éd. Lexis-Nexis
égal. : également
EHPAD : établissement d'hébergement pour personnes âgées dépendantes
ESMS : établissement et service sociaux et médico-sociaux
ESAT : établissement et service d'aide pour le travail
éts : établissement
Féd. : fédération
Féd. nat. : fédération nationale
FR Lefebvre : Feuillet rapide Francis Lefebvre
GEM : groupement d'entraide mutuelle
IASB : international accounting standards board
ibid. : Au même endroit
IGAS : Inspection générale des affaires sociales
IGF : Inspection générale des finances
IME : instituts médico-éducatifs
IMP : instituts médico-pédagogiques
IMPRO : instituts médico-professionnels
instr. : instruction
IOE : investigation d'orientation éducative
IR : impôt sur le revenu
IS : impôt sur les sociétés
ITEP : instituts thérapeutiques, éducatifs et pédagogiques
JA : revue *Juris associations*, éd. Dalloz
JO : Journal officiel
JO Sénat : Journal officiel du Sénat
JOAN : Journal officiel de l'Assemblée nationale
JOUE (JOCE) : Journal officiel de l'Union européenne (anciennement *Journal officiel des communautés européennes*)
Juris assoc. : revue *Juris associations*, éd. Dalloz
JS : revue *Jurisport*, éd. Dalloz (anc *RJES*)
JT : revue *Juris tourisme*, éd. Dalloz (anc *T&D*)
L. : loi
LF : loi de finances
LFSS : loi de financement de la sécurité sociale
LPA : Les Petites affiches
LPF : Livre des procédures fiscales
MECS : maisons d'enfants à caractère social
Min. : ministre ou ministère
min. : ministère (ou ministériel)
nat. : national(e)
ndlr : note de la rédaction
n° : numéro
n^{os} : numéros
not. : notamment
nouv. : nouveau
obs. : observations
ord. : ordonnance
p. : page(s)

Décoder

PCG : Plan comptable général
rapp. : rapport
RCS : registre du commerce et des sociétés
rec. : recueil
règl. : règlement
rép. : réponse
req. : requête
RF compt. : Revue française de comptabilité
RJDA : Revue de jurisprudence de droit des affaires
RJES : anc Revue juridique et économique du sport (devenue JS), éd. Dalloz
RJF : Revue de jurisprudence fiscale, éd. Francis Lefebvre
RTD civ. : Revue trimestrielle de droit civil, éd. Dalloz
RTD com. : Revue trimestrielle de droit commercial, éd. Dalloz
RTT : réduction du temps de travail
RUP : reconnaissance d'utilité publique
SCI : société civile immobilière
sect. : section
SESSAD : Services d'éducation spécialisée et de soins à domicile
Soc. : Chambre sociale de la Cour de cassation
ss. : sous
T&D : anc. revue *Tourisme & droit*, éd. Dalloz (devenu *Juristourisme*)
T. : tables
t. : tome
T. pol. : tribunal de police
TA : tribunal administratif (suivi du nom de la ville du tribunal)
tech. : technique
TGI : tribunal de grande instance (suivi du nom de la ville du tribunal)
TI : tribunal d'instance (suivi du nom de la ville du tribunal)
TIAP : titres immobilisés de l'activité de portefeuille
TIG : travail d'intérêt général
Tit. : titre
TITSS : tribunal interrégional de la tarification sanitaire et sociale
TPICE : anc. Tribunal de première instance des communautés européennes (devenu TPIUE)
TPICE : Tribunal de première instance de l'Union européenne
TVA : taxe sur valeur ajoutée
URSSAF : Union de recouvrement de sécurité sociale et d'allocations familiales
V. : Voir
www.dalloz.fr : site internet des Éditions Dalloz, regroupant les fonds éditoriaux (Codes Dalloz, revues, Encyclopédie juridiques, Dalloz actualité, Dalloz action, etc.) et la base Dalloz jurisprudence (plus de quatre millions de décisions indexées et mises en lien avec les fonds éditoriaux) des Éditions Dalloz
www.juriseditions.fr : site internet des Éditions Juris, regroupant des fonds éditoriaux (Revues numériques en lignes : *Jurisassociations, Juristourisme, Jurisport* ; Bibliothèques numériques) un service d'actualité (Juris actualité), une sélection de documents en libre accès.

V

Boîte VI. S'orienter

Outil 36. Index alphabétique et thématique général

[Les numéros renvoient aux paragraphes de la première partie de l'ouvrage « Comprendre et analyser » et aux Outils de la seconde partie « S'organiser et agir ».
Le premier chiffre suivi d'un point correspond au numéro du chapitre du paragraphe cité, dont le repérage est facilité par les onglets bleus en bord de page. Le « s. » indiqué à la suite de certains numéros signifie « et suivants ».
La flèche « ▶ » incite à se reporter aux autres mots de l'index ainsi signalés.]

VI

S'orienter

VI

S'orienter

VI

S'orienter

VI

S'orienter

712430 - (I) - CSB 65 - PUB - HCH
Achevé d'imprimer en septembre 2014 par Rotolito Lombarda
Dépôt légal : octobre 2014
Imprimé en Italie